U0682525

抗日战争时期中国人口伤亡和财产损失调研丛书
主　编　李忠杰
副主编　李　蓉　姚金果
　　　　霍海丹　蒋建农

山东省百县（市、区）抗日战争时期死难者名录

14

山东省委党史研究室　编

中共党史出版社

山东省抗日战争时期人口伤亡和财产损失课题研究办公室

（2006 年 9 月）

主　任（重大专项课题组组长）　常连霆

副主任（重大专项课题组副组长）　席　伟

成　员　岳绍红　张绍麟　丁广斌　于文新　王成华
陈金亮　李清汉　郑世诗　宋继法　亓　涛
张启信　范伟正　李秀业　崔维志　张宜华
刘如峰　李双安　苗祥义　韩立明　刘桂林
魏子焱　张艳芳　王增乾

山东省抗日战争时期人口伤亡和财产损失课题研究办公室

（2008 年 2 月）

主　任（重大专项课题组组长）　常连霆

副主任（重大专项课题组副组长）　席　伟

成　员　岳绍红　张绍麟　丁广斌　侯希杰　张开增
陈金亮　李清汉　郑世诗　秦佑镇　亓　涛
张启信　范伟正　李秀业　李克彬　李凤华
刘如峰　李双安　魏玉杰　韩立明

山东省抗日战争时期人口伤亡和财产损失课题研究办公室

（2010年7月）

主　任（重大专项课题组组长）　常连霆

副主任（重大专项课题组副组长）　席　伟　韩立明

成　员　岳绍红　张绍麟　丁广斌　张开增　褚金光
李清汉　郑世诗　秦佑镇　亓　涛　张启信
范伟正　李秀业　李克彬　李风华　刘如峰
李双安　魏玉杰

山东省抗日战争时期人口伤亡和财产损失课题研究办公室

（2014年8月）

主　任（重大专项课题组组长）　常连霆

副主任（重大专项课题组副组长）　席　伟　韩立明

成　员　刘　浩　冯　英　司志兰　张开增　褚金光
杨仁祥　郑世诗　崔　康　牛国新　肖　怡
肖　梅　李秀业　李洪彦　刘宝良　张绪阳
李文进　李允富　张　华

《山东省百县（市、区）抗日战争时期死难者名录》编纂委员会

（2014 年 8 月）

王红兵	张　丽	樊京荣	曾世芳	田同军
郭洪云	危永安	许　元	肖　夏	张耀龙
闫化川	乔士华	邱从强	刘　莹	孟红兵
王增乾	左进峰	马　明	潘　洋	吴秀才
张　华	张江山	朱伟波	耿玉石	秦国杰
王小龙	齐　薇	柳　晶		

编纂说明

本名录以2006年山东省抗日战争时期人口伤亡和财产损失大型调研活动收集的见证人、知情人口述资料为基础整理编纂而成。

按照中央党史研究室关于开展抗日战争时期中国人口伤亡和财产损失调研方案的总体要求，在中央党史研究室的精心组织和科学指导下，山东省于2006年开展了抗日战争时期人口伤亡和财产损失大型调研活动。调研期间，全省组织32万余名乡村走访调查人员，走访调查了省内95%以上的行政村和80%以上的70岁以上老人，收集见证人和知情人关于日军屠杀平民的证言证词79万余份。此后，在中央党史研究室的指导下，山东省委党史研究室组织各市、县（市、区）委党史研究室以县（市、区）为单位认真梳理证言证词等调研资料，于2010年整理形成了包括140个县（市、区）和16个经济开发区、高新技术开发区的《山东省抗日战争时期伤亡人员名录》，共收录现山东行政区域范围内抗日战争期间（1937年7月至1945年8月）因战争因素造成伤亡的人员46.9万余名。2014年初，根据中央党史研究室关于编纂出版《抗日战争时期中国人口伤亡和财产损失调研丛书》的部署，我们以《山东省抗日战争时期伤亡人员名录》为基础，选择信息比较完整、填写比较规范的100个县（市、区）抗日战争时期死难人员名录，经省市县三级党史部门进一步整理、编纂，形成了《山东省百县（市、区）抗日战争时期死难者名录》，共收录死难者169173人。

本名录所收录的死难者，系指抗日战争时期因日本发动侵略战争，在山东境内造成死难的平民。包括被杀死、轰炸及其引起火灾等致死和因生化战、被奸淫、被迫吸毒等而死，以及因战争因素造成的饿死、冻死、累死等其他非正常死亡的平民。死难者信息主要来源于2006年乡村走访调查的口述资料，也有个别县（市、区）收录了文献资料中记载的部分死难者。死难者信息包含“姓名”、“籍贯”、“年龄”、“性别”、“死难时间”5项要素。在编纂过程中，我们尽量使各项要素达到规范、完整。但由于历史已经过去了60多年，行政区划有很大变动，人口迁徙规模很大，流动状况非常复杂，有的见证人和知情人对死难者信息的记忆本身就不完整；由于参与调查笔录和名录整理的人员多达数万人，对死难者信息各要素的规范和掌握也难以做到完全一致，所以，名录编纂工作非常复杂。为了保证科学性、规范性和准确性，我们尽可能采取了比较合理的处理方式，现特作如下说明：

1. “姓名”一栏中，一律以见证人和知情人的证言证词记录的死难者姓名为依据。证言证词怎么记录的，名录就怎么记载，在编纂中未作改变和加工。有些死难者姓名为乳名、绰号，有的乳名、绰号多则四个字，少则一个字；有些死难者姓名是以其家人或关联人的姓名记录的，用“××之子”、“××之家属之一”、“××之家属之二”等表述；还有些死难人员无名无姓但职业指向明确，如“卖炸鱼之妇女”、“老油匠”等；还有个别情况，是死难人员的亲属感到死难人员的乳名、绰号不雅，为其重新起了名字。上述情况都依据证言证词上的原始记录保留了其称谓。有的死难者只知道姓氏，如“杨某某”、“李××”等，在编纂中我们作了适当规范，其名字统一用“×”号代替，如“杨××”、“李××”等。

2. “籍贯”一栏中，地名为2006年调研时的名称。部分县（市、区）收录了少量非本县（市、区）籍或非山东籍，但死难地在本县（市、区）的死难者。凡山东省籍的死难人员均略去了省名，一般标明了县（市、区）、乡（镇）、村三级名称。但也有个别条目，由于证言证词记录不完整，只记录了县名或县、乡（镇）两级名称或县、村两级名称。村一级名称，有些标注了“村”字，有些标注了“社区”，有些既未标注“村”字，也未标注“社区”，在编纂中我们未作规范。对于死难者籍贯不明，但能够说明其死难时居住地点或工作、就业的组织（单位）情况的，也在此栏中予以保留。

3. “年龄”一栏中，死难者的岁数大多是见证人或知情人回忆或与同龄人比对后估算的，所以整数相对较多。由于年代久远，亦不可避免地存在着部分死难者年龄要素缺失的情况。

4. “性别”一栏中，个别死难者的性别因调查笔录漏记，其性别难以判断和核查，只能暂时空缺。另外，由于乡村风俗习惯造成的个别男性取女性名字，如“张二妮”性别为“男”等情况均保持原貌。

5. “死难时间”一栏中，由于年代久远，当事人或知情人记忆模糊，部分死难者遇难时间没有留下精确的记录。凡确认抗日战争时期死难，但无法确定具体年份的用“—”作了标示。另外，把农历和公历混淆的情况也较多见，也不排除个别把年份记错的情况。

在编纂中，对于见证人或知情人证言证词中缺漏的要素，在对应的表格栏目内采用“—”标示。

本名录所收录的100个县（市、区）的名称、区域范围，均为2006年山东省开展抗日战争时期人口伤亡和财产损失大型调研活动时的名称和区域范围。各县（市、区）死难者名录填报单位、填表人及填报时间，保留了2009年各县（市、区）伤亡人员名录形成时的记录，核实人、责任人除保留原核实人和责任人外，增加了2014年各县（市、区）复核时的核实人和责任人。名录所依据的证言证词原件存于各县（市、区）党史部门或档案馆。

编　者

2014年8月

目　录

滨州市滨城区抗日战争时期死难者名录

姓 名	籍 贯	年 龄	性 别	死难时间
张凤祥	滨城区滨北办事处张庵村	20	男	1937 年
牌道龙	滨城区尚集乡牌家村	—	男	1937 年 12 月
林怀真	滨城区尚集乡林坊村	—	男	1937 年 12 月
高永庆	滨城区堡集镇郎中河村	35	男	1937 年 12 月
张登甲	滨城区堡集镇郎中河村	40	男	1937 年 12 月
牌张氏	滨城区尚集乡牌家村	—	女	1937 年 12 月
林怀忠	滨城区尚集乡林坊村	—	男	1937 年 12 月
信玉兰	滨城区堡集镇郎中河村	30	男	1937 年 12 月
牌刘氏	滨城区尚集乡牌家村	—	女	1937 年 12 月
林十五	滨城区尚集乡林坊村	—	男	1937 年 12 月
崔东阁	滨城区堡集镇郎中河村	25	男	1937 年 12 月
潘春何	滨城区尚集乡林坊村	—	男	1937 年 12 月
丁元芬	滨城区堡集镇郎中河村	25	男	1937 年 12 月
潘希成	滨城区尚集乡林坊村	—	男	1937 年 12 月
丁同仁	滨城区堡集镇郎中河村	30	男	1937 年 12 月
林成存	滨城区尚集乡林坊村	—	男	1937 年 12 月
高云领	滨城区堡集镇郎中河村	35	男	1937 年 12 月
林登山	滨城区尚集乡林坊村	—	男	1937 年 12 月
高士英	滨城区堡集镇郎中河村	28	男	1937 年 12 月
林成申	滨城区尚集乡林坊村	—	男	1937 年 12 月
高福生	滨城区堡集镇郎中河村	40	男	1937 年 12 月
林成端	滨城区尚集乡林坊村	—	男	1937 年 12 月
信灯莱	滨城区堡集镇郎中河村	40	男	1937 年 12 月
林怀泉	滨城区尚集乡林坊村	—	女	1937 年 12 月
四 墩	滨城区堡集镇郎中河村	35	男	1937 年 12 月
林克义	滨城区尚集乡林坊村	—	男	1937 年 12 月
信同印	滨城区堡集镇郎中河村	40	男	1937 年 12 月
林双喜	滨城区尚集乡林坊村	—	男	1937 年 12 月
唐守领	滨城区堡集镇郎中河村	41	男	1937 年 12 月
林成勤	滨城区尚集乡林坊村	—	男	1937 年 12 月
林钢头	滨城区尚集乡林坊村	—	男	1937 年 12 月

续表

姓名	籍贯	年龄	性别	死难时间
林怀文	滨城区尚集乡林坊村	—	男	1937年12月
唐克连	滨城区尚集乡林坊村	—	男	1937年12月
林登天	滨城区尚集乡林坊村	—	男	1937年12月
林万天	滨城区尚集乡林坊村	—	男	1937年12月
林怀孔	滨城区尚集乡林坊村	—	男	1937年12月
林光坡	滨城区尚集乡林坊村	—	男	1937年12月
林承焦	滨城区尚集乡林坊村	—	男	1937年12月
林善记	滨城区尚集乡林坊村	—	男	1937年12月
林樊登	滨城区尚集乡林坊村	—	男	1937年12月
林成保	滨城区尚集乡林坊村	—	男	1937年12月
林成真	滨城区尚集乡林坊村	—	男	1937年12月
林克表	滨城区尚集乡林坊村	—	男	1937年12月
林克顺	滨城区尚集乡林坊村	—	男	1937年12月
林怀年	滨城区尚集乡林坊村	—	男	1937年12月
林怀志	滨城区尚集乡林坊村	—	男	1937年12月
林怀印	滨城区尚集乡林坊村	—	男	1937年12月
林连印	滨城区尚集乡林坊村	—	男	1937年12月
林克胜	滨城区尚集乡林坊村	—	男	1937年12月
林怀永	滨城区尚集乡林坊村	—	男	1937年12月
徐　萁	滨城区秦皇台乡北小赵村	48	男	1937年
刘金校	利津县明集乡徐家村	36	男	1937年
李书亭	滨城区市中办事处蒲城村	—	男	1937年
李传汤	滨城区市西办事处油坊李村	—	男	1937年
李士亮	滨城区堡集镇李朝岗村	18	男	1937年
张　秋	滨城区尚集乡顺合村	13	男	1938年1月
张成福	滨城区尚集乡顺合村	23	男	1938年1月
屈银堂	滨城区市东办事处屈家村	—	男	1938年3月13日
刘玉峰	滨城区市东办事处屈家村	—	男	1938年3月13日
屈荫堂	滨城区市东办事处屈家村	—	男	1938年3月13日
屈和礼之母	滨城区市东办事处屈家村	—	女	1938年3月13日
屈国法	滨城区市东办事处屈家村	—	男	1938年3月13日
屈守岐	滨城区市东办事处屈家村	—	男	1938年3月13日
屈建堂	滨城区市东办事处屈家村	—	男	1938年3月13日
刘星振	滨城区市东办事处屈家村	—	男	1938年3月13日

续表

姓 名	籍 贯	年 龄	性 别	死难时间
刘星武	滨城区市东办事处屈家村	—	男	1938 年 3 月 13 日
石福岭	滨城区秦皇台乡东石村	23	男	1938 年
高同义	滨城区市中办事处高杜村	—	男	1938 年
庞腊八	滨城区市东办事处郭集村	—	男	1938 年
张　述	滨城区市东办事处郭集村	—	男	1938 年
郭来明	滨城区市东办事处郭集村	—	男	1938 年
魏凤祥	滨城区市西办事处魏家居委会	38	男	1938 年
梅××	滨城区市西办事处大梅居委会	—	男	1938 年
王　连	滨城区滨北办事处尹家村	26	男	1938 年
唐松岭	滨城区尚集乡永合村	16	男	1939 年 1 月
常学安	滨城区市东办事处常家村	—	男	1939 年 3 月 13 日
张梦周	滨城区梁才办事处西皂户张村	19	男	1939 年 8 月
高复兴	滨城区滨北办事处庵头村	63	男	1939 年 9 月 24 日
耿小名	滨城区滨北办事处庵头村	19	男	1939 年 9 月 24 日
王荣庆	滨城区滨北办事处庵头村	18	男	1939 年 9 月 24 日
毛　文	滨城区滨北办事处庵头村	57	男	1939 年 9 月 24 日
常继绪	滨城区市东办事处常家村	—	男	1939 年
常立安	滨城区市东办事处常家村	—	男	1939 年
刘培生	滨城区市东办事处屈家村	—	男	1939 年
杨顺成	滨城区市西办事处南杨居委会	—	男	1939 年
王小小	滨城区市西办事处双庙刘村	—	男	1939 年
李传鲁	滨城区市西办事处油坊李村	—	男	1939 年
孝小国	滨城区市西办事处油坊李村	—	男	1939 年
刘其明	滨城区彭李办事处山刘村	44	男	1939 年
刘元连	滨城区彭李办事处山刘村	30	男	1939 年
刘永昌	滨城区彭李办事处山刘村	40	男	1939 年
薛立芳	滨城区梁才办事处菜园村	—	男	1939 年
薛立桥	滨城区梁才办事处菜园村	—	男	1939 年
刘建祥	滨城区梁才办事处马店村	48	男	1939 年
唐林泉	滨城区尚集乡战场村	24	男	1940 年 1 月
游传合	滨城区尚集乡永合村	19	男	1940 年 1 月
常守富	滨城区市东办事处常家村	—	男	1940 年 4 月 20 日
郭大海	滨城区彭李办事处大河刘村	25	男	1940 年 12 月
刘铁屯	滨城区彭李办事处大河刘村	23	男	1940 年 12 月

续表

姓名	籍贯	年龄	性别	死难时间
孙连顺	滨城区秦皇台乡马坊村	40	男	1940年
沙林胶	滨城区市东办事处沙家村	—	男	1940年
赵松林	滨城区北镇办事处李庄村	21	男	1940年
赵　顺	滨城区北镇办事处李庄村	20	男	1940年
姜希兰	滨城区滨北办事处秦董姜村	25	男	1940年
杜春吉	滨城区滨北办事处南街村	22	男	1940年
刘文才	滨城区滨北办事处魏家村	—	男	1940年
刘光武	滨城区滨北办事处魏家村	—	男	1940年
郭春岭	滨城区滨北办事处前郭村	—	男	1940年
刘宝琳	滨城区滨北办事处帽吴村	21	男	1940年
王明恕	滨城区滨北办事处吴家村	30	男	1940年
唐中官	滨城区尚集乡战场村	21	男	1941年1月
崔炳旭	滨城区旧镇镇樊家村	45	男	1941年1月
孙跃宗	滨城区旧镇镇傅家村	24	男	1941年1月
于　尊	滨城区滨北办事处西寨子村	—	男	1941年4月12日
樊文堂	滨城区旧镇镇樊家村	25	男	1941年8月
封保田	滨城区滨北办事处封王村	—	男	1941年9月
刘玉泽	滨城区旧镇镇小刘村	24	男	1941年9月
王小照	滨城区旧镇镇新庄村	16	男	1941年12月
赵长亮	滨城区秦皇台乡东石营村	48	男	1941年
刘　害	滨城区秦皇台乡东石营村	32	男	1941年
赵大坏	滨城区秦皇台乡东石营村	18	男	1941年
赵大胖	滨城区秦皇台乡东石营村	18	男	1941年
杜述周	滨城区市中办事处高杜村	—	男	1941年
杜述岭	滨城区市中办事处高杜村	—	男	1941年
李振海	滨城区北镇办事处李庄村	38	男	1941年
于坡汉	滨城区市西办事处洼于村	—	男	1941年
董俊财	滨城区市西办事处康家居委会	—	男	1941年
姜吉商	滨城区滨北办事处秦董姜村	40	男	1941年
侯长发	滨城区梁才办事处北崔村	20	男	1941年
侯宝仁	滨城区梁才办事处北崔村	24	男	1941年
许星伍	滨城区小营办事处孟家村	22	男	1941年
刘超凡	滨城区尚集乡刘国梓村	33	男	1941年
张会来	滨城区尚集乡顺合村	16	男	1942年1月

续表

姓名	籍贯	年龄	性别	死难时间
唐振生	滨城区尚集乡永合村	17	男	1942 年 1 月
陈丙甲	滨城区旧镇镇董家村	17	男	1942 年 1 月
张小成	滨城区旧镇镇杏园马村	19	男	1942 年 1 月
刘其然	滨城区旧镇镇西刘村	23	男	1942 年 3 月
张鹤松	滨城区旧镇镇大张家村	24	男	1942 年 5 月
孙本清	滨城区旧镇镇博古孙村	18	男	1942 年 7 月
刘敬铨	滨城区旧镇镇田楼村	17	男	1942 年 8 月
张成俊	滨城区旧镇镇大张家村	24	男	1942 年 9 月
张金亭	滨城区旧镇镇窑洼村	21	男	1942 年 9 月
赵毕氏	滨城区市东办事处常家村	—	女	1942 年 12 月 1 日
宋清河	滨城区市东办事处常家村	—	男	1942 年 12 月 1 日
赵金玉	滨城区市东办事处常家村	—	男	1942 年 12 月 1 日
常振荣	滨城区市东办事处常家村	—	男	1942 年 12 月 1 日
常学贡	滨城区市东办事处常家村	—	男	1942 年 12 月 1 日
张恩德	滨城区小营办事处守义张村	34	男	1942 年 12 月
任寿光	滨城区秦皇台乡任马村	50	男	1942 年
赵希德	滨城区秦皇台乡任马村	32	男	1942 年
跟　校	滨城区秦皇台乡任马村	16	男	1942 年
张洪信	滨城区秦皇台乡东孙村	40	男	1942 年
陈××	滨城区市中办事处陈台村	—	男	1942 年
牛振生之伯父	滨城区市东办事处北郝村	—	男	1942 年
南星湖之伯父	滨城区市东办事处北郝村	—	男	1942 年
郝永辉之父	滨城区市东办事处北郝村	—	男	1942 年
毕成龙	滨城区市东办事处毕家村	—	男	1942 年
赵老杨	滨城区北镇办事处李庄村	22	男	1942 年
董谢氏	滨城区市西办事处康家居委会	—	女	1942 年
李大备	滨城区市西办事处康家居委会	—	男	1942 年
刘克良	滨城区市西办事处康家居委会	—	男	1942 年
卜庆坤	滨城区滨北办事处吴家村	24	男	1942 年
吴玉南	滨城区滨北办事处吴家村	22	男	1942 年
张文芳	滨城区滨北办事处张木村	21	男	1942 年
张立志	滨城区滨北办事处张木村	20	男	1942 年
陈玉尧	滨城区滨北办事处后张村	22	男	1942 年
张宝友	滨城区滨北办事处后张村	20	男	1942 年

续表

姓名	籍贯	年龄	性别	死难时间
张二九	滨城区滨北办事处秦董姜村	35	男	1942 年
刘二月	滨城区堡集镇王素先村	27	男	1942 年
王寿田	滨城区堡集镇王素先村	21	男	1942 年
赵芳兰	滨城区旧镇镇南李村	21	男	1942 年
张二堂	滨城区尚集乡顺合村	30	男	1943 年 1 月
杨士洪	滨城区市中办事处杨庙村	18	男	1943 年 1 月
王福河	滨城区秦皇台乡苍头王村	26	男	1943 年 1 月
樊玉堂	滨城区旧镇镇樊家村	21	男	1943 年 1 月
樊　享	滨城区旧镇镇樊家村	24	男	1943 年 1 月
董　波	滨城区滨北办事处范家村	19	男	1943 年 2 月
徐保善	滨城区旧镇镇东徐村	18	男	1943 年 4 月
张同池	滨城区小营办事处杠子张村	18	男	1943 年 4 月 12 日
高锡岗	滨城区旧镇镇高家村	23	男	1943 年 5 月
于复明	滨城区滨北办事处皂刘村	18	男	1943 年 7 月 14 日
王兰田	滨城区滨北办事处王铁村	21	男	1943 年 8 月
高锡江	滨城区旧镇镇旧镇村	28	男	1943 年 8 月
孟兆顺	滨城区市东办事处北孟村	—	男	1943 年 9 月
刘德胜	滨城区旧镇镇窑洼村	39	男	1943 年 9 月
李谦远	滨城区旧镇镇东常庄村	34	男	1943 年 11 月
张丙杰	滨城区旧镇镇杏园马村	21	男	1943 年 12 月
李成章	滨城区秦皇台乡西石营村	50	男	1943 年
李伍德	滨城区秦皇台乡齐家村	30	男	1943 年
王化岭	滨城区秦皇台乡台子王村	41	男	1943 年
刘士金	滨城区秦皇台乡颜西村	36	男	1943 年
李　春	滨城区秦皇台乡颜西村	32	男	1943 年
李克义	滨城区秦皇台乡段李村	31	男	1943 年
杜随长	滨城区秦皇台乡前杜村	30	男	1943 年
贾宝庆	滨城区秦皇台乡南贾村	18	男	1943 年
贾在田	滨城区秦皇台乡南贾村	17	男	1943 年
邹碌礴	滨城区市东办事处北吝村	—	男	1943 年
董万平	滨城区市西办事处康家居委会	—	男	1943 年
康福征	滨城区市西办事处康家居委会	—	男	1943 年
张志消	滨城区滨北办事处沙张村	17	男	1943 年
张志峰	滨城区滨北办事处沙张村	27	男	1943 年

续表

姓 名	籍 贯	年 龄	性 别	死难时间
崔清海	滨城区滨北办事处寨子村	21	男	1943 年
徐洪柱	滨城区滨北办事处新徐村	46	男	1943 年
刘付祥	滨城区滨北办事处北齐村	30	男	1943 年
张立先	滨城区滨北办事处张木村	22	男	1943 年
张发忠	滨城区滨北办事处后张村	31	男	1943 年
杜 涛	滨城区滨北办事处姑子庵村	27	男	1943 年
段玉美	滨城区滨北办事处段家村	32	男	1943 年
段平安	滨城区滨北办事处段家村	21	男	1943 年
岳之金	滨城区滨北办事处皂刘村	29	男	1943 年
陈立东	滨城区滨北办事处秦董姜村	31	男	1943 年
刘保安	滨城区滨北办事处刘木皂村	—	男	1943 年
刘清和	滨城区滨北办事处刘木皂村	—	男	1943 年
刘兴瑶	滨城区滨北办事处刘木皂村	—	男	1943 年
张刘氏	滨城区滨北办事处魏家村	—	女	1943 年
李付太	滨城区滨北办事处张锢镥村	—	男	1943 年
王永平	滨城区滨北办事处鞭子狄村	—	男	1943 年
朱明伦	滨城区梁才办事处杨沟朱村	21	男	1943 年
侯振营	滨城区梁才办事处杨沟朱村	21	男	1943 年
吴××	滨城区梁才办事处吴家村	21	男	1943 年
闫庆云	滨城区小营办事处新闫村	12	男	1943 年
张凤岐	滨城区小营办事处新闫村	16	男	1943 年
王庆斌	滨城区小营办事处李庭庄村	18	男	1943 年
许兴庚	滨城区小营办事处许王村	24	男	1943 年
王绍宗	滨城区小营办事处许王村	21	男	1943 年
刘兴均	滨城区滨北镇刘木凿村	16	男	1943 年
常学德	滨城区市东办事处常家村	46	男	1943 年
张立段	滨城区滨北办事处张木匠村	17	男	1943 年
刘洪生	滨城区堡集镇傅家村	27	男	1943 年
苏芝彬	滨城区小营办事处饮马村	29	男	1943 年
孙本喜	滨城区小营办事处大孙村	24	男	1943 年
张庆云	滨城区小营办事处西皂户张村	27	男	1943 年
张其堂	滨城区旧镇镇窑洼村	18	男	1943 年
高小明	滨城区旧镇镇旧镇村	26	男	1943 年
尹树贵	滨城区旧镇镇营盘村	21	男	1943 年

续表

姓 名	籍 贯	年 龄	性 别	死难时间
刘国民	滨城区秦皇台乡颜西村	18	男	1944 年 1 月 5 日
赵保祥	滨城区滨北办事处碱吕村	22	男	1944 年 1 月 15 日
石俊英	滨城区市东办事处北孟村	—	女	1944 年 1 月
单恒之	滨城区滨北办事处单家村	21	男	1944 年 1 月
单杰三	滨城区滨北办事处单家村	21	男	1944 年 1 月
王保山	滨城区堡集镇大王村	22	男	1944 年 1 月
吕松德	滨城区小营办事处吕家村	24	男	1944 年 1 月
孙傅芳	滨城区旧镇镇高家村	18	男	1944 年 1 月
李德胜	滨城区旧镇镇南李村	20	男	1944 年 1 月
张荣堂	—	19	男	1944 年 1 月
于在德	滨城区堡集镇于潮村	27	男	1944 年 2 月
常立柱	滨城区市东办事处常家村	19	男	1944 年 4 月
王清林	滨城区市东办事处西王村	26	男	1944 年 4 月
王召明	滨城区尚集乡皂刘村	21	男	1944 年 4 月
刘希柱	滨城区秦皇台乡杀虎刘村	20	男	1944 年 4 月
尹占瑞	滨城区堡集镇前尹村	24	男	1944 年 4 月
尹子敬	滨城区堡集镇前尹村	26	男	1944 年 4 月
尹成业	滨城区堡集镇前尹村	20	男	1944 年 4 月
尹子顺	滨城区堡集镇前尹村	25	男	1944 年 4 月
尹玉章	滨城区堡集镇前尹村	21	男	1944 年 4 月
尹宗锋	滨城区堡集镇前尹村	23	男	1944 年 4 月
牛炳坤	滨城区小营办事处新兴村	28	男	1944 年 4 月
邱銮芝	滨城区旧镇镇旧镇村	32	男	1944 年 4 月
高圣礼	滨城区旧镇镇高家村	19	男	1944 年 5 月
刘长生	滨城区旧镇镇小刘村	19	男	1944 年 5 月
傅兆温	滨城区旧镇镇傅家村	19	男	1944 年 5 月
吴方修	滨城区梁才乡吴家村	22	男	1944 年 6 月
刘星宿	滨城区市东办事处屈家村	21	男	1944 年 7 月
邱登甲	滨城区旧镇镇旧镇村	25	男	1944 年 7 月
董 渤	滨城区滨北办事处范家村	22	男	1944 年 8 月 17 日
刘柱子	滨城区秦皇台乡杀虎刘村	20	男	1944 年 8 月 17 日
牛福祯	滨城区秦皇台乡朱家村	19	男	1944 年 8 月 17 日
朱连武	滨城区秦皇台乡朱家村	20	男	1944 年 8 月 17 日
张树吉	滨城区滨北办事处张楼村	20	男	1944 年 8 月 17 日

续表

姓 名	籍 贯	年 龄	性 别	死难时间
张德胜	滨城区滨北办事处沿张村	21	男	1944 年 8 月
王冬生	滨城区滨北办事处张家庵村	25	男	1944 年 8 月
王之顺	滨城区市东办事处郑王村	30	男	1944 年 8 月
张玉民	滨城区秦皇台乡东张集村	20	男	1944 年 8 月
张会祥	滨城区滨北办事处张家庵村	18	男	1944 年 8 月
赵振田	滨城区秦皇台乡东石营村	34	男	1944 年 9 月
孙居忠	滨城区秦皇台乡马坊村	22	男	1944 年 9 月
齐德林	滨城区秦皇台乡马坊村	26	男	1944 年 9 月
尹元珍	滨城区堡集镇前尹村	24	男	1944 年 9 月
张舒桐	滨城区旧镇镇窑洼村	20	男	1944 年 9 月
李　洁	滨城区滨北办事处狮子李村	19	男	1944 年 11 月 29 日
石　林	滨城区滨北办事处东寨子村	29	男	1944 年 11 月
张和之	滨城区秦皇台乡西张村	46	男	1944 年
张秀梅之妻	滨城区秦皇台乡瓦屋张村	28	女	1944 年
张福增之妻	滨城区秦皇台乡瓦屋张村	25	女	1944 年
谢××	利津县明集乡谢家宅村	40	男	1944 年
牛福占	滨城区秦皇台乡朱家村	30	男	1944 年
赵武修	滨城区秦皇台乡湾赵村	28	男	1944 年
王孝全	滨城区秦皇台乡单西村	32	男	1944 年
石玉峰	滨城区秦皇台乡东石村	27	男	1944 年
高智东	滨城区秦皇台乡东高村	20	男	1944 年
胡茂林	滨城区秦皇台乡前胡村	34	男	1944 年
胡祯祥	滨城区秦皇台乡前胡村	21	男	1944 年
张狗子	滨城区秦皇台乡打油张村	29	男	1944 年
刘小嵩	滨城区秦皇台乡打油张村	31	男	1944 年
刘景功	滨城区秦皇台乡颜西村	24	男	1944 年
赵长远	滨城区秦皇台乡洛王村	41	男	1944 年
杜吉雨	滨城区秦皇台乡后杜村	41	男	1944 年
张秋田之叔	滨城区市东办事处北杨村	—	男	1944 年
杨小六	滨城区市东办事处北杨村	—	男	1944 年
张秋田之祖父	滨城区市东办事处北杨村	—	男	1944 年
于风岐	滨城区滨北办事处沙张村	18	男	1944 年
张以谋	滨城区滨北办事处沙张村	23	男	1944 年
张以琼	滨城区滨北办事处沙张村	23	男	1944 年

续表

姓名	籍贯	年龄	性别	死难时间
张坡床	滨城区滨北办事处沙张村	18	男	1944 年
张志岭	滨城区滨北办事处沙张村	18	男	1944 年
孙长岭	滨城区滨北办事处柳树孙村	21	男	1944 年
崔在吉	滨城区滨北办事处寨子村	21	男	1944 年
李文福	滨城区滨北办事处北齐村	26	男	1944 年
吴三月	滨城区滨北办事处吴家村	21	男	1944 年
吴　舍	滨城区滨北办事处吴家村	20	男	1944 年
单　花	滨城区滨北办事处单家村	65	男	1944 年
梅凤林	滨城区滨北办事处梅家村	—	男	1944 年
杜纯功	滨城区滨北办事处王安子村	—	男	1944 年
齐兆俊	邹平县长山镇	23	男	1944 年
牛福贞	滨城区秦皇台乡牛家村	22	男	1944 年
吝付星	滨城区堡集镇杜庄村	20	男	1944 年
刘吉友	滨城区堡集镇杜庄村	19	男	1944 年
李秀娥	滨城区堡集镇北杨村	41	女	1944 年
侯春英	滨城区堡集镇北杨村	20	女	1944 年
吝美兰	滨城区堡集镇北杨村	16	女	1944 年
王　俊	滨城区堡集镇王素先村	25	男	1944 年
宋绳孝	滨城区梁才办事处北石村	20	男	1944 年
宋绳祖	滨城区梁才办事处北石村	18	男	1944 年
李景江	滨城区梁才办事处李家村	55	男	1944 年
李志信	滨城区梁才办事处李家村	19	男	1944 年
李传仁	滨城区梁才办事处李家村	52	男	1944 年
邓金亭	滨城区梁才办事处高井村	22	男	1944 年
邓永泰	滨城区梁才办事处高井村	26	男	1944 年
张文禹	滨城区梁才办事处马店村	36	男	1944 年
张全岭	滨城区小营办事处张道村	20	男	1944 年
张吉增	滨城区滨北办事处坦上村	16	男	1944 年
董守宣	滨城区滨北办事处范家村	23	男	1944 年
刘清溪	滨城区滨北办事处帽吴村	23	男	1944 年
刘　成	滨城区滨北办事处帽吴村	23	男	1944 年
卢同祥	滨城区滨北办事处袁家庵村	20	男	1944 年
张本正	滨城区滨北办事处张辉村	23	男	1944 年
张东志	滨城区尚集乡尚店村	23	男	1944 年

续表

姓 名	籍 贯	年 龄	性 别	死难时间
吴志祥	滨城区滨北办事处吴家村	20	男	1944 年
尹德伦	滨城区堡集镇前尹村	23	男	1944 年
黄希春	滨城区堡集镇杨后村	23	男	1944 年
贺天增	滨城区堡集镇于窑村	32	男	1944 年
李曰仁	滨城区小营办事处李官庄村	27	男	1944 年
齐松棠	滨城区小营办事处西齐村	18	男	1944 年
孙本贤	滨城区小营办事处大孙村	21	男	1944 年
邱玉章	滨城区小营办事处团包村	19	男	1944 年
徐建本	滨城区旧镇镇东徐村	19	男	1944 年
高洪禄	滨城区旧镇镇旧镇村	23	男	1944 年
王法顺	滨城区旧镇镇旧镇村	20	男	1944 年
张　乐	滨城区秦皇台乡打油张村	19	男	1945 年 1 月 5 日
范道和	滨城区尚集乡大范村	21	男	1945 年 1 月
刘富贵	滨城区尚集乡刘叶茂村	28	男	1945 年 1 月
王守财	滨城区堡集镇金星庙村	32	男	1945 年 1 月
刘元三	滨城区堡集镇于潮村	22	男	1945 年 1 月
王重周	滨城区堡集镇金星庙村	53	男	1945 年 1 月
王梅廷	滨城区堡集镇金星庙村	31	男	1945 年 1 月
王　春	滨城区堡集镇金星庙村	33	男	1945 年 1 月
王立山	滨城区堡集镇金星庙村	39	男	1945 年 1 月
王立冬	滨城区堡集镇金星庙村	36	男	1945 年 1 月
张俊善	滨城区尚集乡刘叶茂村	25	男	1945 年 2 月
刘绪合	滨城区滨北办事处刘木凿村	17	男	1945 年 2 月
刘柱子	滨城区滨北办事处帽吴村	23	男	1945 年 2 月
李传文	滨城区滨北办事处狮子李村	18	男	1945 年 2 月
刘登峨	滨城区尚集乡周集村	31	男	1945 年 2 月
邱星吉	滨城区小营办事处团包村	21	男	1945 年 2 月
刘星光	滨城区滨北办事处刘木凿村	23	男	1945 年 2 月
赵春宝	滨城区滨北办事处梧桐赵村	27	男	1945 年 3 月
刘景根	滨城区秦皇台乡颜西村	19	男	1945 年 3 月
丛培喜	滨城区堡集镇丛家村	31	男	1945 年 3 月
张玉德	滨城区小营办事处守义张村	20	男	1945 年 3 月
李玉贵	滨城区梁才办事处刘家村	23	男	1945 年 4 月 25 日
董学良	滨城区市中办事处赵寺勿村	21	男	1945 年 4 月

续表

姓名	籍贯	年龄	性别	死难时间
程义温	滨城区梁才乡西刘村	22	男	1945年4月
刘云汉	滨城区堡集镇南常村	22	男	1945年4月
贺玉芹	滨城区旧镇镇贺家村	24	男	1945年4月
王长春	滨城区堡集镇石碾底村	26	男	1945年5月
王元河	滨城区小营办事处三大王村	22	男	1945年5月
张培珍	滨城区旧镇镇窑洼村	18	男	1945年5月
孙士芝	滨城区旧镇镇博古孙村	23	男	1945年5月
刘振业	滨城区尚集乡业继周村	28	男	1945年6月
孙洪钧	滨城区滨北办事处孙家庄	36	男	1945年6月
孙廷郊	滨城区滨北办事处孙家庄	38	男	1945年6月
张承德	滨城区梁才办事处谷家村	37	男	1945年6月
张寿田	滨城区梁才办事处谷家村	26	男	1945年6月
王延庆	滨城区滨北办事处王少槐村	23	男	1945年6月
邢振清	滨城区滨北办事处东山王村	23	男	1945年6月
杜述正	滨城区市中办事处高杜村	22	男	1945年6月
崔守亭	滨城区梁才办事处刘家村	24	男	1945年6月
王春田	滨城区梁才办事处西王村	22	男	1945年6月
赵子溪	滨城区滨北办事处西丁村	29	男	1945年6月
崔兆训	滨城区旧镇镇樊家村	20	男	1945年6月
王廷文	滨城区尚集乡杨集村	19	男	1945年6月
段福岭	滨城区尚集乡李举村	19	男	1945年7月
张兰兆	滨城区旧镇镇大张家村	31	男	1945年7月
田子奎	滨城区旧镇镇田楼村	28	男	1945年7月
高会芝	滨城区旧镇镇旧镇村	24	男	1945年8月
孙方梅	滨城区旧镇镇博古孙村	25	男	1945年8月
刘宗堂	滨城区旧镇镇北徐村	24	男	1945年8月
杜　坤	滨城区滨北办事处双庙张村	—	男	1945年9月
孙泽田	滨城区秦皇台乡寨里孙村	51	男	1945年
赵文生	滨城区秦皇台乡洛王村	39	男	1945年
张吉玉	滨城区滨北办事处沙张村	22	男	1945年
申长明	滨城区滨北办事处沙张村	22	男	1945年
申　礼	滨城区滨北办事处沙张村	24	男	1945年
申学武	滨城区滨北办事处沙张村	19	男	1945年
张创国	滨城区滨北办事处沙张村	19	男	1945年

续表

姓 名	籍 贯	年 龄	性 别	死难时间
王奉刚	滨城区滨北办事处新徐村	30	男	1945 年
梅及氏	滨城区滨北办事处梅家村	—	女	1945 年
宋延龄	滨城区梁才办事处北石村	45	男	1945 年
侯宝连	滨城区梁才办事处北崔家村	20	男	1945 年
陈同恩	滨城区梁才办事处东刘家村	24	男	1945 年
刘国安	滨城区梁才办事处东刘家村	64	男	1945 年
刘宝善	滨城区梁才办事处东刘家村	64	男	1945 年
窦国义	滨城区梁才办事处北石家村	24	男	1945 年
李××	滨城区梁才办事处西刘家村	23	男	1945 年
赵林泉	滨城区小营办事处小吴村	—	男	1945 年
李俊杰	滨城区小营办事处雅店村	—	男	1945 年
代经贵	滨城区小营办事处张道村	22	男	1945 年
尹士文	滨城区滨北办事处狮子李村	18	男	1945 年
张林奎	滨城区滨北办事处篦子张村	22	男	1945 年
于长贤	滨城区滨北办事处沙洼张村	22	男	1945 年
张来柱	滨城区彭李办事处张课村	23	男	1945 年
贾贵云	滨城区市东办事处贾家村	23	男	1945 年
沙占魁	滨城区市东办事处沙家村	22	男	1945 年
王洪昌	滨城区秦皇台乡王家村	20	男	1945 年
吕梦平	滨城区滨北办事处吕家村	24	男	1945 年
孙长合	滨城区滨北办事处西丁村	20	男	1945 年
刘小同	滨城区滨北办事处齐家村	34	男	1945 年
赵云岭	滨城区滨北办事处梧桐赵村	30	男	1945 年
赵玉珍	滨城区滨北办事处梧桐赵村	23	男	1945 年
尹金忠	滨城区堡集镇前尹村	19	男	1945 年
卢文合	滨城区堡集镇前尹村	24	男	1945 年
王洪祥	滨城区堡集镇石家村	25	男	1945 年
孙树明	滨城区堡集镇孙家村	16	男	1945 年
韩玉堂	滨城区小营办事处李廷庄村	25	男	1945 年
张洪祥	滨城区小营办事处张官村	46	男	1945 年
程小虎	滨城区小营办事处三里村	22	男	1945 年
吴老虎	滨城区小营办事处潘家村	20	男	1945 年
刘德胜	滨城区旧镇镇大张家村	22	男	1945 年
谢××	滨城区秦皇台乡瓦张村	—	男	—

续表

姓名	籍贯	年龄	性别	死难时间
张　斌	滨城区秦皇台乡罗家堡村	—	男	—
孙泽德	滨城区秦皇台乡寨里孙村	—	男	—
胡江亭	滨城区秦皇台乡前胡村	—	男	—
王　福	滨城区秦皇台乡仓头王村	—	男	—
王　和	滨城区秦皇台乡西街村	—	男	—
王荣全	滨城区秦皇台乡西街村	—	男	—
贾春年	滨城区秦皇台乡南贾村	—	男	—
贾群岭	滨城区秦皇台乡南贾村	—	男	—
贾炳伍	滨城区秦皇台乡南贾村	—	男	—
常建三	滨城区市中办事处北三村	—	男	—
赵忠发	滨城区市中办事处五里村	—	男	—
赵小祥	滨城区市中办事处五里村	—	男	—
韩方明	滨城区市中办事处五里村	—	男	—
陈吉利	滨城区市中办事处陈台村	—	男	—
宋振山	滨城区市中办事处东关村	—	男	—
卜宝兴	滨城区市中办事处东关村	—	男	—
杜廷静	滨城区市中办事处高杜村	—	男	—
王难看	滨城区市东办事处东王村	—	男	—
李恩浩	滨城区市西办事处油坊李村	—	男	—
李恩荣	滨城区市西办事处油坊李村	—	男	—
李宝元	滨城区市西办事处油坊李村	—	男	—
梅龙潭	滨城区市西办事处大梅居委会	—	男	—
张书文	滨城区市西办事处张八棍村	—	男	—
李振福	滨城区市西办事处东碾李村	40	男	—
李　洪	滨城区市西办事处油坊李村	—	男	—
李恩会	滨城区市西办事处油坊李村	—	男	—
李菜安	滨城区市西办事处油坊李村	—	男	—
李方厚	滨城区市西办事处油坊李村	—	男	—
陈米贵	滨城区滨北办事处陈家村	—	男	—
张玉泰	滨城区滨北办事处薛家村	—	男	—
王　平	滨城区滨北办事处薛家村	—	男	—
王成书	滨城区滨北办事处薛家村	—	男	—
王同岭	滨城区滨北办事处事后山王村	—	男	—
谭振东	滨城区滨北办事处瓦屋邢村	—	男	—

续表

姓 名	籍 贯	年 龄	性 别	死难时间
刘 用	滨城区滨北办事处双刘村	21	男	—
张德才	滨城区滨北办事处皂刘村	—	男	—
张德才之父	滨城区滨北办事处皂刘村	—	男	—
张凤华	滨城区滨北办事处皂刘村	—	男	—
张凤华之父	滨城区滨北办事处皂刘村	—	男	—
张清明	滨城区滨北办事处皂刘村	—	男	—
张清泉	滨城区滨北办事处皂刘村	—	男	—
高 ×	滨城区梁才办事处高家村	—	男	—
王 ×	滨城区梁才办事处西王家村	—	男	—
田 ×	滨城区梁才办事处田家村	20	男	—
韩 刚	滨城区小营办事处杨家村	17	男	—
韩牛子	滨城区小营办事处杨家村	19	男	—
韩良子	滨城区小营办事处杨家村	21	男	—
崔希成	滨城区小营办事处崔家村	33	男	—
靳德信	滨城区小营办事处黄王村	—	男	—
赵大学	滨城区小营办事处黄王村	—	男	—
刘 易	滨城区滨北办事处高家村	—	男	—
杜 岭	滨城区滨北办事处北三里村	—	男	—
徐 四	滨城区滨北办事处北三里村	—	男	—
杜哑巴	滨城区滨北办事处北三里村	—	男	—
胡树德	滨城区滨北办事处炊王村	—	男	—
仁长海	滨城区旧镇镇占刘村	63	男	—
于国基	滨城区旧镇镇寺后于村	—	男	—
张丛山	滨城区旧镇镇尧洼村	—	男	—
张志信	滨城区旧镇镇尧洼村	55	男	—
张志仁	滨城区旧镇镇尧洼村	63	男	—
张小田	滨城区旧镇镇尧洼村	—	男	—
张万和	滨城区旧镇镇尧洼村	—	男	—
张金枝	滨城区旧镇镇尧洼村	55	男	—
贺朋领	滨城区旧镇镇贺家村	—	男	—
李寿堂	滨城区旧镇镇大李村	—	男	—
刘安贤	滨城区旧镇镇大刘村	—	男	—
张成吉	滨城区旧镇镇大张村	24	男	—
张兰兆	滨城区旧镇镇大张村	31	男	—

续表

姓名	籍贯	年龄	性别	死难时间
张合松	滨城区旧镇镇大张村	24	男	—
张守真	滨城区旧镇镇大张村	18	女	—
张成俊	滨城区旧镇镇大张村	24	男	—
张云路	滨城区旧镇镇大张村	24	男	—
张德胜	滨城区旧镇镇大张村	19	男	—
张金兰	滨城区旧镇镇大张村	45	女	—
张　氏	滨城区旧镇镇大张村	47	女	—
张　氏	滨城区旧镇镇大张村	50	女	—
张李氏	滨城区旧镇镇大张村	22	女	—
张守功	滨城区旧镇镇大张村	18	男	—
张耀武	滨城区旧镇镇大张村	22	男	—
黄克亮	滨城区旧镇镇东徐村	—	男	—
吕子元	滨城区旧镇镇徐一村	—	男	—
刘志文	滨城区旧镇镇徐四村	—	男	—
王家修	滨城区旧镇镇张家庄村	—	男	—
王玉珍	滨城区旧镇镇王楼村	—	女	—
高小同	滨城区旧镇镇旧镇村	—	男	—
杨永全	滨城区小营办事处戴家村	—	男	—
孙明志	滨城区小营办事处大孙村	—	男	—
张西柱	滨城区滨北办事处角楼宋村	—	男	—
张小刚	滨城区滨北办事处角楼宋村	—	男	—
邱顺宝	滨城区滨北办事处邱家村	—	男	—
吕俊仁	滨城区滨北办事处碱吕村	23	男	—
吕保荣	滨城区滨北办事处碱吕村	30	男	—
霍大力	滨城区旧镇镇邱家村	76	男	1937 年
李张氏	滨城区旧镇镇南李村	29	女	1937 年
韩兴正	滨城区市西办事处东韩村	72	男	1937 年
张良生	滨城区旧镇镇尧洼村	78	男	1937 年
张王氏	滨城区旧镇镇杏元马村	61	女	1937 年
张李氏	滨城区旧镇镇东南张村	73	女	1937 年
陈光孝	滨城区旧镇镇南董村	61	男	1937 年
王金锋	滨城区市东办事处西王村	34	男	1937 年
李广秋	滨城区旧镇镇小街村	29	男	1937 年
王成信	滨城区旧镇镇邢地王村	28	男	1937 年

续表

姓 名	籍 贯	年 龄	性 别	死难时间
刘佐臣	滨城区旧镇镇刘王村	41	男	1937 年
李三生	滨城区旧镇镇大李村	60	男	1937 年
王　良	滨城区旧镇镇蝎子王村	49	男	1937 年
凡忠堂	滨城区旧镇镇樊西村	60	男	1937 年
翟兰英	滨城区旧镇镇西刘村	72	女	1937 年
王　木	滨城区旧镇镇小刘村	70	男	1937 年
吴民生	滨城区旧镇镇大刘村	60	男	1937 年
邱三生	滨城区旧镇镇邱家村	—	男	1937 年
贺永民	滨城区旧镇镇贺家村	60	男	1937 年
崔　浩	滨城区旧镇镇洼里付村	57	男	1937 年
韩张氏	滨城区旧镇镇南新庄村	67	女	1937 年
王国强	滨城区旧镇镇尧洼村	58	男	1937 年
高孙氏	滨城区旧镇镇高东村	56	女	1937 年
孙同兴	滨城区旧镇镇高西村	52	男	1937 年
王大花	滨城区旧镇镇大张村	67	女	1937 年
陈义兴	滨城区旧镇镇南董村	53	男	1937 年
周木申	滨城区旧镇镇周家村	46	男	1937 年
于红礼	滨城区旧镇镇寺后于村	31	男	1937 年
付方民	滨城区旧镇镇洼里付村	60	男	1937 年
徐东生	滨城区旧镇镇东徐村	56	男	1937 年
张兴三	滨城区旧镇镇药丸村	67	男	1937 年
张刘氏	滨城区旧镇镇药丸村	62	女	1937 年
张　林	滨城区旧镇镇尧洼村	57	男	1937 年
孙义先	滨城区旧镇镇高西村	46	男	1937 年
霍郭氏	滨城区旧镇镇霍家村	59	女	1937 年
张　力	滨城区旧镇镇大张村	53	男	1937 年
刘小旺	滨城区旧镇镇樊东村	61	男	1937 年
赵张氏	滨城区旧镇镇三合村	20	女	1937 年
王恒祥	滨城区旧镇镇董集村	35	男	1937 年
王恒喜	滨城区旧镇镇董集村	21	男	1937 年
王恒林	滨城区旧镇镇董集村	29	男	1937 年
田相臣	滨城区旧镇镇田西村	34	男	1937 年
王克贤	滨城区旧镇镇大道王村	48	男	1937 年
赵大卫	滨城区旧镇镇仁刘赵村	29	男	1937 年

续表

姓 名	籍 贯	年 龄	性 别	死难时间
侯晓友之父	滨城区梁才办事处宋庙村	40	男	1937 年
王凤海	滨城区梁才办事处八里村	40	男	1937 年
高发功	滨城区梁才办事处东大高村	30	男	1937 年
高成梦	滨城区梁才办事处东大高村	40	男	1937 年
高裤子	滨城区梁才办事处东大高村	16	男	1937 年
高十一	滨城区梁才办事处东大高村	40	男	1937 年
高喜堂	滨城区梁才办事处东大高村	51	男	1937 年
高善堂	滨城区梁才办事处东大高村	57	男	1937 年
程汉杰	滨城区梁才办事处西刘村	47	男	1937 年
邓春林	滨城区梁才办事处西刘村	36	男	1937 年
刘振江	滨城区梁才办事处东刘村	53	男	1937 年
刘水泉	滨城区梁才办事处东刘村	32	男	1937 年
刘绳子	滨城区梁才办事处东刘村	28	男	1937 年
刘　收	滨城区梁才办事处东刘村	33	男	1937 年
索三生	滨城区梁才办事处南崔村	24	男	1937 年
侯元信之父	滨城区梁才办事处杨沟朱村	36	男	1937 年
朱连俊之伯父	滨城区梁才办事处杨沟朱村	37	男	1937 年
赵蓬年	滨城区市西办事处堤东赵村	57	男	1937 年
赵清刘	滨城区市西办事处堤东赵村	60	男	1937 年
丁立堂	滨城区市西办事处丁口村	30	男	1937 年
张××	滨城区市东办事处郭集村	39	男	1937 年
张家祥	滨城区市东办事处宣家村	18	男	1937 年
韩明文	滨城区小营办事处道旭村	44	男	1937 年
王　平	滨城区秦皇台乡王铟镥村	51	男	1937 年
贾长付	滨城区秦皇台乡南贾村	35	男	1937 年
贺三生	滨城区旧镇镇贺家村	57	男	1938 年 1 月
张王氏	滨城区旧镇镇大张村	56	女	1938 年 1 月
郭刘氏	滨城区旧镇镇郭庙村	62	女	1938 年 1 月
马兰义	滨城区旧镇镇杏元马村	70	男	1938 年 1 月
刘宗江	滨城区北镇办事处义和居委会	45	男	1938 年 1 月
王刘氏	滨城区旧镇镇南新庄村	48	女	1938 年 2 月
张郭氏	滨城区旧镇镇尧洼村	61	女	1938 年 2 月
高　河	滨城区旧镇镇高东村	62	男	1938 年 2 月
孙刘氏	滨城区旧镇镇高西村	48	女	1938 年 2 月

续表

姓 名	籍 贯	年 龄	性 别	死难时间
霍胜利	滨城区旧镇镇霍家村	57	男	1938 年 2 月
董学中	滨城区旧镇镇南董村	49	男	1938 年 2 月
周小林	滨城区旧镇镇周家村	52	男	1938 年 2 月
凡刘氏	滨城区旧镇镇樊西村	56	女	1938 年 2 月
刘王氏	滨城区旧镇镇樊东村	59	女	1938 年 2 月
李麦岭	滨城区市西办事处菜园李村	63	男	1938 年 2 月
赵延合	滨城区旧镇镇桑行赵村	31	男	1938 年 3 月
刘王氏	滨城区旧镇镇小刘村	57	女	1938 年 3 月
李广兴	滨城区旧镇镇洼里付村	61	男	1938 年 3 月
徐李氏	滨城区旧镇镇东徐村	48	女	1938 年 3 月
王宗儒	滨城区市东办事处西王村	40	男	1938 年 3 月
吴汉芝	滨城区旧镇镇杏元马村	41	男	1938 年 4 月
王学孟	滨城区市东办事处西王村	34	男	1938 年 4 月
于红汝	滨城区旧镇镇寺后于村	40	男	1938 年 5 月
谢永胜	滨城区市西办事处西谢村	71	男	1938 年 5 月
彭光生	滨城区市西办事处东韩村	40	男	1938 年 5 月
贺乐义	滨城区旧镇镇贺家村	59	男	1938 年 6 月
李洪三	滨城区旧镇镇南李村	68	男	1938 年 6 月
崔佃臣	滨城区梁才办事处北崔村	20	男	1938 年 6 月
张炳礼	滨城区梁才办事处北崔村	19	男	1938 年 6 月
崔国林	滨城区梁才办事处北崔村	20	男	1938 年 6 月
崔同聚	滨城区梁才办事处北崔村	20	男	1938 年 6 月
王水派	滨城区梁才办事处北崔村	18	男	1938 年 6 月
张耿银	滨城区梁才办事处北崔村	18	男	1938 年 6 月
王殿令	滨城区市东办事处西王村	37	男	1938 年 6 月
翟永民	滨城区旧镇镇西刘村	48	男	1938 年 7 月
李良民	滨城区旧镇镇大李村	49	男	1938 年 7 月
霍 民	滨城区旧镇镇邱家村	63	男	1938 年 7 月
吴汉堂	滨城区旧镇镇杏元马村	63	男	1938 年 7 月
崔李氏	滨城区旧镇镇樊东村	49	女	1938 年 7 月
王桂材	滨城区市东办事处西王村	34	男	1938 年 7 月
张汉友	滨城区旧镇镇尧洼村	59	男	1938 年 8 月
王 锡	滨城区市东办事处西王村	43	男	1938 年 8 月
王元和	滨城区市东办事处西王村	41	男	1938 年 9 月

续表

姓名	籍贯	年龄	性别	死难时间
马玉克	滨城区秦皇台乡张马村	32	男	1938 年 9 月
崔汉良	滨城区旧镇镇苏家村	—	男	1938 年 10 月
王胜利	滨城区旧镇镇蝎子王村	57	男	1938 年 10 月
张良三	滨城区旧镇镇药丸村	49	男	1938 年 10 月
孙　磊	滨城区旧镇镇高西村	68	男	1938 年 10 月
霍刘氏	滨城区旧镇镇霍家村	49	女	1938 年 10 月
王刘氏	滨城区旧镇镇大张村	43	女	1938 年 10 月
郭胜芝	滨城区旧镇镇东南张村	58	男	1938 年 10 月
凡广义	滨城区旧镇镇樊西村	67	男	1938 年 10 月
刘继生	滨城区旧镇镇大刘村	48	男	1938 年 11 月
李殿臣	滨城区旧镇镇南李村	66	男	1938 年 11 月
于红明	滨城区旧镇镇寺后于村	33	男	1938 年 12 月
张孙氏	滨城区旧镇镇尧洼村	60	女	1938 年 12 月
张　生	滨城区旧镇镇大张村	70	男	1938 年 12 月
樊文广	滨城区旧镇镇樊东村	57	男	1938 年 12 月
张保友	滨城区滨北办事处后张村	50	男	1938 年
辛可能	滨城区旧镇镇辛家村	21	男	1938 年
王顺三	滨城区旧镇镇彭王村	37	男	1938 年
王董氏	滨城区旧镇镇耿家村	—	女	1938 年
于长福	滨城区旧镇镇道门于村	50	男	1938 年
于可后	滨城区旧镇镇道门于村	40	男	1938 年
于付氏	滨城区旧镇镇道门于村	36	女	1938 年
王占才	滨城区旧镇镇王官村	40	男	1938 年
邱振让	滨城区旧镇镇王官村	38	男	1938 年
王宫南	滨城区旧镇镇大道王村	39	男	1938 年
刘荣升	滨城区旧镇镇举门村	28	男	1938 年
赵大株	滨城区旧镇镇仁刘赵村	44	男	1938 年
梁玉芹	滨城区梁才办事处龙王崖村	40	男	1938 年
李宝三	滨城区梁才办事处龙王崖村	40	男	1938 年
梁皮叉	滨城区梁才办事处龙王崖村	20	男	1938 年
徐文街	滨城区梁才办事处张王村	30	男	1938 年
王增太	滨城区梁才办事处大郑村	34	男	1938 年
王　树	滨城区梁才办事处大郑村	15	男	1938 年
张锡元	滨城区梁才办事处西王村	30	男	1938 年

续表

姓 名	籍 贯	年 龄	性 别	死难时间
王文田	滨城区梁才办事处王大夫村	18	男	1938 年
李有才	滨城区彭李办事处菜刘居委会	19	男	1938 年
裴义郁	滨城区市西办事处双庙刘村	46	男	1938 年
徐效义	滨城区市西办事处徐家村	53	男	1938 年
朋秀岩	滨城区市西办事处许家村	—	男	1938 年
丁昌生	滨城区市西办事处丁口村	21	男	1938 年
周 ×	滨城区市西办事处丁口村	63	男	1938 年
宋××	滨城区尚集乡后宋村	60	男	1938 年
宋张氏	滨城区尚集乡后宋村	60	女	1938 年
谭玉安	滨城区尚集乡谭家村	68	男	1938 年
谭玉杰	滨城区尚集乡谭家村	65	男	1938 年
周石头	滨城区尚集乡周家集	23	男	1938 年
周 氏	滨城区尚集乡周家集	60	女	1938 年
刘存福	滨城区尚集乡刘国梓村	32	男	1938 年
刘新河	滨城区尚集乡刘国梓村	28	男	1938 年
杨铁头	滨城区尚集乡杨柳雪村	35	男	1938 年
杨吴氏	滨城区尚集乡杨柳雪村	63	女	1938 年
张凤岭	滨城区市东办事处郭集村	30	男	1938 年
张宝良	滨城区市东办事处郭集村	50	男	1938 年
张胜松	滨城区市东办事处王兰家村	20	男	1938 年
郭敬堂	滨城区市东办事处王兰家村	21	男	1938 年
宣兆洪	滨城区市东办事处宣家村	20	男	1938 年
宣××	滨城区市东办事处宣家村	19	男	1938 年
宣××	滨城区市东办事处宣家村	17	男	1938 年
郝云汉	滨城区市东办事处郝家村	18	男	1938 年
牛云子	滨城区市东办事处郝家村	20	男	1938 年
赵寿见	滨城区市东办事处坊子村	31	男	1938 年
孙万杰	滨城区小营办事处大孙村	22	男	1938 年
张鸿勋	滨城区小营办事处小吴村	—	男	1938 年
籍 功	滨城区秦皇台乡籍家村	42	男	1938 年
李长德	滨城区秦皇台乡干西李村	29	男	1938 年
刘光田	滨城区秦皇台乡洛王村	42	男	1938 年
张 捡	滨城区秦皇台乡打油张村	51	男	1938 年
颜本良	滨城区秦皇台乡颜东村	28	男	1938 年

续表

姓 名	籍 贯	年 龄	性 别	死难时间
贾张氏	滨城区秦皇台乡南贾村	36	女	1938 年
石风池	滨城区秦皇台乡东石村	26	男	1938 年
石 娥	滨城区秦皇台乡东石村	24	男	1938 年
石青华	滨城区秦皇台乡东石村	25	男	1938 年
杨小起	滨城区市中办事处刘口居委会	—	男	1938 年
刘小屯	滨城区市中办事处刘口居委会	—	男	1938 年
刘桂庆	滨城区市中办事处刘口居委会	—	男	1938 年
李爱民	滨城区旧镇镇大李村	52	男	1939 年 2 月
贺国强	滨城区旧镇镇贺家村	70	男	1939 年 2 月
李刘氏	滨城区旧镇镇洼里付村	62	女	1939 年 2 月
甄永义	滨城区旧镇镇蝎子王村	61	男	1939 年 2 月
张小力	滨城区旧镇镇药丸村	58	男	1939 年 2 月
张刘氏	滨城区旧镇镇尧洼村	50	女	1939 年 2 月
孙贾氏	滨城区旧镇镇高西村	67	女	1939 年 2 月
李 花	滨城区旧镇镇大张村	49	女	1939 年 2 月
郭义堂	滨城区旧镇镇郭庙村	69	男	1939 年 2 月
郭胜义	滨城区旧镇镇东南张村	66	男	1939 年 2 月
周森林	滨城区旧镇镇周家村	60	男	1939 年 2 月
李汉金	滨城区旧镇镇南李村	71	男	1939 年 2 月
崔义广	滨城区旧镇镇樊东村	67	男	1939 年 2 月
高 源	滨城区旧镇镇高东村	59	男	1939 年 3 月
凡王氏	滨城区旧镇镇樊西村	47	女	1939 年 3 月
刘忽文	滨城区市中办事处刘口居委会	—	男	1939 年 3 月
王殿春	滨城区市东办事处西王村	28	男	1939 年 3 月
张乐三	滨城区旧镇镇西刘村	59	男	1939 年 4 月
马张氏	滨城区旧镇镇杏元马村	64	女	1939 年 4 月
王维封	滨城区市东办事处西王村	38	男	1939 年 4 月
李霍氏	滨城区旧镇镇南李村	74	女	1939 年 5 月
刘增田	滨城区北镇办事处耿家居委会	25	男	1939 年 5 月
韩大兵	滨城区市西办事处东韩村	47	男	1939 年 5 月
王学孔	滨城区市东办事处西王村	35	男	1939 年 5 月
贺汉三	滨城区旧镇镇贺家村	62	男	1939 年 6 月
周福生	滨城区市西办事处东韩村	45	男	1939 年 6 月
王 明	滨城区市东办事处西王村	36	男	1939 年 6 月

续表

姓 名	籍 贯	年 龄	性 别	死难时间
郑光希	滨城区旧镇镇郑家村	39	男	1939 年 7 月
刘华梅	滨城区旧镇镇小刘村	60	女	1939 年 7 月
王　梅	滨城区旧镇镇大张村	60	女	1939 年 7 月
王殿祯	滨城区市东办事处西王村	25	男	1939 年 7 月
宋　氏	滨城区秦皇台乡杀虎刘村	21	女	1939 年 7 月
张王氏	滨城区旧镇镇尧洼村	56	女	1939 年 8 月
邢光堂	滨城区旧镇镇南董村	71	男	1939 年 8 月
宣同芹	滨城区市西办事处菜园李村	65	女	1939 年 8 月
耿华堂	滨城区旧镇镇姜街村	36	男	1939 年 9 月
孙培山	滨城区旧镇镇高彭庄村	42	男	1939 年 9 月
曹国民	滨城区旧镇镇贺家村	67	男	1939 年 9 月
吴李氏	滨城区旧镇镇杏元马村	67	女	1939 年 9 月
王　铭	滨城区市东办事处西王村	40	男	1939 年 9 月
董　小	滨城区旧镇镇姜街村	39	男	1939 年 10 月
李同义	滨城区旧镇镇姜街村	34	男	1939 年 10 月
吴赵氏	滨城区旧镇镇大刘村	46	女	1939 年 10 月
霍民生	滨城区旧镇镇邱家村	59	男	1939 年 10 月
张厂厂	滨城区旧镇镇南新庄村	52	男	1939 年 10 月
张王氏	滨城区旧镇镇东徐村	50	女	1939 年 10 月
郭张氏	滨城区旧镇镇东南张村	70	女	1939 年 10 月
宋脏样	滨城区市东办事处湾东赵村	38	男	1939 年 10 月
赵保一	滨城区旧镇镇桑行赵村	50	男	1939 年 11 月
陈李氏	滨城区旧镇镇南董村	70	女	1939 年 11 月
曹刘氏	滨城区旧镇镇贺家村	68	女	1939 年 12 月
李红兰	滨城区旧镇镇蝎子王村	48	女	1939 年 12 月
张二民	滨城区旧镇镇药丸村	52	男	1939 年 12 月
刘　兴	滨城区旧镇镇尧洼村	49	男	1939 年 12 月
孙小川	滨城区旧镇镇高西村	72	男	1939 年 12 月
霍孙氏	滨城区旧镇镇霍家村	60	女	1939 年 12 月
王洪中	滨城区旧镇镇大张村	70	男	1939 年 12 月
郭仁义	滨城区旧镇镇郭庙村	56	男	1939 年 12 月
马文三	滨城区旧镇镇杏元马村	55	男	1939 年 12 月
凡义新	滨城区旧镇镇樊西村	57	男	1939 年 12 月
李会河	滨城区市西办事处东谢村	59	男	1939 年 12 月

续表

姓 名	籍 贯	年 龄	性 别	死难时间
辛成一	滨城区旧镇镇辛家村	32	男	1939 年
王宝起	滨城区滨北办事处王家村	53	男	1939 年
韩增祥	滨城区旧镇镇义和庄村	39	男	1939 年
封寿勃	滨城区滨北办事处封王村	—	男	1939 年
段景礼	滨城区滨北办事处段家村	57	男	1939 年
李张氏	滨城区旧镇镇辛家村	36	女	1939 年
辛排成	滨城区旧镇镇辛家村	29	男	1939 年
刘荣昌	滨城区旧镇镇彭王村	29	男	1939 年
耿玉兰	滨城区旧镇镇耿家村	—	女	1939 年
王孙氏	滨城区旧镇镇耿家村	—	女	1939 年
刘宝湖	滨城区旧镇镇占刘村	28	男	1939 年
刘建仁	滨城区旧镇镇彭沟村	35	男	1939 年
田安臣	滨城区旧镇镇田西村	35	男	1939 年
田邦臣	滨城区旧镇镇田西村	32	男	1939 年
于胜阶	滨城区旧镇镇道门于村	42	男	1939 年
杨张氏	滨城区旧镇镇道门于村	45	女	1939 年
于洪杰	滨城区旧镇镇道门于村	50	男	1939 年
邱光荣	滨城区旧镇镇王官村	42	男	1939 年
王桂林	滨城区旧镇镇大道王村	42	男	1939 年
刘会先	滨城区旧镇镇举门村	36	男	1939 年
刘泽广	滨城区旧镇镇举门村	42	男	1939 年
刘金华	滨城区旧镇镇举门村	29	男	1939 年
马××	滨城区彭李办事处卜家居委会	51	男	1939 年
李根子	滨城区彭李办事处西李居委会	21	男	1939 年
杜邱氏	滨城区堡集镇杜家庄村	61	女	1939 年
裴文伟	滨城区市西办事处双庙刘村	48	男	1939 年
裴文柱	滨城区市西办事处双庙刘村	46	男	1939 年
赵清川	滨城区市西办事处堤东赵村	59	男	1939 年
赵××	滨城区市西办事处丁口村	56	男	1939 年
张德才	滨城区市西办事处张蒋村	19	男	1939 年
李　振	滨城区尚集乡杏行李村	32	男	1939 年
李　龙	滨城区尚集乡杏行李村	28	男	1939 年
李　氏	滨城区尚集乡谭家村	67	女	1939 年
杨××	滨城区尚集乡杨集村	65	男	1939 年

续表

姓 名	籍 贯	年 龄	性 别	死难时间
杨李氏	滨城区尚集乡杨集村	67	女	1939 年
林柱子	滨城区尚集乡林家村	28	男	1939 年
张××	滨城区尚集乡刘叶茂村	25	男	1939 年
刘××	滨城区尚集乡刘叶茂村	26	男	1939 年
杨赵氏	滨城区尚集乡杨柳雪村	59	女	1939 年
郭红庆	滨城区市东办事处郭集村	67	男	1939 年
郭二月	滨城区市东办事处郭集村	22	男	1939 年
张维庆	滨城区市东办事处小周家村	70	男	1939 年
张瑞莪	滨城区市东办事处宣家村	19	男	1939 年
宣××	滨城区市东办事处宣家村	18	男	1939 年
赵子军	滨城区市东办事处坊子村	36	男	1939 年
靳克梓	滨城区小营办事处黄王村	—	男	1939 年
靳学书	滨城区小营办事处黄王村	—	男	1939 年
赵安良	滨城区小营办事处黄王村	—	男	1939 年
王方贤	滨城区小营办事处密桑行村	—	男	1939 年
邵进财	滨城区小营办事处邵家村	—	男	1939 年
朱金成	滨城区小营办事处朱家村	—	男	1939 年
曲根生	滨城区小营办事处朱全村	—	男	1939 年
李 改	滨城区小营办事处朱全村	—	男	1939 年
王寿贞	滨城区秦皇台乡王锢镥村	48	男	1939 年
籍学伍	滨城区秦皇台乡籍家村	41	男	1939 年
宋长寿	滨城区秦皇台乡宋大学村	28	男	1939 年
张 铁	滨城区秦皇台乡宋大学村	28	男	1939 年
马 会	滨城区秦皇台乡马士举村	40	男	1939 年
杜长松	滨城区秦皇台乡后杜村	38	男	1939 年
王寿周	滨城区秦皇台乡王门村	40	男	1939 年
王 志	滨城区秦皇台乡台子王村	27	男	1939 年
李长荣	滨城区秦皇台乡段李村	34	男	1939 年
贾三俊	滨城区秦皇台乡南贾村	33	女	1939 年
贾 果	滨城区秦皇台乡南贾村	34	男	1939 年
刘士杰	滨城区秦皇台乡颜西村	38	男	1939 年
郑关华	滨城区旧镇镇郑家村	41	男	1940 年 1 月
刘凤清	滨城区旧镇镇刘王村	52	男	1940 年 1 月
张老万	滨城区旧镇镇大张村	67	男	1940 年 1 月

续表

姓名	籍贯	年龄	性别	死难时间
杨丙义	滨城区旧镇镇郭庙村	47	男	1940 年 1 月
郭学民	滨城区旧镇镇东南张村	54	男	1940 年 1 月
彭光申	滨城区市西办事处东韩村	43	男	1940 年 1 月
邱广兴	滨城区旧镇镇邱家村	48	男	1940 年 2 月
棣国庆	滨城区旧镇镇南新庄村	56	男	1940 年 2 月
张王氏	滨城区旧镇镇药丸村	57	女	1940 年 2 月
王石头	滨城区旧镇镇尧洼村	67	男	1940 年 2 月
高　磊	滨城区旧镇镇高东村	67	男	1940 年 2 月
孙爱民	滨城区旧镇镇高西村	60	男	1940 年 2 月
霍广义	滨城区旧镇镇霍家村	62	男	1940 年 2 月
崔中堂	滨城区旧镇镇樊东村	62	男	1940 年 2 月
谢克礼	滨城区市西办事处东谢村	58	男	1940 年 2 月
贺张氏	滨城区旧镇镇贺家村	69	女	1940 年 2 月
窦付全	滨城区滨北办事处窦家村	60	男	1940 年 3 月
于红恩	滨城区旧镇镇寺后于村	35	男	1940 年 3 月
李张氏	滨城区旧镇镇大李村	57	女	1940 年 3 月
马相营	滨城区旧镇镇杏元马村	59	男	1940 年 3 月
邢张氏	滨城区旧镇镇南董村	76	女	1940 年 3 月
周铁生	滨城区旧镇镇周家村	50	男	1940 年 3 月
韩学光	滨城区市西办事处东韩村	80	男	1940 年 3 月
范振歧	滨城区市西办事处新庄村	60	男	1940 年 3 月
赵九一	滨城区旧镇镇桑行赵村	50	男	1940 年 4 月
刘晋东	滨城区秦皇台乡杀虎刘村	40	男	1940 年 4 月
李合峰	滨城区市西办事处菜园李村	60	男	1940 年 5 月
李立成	滨城区滨北办事处东坊村	45	男	1940 年 6 月
尹长生	滨城区堡集镇前尹村	48	男	1940 年 6 月
尹福体	滨城区堡集镇前尹村	43	男	1940 年 6 月
常如玉	滨城区堡集镇前尹村	58	女	1940 年 6 月
尹方正	滨城区堡集镇中尹村	32	男	1940 年 6 月
王树华	滨城区滨北办事处王家村	61	男	1940 年 7 月
赵福全	滨城区旧镇镇桑行赵村	30	男	1940 年 7 月
刘永义	滨城区旧镇镇小刘村	69	男	1940 年 7 月
刘张氏	滨城区旧镇镇大刘村	52	女	1940 年 7 月
张胜利	滨城区旧镇镇东徐村	60	男	1940 年 7 月

续表

姓名	籍贯	年龄	性别	死难时间
张八斤	滨城区旧镇镇大张村	70	男	1940 年 7 月
郭胜利	滨城区旧镇镇东南张村	43	男	1940 年 7 月
刘三兴	滨城区旧镇镇樊东村	52	男	1940 年 7 月
平	滨城区秦皇台乡杀虎刘村	25	男	1940 年 7 月
张万德	滨城区秦皇台乡张马村	38	男	1940 年 7 月
崔乐升	滨城区旧镇镇苏家村	67	男	1940 年 8 月
刘张氏	滨城区旧镇镇尧洼村	52	女	1940 年 8 月
吴广刚	滨城区旧镇镇杏元马村	47	男	1940 年 8 月
范振刚	滨城区市西办事处新庄村	53	男	1940 年 8 月
董学胜	滨城区旧镇镇南董村	67	男	1940 年 9 月
于红亭	滨城区旧镇镇寺后于村	25	男	1940 年 10 月
于福东	滨城区旧镇镇寺后于村	18	男	1940 年 10 月
刘文广	滨城区旧镇镇西刘村	49	男	1940 年 10 月
刘赵氏	滨城区旧镇镇小刘村	48	女	1940 年 10 月
贺刘氏	滨城区旧镇镇贺家村	49	女	1940 年 10 月
张立国	滨城区旧镇镇东徐村	53	男	1940 年 10 月
刘林山	滨城区旧镇镇尧洼村	49	男	1940 年 10 月
李义广	滨城区旧镇镇南李村	67	男	1940 年 10 月
崔华东	滨城区旧镇镇樊东村	64	男	1940 年 10 月
王　朋	滨城区市东办事处西王村	38	男	1940 年 10 月
陈永义	滨城区旧镇镇苏家村	62	男	1940 年 11 月
付张氏	滨城区旧镇镇洼里付村	46	女	1940 年 11 月
马光友	滨城区旧镇镇杏元马村	51	男	1940 年 11 月
吴李氏	滨城区旧镇镇杏元马村	68	女	1940 年 11 月
张永梅	滨城区旧镇镇西刘村	57	女	1940 年 12 月
王郭氏	滨城区旧镇镇蝎子王村	63	女	1940 年 12 月
刘王氏	滨城区旧镇镇尧洼村	67	女	1940 年 12 月
高张氏	滨城区旧镇镇高东村	68	女	1940 年 12 月
孙红美	滨城区旧镇镇高西村	57	女	1940 年 12 月
霍王氏	滨城区旧镇镇霍家村	64	女	1940 年 12 月
周刘氏	滨城区旧镇镇周家村	59	女	1940 年 12 月
李义全	滨城区旧镇镇南李村	59	男	1940 年 12 月
凡立新	滨城区旧镇镇樊东村	63	男	1940 年 12 月
崔爱东	滨城区旧镇镇樊西村	70	男	1940 年 12 月

续表

姓名	籍贯	年龄	性别	死难时间
丁玉川	滨城区市西办事处菜园李村	70	女	1940 年 12 月
徐殿选	滨城区滨北办事处石门李村	48	男	1940 年
董景南	滨城区旧镇镇董集村	37	男	1940 年
董景焕	滨城区旧镇镇董集村	42	男	1940 年
刘德昌	滨城区旧镇镇彭王村	42	男	1940 年
刘明华	滨城区旧镇镇庄子刘村	27	男	1940 年
任泉水	滨城区旧镇镇占刘村	27	男	1940 年
尉焕图	滨城区旧镇镇尉口村	24	男	1940 年
孙书海	滨城区旧镇镇尉口村	23	男	1940 年
孙树林	滨城区旧镇镇尉口村	22	男	1940 年
尉子俊	滨城区旧镇镇尉口村	20	男	1940 年
于德杰	滨城区旧镇镇道门于村	35	男	1940 年
于　祥	滨城区旧镇镇道门于村	45	男	1940 年
于守任	滨城区旧镇镇道门于村	30	男	1940 年
白周村	滨城区旧镇镇道门于村	38	男	1940 年
王凤山	滨城区旧镇镇王官村	45	男	1940 年
王芹一	滨城区旧镇镇王官村	36	男	1940 年
王檀林	滨城区旧镇镇大道王村	32	男	1940 年
王起南	滨城区旧镇镇大道王村	45	男	1940 年
李克昌	滨城区旧镇镇大道王村	40	男	1940 年
王永京	滨城区旧镇镇大道王村	36	男	1940 年
任　民	滨城区旧镇镇仁刘赵村	37	男	1940 年
张纪达	滨城区旧镇镇坡刘村	—	男	1940 年
李洪庆	滨城区梁才办事处西赵村	19	男	1940 年
程太平	滨城区梁才办事处东赵村	23	男	1940 年
马李氏	滨城区彭李办事处卜家居委会	50	女	1940 年
李××	滨城区彭李办事处菜刘居委会	61	男	1940 年
石　×	滨城区堡集镇石家村	47	男	1940 年
王　义	滨城区市西办事处双庙刘村	42	男	1940 年
王青云	滨城区市西办事处双庙刘村	50	男	1940 年
刘方旌	滨城区市西办事处双庙刘村	47	男	1940 年
杜佃林	滨城区市西办事处徐家村	55	男	1940 年
朋桂林	滨城区市西办事处许家村	—	男	1940 年
赵清道	滨城区市西办事处堤东赵村	50	男	1940 年

续表

姓名	籍贯	年龄	性别	死难时间
李　氏	滨城区市西办事处张蒋村	62	女	1940 年
董　氏	滨城区市西办事处张蒋村	68	女	1940 年
王耽误	滨城区尚集乡贾王村	52	男	1940 年
赵李氏	滨城区尚集乡尚店村	61	女	1940 年
李××	滨城区尚集乡乌龙堂村	38	男	1940 年
张××	滨城区尚集乡乌龙堂村	35	男	1940 年
李　氏	滨城区尚集乡乌龙堂村	60	女	1940 年
郭××	滨城区市东办事处郭集村	66	男	1940 年
张　氏	滨城区市东办事处郭集村	50	女	1940 年
张俊庆	滨城区市东办事处小周家村	63	男	1940 年
郝永利	滨城区市东办事处郝家村	22	男	1940 年
胡振西	滨城区市东办事处郝家村	20	男	1940 年
张胜军	滨城区市东办事处天王堂村	—	男	1940 年
刘　氏	滨城区市东办事处天王堂村	—	女	1940 年
张振军	滨城区市东办事处天王堂村	—	男	1940 年
张宋氏	滨城区市东办事处天王堂村	—	女	1940 年
张天成	滨城区市东办事处天王堂村	—	男	1940 年
张方田	滨城区市东办事处天王堂村	—	男	1940 年
张杜氏	滨城区市东办事处天王堂村	—	女	1940 年
苏之山	滨城区小营办事处饮马村	—	男	1940 年
赵　伟	滨城区小营办事处赵王村	—	男	1940 年
赵　牛	滨城区小营办事处后张高村	18	男	1940 年
赵少乾	滨城区小营办事处坡赵村	25	男	1940 年
李石头	滨城区小营办事处张道村	17	男	1940 年
张大德	滨城区小营办事处张道村	37	男	1940 年
张依礼	滨城区小营办事处张道村	52	男	1940 年
杨德宝	滨城区小营办事处二香寺村	77	男	1940 年
邓　松	滨城区秦皇台乡马士举村	51	男	1940 年
张本义	滨城区秦皇台乡颜西村	34	男	1940 年
王秉英	滨城区秦皇台乡单西村	—	男	1940 年
李花远	滨城区旧镇镇小街村	45	男	1941 年 1 月
李明温	滨城区旧镇镇小街村	43	男	1941 年 1 月
李希长	滨城区市西办事处菜园李村	59	男	1941 年 1 月
董安子	滨城区旧镇镇姜街村	35	男	1941 年 2 月

续表

姓名	籍贯	年龄	性别	死难时间
王永义	滨城区旧镇镇小刘村	56	男	1941年2月
李　力	滨城区旧镇镇大李村	50	男	1941年2月
崔林山	滨城区旧镇镇洼里付村	59	男	1941年2月
徐小良	滨城区旧镇镇东徐村	48	男	1941年2月
张赵氏	滨城区旧镇镇药丸村	70	女	1941年2月
王铁生	滨城区旧镇镇尧洼村	62	男	1941年2月
高刘氏	滨城区旧镇镇高东村	52	女	1941年2月
孙立国	滨城区旧镇镇高西村	56	男	1941年2月
霍立强	滨城区旧镇镇霍家村	70	男	1941年2月
张刘氏	滨城区旧镇镇大张村	58	女	1941年2月
杨王氏	滨城区旧镇镇郭庙村	62	女	1941年2月
郭崔氏	滨城区旧镇镇东南张村	77	女	1941年2月
刘同兴	滨城区旧镇镇樊东村	56	男	1941年2月
崔立花	滨城区旧镇镇樊西村	68	女	1941年2月
韩殿元	滨城区市西办事处东韩村	46	男	1941年2月
李兰花	滨城区旧镇镇贺家村	59	女	1941年3月
马光新	滨城区旧镇镇杏元马村	71	男	1941年3月
周张氏	滨城区旧镇镇周家村	70	女	1941年3月
王　圣	滨城区市东办事处西王村	35	男	1941年3月
李合平	滨城区滨北办事处窦家村	59	男	1941年5月
范赵民	滨城区市西办事处新庄村	70	男	1941年5月
刘婷臣	滨城区旧镇镇桑行赵村	47	男	1941年6月
翟兰花	滨城区旧镇镇西刘村	63	女	1941年6月
刘义斤	滨城区旧镇镇大刘村	72	男	1941年7月
王孙氏	滨城区旧镇镇蝎子王村	46	女	1941年7月
马广兴	滨城区旧镇镇杏元马村	55	男	1941年7月
马赵氏	滨城区旧镇镇杏元马村	61	女	1941年7月
王茂林	滨城区市东办事处西王村	43	男	1941年7月
王殿杰	滨城区市东办事处西王村	27	男	1941年7月
王儒林	滨城区市东办事处西王村	41	男	1941年7月
刘兰花	滨城区旧镇镇尧洼村	70	女	1941年8月
李殿功	滨城区旧镇镇南李村	72	男	1941年8月
王清德	滨城区市东办事处西王村	35	男	1941年8月
吴汉三	滨城区旧镇镇大刘村	58	男	1941年9月

续表

姓 名	籍 贯	年 龄	性 别	死难时间
郭学阶	滨城区旧镇镇东南张村	51	男	1941 年 9 月
陈义友	滨城区旧镇镇南董村	54	男	1941 年 9 月
侯佃举	滨城区秦皇台乡侯北村	49	男	1941 年 9 月
刘王氏	滨城区旧镇镇小刘村	51	女	1941 年 10 月
霍文国	滨城区旧镇镇霍家村	58	男	1941 年 10 月
马相意	滨城区旧镇镇杏元马村	66	男	1941 年 10 月
于红昌	滨城区旧镇镇寺后于村	40	男	1941 年 11 月
赵延湖	滨城区旧镇镇桑行赵村	32	男	1941 年 11 月
霍张氏	滨城区旧镇镇邱家村	51	女	1941 年 11 月
杜发友	滨城区滨北办事处姑子庵村	49	男	1941 年 12 月
董耀孙	滨城区旧镇镇姜街村	28	男	1941 年 12 月
董楠堪	滨城区旧镇镇姜街村	29	男	1941 年 12 月
张英英	滨城区旧镇镇苏家村	61	女	1941 年 12 月
韩立国	滨城区旧镇镇南新庄村	60	男	1941 年 12 月
李小红	滨城区旧镇镇东徐村	70	女	1941 年 12 月
张国良	滨城区旧镇镇尧洼村	48	男	1941 年 12 月
康三兴	滨城区旧镇镇高东村	58	男	1941 年 12 月
孙泽兴	滨城区旧镇镇高西村	61	男	1941 年 12 月
刘赵氏	滨城区旧镇镇樊东村	53	女	1941 年 12 月
崔爱英	滨城区旧镇镇樊西村	53	女	1941 年 12 月
赵荣勋	滨城区滨北办事处尹家村	44	男	1941 年
王加河	滨城区滨北办事处尹家村	53	男	1941 年
任向增	滨城区滨北办事处封王村	—	男	1941 年
彭建军	滨城区旧镇镇义和庄村	45	男	1941 年
冯世孺	滨城区滨北办事处封王村	—	男	1941 年
冯保合	滨城区滨北办事处张木村	52	男	1941 年
杜宪社	滨城区滨北办事处姑子庵村	50	男	1941 年
董士珍	滨城区旧镇镇董集村	39	男	1941 年
董京峰	滨城区旧镇镇董集村	40	男	1941 年
辛孝祥	滨城区旧镇镇辛家村	20	男	1941 年
田国臣	滨城区旧镇镇田西村	30	男	1941 年
田干臣	滨城区旧镇镇田西村	30	男	1941 年
王士信	滨城区旧镇镇大道王村	51	男	1941 年
王克生	滨城区旧镇镇大道王村	37	男	1941 年

续表

姓名	籍贯	年龄	性别	死难时间
刘会芝	滨城区旧镇镇举门村	30	男	1941 年
赵德西	滨城区梁才办事处西赵村	25	男	1941 年
李张氏	滨城区彭李办事处西李居委会	64	女	1941 年
王　氏	滨城区堡集镇王素先村	59	女	1941 年
刘本峰	滨城区市西办事处双庙刘村	31	男	1941 年
刘门义	滨城区市西办事处双庙刘村	51	男	1941 年
杜佃贵	滨城区市西办事处徐家村	51	男	1941 年
杜佃营	滨城区市西办事处徐家村	58	男	1941 年
张杨氏	滨城区市西办事处许家村	—	女	1941 年
尹××	滨城区尚集乡尹家村	58	男	1941 年
尹张氏	滨城区尚集乡尹家村	59	女	1941 年
尹徐氏	滨城区尚集乡尹家村	63	女	1941 年
庞××	滨城区市东办事处郭集村	32	男	1941 年
宣　臻	滨城区市东办事处宣家村	16	男	1941 年
张耕田	滨城区市东办事处北杨家村	22	男	1941 年
张洪雁	滨城区市东办事处天王堂村	—	男	1941 年
张玉春	滨城区市东办事处天王堂村	—	男	1941 年
张普田	滨城区市东办事处天王堂村	—	男	1941 年
张溪田	滨城区市东办事处天王堂村	—	男	1941 年
张陈氏	滨城区市东办事处天王堂村	—	女	1941 年
张美田	滨城区市东办事处天王堂村	—	男	1941 年
张怀田	滨城区市东办事处天王堂村	—	男	1941 年
张国新	滨城区市东办事处天王堂村	—	男	1941 年
张振庆	滨城区市东办事处天王堂村	—	男	1941 年
张振海	滨城区市东办事处天王堂村	—	男	1941 年
刘玉福	滨城区小营办事处高井村	—	男	1941 年
张振乾	滨城区小营办事处东皂户村	30	男	1941 年
张广和	滨城区小营办事处东皂户村	35	男	1941 年
孙月俭	滨城区小营办事处刘公林村	41	男	1941 年
周易元	滨城区秦皇台乡王锢镥村	59	男	1941 年
籍　祥	滨城区秦皇台乡籍家村	38	男	1941 年
赵俊英	滨城区秦皇台乡洛王村	38	男	1941 年
马　窑	滨城区秦皇台乡马士举村	51	男	1941 年
张亭德	滨城区秦皇台乡打油张村	48	男	1941 年

续表

姓 名	籍 贯	年 龄	性 别	死难时间
杜之伍	滨城区秦皇台乡后杜村	34	男	1941 年
王召兰	滨城区秦皇台乡王门村	33	男	1941 年
王　成	滨城区秦皇台乡台子王村	25	男	1941 年
王　琨	滨城区秦皇台乡台子王村	30	男	1941 年
李吉明	滨城区秦皇台乡段李村	27	男	1941 年
刘凤明	滨城区旧镇镇刘王村	30	男	1942 年 1 月
陈刘氏	滨城区旧镇镇苏家村	78	女	1942 年 1 月
张大红	滨城区旧镇镇贺家村	60	女	1942 年 1 月
王力法	滨城区旧镇镇蝎子王村	50	男	1942 年 2 月
刘汉三	滨城区旧镇镇樊东村	70	男	1942 年 2 月
崔浩南	滨城区旧镇镇樊西村	61	男	1942 年 2 月
李刘氏	滨城区旧镇镇大李村	49	女	1942 年 3 月
邱刘氏	滨城区旧镇镇邱家村	57	女	1942 年 3 月
张赵氏	滨城区旧镇镇大张村	47	女	1942 年 3 月
程　贵	滨城区梁才办事处东小马村	18	男	1942 年 3 月
谢永凯	滨城区市西办事处东谢村	53	男	1942 年 3 月
王殿松	滨城区市东办事处西王村	32	男	1942 年 3 月
张三兴	滨城区旧镇镇西刘村	61	男	1942 年 5 月
王守光	滨城区市东办事处西王村	34	男	1942 年 5 月
刘兆庆	滨城区秦皇台乡杀虎刘村	55	男	1942 年 5 月
王希让	滨城区市东办事处西王村	25	男	1942 年 6 月
刘孙氏	滨城区旧镇镇大刘村	60	女	1942 年 7 月
贺义堂	滨城区旧镇镇贺家村	62	男	1942 年 7 月
崔赵氏	滨城区旧镇镇洼里付村	60	女	1942 年 7 月
高李氏	滨城区旧镇镇高东村	72	女	1942 年 7 月
孙永义	滨城区旧镇镇高西村	70	男	1942 年 7 月
张守业	滨城区旧镇镇东南张村	49	男	1942 年 7 月
董凡氏	滨城区旧镇镇南董村	60	女	1942 年 7 月
侯供田	滨城区秦皇台乡侯北村	51	男	1942 年 7 月
张　河	滨城区秦皇台乡西张村	32	男	1942 年 7 月
耿加明	滨城区秦皇台乡袁家村	26	男	1942 年 7 月
于德基	滨城区旧镇镇寺后于村	20	男	1942 年 8 月
刘大增	滨城区旧镇镇桑行赵村	38	男	1942 年 8 月
张刘氏	滨城区旧镇镇蝎子王村	62	女	1942 年 8 月

续表

姓名	籍贯	年龄	性别	死难时间
王张氏	滨城区旧镇镇大张村	67	女	1942 年 8 月
刘凡氏	滨城区旧镇镇樊东村	49	女	1942 年 8 月
王全宾	滨城区市东办事处西王村	37	男	1942 年 8 月
郑光成	滨城区旧镇镇郑家村	52	男	1942 年 9 月
张兰庆	滨城区旧镇镇杏元马村	70	男	1942 年 9 月
李周氏	滨城区旧镇镇南李村	57	女	1942 年 9 月
李广槐	滨城区旧镇镇小街村	34	男	1942 年 10 月
李广德	滨城区旧镇镇小街村	41	男	1942 年 10 月
王效文	滨城区旧镇镇邪地王村	37	男	1942 年 10 月
王锡恩	滨城区旧镇镇刘王村	42	男	1942 年 10 月
翟刘氏	滨城区旧镇镇西刘村	72	女	1942 年 10 月
陈永民	滨城区旧镇镇苏家村	58	男	1942 年 10 月
张红梅	滨城区旧镇镇苏家村	48	女	1942 年 10 月
刘民生	滨城区旧镇镇小刘村	57	男	1942 年 10 月
贺石头	滨城区旧镇镇贺家村	—	男	1942 年 10 月
王爱国	滨城区旧镇镇南新庄村	70	男	1942 年 10 月
张立国	滨城区旧镇镇药丸村	64	男	1942 年 10 月
王李氏	滨城区旧镇镇尧洼村	70	女	1942 年 10 月
霍永军	滨城区旧镇镇霍家村	67	男	1942 年 10 月
张广义	滨城区旧镇镇大张村	64	男	1942 年 10 月
郭赵氏	滨城区旧镇镇郭庙村	70	女	1942 年 10 月
张兰堂	滨城区旧镇镇杏元马村	55	男	1942 年 10 月
李赵氏	滨城区旧镇镇南李村	77	女	1942 年 10 月
马洪涛	滨城区旧镇镇杏元马村	53	男	1942 年 11 月
张吉弯	滨城区彭李办事处张课居委会	21	男	1942 年 11 月
董　家	滨城区旧镇镇姜街村	31	男	1942 年 12 月
张宝山	滨城区旧镇镇东徐村	63	男	1942 年 12 月
李立英	滨城区旧镇镇尧洼村	48	女	1942 年 12 月
张皓然	滨城区旧镇镇大张村	56	男	1942 年 12 月
董洪武	滨城区旧镇镇南董村	74	男	1942 年 12 月
崔景祥	滨城区旧镇镇樊东村	72	男	1942 年 12 月
崔仁义	滨城区旧镇镇樊西村	58	男	1942 年 12 月
张吉增	滨城区滨北办事处角楼宋村	—	男	1942 年
张宝祥	滨城区旧镇镇义和庄村	29	男	1942 年

续表

姓 名	籍 贯	年 龄	性 别	死难时间
吴玉楠	滨城区滨北办事处吴家村	60	男	1942 年
孙永臣	滨城区旧镇镇三合村	29	男	1942 年
孙士修	滨城区旧镇镇三合村	29	男	1942 年
宋振生	滨城区滨北办事处角楼宋村	—	男	1942 年
宋相宾	滨城区滨北办事处角楼宋村	—	男	1942 年
宋发生	滨城区滨北办事处角楼宋村	—	男	1942 年
刘玉兰	滨城区滨北办事处段家村	50	女	1942 年
高效臣	滨城区旧镇镇三合村	37	男	1942 年
冯 山	滨城区滨北办事处张木村	55	男	1942 年
辛文先	滨城区旧镇镇辛家村	29	男	1942 年
耿继昌	滨城区旧镇镇耿家村	—	男	1942 年
董长福	滨城区旧镇镇彭沟村	70	男	1942 年
尉王氏	滨城区旧镇镇尉口村	35	女	1942 年
尉曰道	滨城区旧镇镇尉口村	30	男	1942 年
尉滨堂	滨城区旧镇镇尉口村	60	男	1942 年
田兴春	滨城区旧镇镇田西村	42	男	1942 年
田忠春	滨城区旧镇镇田西村	40	男	1942 年
田烈臣	滨城区旧镇镇田西村	31	男	1942 年
王迁一	滨城区旧镇镇王官村	37	男	1942 年
刘志善	滨城区旧镇镇举门村	45	男	1942 年
刘金平	滨城区旧镇镇举门村	41	男	1942 年
韩大力	滨城区旧镇镇仁刘赵村	35	男	1942 年
仁 同	滨城区旧镇镇仁刘赵村	42	男	1942 年
刘 刚	滨城区旧镇镇仁刘赵村	49	男	1942 年
孙永林	滨城区旧镇镇高官寨村	44	男	1942 年
赵晓亮	滨城区梁才办事处西赵村	24	男	1942 年
赵吉告	滨城区梁才办事处西赵村	23	男	1942 年
宋长明	滨城区梁才办事处宋黑村	22	男	1942 年
辛义元	滨城区梁才办事处宋黑村	23	男	1942 年
宋召进	滨城区梁才办事处宋黑村	42	男	1942 年
赵小义	滨城区梁才办事处东赵村	22	男	1942 年
窦国滨	滨城区梁才办事处北石村	24	男	1942 年
邢伟亮	滨城区梁才办事处邢桥村	25	男	1942 年
邢香玲	滨城区梁才办事处邢桥村	22	男	1942 年

续表

姓 名	籍 贯	年 龄	性 别	死难时间
宋连吉	滨城区梁才办事处宋庙村	37	男	1942 年
艾星三	滨城区梁才办事处西赵村	26	男	1942 年
王守义	滨城区梁才办事处西赵村	27	男	1942 年
王洪祥	滨城区梁才办事处宋黑村	20	男	1942 年
二麻子	滨城区梁才办事处东赵村	21	男	1942 年
张金生	滨城区梁才办事处张王村	60	男	1942 年
杜振刚	滨城区市西办事处徐家村	51	男	1942 年
崔发胜	滨城区市西办事处徐家村	49	男	1942 年
蒋陈氏	滨城区市西办事处张蒋村	56	女	1942 年
张绍武	滨城区市东办事处郭集村	42	男	1942 年
侯之华	滨城区市东办事处侯家村	26	男	1942 年
侯之旺	滨城区市东办事处侯家村	27	男	1942 年
张秋来	滨城区市东办事处小周家村	35	男	1942 年
宣殿林	滨城区市东办事处宣家村	21	男	1942 年
赵毕氏	滨城区市东办事处常家村	51	女	1942 年
马德林	滨城区市东办事处北杨家村	22	男	1942 年
张余氏	滨城区市东办事处天王堂村	—	女	1942 年
张天河	滨城区市东办事处天王堂村	—	男	1942 年
张董氏	滨城区市东办事处天王堂村	—	女	1942 年
张树喜	滨城区市东办事处天王堂村	—	男	1942 年
张天宝	滨城区市东办事处天王堂村	—	男	1942 年
张高氏	滨城区市东办事处天王堂村	—	女	1942 年
张张氏	滨城区市东办事处天王堂村	—	女	1942 年
张春田	滨城区市东办事处天王堂村	—	男	1942 年
张余氏	滨城区市东办事处天王堂村	—	女	1942 年
孙保志	滨城区小营办事处大孙村	47	男	1942 年
孙本元	滨城区小营办事处大孙村	29	男	1942 年
李树贞	滨城区小营办事处范家村	39	男	1942 年
王希武	滨城区小营办事处宗家村	25	男	1942 年
崔同德	滨城区秦皇台乡籍家村	31	男	1942 年
张　滨	滨城区秦皇台乡打油张村	60	男	1942 年
杜永青	滨城区秦皇台乡前杜村	29	男	1942 年
李长如	滨城区秦皇台乡段李村	31	男	1942 年
周赵氏	滨城区旧镇镇周家村	56	女	1943 年 1 月

续表

姓 名	籍 贯	年 龄	性 别	死难时间
崔赵氏	滨城区旧镇镇樊西村	60	女	1943 年 1 月
霍李氏	滨城区旧镇镇邱家村	61	女	1943 年 2 月
贺李氏	滨城区旧镇镇贺家村	81	女	1943 年 2 月
甄张氏	滨城区旧镇镇蝎子王村	59	女	1943 年 2 月
李小花	滨城区旧镇镇东徐村	65	女	1943 年 2 月
张大山	滨城区旧镇镇东徐村	69	男	1943 年 2 月
张贾氏	滨城区旧镇镇药丸村	64	女	1943 年 2 月
张李氏	滨城区旧镇镇尧洼村	69	女	1943 年 2 月
孙赵氏	滨城区旧镇镇高西村	56	女	1943 年 2 月
张仁堂	滨城区旧镇镇大张村	59	男	1943 年 2 月
杨广功	滨城区旧镇镇郭庙村	59	男	1943 年 2 月
刘周氏	滨城区旧镇镇樊东村	49	女	1943 年 2 月
马相国	滨城区旧镇镇杏元马村	54	男	1943 年 3 月
张洪儒	滨城区秦皇台乡张马村	40	男	1943 年 4 月
邢崔氏	滨城区旧镇镇南董村	76	女	1943 年 5 月
王清泉	滨城区市东办事处西王村	30	男	1943 年 5 月
王　铨	滨城区市东办事处西王村	36	男	1943 年 5 月
索振建	滨城区梁才办事处索家村	36	男	1943 年 6 月
王殿基	滨城区市东办事处西王村	40	男	1943 年 6 月
王殿宏	滨城区市东办事处西王村	38	男	1943 年 6 月
张云生	滨城区秦皇台乡西张村	38	男	1943 年 6 月
刘张氏	滨城区旧镇镇西刘村	42	女	1943 年 7 月
霍张氏	滨城区旧镇镇霍家村	63	女	1943 年 7 月
马张氏	滨城区旧镇镇杏元马村	64	女	1943 年 7 月
崔周氏	滨城区旧镇镇樊西村	49	女	1943 年 7 月
耿加友	滨城区秦皇台乡袁家村	25	男	1943 年 7 月
薛登营	滨城区秦皇台乡薛家村	25	男	1943 年 7 月
刘　三	滨城区旧镇镇小刘村	78	男	1943 年 8 月
李孙氏	滨城区旧镇镇大李村	48	女	1943 年 8 月
张兰彬	滨城区旧镇镇杏元马村	69	男	1943 年 8 月
贾爱兰	滨城区旧镇镇东徐村	59	女	1943 年 9 月
高王氏	滨城区旧镇镇高东村	63	女	1943 年 9 月
张霍氏	滨城区旧镇镇大张村	60	女	1943 年 9 月
邢光学	滨城区旧镇镇南董村	56	男	1943 年 9 月

续表

姓名	籍贯	年龄	性别	死难时间
李赵氏	滨城区旧镇镇南李村	64	女	1943 年 9 月
刘义堂	滨城区旧镇镇南李村	66	男	1943 年 9 月
孝庆兰	滨城区市西办事处西谢村	68	女	1943 年 9 月
李荣贵	滨城区秦皇台乡北贾村	28	男	1943 年 9 月
牛学显	滨城区秦皇台乡薛家村	30	男	1943 年 9 月
张花美	滨城区旧镇镇苏家村	46	女	1943 年 10 月
吴张氏	滨城区旧镇镇大刘村	50	女	1943 年 10 月
贾爱兰	滨城区旧镇镇蝎子王村	63	女	1943 年 10 月
于福春	滨城区旧镇镇寺后于村	55	男	1943 年 11 月
刘梅花	滨城区旧镇镇洼里付村	51	女	1943 年 11 月
张贾氏	滨城区旧镇镇尧洼村	63	女	1943 年 11 月
凡李氏	滨城区旧镇镇樊东村	59	女	1943 年 11 月
凡崔氏	滨城区旧镇镇樊西村	65	女	1943 年 11 月
姜在田	滨城区旧镇镇姜街村	57	男	1943 年 12 月
开小发	滨城区旧镇镇姜街村	26	男	1943 年 12 月
张孙氏	滨城区旧镇镇南新庄村	57	女	1943 年 12 月
刘郭氏	滨城区旧镇镇尧洼村	51	女	1943 年 12 月
张汉银	滨城区旧镇镇大张村	58	男	1943 年 12 月
刘红兰	滨城区旧镇镇郭庙村	52	女	1943 年 12 月
郭贺氏	滨城区旧镇镇东南张村	71	女	1943 年 12 月
郭俊申	滨城区旧镇镇东南张村	63	男	1943 年 12 月
李洪中	滨城区旧镇镇南李村	61	男	1943 年 12 月
崔凡氏	滨城区旧镇镇樊东村	57	女	1943 年 12 月
徐洪田	滨城区滨北办事处新徐家村	—	男	1943 年
辛克修	滨城区旧镇镇辛家村	44	男	1943 年
耿付氏	滨城区旧镇镇耿家村	—	女	1943 年
于超杰	滨城区旧镇镇道门于村	41	男	1943 年
王保田	滨城区旧镇镇王官村	37	男	1943 年
刘恩法	滨城区旧镇镇举门村	37	男	1943 年
孙汝志	滨城区旧镇镇高官寨村	46	男	1943 年
赵湾德	滨城区梁才办事处东赵村	25	男	1943 年
艾同春	滨城区梁才办事处宋黑村	32	男	1943 年
王遵岭	滨城区梁才办事处宋黑村	52	男	1943 年
杜春发之家人一	滨城区梁才办事处小辛村	—	男	1943 年

续表

姓名	籍贯	年龄	性别	死难时间
杜春发之家人二	滨城区梁才办事处小辛村	—	男	1943年
杜春发之家人三	滨城区梁才办事处小辛村	—	男	1943年
杜维鑫	滨城区梁才办事处小辛村	—	男	1943年
刘张氏	滨城区彭李办事处菜刘居委会	63	女	1943年
石××	滨城区堡集镇石家村	49	男	1943年
石杏林	滨城区市西办事处许家村	—	男	1943年
赵清论	滨城区市西办事处堤东赵村	49	男	1943年
郭××	滨城区市东办事处郭集村	72	男	1943年
郭金凤	滨城区市东办事处郭集村	70	男	1943年
郭张氏	滨城区市东办事处郭集村	70	女	1943年
郭秀冬	滨城区市东办事处郭集村	41	男	1943年
杨××	滨城区市东办事处郭集村	57	男	1943年
张岚庆	滨城区市东办事处小周家	26	男	1943年
赵　四	滨城区市东办事处常家村	23	男	1943年
赵连坤	滨城区市东办事处北杨家村	23	男	1943年
张维生	滨城区市东办事处北杨家村	21	男	1943年
张黑氏	滨城区市东办事处天王堂村	—	女	1943年
张薛氏	滨城区市东办事处天王堂村	—	女	1943年
张沙氏	滨城区市东办事处天王堂村	—	女	1943年
张高氏之一	滨城区市东办事处天王堂村	—	女	1943年
张海田	滨城区市东办事处天王堂村	—	男	1943年
张高氏之二	滨城区市东办事处天王堂村	—	女	1943年
张赵氏	滨城区市东办事处天王堂村	—	女	1943年
张炳荣	滨城区市东办事处天王堂村	—	男	1943年
张　昆	滨城区市东办事处天王堂村	—	男	1943年
张西明	滨城区市东办事处天王堂村	—	男	1943年
张　田	滨城区市东办事处天王堂村	—	男	1943年
张　洪	滨城区市东办事处天王堂村	—	男	1943年
张　宝	滨城区市东办事处天王堂村	—	男	1943年
张守志	滨城区市东办事处天王堂村	—	男	1943年
张屈氏	滨城区市东办事处天王堂村	—	女	1943年
张蓝田	滨城区市东办事处天王堂村	—	男	1943年
张郭氏	滨城区市东办事处天王堂村	—	女	1943年
张茂田	滨城区市东办事处天王堂村	—	男	1943年

续表

姓名	籍贯	年龄	性别	死难时间
张颜氏	滨城区市东办事处天王堂村	—	女	1943 年
何维龙	滨城区小营办事处王祥村	21	男	1943 年
李　密	滨城区小营办事处杠子张村	23	男	1943 年
赵观德	滨城区小营办事处坡赵村	25	男	1943 年
刘三允	滨城区小营办事处张道村	21	男	1943 年
王寿功	滨城区秦皇台乡王锢镥村	42	男	1943 年
代重三	滨城区秦皇台乡洛王村	34	男	1943 年
马茂松	滨城区秦皇台乡马士举村	31	男	1943 年
李兰美	滨城区旧镇镇小刘村	57	女	1944 年 1 月
邢赵氏	滨城区旧镇镇南董村	66	女	1944 年 1 月
李义光	滨城区旧镇镇南李村	51	男	1944 年 1 月
吴刘氏	滨城区旧镇镇大刘村	80	女	1944 年 2 月
李文广	滨城区旧镇镇大李村	80	男	1944 年 2 月
曹张氏	滨城区旧镇镇贺家村	52	女	1944 年 2 月
张铁生	滨城区旧镇镇蝎子王村	60	男	1944 年 2 月
徐　平	滨城区旧镇镇东徐村	67	男	1944 年 2 月
张张氏	滨城区旧镇镇尧洼村	70	女	1944 年 2 月
康赵氏	滨城区旧镇镇高东村	57	女	1944 年 2 月
霍汉金	滨城区旧镇镇霍家村	49	男	1944 年 2 月
张梅花	滨城区旧镇镇大张村	46	女	1944 年 2 月
马文烈	滨城区旧镇镇杏元马村	50	男	1944 年 2 月
刘锡金	滨城区旧镇镇樊东村	69	男	1944 年 2 月
李平远	滨城区旧镇镇小街村	61	男	1944 年 3 月
霍花英	滨城区旧镇镇邱家村	59	女	1944 年 3 月
张周氏	滨城区旧镇镇杏元马村	73	女	1944 年 3 月
郭贾氏	滨城区旧镇镇东南张村	70	女	1944 年 3 月
杜春吉	滨城区滨北办事处南街北村	30	男	1944 年 4 月
贺孙氏	滨城区旧镇镇贺家村	78	女	1944 年 5 月
刘石头	滨城区旧镇镇西刘村	67	男	1944 年 6 月
范海海	滨城区旧镇镇樊西村	49	男	1944 年 6 月
刘春山之妻	滨城区梁才办事处东大赵村	34	女	1944 年 6 月
崔凤明	滨城区梁才办事处东大赵村	36	男	1944 年 6 月
郑玉祥	滨城区旧镇镇郑家村	47	男	1944 年 7 月
高敬顺	滨城区旧镇镇高彭庄村	37	男	1944 年 7 月

续表

姓 名	籍 贯	年 龄	性 别	死难时间
刘文民	滨城区旧镇镇大刘村	57	男	1944 年 7 月
棣刘氏	滨城区旧镇镇南新庄村	61	女	1944 年 7 月
孙王氏	滨城区旧镇镇高西村	49	女	1944 年 7 月
索水岭	滨城区梁才办事处索家村	33	男	1944 年 7 月
贺大力	滨城区旧镇镇贺家村	49	男	1944 年 8 月
周天贞	滨城区市西办事处东韩村	41	男	1944 年 8 月
王成仙	滨城区旧镇镇邢地王村	55	男	1944 年 9 月
李秀英	滨城区旧镇镇洼里付村	70	女	1944 年 9 月
张贾氏	滨城区旧镇镇蝎子王村	52	女	1944 年 9 月
郭兰英	滨城区旧镇镇尧洼村	49	女	1944 年 9 月
凡铁生	滨城区旧镇镇樊西村	62	男	1944 年 9 月
李瑞峰	滨城区市西办事处菜园李村	72	男	1944 年 9 月
崔张氏	滨城区旧镇镇苏家村	57	女	1944 年 10 月
康刘氏	滨城区旧镇镇高东村	62	女	1944 年 10 月
李张氏	滨城区旧镇镇南李村	65	女	1944 年 10 月
凡赵氏	滨城区旧镇镇樊东村	56	女	1944 年 10 月
张立功	滨城区彭李办事处张课居委会	18	男	1944 年 10 月
吴汉友	滨城区旧镇镇杏元马村	68	男	1944 年 11 月
孙梅兰	滨城区旧镇镇东徐村	47	女	1944 年 12 月
张业民	滨城区旧镇镇尧洼村	68	男	1944 年 12 月
霍金山	滨城区旧镇镇霍家村	69	男	1944 年 12 月
刘兰兰	滨城区旧镇镇大张村	72	女	1944 年 12 月
郭学臣	滨城区旧镇镇郭庙村	63	男	1944 年 12 月
周大光	滨城区旧镇镇周家村	67	男	1944 年 12 月
凡永祥	滨城区旧镇镇樊西村	70	男	1944 年 12 月
凡赵氏	滨城区旧镇镇樊西村	68	女	1944 年 12 月
刘　景	滨城区市西办事处东谢村	63	男	1944 年 12 月
张宝珍	滨城区旧镇镇义和庄村	30	男	1944 年
辛尧五	滨城区旧镇镇辛家村	44	男	1944 年
王全友	滨城区旧镇镇辛家村	37	男	1944 年
彭建新	滨城区旧镇镇义和庄村	20	男	1944 年
李振九	滨城区滨北办事处石门李村	49	男	1944 年
贾恒月	滨城区旧镇镇三合村	48	男	1944 年
董岩峰	滨城区旧镇镇董集村	46	男	1944 年

续表

姓 名	籍 贯	年 龄	性 别	死难时间
董士峰	滨城区旧镇镇董集村	41	男	1944 年
于德祥	滨城区旧镇镇道门于村	38	男	1944 年
于仁祥	滨城区旧镇镇道门于村	42	男	1944 年
于嘉祥	滨城区旧镇镇道门于村	35	男	1944 年
王德一	滨城区旧镇镇王官村	43	男	1944 年
王云祥	滨城区旧镇镇王官村	48	男	1944 年
张信阶	滨城区旧镇镇西常村	45	男	1944 年
张陪同	滨城区旧镇镇西常村	27	男	1944 年
玉　健	滨城区旧镇镇仁刘赵村	51	男	1944 年
韩大壮	滨城区旧镇镇仁刘赵村	28	男	1944 年
孙腊月	滨城区旧镇镇高官寨村	42	男	1944 年
小黑毛	滨城区梁才办事处邢桥村	35	男	1944 年
宋绳祖	滨城区梁才办事处邢桥村	18	男	1944 年
石德良	滨城区梁才办事处李家村	15	男	1944 年
李明玉	滨城区梁才办事处李家村	21	男	1944 年
李佃峰	滨城区梁才办事处李家村	50	男	1944 年
李坪之祖父	滨城区梁才办事处李家村	56	男	1944 年
邓　氏	滨城区梁才办事处高井村	24	女	1944 年
蒋文生	滨城区市西办事处张蒋村	75	男	1944 年
蒋洪昌	滨城区市西办事处张蒋村	82	男	1944 年
石××	滨城区市东办事处郭集村	60	男	1944 年
曹××	滨城区市东办事处郭集村	59	男	1944 年
曹李氏	滨城区市东办事处郭集村	57	女	1944 年
宣双吉	滨城区市东办事处宣家村	20	男	1944 年
张　友	滨城区市东办事处北杨家村	20	男	1944 年
张郭氏之一	滨城区市东办事处天王堂村	—	女	1944 年
张沙氏	滨城区市东办事处天王堂村	—	女	1944 年
张　湖	滨城区市东办事处天王堂村	—	男	1944 年
张郭氏之二	滨城区市东办事处天王堂村	—	女	1944 年
张和田	滨城区市东办事处天王堂村	—	男	1944 年
张张氏	滨城区市东办事处天王堂村	—	女	1944 年
张来田	滨城区市东办事处天王堂村	—	男	1944 年
张邢氏	滨城区市东办事处天王堂村	—	女	1944 年
张花田	滨城区市东办事处天王堂村	—	男	1944 年

续表

姓 名	籍 贯	年 龄	性 别	死难时间
张华反	滨城区市东办事处天王堂村	—	男	1944 年
张广修	滨城区市东办事处天王堂村	—	男	1944 年
张李氏	滨城区市东办事处天王堂村	—	女	1944 年
陈芝连	滨城区小营办事处后陈村	27	男	1944 年
李福田	滨城区小营办事处张道村	24	男	1944 年
王　福	滨城区秦皇台乡王铟镥村	47	男	1944 年
王荣全	滨城区秦皇台乡单西村	—	男	1944 年
王　庄	滨城区秦皇台乡单西村	—	男	1944 年
董学苑	滨城区旧镇镇姜街村	23	男	1945 年 1 月
马文广	滨城区旧镇镇杏元马村	57	男	1945 年 1 月
王群儒	滨城区市东办事处西王村	34	男	1945 年 1 月
李如虹	滨城区旧镇镇小刘村	60	女	1945 年 2 月
邱　花	滨城区旧镇镇邱家村	67	女	1945 年 2 月
贺王氏	滨城区旧镇镇贺家村	51	女	1945 年 2 月
李三兴	滨城区旧镇镇洼里付村	76	男	1945 年 2 月
张小勇	滨城区旧镇镇尧洼村	60	男	1945 年 2 月
康　永	滨城区旧镇镇高东村	49	男	1945 年 2 月
孙书业	滨城区旧镇镇高西村	62	男	1945 年 2 月
张大红	滨城区旧镇镇大张村	68	女	1945 年 2 月
马相己	滨城区旧镇镇杏元马村	48	男	1945 年 2 月
郭胜收	滨城区旧镇镇东南张村	61	男	1945 年 2 月
周王氏	滨城区旧镇镇周家村	63	女	1945 年 2 月
崔梦杰	滨城区旧镇镇樊东村	71	男	1945 年 2 月
凡李氏	滨城区旧镇镇樊西村	70	女	1945 年 2 月
于红藻	滨城区旧镇镇寺后于村	39	男	1945 年 3 月
徐刘氏	滨城区旧镇镇东徐村	70	女	1945 年 3 月
李王氏	滨城区旧镇镇南李村	67	女	1945 年 5 月
李广汝	滨城区旧镇镇小街村	50	男	1945 年 6 月
邢张氏	滨城区旧镇镇南董村	78	女	1945 年 6 月
王洪强	滨城区旧镇镇蝎子王村	67	男	1945 年 7 月
张三生	滨城区旧镇镇药丸村	51	男	1945 年 7 月
刘寒石	滨城区旧镇镇后刘村	19	男	1945 年 8 月
李　兰	滨城区旧镇镇大李村	60	女	1945 年 8 月
邢义山	滨城区旧镇镇南董村	47	男	1945 年 8 月

续表

姓名	籍贯	年龄	性别	死难时间
王永强	滨城区旧镇镇南新庄村	72	男	1945 年
崔凡氏	滨城区旧镇镇樊西村	72	女	1945 年
根　堂	滨城区秦皇台乡杀虎刘村	30	男	1945 年
张二福	滨城区市西办事处张庄	53	男	1945 年
辛同林	滨城区旧镇镇辛家村	33	男	1945 年
孙勇峰	滨城区旧镇镇三合村	35	男	1945 年
孙士勇	滨城区旧镇镇三合村	36	男	1945 年
韩增强	滨城区旧镇镇义和庄村	37	男	1945 年
董士瑞	滨城区旧镇镇董集村	50	男	1945 年
刘汉福	滨城区旧镇镇占刘村	39	男	1945 年
田雨臣	滨城区旧镇镇田西村	36	男	1945 年
田子安	滨城区旧镇镇田西村	29	男	1945 年
王维增	滨城区旧镇镇大道王村	37	男	1945 年
刘致名	滨城区旧镇镇举门村	25	男	1945 年
孙汝梅	滨城区旧镇镇高官寨村	32	男	1945 年
孙汉昌	滨城区旧镇镇高官寨村	37	男	1945 年
宋延岭	滨城区梁才办事处北石村	45	男	1945 年
宋希会	滨城区梁才办事处邢桥村	27	男	1945 年
宋树梓	滨城区梁才办事处邢桥村	33	男	1945 年
宋文谭	滨城区梁才办事处宋庙村	21	男	1945 年
陈义昌	滨城区梁才办事处东刘村	65	男	1945 年
刘玉起	滨城区梁才办事处东刘村	45	男	1945 年
刘宝安	滨城区梁才办事处东刘村	38	男	1945 年
刘占一	滨城区梁才办事处刘口村	35	男	1945 年
卢怀吉	滨城区梁才办事处梨园张村	44	男	1945 年
谷殿龙	滨城区梁才办事处谷家村	42	男	1945 年
李　氏	滨城区彭李办事处菜刘居委会	59	女	1945 年
于殿泉	滨城区市西办事处双庙刘村	42	男	1945 年
张　会	滨城区市西办事处双庙刘村	55	男	1945 年
孙换德	滨城区市西办事处双庙刘村	51	男	1945 年
李玉秀	滨城区市西办事处徐家村	52	男	1945 年
刘得信	滨城区市西办事处亚药刘村	31	男	1945 年
石新村	滨城区市西办事处许家村	—	男	1945 年
郭秀海	滨城区市东办事处郭集村	71	男	1945 年

续表

姓 名	籍 贯	年 龄	性 别	死难时间
郭××	滨城区市东办事处郭集村	49	男	1945 年
宣守兰	滨城区市东办事处宣家村	18	男	1945 年
张　彦	滨城区市东办事处北杨家村	21	男	1945 年
赵连奎	滨城区市东办事处北杨家村	24	男	1945 年
张殿奎	滨城区市东办事处天王堂村	—	男	1945 年
张马氏	滨城区市东办事处天王堂村	—	女	1945 年
张殿林	滨城区市东办事处天王堂村	—	男	1945 年
张××	滨城区市东办事处天王堂村	—	男	1945 年
张××	滨城区市东办事处天王堂村	—	男	1945 年
张××	滨城区市东办事处天王堂村	—	男	1945 年
张××	滨城区市东办事处天王堂村	—	男	1945 年
张××	滨城区市东办事处天王堂村	—	男	1945 年
张××	滨城区市东办事处天王堂村	—	男	1945 年
李仁德	滨城区秦皇台乡齐家村	35	男	1945 年
齐贵林	滨城区秦皇台乡齐家村	33	男	1945 年
王秀云	滨城区滨北办事处后山王村	—	男	—
郭　顺	滨城区滨北办事处前郭村	—	男	—
郭呈河	滨城区滨北办事处前郭村	—	男	—
张风华之子	滨城区滨北办事处皂刘村	—	男	—
张风华	滨城区滨北办事处皂刘村	—	男	—
张德才之子	滨城区滨北办事处皂刘村	—	男	—
张德才	滨城区滨北办事处皂刘村	—	男	—
王光明	滨城区旧镇镇刘王村	—	男	—
孙本全	滨城区旧镇镇博孙村	70	男	—
孙拴住	滨城区旧镇镇博孙村	73	男	—
孙永亮	滨城区梁才办事处东孙家村	19	男	—
赵老常	滨城区梁才办事处东孙家村	18	男	—
赵守志	滨城区梁才办事处东孙家村	19	男	—
赵顺水	滨城区梁才办事处东孙家村	20	男	—
孙争气	滨城区梁才办事处东孙家村	19	男	—
孙新来	滨城区梁才办事处东孙家村	19	男	—
孙家银	滨城区梁才办事处东孙家村	—	男	—
孙永义	滨城区梁才办事处东孙家村	52	男	—
孙永佩	滨城区梁才办事处东孙家村	51	男	—

续表

姓 名	籍 贯	年 龄	性 别	死难时间
孙家柱	滨城区梁才办事处东孙家村	59	男	—
孙永江	滨城区梁才办事处东孙家村	41	男	—
孙永斋	滨城区梁才办事处东孙家村	—	男	—
崔云东	滨城区梁才办事处湖平宋村	45	男	—
李云章	滨城区梁才办事处小高村	—	男	—
高化俊	滨城区梁才办事处小高村	—	男	—
谢永礼	滨城区市西办事处东谢村	—	男	—
李清云	滨城区小营办事处吕家村	33	男	—
闫玉峦	滨城区小营办事处新闫村	23	男	—
王希双	滨城区小营办事处王祥村	26	男	—
刘福玉	滨城区小营办事处吕家村	32	男	—
刘福宝	滨城区小营办事处吕家村	33	男	—
吕学堂	滨城区小营办事处吕家村	33	男	—
刘福星	滨城区小营办事处吕家村	33	男	—
刘凤来	滨城区小营办事处吕家村	32	男	—
张春义	滨城区小营办事处张王村	21	男	—
张文斌	滨城区小营办事处张王村	21	男	—
张春贤	滨城区小营办事处张王村	21	男	—
张洪斌	滨城区小营办事处张王村	31	男	—
张尊吾	滨城区小营办事处张王村	46	男	—
张洪文	滨城区小营办事处张王村	47	男	—
刘守业	滨城区小营办事处道旭村	22	男	—
韩殿一	滨城区小营办事处道旭村	42	男	—
张树本	滨城区小营办事处道旭村	26	男	—
刘桂林	滨城区小营办事处皂户杨村	31	男	—
赵崇堂	滨城区小营办事处麻家村	6	男	—
赵洪恩	滨城区小营办事处麻家村	53	男	—
魏大学	滨城区小营办事处洼魏村	25	男	—
魏方吉	滨城区小营办事处洼魏村	25	男	—
魏狗拉	滨城区小营办事处洼魏村	25	男	—
李跃文	滨城区小营办事处李后村	17	男	—
李月丘	滨城区小营办事处李后村	—	男	—
王广文	滨城区小营办事处许王村	23	男	—
王孝芳	滨城区小营办事处许王村	21	男	—

续表

姓 名	籍 贯	年 龄	性 别	死难时间
刘培尧	滨城区小营办事处许王村	11	男	—
张乃玉	滨城区小营办事处雅店村	—	男	—
张乃希	滨城区小营办事处雅店村	—	男	—
张培堂	滨城区小营办事处雅店村	—	男	—
李玉珍	滨城区小营办事处雅店村	—	男	—
李昌令	滨城区小营办事处雅店村	—	男	—
邱金水	滨城区小营办事处常园村	—	男	—
程振滨	滨城区小营办事处常园村	—	男	—
孙永檀	滨城区梁才办事处孙家村	21	男	—
高太富	滨城区梁才办事处小高村	—	男	—
刘滨城	滨城区梁才办事处菜园村	—	男	—
程美声	滨城区梁才办事处菜园村	—	男	—
薛斗子	滨城区梁才办事处菜园村	—	男	—
尹宝玉	滨城区梁才办事处菜园村	—	男	—
薛立芳	滨城区梁才办事处菜园村	—	男	—
薛立桥	滨城区梁才办事处菜园村	—	男	—
薛永胜	滨城区梁才办事处菜园村	—	男	—
王秀岭	滨城区梁才办事处菜园村	—	男	—
合　计	**1579**			

责任人：韩会英　张海娟　　核实人：孙俊义　刘桂珍　宋全梅　苑立新　吕晓路　路　洁

填表人：路　洁

填报单位（签章）：滨州市滨城区委党史委　　填报时间：2009 年 5 月 8 日

博兴县抗日战争时期死难者名录

姓 名	籍 贯	年 龄	性 别	死难时间
张法臣之妻	博兴县博兴镇顾家村	—	女	1937 年 11 月
刘连丑	博兴县博兴镇辛庄村	26	男	1937 年
泥锡田	博兴县湖滨镇寨卢村	20	男	1937 年
泥青淮	博兴县湖滨镇寨卢村	21	男	1937 年
刘一祥	博兴县吕艺镇屯田村	35	男	1937 年
王亦彪	博兴县店子镇张王村	60	男	1938 年 1 月 14 日
张树仁	博兴县乔庄镇王寨村	43	男	1938 年 1 月
张周氏	博兴县曹王镇曹三村	56	女	1938 年春
李树林	博兴县曹王镇东鲁村	—	男	1938 年 4 月
安丙全	博兴县湖滨镇湾头村	52	男	1938 年 4 月
王博昌	博兴县博兴镇王楼村	33	男	1938 年 9 月 18 日
曹高水	博兴县曹王镇曹一村	37	男	1938 年 9 月
杨传经	博兴县店子镇大杨村	29	男	1938 年 10 月
泥友信	博兴县湖滨镇寨卞村	19	男	1938 年 11 月
卞文要	博兴县湖滨镇寨卞村	20	男	1938 年 11 月
二林子	博兴县曹王镇曹三村	12	男	1938 年冬
吴云智	博兴县店子镇张吴村	54	男	1938 年
耿兴福	博兴县店子镇辛耿村	42	男	1938 年
耿爱香	博兴县店子镇辛耿村	41	男	1938 年
耿赵氏	博兴县店子镇辛耿村	38	女	1938 年
耿　宝	博兴县店子镇辛耿村	45	男	1938 年
张当正	博兴县店子镇梨园村	26	男	1938 年
柳志×	博兴县博兴镇北关村	—	男	1938 年
王毛毛	博兴县陈户镇陈户村	18	女	1938 年
王　锋	博兴县陈户镇陈户村	17	女	1938 年
贾春和	博兴县纯化镇贾家村	25	男	1938 年
郝登龙	博兴县湖滨镇寨郝村	23	男	1939 年 1 月
郭之刚	博兴县湖滨镇安柴村	48	男	1939 年 2 月 7 日
郭汝富	博兴县湖滨镇安柴村	19	男	1939 年 2 月 7 日
牟怀德	博兴县吕艺镇龙五村	34	男	1939 年 4 月
刘伟三	博兴县店子镇耿刘村	40	男	1939 年 4 月

续表

姓名	籍贯	年龄	性别	死难时间
王克华	博兴县陈户镇王店村	—	男	1939 年 4 月
牟湘溪	博兴县吕艺镇龙三村	20	男	1939 年 6 月
陈希孟	博兴县吕艺镇龙三村	20	男	1939 年 6 月
牟殿举	博兴县吕艺镇龙三村	18	男	1939 年 6 月
牟　马	博兴县吕艺镇龙三村	18	男	1939 年 6 月
牟密汉	博兴县吕艺镇龙三村	17	男	1939 年 6 月
牟　溪	博兴县吕艺镇龙三村	19	男	1939 年 6 月
牟来阳	博兴县吕艺镇龙三村	18	男	1939 年 6 月
陈黑狗	博兴县吕艺镇龙三村	19	男	1939 年 6 月
王洪生	博兴县曹王镇东鲁村	—	男	1939 年 7 月 10 日
贾官远之妻	博兴县湖滨镇湾头村	61	女	1939 年 8 月 1 日
贾官远	博兴县湖滨镇湾头村	60	男	1939 年 8 月
贾士太	博兴县湖滨镇湾头村	25	男	1939 年 8 月
贾窦氏	博兴县湖滨镇湾头村	25	女	1939 年 8 月
贾小妮	博兴县湖滨镇湾头村	2	女	1939 年 8 月
焦云令	博兴县湖滨镇院庄村	35	男	1939 年 10 月 22 日
刘开文	博兴县湖滨镇院庄村	50	男	1939 年 10 月 22 日
焦兰经	博兴县湖滨镇院庄村	52	男	1939 年 10 月 22 日
焦玉兰之子	博兴县湖滨镇院庄村	4	男	1939 年 10 月 22 日
刘丕元	博兴县湖滨镇院庄村	32	男	1939 年 10 月 22 日
焦玉文	博兴县湖滨镇院庄村	46	男	1939 年 10 月 22 日
焦大生	博兴县湖滨镇院庄村	19	男	1939 年 10 月 22 日
焦王氏	博兴县湖滨镇院庄村	43	女	1939 年 10 月 22 日
焦兰堤	博兴县湖滨镇院庄村	60	男	1939 年 10 月 22 日
刘杨氏	博兴县湖滨镇院庄村	42	女	1939 年 10 月 22 日
焦云江	博兴县湖滨镇院庄村	33	男	1939 年 10 月 22 日
刘树标	博兴县湖滨镇院庄村	39	男	1939 年 10 月 22 日
崔焦氏	博兴县湖滨镇院庄村	37	女	1939 年 10 月 22 日
焦小城	博兴县湖滨镇院庄村	27	男	1939 年 10 月 22 日
刘焦氏	博兴县湖滨镇院庄村	48	女	1939 年 10 月 22 日
焦玉振	博兴县湖滨镇院庄村	30	男	1939 年 10 月 22 日
焦玉兴	博兴县湖滨镇院庄村	42	男	1939 年 10 月 22 日
刘周氏	博兴县湖滨镇院庄村	39	女	1939 年 10 月 22 日
焦舒氏	博兴县湖滨镇院庄村	39	女	1939 年 10 月 22 日

续表

姓 名	籍 贯	年 龄	性 别	死难时间
焦小河	博兴县湖滨镇院庄村	8	男	1939 年 10 月 22 日
焦小才	博兴县湖滨镇院庄村	10	女	1939 年 10 月 22 日
焦小娥	博兴县湖滨镇院庄村	21	女	1939 年 10 月 22 日
焦玉梁	博兴县湖滨镇院庄村	67	男	1939 年 10 月 22 日
焦向通	博兴县湖滨镇院庄村	48	男	1939 年 10 月 22 日
焦刘氏	博兴县湖滨镇院庄村	42	女	1939 年 10 月 22 日
刘学有	博兴县湖滨镇院庄村	37	男	1939 年 10 月 22 日
刘学芹	博兴县湖滨镇院庄村	39	男	1939 年 10 月 22 日
王茂俭	博兴县湖滨镇院庄村	39	男	1939 年 10 月 22 日
胡砚田	博兴县湖滨镇院庄村	34	男	1939 年 10 月 22 日
焦宋氏	博兴县湖滨镇院庄村	50	女	1939 年 10 月 22 日
焦刘氏	博兴县湖滨镇院庄村	51	女	1939 年 10 月 22 日
安向贤	博兴县湖滨镇院庄村	42	男	1939 年 10 月 22 日
焦云海	博兴县湖滨镇院庄村	47	男	1939 年 10 月 22 日
焦张氏	博兴县湖滨镇院庄村	52	女	1939 年 10 月 22 日
焦舒氏	博兴县湖滨镇院庄村	47	女	1939 年 10 月 22 日
焦小妮	博兴县湖滨镇院庄村	18	女	1939 年 10 月 22 日
刘向道	博兴县湖滨镇院庄村	62	男	1939 年 10 月 22 日
焦刘氏	博兴县湖滨镇院庄村	62	女	1939 年 10 月 22 日
焦玉合	博兴县湖滨镇院庄村	42	男	1939 年 10 月 22 日
王思太之父	博兴县湖滨镇院庄村	57	男	1939 年 10 月 22 日
焦刘氏	博兴县湖滨镇院庄村	54	女	1939 年 10 月 22 日
焦兰香	博兴县湖滨镇院庄村	55	男	1939 年 10 月 22 日
王洪修之妹	博兴县湖滨镇院庄村	12	女	1939 年 10 月 22 日
吕云荣	博兴县湖滨镇院庄村	—	男	1939 年 10 月 22 日
杨法东	博兴县店子镇大杨村	22	男	1939 年 10 月
郭力力	博兴县湖滨镇安柴村	54	男	1939 年 11 月 30 日
柴　氏	博兴县湖滨镇安柴村	57	女	1939 年 11 月 30 日
马　氏	博兴县博兴镇南隅村	68	女	1939 年 12 月 7 日
王丙南	博兴县博兴镇南隅村	—	男	1939 年 12 月 10 日
刘德元	博兴县湖滨镇南河东村	61	男	1939 年 12 月 21 日
刘乐先	博兴县湖滨镇南河东村	60	男	1939 年 12 月 21 日
刘乐身	博兴县湖滨镇南河东村	60	男	1939 年 12 月 21 日
刘丕朗	博兴县湖滨镇南河东村	27	男	1939 年 12 月 21 日

续表

姓 名	籍 贯	年 龄	性 别	死难时间
刘乐训	博兴县湖滨镇南河东村	55	男	1939 年 12 月 21 日
刘乐永	博兴县湖滨镇南河东村	72	男	1939 年 12 月 21 日
刘乐谓	博兴县湖滨镇南河东村	57	男	1939 年 12 月 21 日
刘乐舟之妻	博兴县湖滨镇南河东村	60	女	1939 年 12 月 21 日
刘乐德之妻	博兴县湖滨镇南河东村	60	女	1939 年 12 月 21 日
刘世臣之妻	博兴县湖滨镇南河东村	65	女	1939 年 12 月 21 日
刘乐玟	博兴县湖滨镇南河东村	65	男	1939 年 12 月 21 日
刘乐香	博兴县湖滨镇南河东村	63	男	1939 年 12 月 21 日
刘丕恩	博兴县湖滨镇南河东村	58	男	1939 年 12 月 21 日
刘树声	博兴县湖滨镇南河东村	64	男	1939 年 12 月 21 日
刘德堂	博兴县湖滨镇南河东村	27	男	1939 年 12 月 22 日
刘明堂	博兴县湖滨镇南河东村	26	男	1939 年 12 月 22 日
刘荆堂	博兴县湖滨镇南河东村	19	男	1939 年 12 月 22 日
刘兆韵	博兴县湖滨镇南河东村	22	女	1939 年 12 月 22 日
刘建让之妻	博兴县湖滨镇南河东村	34	女	1939 年 12 月 22 日
刘建让之女	博兴县湖滨镇南河东村	7	女	1939 年 12 月 22 日
刘建让之子	博兴县湖滨镇南河东村	5	男	1939 年 12 月 22 日
王玉行	博兴县博兴镇相公堂村	—	男	1939 年冬
王春×	博兴县博兴镇相公堂村	—	男	1939 年冬
顾云现	博兴县曹王镇大韩村	58	男	1939 年冬
韩法信	博兴县曹王镇大韩村	62	男	1939 年冬
高曰然	博兴县曹王镇大韩村	49	男	1939 年冬
韩文秀	博兴县曹王镇大韩村	54	男	1939 年冬
高兆来	博兴县曹王镇大韩村	44	男	1939 年冬
马东然	博兴县吕艺镇马家村	19	男	1939 年
刘长岭	博兴县店子镇张朱村	49	男	1939 年
刘健合	博兴县店子镇张刘村	—	男	1939 年
刘明俊	博兴县店子镇耿刘村	28	男	1939 年
王怀圣	博兴县店子镇耿王村	37	男	1939 年
许　杰	博兴县店子镇梨园村	20	男	1939 年
许廷荣	博兴县店子镇梨园村	25	男	1939 年
李树信	博兴县店子镇利城村	18	男	1939 年
李儒珍	博兴县店子镇利城村	38	男	1939 年
李儒栋	博兴县店子镇利城村	33	男	1939 年

续表

姓名	籍贯	年龄	性别	死难时间
李儒琏	博兴县店子镇利城村	34	男	1939 年
张士伍	博兴县店子镇利城村	38	男	1939 年
张象泰	博兴县店子镇利城村	34	男	1939 年
张振合	博兴县店子镇利城村	32	男	1939 年
崔现光	博兴县庞家镇大宁村	24	男	1939 年
崔谦光	博兴县庞家镇大宁村	—	男	1939 年
毛丕森	博兴县博兴镇北八里村	23	男	1939 年
许连三	博兴县博兴镇北关村	—	男	1939 年
贾会元	博兴县博兴镇北关村	—	男	1939 年
姚登科	博兴县博兴镇大营村	—	男	1939 年
王佃富	博兴县曹王镇闫家村	50	男	1939 年
高兆军之妻	博兴县曹王镇闫家村	33	女	1939 年
闫廷荣之妻	博兴县曹王镇闫家村	30	女	1939 年
陈龙头	博兴县湖滨镇东顺河村	—	男	1939 年
张文博	博兴县陈户镇李家村	28	男	1939 年
张鑫圃	博兴县陈户镇李家村	20	男	1939 年
郑本等	博兴县陈户镇郑家村	20	男	1939 年
刘耕夫	博兴县纯化镇周刘村	—	男	1939 年
曹大廷	博兴县曹王镇闫家村	30	男	1939 年
戴相正	博兴县店子镇利戴村	65	男	1940 年 2 月
戴林儒	博兴县店子镇利戴村	67	男	1940 年 2 月
孙张氏	博兴县纯化镇东王文村	—	女	1940 年 2 月
孙　氏	博兴县纯化镇东王文村	—	女	1940 年 2 月
霍彦训	博兴县陈户镇霍家村	25	男	1940 年 2 月
马金钵	博兴县庞家镇杨集村	21	男	1940 年 3 月 13 日
李玉田	博兴县吕艺镇寨李村	40	男	1940 年 3 月
王西让之母	博兴县乔庄镇宁家村	45	女	1940 年 3 月
刘金华	博兴县乔庄镇宁家村	34	男	1940 年 3 月
王春山	博兴县陈户镇王店村	24	男	1940 年 3 月
黄明德	博兴县博兴镇南隅村	—	男	1940 年春
韩振湘	博兴县吕艺镇寨韩村	21	男	1940 年 6 月
周匡文	博兴县吕艺镇龙一村	27	男	1940 年 7 月 2 日
王继亨	博兴县吕艺镇花园村	20	男	1940 年 7 月 15 日
郭修道	博兴县吕艺镇正寨村	54	男	1940 年 8 月 15 日

续表

姓 名	籍 贯	年 龄	性 别	死难时间
张子健	博兴县店子镇辛张村	34	男	1940 年 8 月
马明礼	博兴县曹王镇小韩村	—	男	1940 年 8 月
李学儒	博兴县庞家镇邢家村	20	男	1940 年秋
王田周	博兴县博兴镇相公堂村	—	男	1940 年秋
王明田	博兴县博兴镇相公堂村	—	男	1940 年秋
张亭拖	博兴县吕艺镇刘四村	20	男	1940 年秋后
王　氏	博兴县纯化镇刘东村	25	女	1940 年 10 月
杨永河	博兴县店子镇大杨村	36	男	1940 年 10 月
杨永良	博兴县店子镇大杨村	26	男	1940 年 10 月
杨永来	博兴县店子镇大杨村	30	男	1940 年 10 月
袁继农	博兴县店子镇大杨村	22	男	1940 年 10 月
杨永东	博兴县店子镇大杨村	23	男	1940 年 10 月
侯玉宝	博兴县店子镇张侯村	45	男	1940 年 11 月 30 日
侯进芳	博兴县店子镇张侯村	14	男	1940 年 11 月 30 日
侯　袍	博兴县店子镇张侯村	25	男	1940 年 11 月 30 日
侯箱子	博兴县店子镇张侯村	26	男	1940 年 11 月 30 日
贾世斌	博兴县陈户镇西寨村	24	男	1940 年 12 月
王克义	博兴县纯化镇王家村	27	男	1940 年
李其房	博兴县纯化镇李家村	21	男	1940 年
袁国连	博兴县纯化镇袁东村	21	男	1940 年
贾锡山	博兴县纯化镇贾家村	—	男	1940 年
王建荣	博兴县吕艺镇郑官村	36	男	1940 年
张炳乾	博兴县吕艺镇贺家村	22	男	1940 年
刘一敬	博兴县吕艺镇屯田村	32	男	1940 年
张培祥	博兴县店子镇西郑村	—	男	1940 年
张焕希	博兴县店子镇西郑村	—	男	1940 年
郑太平	博兴县店子镇西郑村	—	男	1940 年
杨益之	博兴县店子镇西郑村	—	男	1940 年
张新国	博兴县店子镇西郑村	—	男	1940 年
王其生	博兴县店子镇张朱村	32	男	1940 年
刘献芝	博兴县店子镇张朱村	22	男	1940 年
耿怀庆	博兴县店子镇耿王村	29	男	1940 年
许荣礼	博兴县店子镇梨园村	23	男	1940 年
肖海涛	博兴县店子镇大肖村	23	男	1940 年

续表

姓 名	籍 贯	年 龄	性 别	死难时间
陈象恒	博兴县博兴镇北八里村	23	男	1940 年
王保德	博兴县兴福镇王桥村	—	男	1940 年
李茂林	博兴县兴福镇兴福村	—	男	1940 年
李英林	博兴县兴福镇兴福村	—	男	1940 年
魏振周	博兴县兴福镇兴福村	—	男	1940 年
曹景杭	博兴县曹王镇曹三村	—	男	1940 年
曹道六	博兴县曹王镇曹三村	—	男	1940 年
周任氏	博兴县湖滨镇湾头村	45	女	1940 年
孙英民	博兴县湖滨镇湾头村	21	男	1940 年
刘士信	博兴县湖滨镇前门村	35	男	1940 年
张中伏	博兴县陈户镇城头村	22	男	1940 年
王秉荣	博兴县陈户镇堤上村	27	男	1940 年
相延温	博兴县陈户镇北相村	35	男	1940 年
郑丕义	博兴县陈户镇郑家村	21	男	1940 年
相电奎	博兴县陈户镇相孙村	20	男	1940 年
张中元	博兴县曹王镇王二村	22	男	1941 年 3 月 21 日
孙光海	博兴县纯化镇止河村	23	男	1941 年 3 月
刘守训	博兴县纯化镇止河村	20	男	1941 年 3 月
张同生	博兴县乔庄镇王寨村	22	男	1941 年 3 月
刘乐昌	博兴县乔庄镇刘王村	24	男	1941 年 3 月
王林春	博兴县曹王镇王二村	23	男	1941 年 3 月
王继举	博兴县曹王镇王二村	21	男	1941 年 3 月
王继礼	博兴县曹王镇王二村	20	男	1941 年 3 月
张心乐	博兴县陈户镇赤尹村	28	男	1941 年 3 月
蔺　松	博兴县曹王镇蔺家村	—	男	1941 年春
赵献义	博兴县陈户镇闫陈村	27	男	1941 年 4 月
闫寒食	博兴县陈户镇周庄村	22	男	1941 年 5 月
张维岑	博兴县陈户镇周庄村	44	男	1941 年 5 月
盖玉珍	博兴县陈户镇赤尹村	30	男	1941 年 5 月
许兴文	博兴县陈户镇官张村	32	男	1941 年 5 月
刘寿时	博兴县店子镇耿刘村	39	男	1941 年 6 月
李金华	博兴县博兴镇西谷王村	20	男	1941 年 7 月
贾守诚	博兴县陈户镇崇德村	36	男	1941 年 8 月
王洪杰	博兴县陈户镇王店村	22	男	1941 年 8 月

续表

姓 名	籍 贯	年 龄	性 别	死难时间
张　殺	博兴县吕艺镇刘四村	20	男	1941 年 9 月
杨传伦	博兴县店子镇大杨村	21	男	1941 年 10 月
王东芝	博兴县乔庄镇王寨村	42	男	1941 年 11 月
祁克祥	博兴县庞家镇祁家村	32	男	1941 年 12 月
冯道增	博兴县乔庄镇东冯村	30	男	1941 年 12 月
牟震诺	博兴县吕艺镇龙五村	50	男	1941 年冬
卢云章	博兴县纯化镇卢家村	34	男	1941 年
卢云友	博兴县纯化镇卢家村	33	男	1941 年
白海龙	博兴县纯化镇河里村	—	男	1941 年
刘　妮	博兴县纯化镇止河村	9	女	1941 年
韩殿臣	博兴县店子镇刘耿村	38	男	1941 年
董良民	博兴县店子镇九台村	23	男	1941 年
李永和	博兴县店子镇董官村	20	男	1941 年
王化文	博兴县店子镇沙旺村	26	男	1941 年
王化武	博兴县店子镇沙旺村	23	男	1941 年
王会海	博兴县店子镇耿朱村	31	男	1941 年
王鸿岗	博兴县店子镇大王村	—	男	1941 年
杨继贤	博兴县庞家镇北杨村	24	男	1941 年
祁光兰	博兴县庞家镇祁家村	25	男	1941 年
李学成	博兴县庞家镇李井村	30	男	1941 年
李勤堂	博兴县庞家镇李井村	30	男	1941 年
刘　塘	博兴县博兴镇北关村	—	男	1941 年
谢王氏	博兴县兴福镇东毛村	—	女	1941 年
张引柱	博兴县兴福镇兴张村	51	男	1941 年
王学礼	博兴县兴福镇王桥村	—	男	1941 年
王树训	博兴县兴福镇王桥村	—	男	1941 年
王树营之父	博兴县兴福镇王桥村	—	男	1941 年
曹高兴	博兴县兴福镇兴福村	—	男	1941 年
李士敏	博兴县兴福镇兴福村	—	男	1941 年
张现吉	博兴县兴福镇兴福村	—	男	1941 年
王光印	博兴县曹王镇王一村	21	男	1941 年
王希孔	博兴县陈户镇堤上村	23	男	1941 年
郭其美	博兴县陈户镇闫田村	25	男	1941 年
薛士训之妻	博兴县陈户镇崇德村	62	女	1941 年

续表

姓 名	籍 贯	年 龄	性 别	死难时间
贾经远之祖母	博兴县陈户镇崇德村	68	女	1941 年
高松林	博兴县陈户镇高家村	20	男	1941 年
相守凡	博兴县陈户镇北相村	23	男	1941 年
相淄川	博兴县陈户镇北相村	25	男	1941 年
马立忠	博兴县陈户镇赤官村	30	男	1941 年
孙登山	博兴县陈户镇王孙村	—	男	1941 年
高可召	博兴县陈户镇冯吴村	31	男	1941 年
王东林	博兴县吕艺镇闫二村	21	男	1941 年
张赵氏	博兴县吕艺镇夹河村	56	女	1942 年 1 月
尹美令	博兴县吕艺镇夹河村	30	女	1942 年 1 月
张莒县	博兴县吕艺镇夹河村	—	男	1942 年 1 月
张周氏	博兴县吕艺镇夹河村	25	女	1942 年 1 月
周云山	博兴县博兴镇伏李村	—	男	1942 年 1 月
吴北峰	博兴县兴福镇兴许村	30	男	1942 年 2 月
孙祝兴	博兴县纯化镇止河村	—	男	1942 年 3 月 15 日
张××	博兴县纯化镇止河村	—	男	1942 年 3 月 15 日
许洪敖	博兴县纯化镇止河村	—	男	1942 年 3 月 15 日
曹落五	博兴县纯化镇止河村	—	男	1942 年 3 月 15 日
张培金	博兴县纯化镇止河村	—	男	1942 年 3 月 15 日
郑新田	博兴县陈户镇郑家村	52	男	1942 年 3 月 24 日
袁学堂	博兴县纯化镇袁西村	29	男	1942 年 3 月
滕惠然	博兴县吕艺镇王浩村	19	男	1942 年 3 月
王连三之妻	博兴县吕艺镇龙五村	38	女	1942 年 3 月
耿七公	博兴县吕艺镇崔庙村	27	男	1942 年 3 月
朱少华	博兴县店子镇辛朱村	33	男	1942 年 3 月
王世吉	博兴县曹王镇王二村	23	男	1942 年 3 月
耿立珍	博兴县陈户镇纪耿村	31	男	1942 年 3 月
张晋铭	博兴县陈户镇周庄村	35	男	1942 年 3 月
韩立华	博兴县吕艺镇寨韩村	20	男	1942 年 4 月
韩得胜	博兴县吕艺镇寨韩村	22	男	1942 年 4 月
郭金光	博兴县店子镇般若村	23	男	1942 年 4 月
刘义明	博兴县店子镇般若村	29	男	1942 年 4 月
杨保远	博兴县店子镇大杨村	21	男	1942 年 4 月
张小妮	博兴县兴福镇赵马村	14	女	1942 年 4 月

续表

姓 名	籍 贯	年 龄	性 别	死难时间
房春山	博兴县吕艺镇寨王村	20	男	1942 年 5 月 8 日
何守志	博兴县乔庄镇刘王村	27	男	1942 年 5 月
盖树功	博兴县陈户镇赤尹村	24	男	1942 年 5 月
盖维光	博兴县陈户镇赤尹村	23	男	1942 年 5 月
彭俊法	博兴县乔庄镇刘王村	22	男	1942 年 6 月
韩连永	博兴县湖滨镇柳桥村	11	男	1942 年 6 月
贾学哲	博兴县陈户镇西寨村	22	男	1942 年 6 月
贾道星	博兴县陈户镇西寨村	58	男	1942 年 6 月
韩孙氏	博兴县博兴镇西隅村	30	女	1942 年夏
吴洪君	博兴县兴福镇赵马村	22	男	1942 年 7 月
孟召干	博兴县陈户镇王孟村	54	男	1942 年 8 月
孟召城	博兴县陈户镇王孟村	60	男	1942 年 8 月
翟解氏	博兴县博兴镇西谷王村	60	女	1942 年 9 月
高金才	博兴县陈户镇西寨村	34	男	1942 年 9 月
杜洪奎	博兴县吕艺镇高渡村	21	男	1942 年 10 月
张错帮	博兴县吕艺镇高渡村	17	男	1942 年 10 月
刘化亭	博兴县乔庄镇刘王村	29	男	1942 年 10 月
牛福建	博兴县吕艺镇牛家村	22	男	1942 年 11 月
裴平安	博兴县庞家镇张庄村	20	男	1942 年 11 月
刘多才	博兴县庞家镇张庄村	20	男	1942 年 11 月
高兆亭	博兴县兴福镇王旺村	—	男	1942 年 12 月 24 日
蔡西亮	博兴县店子镇利蔡村	32	男	1942 年冬
王会章	博兴县纯化镇王家村	33	男	1942 年
王新来	博兴县吕艺镇郑官村	32	男	1942 年
张利仁	博兴县吕艺镇贺家村	24	男	1942 年
高法德	博兴县吕艺镇道口村	30	男	1942 年
高林盛	博兴县吕艺镇道口村	35	男	1942 年
张立臣	博兴县吕艺镇闫一村	35	男	1942 年
鲍吉田	博兴县吕艺镇闫二村	25	男	1942 年
李光东	博兴县吕艺镇闫二村	31	男	1942 年
鲍立修	博兴县吕艺镇闫二村	26	男	1942 年
侯池亭	博兴县店子镇张侯村	26	男	1942 年
侯八月	博兴县店子镇张侯村	25	男	1942 年
韩其山	博兴县店子镇刘耿村	42	男	1942 年

续表

姓名	籍贯	年龄	性别	死难时间
张英修	博兴县店子镇西郑村	—	男	1942 年
陈青春	博兴县店子镇西郑村	—	男	1942 年
谢丙海	博兴县店子镇九台村	19	男	1942 年
陈希田	博兴县店子镇九台村	20	男	1942 年
陈德民	博兴县店子镇九台村	19	男	1942 年
陈庆海	博兴县店子镇九台村	32	男	1942 年
陈志刚	博兴县店子镇九台村	41	男	1942 年
宋文焕	博兴县店子镇董官村	20	男	1942 年
董长文	博兴县店子镇董官村	30	男	1942 年
王会河	博兴县店子镇耿朱村	17	男	1942 年
朱庆祥	博兴县店子镇耿朱村	32	男	1942 年
肖西居	博兴县店子镇大肖村	18	男	1942 年
肖其禹	博兴县店子镇大肖村	52	男	1942 年
肖保佐	博兴县店子镇大肖村	17	男	1942 年
肖西富	博兴县店子镇大肖村	50	男	1942 年
王兆庆	博兴县店子镇大王村	—	男	1942 年
王瑞林	博兴县店子镇大王村	—	男	1942 年
崔兆庆	博兴县店子镇大王村	—	男	1942 年
王玉春	博兴县店子镇大王村	—	男	1942 年
刘登洲	博兴县庞家镇刘寨村	41	男	1942 年
安敬富	博兴县庞家镇安家村	20	男	1942 年
安敬成	博兴县庞家镇安家村	20	男	1942 年
初六柱	博兴县庞家镇安家村	28	男	1942 年
张曰良	博兴县庞家镇绳耿村	34	男	1942 年
苏桂英	博兴县乔庄镇榆林村	29	女	1942 年
冯铜令	博兴县乔庄镇魏家村	19	男	1942 年
傅　田	博兴县乔庄镇梁楼村	21	男	1942 年
梁西安	博兴县乔庄镇梁楼村	23	男	1942 年
高冠显	博兴县博兴镇董高村	—	男	1942 年
孙兆和	博兴县博兴镇北关村	—	男	1942 年
王　军	博兴县博兴镇北关村	—	男	1942 年
安舍汤	博兴县博兴镇北关村	—	男	1942 年
贾赵氏	博兴县博兴镇新贾村	24	女	1942 年
贾同山	博兴县博兴镇新贾村	22	男	1942 年

续表

姓 名	籍 贯	年 龄	性 别	死难时间
郑立垣	博兴县兴福镇兴和张村	—	男	1942 年
潘月支	博兴县兴福镇兴和张村	—	男	1942 年
刘兆才	博兴县兴福镇兴和张村	43	男	1942 年
张梦远	博兴县兴福镇兴和张村	39	男	1942 年
李泗泉	博兴县兴福镇兴福村	—	男	1942 年
魏子顺	博兴县湖滨镇魏家庄	25	男	1942 年
魏丙官	博兴县湖滨镇魏家庄	—	男	1942 年
孙英春	博兴县湖滨镇孟桥村	25	男	1942 年
周国陈	博兴县湖滨镇孟桥村	25	男	1942 年
张义钦	博兴县陈户镇岭子村	85	男	1942 年
蔡希望	博兴县陈户镇官闫村	21	男	1942 年
赵禄年	博兴县陈户镇纪刘村	21	男	1942 年
刘金斗	博兴县陈户镇纪刘村	30	男	1942 年
贾守耕	博兴县陈户镇崇德村	30	男	1942 年
薛士功	博兴县陈户镇崇德村	48	男	1942 年
卞同成	博兴县陈户镇卞家村	19	男	1942 年
卞同胜	博兴县陈户镇卞家村	19	男	1942 年
周复亨	博兴县陈户镇周庄村	18	男	1942 年
郭高氏	博兴县陈户镇东寨村	52	女	1942 年
贾 四	博兴县陈户镇北相村	23	男	1942 年
高有林	博兴县陈户镇冯吴村	19	男	1942 年
高万庆	博兴县陈户镇冯吴村	40	男	1942 年
高化形	博兴县陈户镇冯吴村	18	男	1942 年
秦曰吉	博兴县兴福镇东秦村	—	男	1943 年 1 月 13 日
秦粉房	博兴县兴福镇东秦村	—	男	1943 年 1 月 13 日
周品三	博兴县博兴镇伏李村	—	男	1943 年 1 月
崔士明	博兴县兴福镇兴耿村	22	男	1943 年 2 月
王殿义	博兴县曹王镇王一村	59	男	1943 年 2 月
王衍纯	博兴县曹王镇王一村	22	男	1943 年 2 月
吕四妮	博兴县陈户镇纪吕村	23	女	1943 年 2 月
闫廷良	博兴县陈户镇辛闫村	53	男	1943 年 2 月
郭其元	博兴县陈户镇东寨村	21	男	1943 年 3 月 17 日
常祖鑫	博兴县纯化镇常家村	20	男	1943 年 3 月 24 日
常锡宗	博兴县纯化镇常家村	46	男	1943 年 3 月 24 日

续表

姓名	籍贯	年龄	性别	死难时间
王振功	博兴县纯化镇三里村	83	男	1943 年 3 月 24 日
李丁子	博兴县纯化镇三里村	24	男	1943 年 3 月 24 日
张玉玮	博兴县纯化镇张家村	21	男	1943 年 3 月 24 日
张太平	博兴县纯化镇张家村	20	男	1943 年 3 月 24 日
张彩令	博兴县吕艺镇刘三村	54	男	1943 年 3 月 24 日
张致杰	博兴县吕艺镇刘三村	24	男	1943 年 3 月 24 日
尹廷英	博兴县吕艺镇尹家村	50	男	1943 年 3 月 24 日
尹汉润	博兴县吕艺镇尹家村	20	男	1943 年 3 月 24 日
尹汶奎	博兴县吕艺镇尹家村	18	男	1943 年 3 月 24 日
满殿银	博兴县吕艺镇辛集村	34	男	1943 年 3 月 24 日
齐边江	博兴县吕艺镇辛集村	31	男	1943 年 3 月 24 日
齐迪友	博兴县吕艺镇辛集村	35	男	1943 年 3 月 24 日
张　把	博兴县吕艺镇辛集村	28	男	1943 年 3 月 24 日
满福永	博兴县吕艺镇辛集村	32	男	1943 年 3 月 24 日
韩蓝子	博兴县吕艺镇辛集村	27	男	1943 年 3 月 24 日
郭仁俊	博兴县吕艺镇郭八村	18	男	1943 年 3 月 24 日
郭耿氏	博兴县吕艺镇郭八村	17	女	1943 年 3 月 24 日
郭文胜	博兴县吕艺镇郭八村	19	男	1943 年 3 月 24 日
刘高氏	博兴县吕艺镇郭八村	16	女	1943 年 3 月 24 日
李柳桥	博兴县吕艺镇寨李村	18	男	1943 年 3 月 24 日
李殿勋	博兴县吕艺镇寨李村	32	男	1943 年 3 月 24 日
李德平	博兴县吕艺镇寨李村	45	男	1943 年 3 月 24 日
郭京峰	博兴县吕艺镇正寨村	40	男	1943 年 3 月 24 日
郭胜灵	博兴县吕艺镇正寨村	43	男	1943 年 3 月 24 日
赵洪儒	博兴县吕艺镇正寨村	56	男	1943 年 3 月 24 日
郭玉龙	博兴县吕艺镇正寨村	45	男	1943 年 3 月 24 日
高春水	博兴县陈户镇河东村	—	男	1943 年 3 月 24 日
高　岩	博兴县陈户镇河东村	—	男	1943 年 3 月 24 日
崔英贤	博兴县陈户镇聚合村	23	男	1943 年 3 月 24 日
范岚阶	博兴县陈户镇范家村	37	男	1943 年 3 月 24 日
常祖恩	博兴县纯化镇常家村	21	男	1943 年 3 月
裴锦堂	博兴县纯化镇裴家村	—	男	1943 年 3 月
马英敏	博兴县吕艺镇寨韩村	23	男	1943 年 3 月
王希成	博兴县吕艺镇夹河村	35	男	1943 年 3 月

续表

姓名	籍贯	年龄	性别	死难时间
邢落雨	博兴县庞家镇邢家村	22	男	1943年3月
李佃举	博兴县庞家镇邢家村	20	男	1943年3月
韩芳翠	博兴县湖滨镇柳桥村	42	男	1943年3月
李长来	博兴县陈户镇陈户村	20	男	1943年3月
吕光修	博兴县陈户镇纪吕村	40	男	1943年3月
李恒聚	博兴县陈户镇王集村	46	男	1943年春
王树桥	博兴县庞家镇王图村	23	男	1943年4月
郭宜森	博兴县陈户镇东寨村	21	男	1943年4月
王其瑞	博兴县陈户镇东寨村	21	男	1943年4月
王阴松	博兴县店子镇张王村	—	男	1943年清明
王亦桥	博兴县店子镇张王村	—	男	1943年清明
曹树均	博兴县纯化镇曹家村	—	男	1943年5月
张会福	博兴县吕艺镇崔庙村	32	男	1943年5月
韩安平	博兴县湖滨镇柳桥村	42	男	1943年5月
胡金玲	博兴县陈户镇相周村	40	男	1943年5月
胡小妮	博兴县陈户镇相周村	4	女	1943年5月
张通帮	博兴县吕艺镇高渡村	23	男	1943年6月
李志祥	博兴县庞家镇张庄村	23	男	1943年6月
王守让	博兴县庞家镇王厨村	28	男	1943年6月
崔希亭	博兴县乔庄镇官庄村	25	男	1943年6月
董　氏	博兴县陈户镇周庄村	50	女	1943年6月
张恒江	博兴县吕艺镇刘五村	35	男	1943年8月14日
齐京海	博兴县吕艺镇辛集村	30	男	1943年8月24日
李英德	博兴县纯化镇三里村	20	男	1943年8月
孙新成	博兴县纯化镇东王文村	—	男	1943年8月
杜洪范	博兴县吕艺镇高渡村	17	男	1943年8月
张明帮	博兴县吕艺镇高渡村	21	男	1943年8月
张洪滨	博兴县庞家镇张庄村	20	男	1943年8月
杨玉山	博兴县乔庄镇官庄村	28	男	1943年8月
刘德修	博兴县乔庄镇刘王村	27	男	1943年8月
黄专倍	博兴县博兴镇伏路村	39	男	1943年8月
霍荣卿	博兴县陈户镇霍家村	25	男	1943年8月
刘道兴	博兴县陈户镇官张村	31	男	1943年8月
齐星桥	博兴县陈户镇西田村	30	男	1943年8月

续表

姓 名	籍 贯	年 龄	性 别	死难时间
田淑茂	博兴县陈户镇西田村	21	男	1943 年 8 月
闫启新之母	博兴县陈户镇辛闫村	52	女	1943 年 8 月
李化伦之妻	博兴县陈户镇辛闫村	52	女	1943 年 8 月
王芳莲	博兴县陈户镇辛闫村	37	男	1943 年 8 月
张道纯	博兴县吕艺镇崔庙村	30	男	1943 年 9 月
耿　措	博兴县吕艺镇崔庙村	20	女	1943 年 9 月
王传新	博兴县庞家镇张庄村	32	男	1943 年 9 月
李树林	博兴县乔庄镇刘王村	25	男	1943 年 9 月
韩登太	博兴县湖滨镇柳桥村	30	男	1943 年 9 月
张保禹	博兴县湖滨镇柳桥村	22	男	1943 年 9 月
祁金玉	博兴县庞家镇小宁村	41	男	1943 年秋
王凤武	博兴县乔庄镇牟王村	32	男	1943 年秋
王玉贵	博兴县乔庄镇牟王村	34	男	1943 年秋
王济良	博兴县乔庄镇牟王村	49	男	1943 年秋
王济良之女	博兴县乔庄镇牟王村	15	女	1943 年秋
王李氏	博兴县乔庄镇牟王村	56	女	1943 年秋
王士英	博兴县乔庄镇牟王村	33	男	1943 年秋
王谭之妻	博兴县乔庄镇牟王村	47	女	1943 年秋
张士英之女	博兴县乔庄镇牟王村	22	女	1943 年秋
程维园	博兴县曹王镇大程村	—	男	1943 年秋
程曰远	博兴县曹王镇大程村	38	男	1943 年秋
宋元魁	博兴县吕艺镇康坊村	—	男	1943 年 10 月 10 日
张可才	博兴县吕艺镇康坊村	—	男	1943 年 10 月 10 日
马明贞	博兴县吕艺镇康坊村	—	男	1943 年 10 月 10 日
孙洪章	博兴县纯化镇西王文村	20	男	1943 年 10 月
马口德	博兴县店子镇马庄村	46	男	1943 年 10 月
杨法西	博兴县店子镇大杨村	22	男	1943 年 10 月
王汉青	博兴县乔庄镇王寨村	38	男	1943 年 10 月
宋振和	博兴县博兴镇西三里村	21	男	1943 年 10 月
胡树芬	博兴县陈户镇相周村	47	男	1943 年 11 月
胡道全	博兴县陈户镇相周村	38	男	1943 年 11 月
胡新利	博兴县陈户镇相周村	28	男	1943 年 11 月
张福禄	博兴县陈户镇张官村	22	男	1943 年 11 月
袁子敏	博兴县纯化镇袁西村	50	男	1943 年 12 月

续表

姓 名	籍 贯	年 龄	性 别	死难时间
田成召	—	—	男	1943 年 12 月
王博章	博兴县纯化镇王家村	24	男	1943 年
孙其泉	博兴县纯化镇东王文村	—	男	1943 年
赵保军	博兴县纯化镇东王文村	—	男	1943 年
孙同良	博兴县纯化镇止河村	42	男	1943 年
郑树梓	博兴县吕艺镇郑官村	29	男	1943 年
潘字德	博兴县吕艺镇营李村	46	男	1943 年
潘洪吉	博兴县吕艺镇营李村	48	男	1943 年
李风珠	博兴县吕艺镇营李村	40	男	1943 年
李秀礼	博兴县吕艺镇营李村	50	男	1943 年
郭绍亭	博兴县吕艺镇大胡村	20	男	1943 年
胡守信	博兴县吕艺镇大胡村	19	男	1943 年
胡士温	博兴县吕艺镇大胡村	21	男	1943 年
高才飞	博兴县吕艺镇大胡村	23	男	1943 年
郭绍文	博兴县吕艺镇大胡村	21	男	1943 年
刘洪吉	博兴县吕艺镇大胡村	23	男	1943 年
胡士法	博兴县吕艺镇大胡村	28	男	1943 年
鲍主元	博兴县吕艺镇闫二村	27	男	1943 年
鲍兴元	博兴县吕艺镇闫二村	26	男	1943 年
鲍廷勋	博兴县吕艺镇闫二村	24	男	1943 年
陈俊儒	博兴县店子镇九台村	29	男	1943 年
陈友能	博兴县店子镇九台村	28	男	1943 年
王亦侯	博兴县店子镇张王村	—	男	1943 年
王百新	博兴县店子镇张王村	26	男	1943 年
王亦成	博兴县店子镇张王村	22	男	1943 年
李庆吉	博兴县店子镇张刘村	—	男	1943 年
刘心亮	博兴县店子镇张刘村	—	男	1943 年
宋民贞	博兴县店子镇董官村	25	男	1943 年
肖荫枝	博兴县店子镇大肖村	18	男	1943 年
肖良儒	博兴县店子镇大肖村	24	男	1943 年
肖西泽	博兴县店子镇大肖村	24	男	1943 年
刘学信	博兴县店子镇大刘村	48	男	1943 年
刘勤章	博兴县店子镇大刘村	23	男	1943 年
王连英	博兴县店子镇大王村	—	男	1943 年

续表

姓名	籍贯	年龄	性别	死难时间
朱美舍	博兴县店子镇辛朱村	23	男	1943 年
姜锡华	博兴县庞家镇绳耿村	50	男	1943 年
张新征	博兴县庞家镇绳耿村	26	男	1943 年
姜友屯	博兴县庞家镇绳耿村	24	男	1943 年
李成远	博兴县庞家镇李家村	21	男	1943 年
李东岳	博兴县庞家镇栾王村	—	男	1943 年
王书堂	博兴县庞家镇栾王村	24	男	1943 年
刘汉杰	博兴县庞家镇栾王村	29	男	1943 年
刘振福	博兴县庞家镇栾王村	23	男	1943 年
岳树芹	博兴县庞家镇赤李村	—	男	1943 年
王培禄	博兴县乔庄镇南王村	28	男	1943 年
冯秀山	博兴县乔庄镇魏家村	23	男	1943 年
李道文	博兴县乔庄镇聂家村	26	男	1943 年
李兰田	博兴县乔庄镇聂家村	24	男	1943 年
宋　泼	博兴县乔庄镇聂家村	36	男	1943 年
李玉清	博兴县乔庄镇聂家村	28	男	1943 年
李淄川	博兴县乔庄镇聂家村	22	男	1943 年
李进才	博兴县乔庄镇聂家村	19	男	1943 年
李道胜	博兴县乔庄镇聂家村	25	男	1943 年
吕长春	博兴县乔庄镇刘王村	26	男	1943 年
穆桂荣	博兴县	—	女	1943 年
高登迎	博兴县博兴镇董高村	20	男	1943 年
刘围子	博兴县兴福镇兴和张村	28	男	1943 年
李儒林	博兴县兴福镇兴福村	—	男	1943 年
吴圣儒	博兴县兴福镇兴福村	—	男	1943 年
李福生	博兴县兴福镇兴福村	—	男	1943 年
王乃敬	博兴县湖滨镇王圈村	24	男	1943 年
舒延阔	博兴县湖滨镇西顺河二村	—	男	1943 年
刘明三	博兴县湖滨镇前门村	21	男	1943 年
刘公瑞	博兴县湖滨镇前门村	24	男	1943 年
马文政	博兴县陈户镇官闫村	62	男	1943 年
马张氏	博兴县陈户镇官闫村	62	女	1943 年
王维柯	博兴县陈户镇堤上村	31	男	1943 年
张乃连	博兴县陈户镇李家村	26	男	1943 年

续表

姓名	籍贯	年龄	性别	死难时间
周献亭	博兴县陈户镇纪刘村	50	男	1943 年
赵承章	博兴县陈户镇纪刘村	18	男	1943 年
周纯祯	博兴县陈户镇纪刘村	20	男	1943 年
郭传法	博兴县陈户镇闫田村	27	男	1943 年
薛树北	博兴县陈户镇崇德村	20	男	1943 年
贾守温	博兴县陈户镇崇德村	26		1943 年
高光修	博兴县陈户镇高家村	23	男	1943 年
高同更	博兴县陈户镇高家村	22	男	1943 年
高师柳	博兴县陈户镇高家村	52	男	1943 年
孙景生	博兴县陈户镇王孙村	—	男	1943 年
孙姚玉	博兴县陈户镇王孙村	—	男	1943 年
韩　福	博兴县陈户镇官张村	30	男	1943 年
王介吾	博兴县陈户镇官王村	—	男	1943 年
郑忠元	博兴县陈户镇郑家村	26	男	1943 年
高安仁	博兴县陈户镇东田村	—	男	1943 年
蔡兰文	博兴县陈户镇蔡家村	22	男	1943 年
王乐宾	博兴县陈户镇蔡家村	20	男	1943 年
姜子元	博兴县庞家镇绳耿村	48	男	1943 年
崔士经	博兴县兴福镇兴耿村	25	男	1944 年 1 月
杨表田	博兴县纯化镇杨家村	23	男	1944 年 2 月
范金武	博兴县陈户镇范家村	28	男	1944 年 3 月 24 日
崔北平	博兴县乔庄镇西崔村	23	男	1944 年 3 月
张玉坤	博兴县庞家镇张庄村	23	男	1944 年 4 月 10 日
刘中松	博兴县庞家镇通滨村	24	男	1944 年 4 月
王保胜	博兴县陈户镇西王村	38	男	1944 年 4 月
王宝富	博兴县陈户镇西王村	34	男	1944 年 4 月
黎艺术之妻	博兴县庞家镇黎寨村	20	女	1944 年 5 月
黎潘歧之妻	博兴县庞家镇黎寨村	42	女	1944 年 5 月
顾英华	博兴县博兴镇西三里村	25	男	1944 年 5 月
张沈阳	博兴县陈户镇聚合村	22	男	1944 年 6 月 1 日
王志学	博兴县店子镇利王村	33	男	1944 年 6 月
孔长山	博兴县陈户镇王店村	15	男	1944 年 6 月
王志中	博兴县陈户镇王集村	35	男	1944 年夏
刘武纪	博兴县庞家镇刘家村	20	男	1944 年 7 月

续表

姓 名	籍 贯	年 龄	性 别	死难时间
吕友年	博兴县博兴镇河西村	23	男	1944 年 7 月
张凤楼	博兴县博兴镇伏李村	—	男	1944 年 7 月
泥大胜	博兴县湖滨镇寨卞村	22	男	1944 年 7 月
刘树桐	博兴县纯化镇纯西村	19	男	1944 年 8 月 14 日
王芳兴	—	—	男	1944 年 8 月 14 日
巩学诚	博兴县庞家镇赤张村	68	男	1944 年 8 月 30 日
张安礼	博兴县庞家镇赤张村	69	男	1944 年 8 月 30 日
胡林泉	博兴县庞家镇赤张村	64	男	1944 年 8 月 30 日
郑春华	博兴县吕艺镇郑官村	32	男	1944 年 8 月
黎生桂	博兴县庞家镇通滨村	27	男	1944 年 8 月
刘化文	博兴县乔庄镇西崔村	26	男	1944 年 8 月
刘金柱	博兴县乔庄镇西崔村	26	男	1944 年 8 月
韩洪景	博兴县湖滨镇柳桥村	25	男	1944 年 8 月
韩福如	博兴县湖滨镇柳桥村	35	男	1944 年 8 月
马志敬	博兴县吕艺镇寨王村	21	男	1944 年 8 月
曹高臣	博兴县曹王镇曹二村	26	男	1944 年 9 月 14 日
范广兴	博兴县陈户镇范家村	28	男	1944 年 9 月
刘殿奎	博兴县博兴镇鲍刘村	26	男	1944 年秋
王系奎之妻	博兴县陈户镇王集村	32	女	1944 年秋
范士田	博兴县陈户镇范家村	28	男	1944 年 10 月 18 日
范裴氏	博兴县陈户镇范家村	23	女	1944 年 10 月 18 日
范延庆	博兴县陈户镇范家村	33	男	1944 年 10 月 18 日
范永昌	博兴县陈户镇范家村	50	男	1944 年 10 月 18 日
刘英才	博兴县纯化镇毕家村	21	男	1944 年 10 月
毕成孔	博兴县纯化镇毕家村	32	男	1944 年 10 月
孙书唐	博兴县纯化镇西王文村	22	男	1944 年 10 月
王立功	博兴县陈户镇西王村	42	男	1944 年 10 月
马 兴	博兴县陈户镇官闫村	27	男	1944 年 10 月
朱浩然	—	33	男	1944 年 11 月 20 日
崔廷忠	博兴县乔庄镇东崔村	22	男	1944 年 11 月
乔邋遢	博兴县乔庄镇刘王村	40	男	1944 年 12 月 11 日
尹培之	博兴县乔庄镇刘王村	26	男	1944 年 12 月 11 日
许佃祥	博兴县乔庄镇刘王村	42	男	1944 年 12 月 11 日
何宝生	博兴县乔庄镇刘王村	21	男	1944 年 12 月 11 日

续表

姓 名	籍 贯	年 龄	性 别	死难时间
许岳泉	博兴县乔庄镇刘王村	37	男	1944 年 12 月 11 日
王守善	博兴县庞家镇王厨村	25	男	1944 年 12 月 21 日
王秀经	博兴县庞家镇王厨村	24	男	1944 年 12 月 21 日
王祝经	博兴县庞家镇王厨村	22	男	1944 年 12 月 21 日
王单章	博兴县庞家镇王厨村	45	男	1944 年 12 月 21 日
夏勤三	博兴县纯化镇三里村	19	男	1944 年 12 月
崔树臻	博兴县吕艺镇崔庙村	18	男	1944 年 12 月
耿士端	博兴县吕艺镇崔庙村	20	男	1944 年 12 月
李凤田	博兴县庞家镇赤李村	—	男	1944 年
李仲策	博兴县纯化镇李家村	24	男	1944 年
贾逢臣	博兴县纯化镇贾家村	—	男	1944 年
贾汉东	博兴县吕艺镇马家村	20	男	1944 年
马尚志	博兴县吕艺镇马家村	20	男	1944 年
刘连泉	博兴县吕艺镇屯田村	21	男	1944 年
李曰厚	博兴县吕艺镇营李村	38	男	1944 年
李机洁	博兴县吕艺镇营李村	35	男	1944 年
许桂秀	博兴县吕艺镇店子村	48	男	1944 年
胡士农	博兴县吕艺镇大胡村	19	男	1944 年
侯福成	博兴县店子镇张侯村	25	男	1944 年
郑玉岐	博兴县店子镇东郑村	28	男	1944 年
郑成新	博兴县店子镇东郑村	24	男	1944 年
刘家梁	博兴县店子镇耿刘村	50	男	1944 年
张奉春	博兴县店子镇马兴村	25	男	1944 年
李甲三	博兴县店子镇董官村	27	男	1944 年
刘志芳	博兴县店子镇大刘村	42	男	1944 年
刘肖氏	博兴县店子镇大刘村	40	女	1944 年
刘学荣	博兴县店子镇大刘村	55	男	1944 年
平章之妻	博兴县店子镇大刘村	28	女	1944 年
学迁之妻	博兴县店子镇大刘村	35	女	1944 年
兴　周	博兴县店子镇大刘村	55	女	1944 年
刘明庆	博兴县店子镇大刘村	40	男	1944 年
孟光彩	博兴县庞家镇栾王村	30	女	1944 年
魏怀义	博兴县乔庄镇三岔村	30	男	1944 年
李玉敬	博兴县乔庄镇聂家村	41	男	1944 年

续表

姓 名	籍 贯	年 龄	性 别	死难时间
杨　更	博兴县乔庄镇聂家村	33	男	1944 年
聂道兴	博兴县乔庄镇聂家村	32	男	1944 年
宋贯军	博兴县博兴镇中辛安村	—	男	1944 年
谢仁先	博兴县兴福镇东毛村	35	男	1944 年
刘亚增	博兴县兴福镇兴耿村	23	男	1944 年
李秋葵	博兴县兴福镇兴福村	—	男	1944 年
泥祥永	博兴县兴福镇兴福村	—	男	1944 年
魏寿光	博兴县兴福镇兴福村	—	男	1944 年
吴心刚	博兴县兴福镇兴福村	—	男	1944 年
魏振清	博兴县兴福镇兴福村	—	男	1944 年
魏心清	博兴县兴福镇兴福村	—	男	1944 年
王继鲁	博兴县曹王镇王三村	—	男	1944 年
王梦胜	博兴县湖滨镇王桥村	19	男	1944 年
白玉堂	博兴县湖滨镇柳白村	83	男	1944 年
张希久	博兴县湖滨镇柳白村	19	男	1944 年
刘连昆	博兴县陈户镇官刘村	53	男	1944 年
马福先	博兴县陈户镇官闫村	60	男	1944 年
戴福林	博兴县陈户镇官闫村	63	男	1944 年
王勤书	博兴县陈户镇官闫村	24	男	1944 年
王　芬	博兴县陈户镇官闫村	24	女	1944 年
王小妮	博兴县陈户镇官闫村	4	女	1944 年
马族之妻	博兴县陈户镇官闫村	33	女	1944 年
王存礼	博兴县陈户镇官闫村	27	男	1944 年
王岳更	博兴县陈户镇官闫村	21	男	1944 年
王希华	博兴县陈户镇堤上村	28	男	1944 年
于希武	博兴县陈户镇李家村	31	男	1944 年
王十五	博兴县陈户镇李家村	18	男	1944 年
韩廷琴	博兴县陈户镇李家村	20	男	1944 年
韩明柱	博兴县陈户镇李家村	18	男	1944 年
张印丰	博兴县陈户镇李家村	18	男	1944 年
周献仁	博兴县陈户镇纪刘村	20	男	1944 年
贾守明	博兴县陈户镇崇德村	26	男	1944 年
高春亭	博兴县陈户镇高家村	23	男	1944 年
卞西田	博兴县陈户镇卞家村	38	男	1944 年

续表

姓名	籍贯	年龄	性别	死难时间
王其春	博兴县陈户镇东寨村	20	男	1944 年
郭宜俊	博兴县陈户镇东寨村	25	男	1944 年
刘竹林	博兴县陈户镇新东村	23	男	1944 年
沈洪恩	博兴县陈户镇北相村	23	男	1944 年
郑裴然	博兴县陈户镇郑家村	23	男	1944 年
赵树方	博兴县陈户镇赵家村	33	男	1944 年
孙希舱	博兴县陈户镇相孙村	18	男	1944 年
高重庆	博兴县陈户镇冯吴村	35	男	1944 年
许晋生	博兴县博兴镇王木村	—	男	1944 年
李其正	博兴县纯化镇李家村	23	男	1945 年 1 月
崔砚田	博兴县纯化镇崔家村	—	男	1945 年 1 月
崔传道	博兴县纯化镇崔家村	—	男	1945 年 1 月
李洪云	博兴县吕艺镇营李村	19	男	1945 年 1 月
李来顺	博兴县吕艺镇营李村	40	男	1945 年 1 月
潘玉显	博兴县吕艺镇营李村	55	男	1945 年 1 月
潘　文	博兴县吕艺镇营李村	24	男	1945 年 1 月
李王氏	博兴县吕艺镇营李村	48	女	1945 年 1 月
潘立孝	博兴县吕艺镇营李村	50	男	1945 年 1 月
潘祥庆	博兴县吕艺镇营李村	70	男	1945 年 1 月
李乐圃	博兴县吕艺镇营李村	22	男	1945 年 1 月
李在德	博兴县吕艺镇营李村	67	男	1945 年 1 月
王象于	博兴县吕艺镇花园村	38	男	1945 年 1 月
许兴春	博兴县吕艺镇店子村	43	男	1945 年 1 月
张子俭	博兴县吕艺镇店子村	42	男	1945 年 1 月
胡成叶	博兴县吕艺镇店子村	41	男	1945 年 1 月
许春成	博兴县吕艺镇店子村	40	男	1945 年 1 月
许相俊	博兴县吕艺镇店子村	58	男	1945 年 1 月
魏振车	博兴县吕艺镇店子村	37	男	1945 年 1 月
许永林	博兴县吕艺镇店子村	38	男	1945 年 1 月
许敬亭	博兴县吕艺镇店子村	24	男	1945 年 1 月
许英梓	博兴县吕艺镇店子村	25	男	1945 年 1 月
许英贤	博兴县吕艺镇店子村	30	男	1945 年 1 月
李建唐	博兴县陈户镇霍家村	18	男	1945 年 1 月
刘荣贞	博兴县纯化镇刘东村	26	男	1945 年 2 月

续表

姓 名	籍 贯	年 龄	性 别	死难时间
刘荣华	博兴县纯化镇刘东村	25	男	1945 年 2 月
马顺铭	博兴县店子镇马庄村	38	男	1945 年 2 月
袁学道	博兴县纯化镇袁西村	30	男	1945 年 3 月
裴学成	博兴县纯化镇裴家村	—	男	1945 年 3 月
王玉太	博兴县吕艺镇花园村	24	男	1945 年 3 月
孙　海	博兴县庞家镇通滨村	18	男	1945 年 3 月
常振国	博兴县乔庄镇焦常村	25	男	1945 年 3 月
陈明祺	博兴县博兴镇鲍陈村	21	男	1945 年 3 月
王风巢	博兴县博兴镇鲍陈村	27	男	1945 年 3 月
王学武	博兴县陈户镇辛闫村	17	男	1945 年 3 月
张乃伦	博兴县吕艺镇康坊村	—	男	1945 年 4 月 10 日
李堂屋	博兴县吕艺镇高渡村	22	男	1945 年 4 月 10 日
李满仓	博兴县吕艺镇高渡村	18	男	1945 年 4 月 10 日
张二增	博兴县吕艺镇高渡村	18	男	1945 年 4 月 10 日
孙金甲	博兴县庞家镇杨集村	20	男	1945 年 4 月 10 日
于晓林	博兴县庞家镇杨集村	21	男	1945 年 4 月 10 日
李云之	博兴县庞家镇栾李村	22	男	1945 年 4 月 10 日
杨国栋	博兴县博兴镇董杨村	24	男	1945 年 4 月 10 日
杨世生	博兴县博兴镇董杨村	23	男	1945 年 4 月 10 日
张英选	博兴县吕艺镇高渡村	20	男	1945 年 4 月 10 日
朱福俊	博兴县店子镇耿朱村	21	女	1945 年 4 月
朱福俊之女	博兴县店子镇耿朱村	1	女	1945 年 4 月
陈灵杰	博兴县博兴镇鲍陈村	24	男	1945 年 4 月
高子明	博兴县陈户镇霍家村	18	男	1945 年 4 月
王立成	博兴县陈户镇霍家村	18	男	1945 年 4 月
刘淮钦	博兴县陈户镇霍家村	25	男	1945 年 4 月
李致云	博兴县陈户镇霍家村	18	男	1945 年 4 月
周子才	博兴县陈户镇纪吕村	27	男	1945 年 4 月
孙在昂	博兴县陈户镇王孙村	—	男	1945 年 4 月
曹新美	博兴县曹王镇曹二村	13	女	1945 年 5 月 12 日
李和尚	博兴县庞家镇李家村	20	男	1945 年 5 月 14 日
李广博	博兴县庞家镇李家村	19	男	1945 年 5 月 14 日
李宿昌	博兴县庞家镇李家村	32	男	1945 年 5 月 14 日
王洪生	博兴县庞家镇邢家村	24	男	1945 年 5 月 14 日

续表

姓名	籍贯	年龄	性别	死难时间
邢风翠	博兴县庞家镇邢家村	18	男	1945年5月14日
刘丰正	博兴县庞家镇高庙刘村	35	男	1945年5月14日
刘观才	博兴县庞家镇高庙刘村	18	男	1945年5月14日
窦树立	博兴县庞家镇三合寺村	81	男	1945年5月14日
窦　臣	博兴县庞家镇三合寺村	79	男	1945年5月14日
李茂荣	博兴县庞家镇三合寺村	84	男	1945年5月14日
李连生	博兴县庞家镇三合寺村	85	男	1945年5月14日
黎汉鼎	博兴县庞家镇通滨村	30	男	1945年5月14日
张树敏	博兴县乔庄镇王寨村	18	男	1945年5月14日
贾三德	博兴县纯化镇贾家村	—	男	1945年5月21日
贾可生	博兴县纯化镇贾家村	—	男	1945年5月21日
孙云峰	博兴县纯化镇西王文村	23	男	1945年5月21日
秦锦章	博兴县吕艺镇王浩村	24	男	1945年5月21日
秦友章	博兴县吕艺镇王浩村	22	男	1945年5月21日
崔再田	博兴县吕艺镇高阜村	—	男	1945年5月21日
崔万庆	博兴县吕艺镇高阜村	—	男	1945年5月21日
王风鸣	博兴县店子镇利王村	32	男	1945年5月21日
朱茂范	博兴县店子镇辛朱村	19	男	1945年5月21日
赵始森	博兴县庞家镇永新村	21	男	1945年5月21日
赵友恩	博兴县庞家镇永新村	21	男	1945年5月21日
赵松胜	博兴县庞家镇永新村	24	男	1945年5月21日
胡　希	博兴县庞家镇永新村	23	男	1945年5月21日
孙同合	博兴县庞家镇皂李村	30	男	1945年5月21日
姜锡顺	博兴县庞家镇绳耿村	16	男	1945年5月21日
杨学谦	博兴县庞家镇红星村	20	男	1945年5月21日
巩风英	博兴县庞家镇红星村	19	男	1945年5月21日
李学禹	博兴县庞家镇栾李村	23	男	1945年5月21日
李学良	博兴县庞家镇栾李村	22	男	1945年5月21日
李学络	博兴县庞家镇栾李村	21	男	1945年5月21日
晋学田	博兴县庞家镇晋家村	19	男	1945年5月21日
田致俭	博兴县庞家镇赤李村	—	男	1945年5月21日
许明德	博兴县博兴镇南隅村	—	男	1945年5月21日
孙英儒	博兴县博兴镇西三里村	21	男	1945年5月21日
顾业俭	博兴县博兴镇西三里村	20	男	1945年5月21日

续表

姓 名	籍 贯	年 龄	性 别	死难时间
顾保泉	博兴县博兴镇西三里村	21	男	1945 年 5 月 21 日
邵世美	博兴县博兴镇伏邵村	—	男	1945 年 5 月 21 日
邵长宝	博兴县博兴镇伏邵村	—	男	1945 年 5 月 21 日
邢希安	博兴县博兴镇伏邵村	—	男	1945 年 5 月 21 日
王志彬	博兴县博兴镇王楼村	—	男	1945 年 5 月 21 日
王保华	博兴县博兴镇王楼村	—	男	1945 年 5 月 21 日
贾相才	博兴县博兴镇城张村	27	男	1945 年 5 月 21 日
王世润	博兴县博兴镇相公堂村	—	男	1945 年 5 月 21 日
王世恭	博兴县博兴镇相公堂村	—	男	1945 年 5 月 21 日
王欣然	博兴县博兴镇相公堂村	—	男	1945 年 5 月 21 日
路文跃	博兴县博兴镇中辛安村	—	男	1945 年 5 月 21 日
田承德	博兴县博兴镇中辛安村	—	男	1945 年 5 月 21 日
穆明九	博兴县博兴镇中辛安村	—	男	1945 年 5 月 21 日
崔汉顶	博兴县博兴镇顾家村	18	男	1945 年 5 月 21 日
曹永光	博兴县博兴镇顾家村	—	男	1945 年 5 月 21 日
张同仁	博兴县博兴镇顾家村	18	男	1945 年 5 月 21 日
张同贞之妻	博兴县博兴镇顾家村	—	女	1945 年 5 月 21 日
贾北路	博兴县博兴镇新贾村	21	男	1945 年 5 月 21 日
王德溪	博兴县博兴镇东伏村	—	男	1945 年 5 月 21 日
张 居	博兴县博兴镇东伏村	—	男	1945 年 5 月 21 日
王 皮	博兴县陈户镇王孟村	15	男	1945 年 5 月 21 日
张志南	博兴县陈户镇城头村	24	男	1945 年 5 月 21 日
张志栋	博兴县陈户镇城头村	21	男	1945 年 5 月 21 日
张俊德	博兴县陈户镇城头村	19	男	1945 年 5 月 21 日
张法泉	博兴县陈户镇城头村	20	男	1945 年 5 月 21 日
张志德	博兴县陈户镇城头村	24	男	1945 年 5 月 21 日
张志泉	博兴县陈户镇城头村	20	男	1945 年 5 月 21 日
高春富	博兴县陈户镇河东村	—	男	1945 年 5 月 21 日
高吉祥	博兴县陈户镇河东村	—	男	1945 年 5 月 21 日
李建功	博兴县陈户镇聚合村	30	男	1945 年 5 月 21 日
尹洪民	博兴县陈户镇肖家村	19	男	1945 年 5 月 21 日
张振海	博兴县陈户镇肖家村	20	男	1945 年 5 月 21 日
赵怀亮	博兴县陈户镇陈户村	33	男	1945 年 5 月 21 日
许东岭	博兴县陈户镇陈户村	32	男	1945 年 5 月 21 日

续表

姓 名	籍 贯	年 龄	性 别	死难时间
董树江	博兴县陈户镇陈户村	35	男	1945 年 5 月 21 日
董云山	博兴县陈户镇陈户村	33	男	1945 年 5 月 21 日
董风山	博兴县陈户镇陈户村	29	男	1945 年 5 月 21 日
吕长海	博兴县陈户镇纪耿村	35	男	1945 年 5 月 21 日
刘西让	博兴县陈户镇纪耿村	22	男	1945 年 5 月 21 日
尹云湘	博兴县陈户镇纪刘村	18	男	1945 年 5 月 21 日
尹云生	博兴县陈户镇纪刘村	19	男	1945 年 5 月 21 日
刘玉兰	博兴县陈户镇纪刘村	19	男	1945 年 5 月 21 日
周献梅	博兴县陈户镇纪刘村	28	男	1945 年 5 月 21 日
刘凤亭	博兴县陈户镇纪刘村	27	男	1945 年 5 月 21 日
刘金吾	博兴县陈户镇纪刘村	18	男	1945 年 5 月 21 日
刘云亭	博兴县陈户镇纪刘村	19	男	1945 年 5 月 21 日
尹殿选	博兴县陈户镇纪刘村	22	男	1945 年 5 月 21 日
赵吉成	博兴县陈户镇纪刘村	35	男	1945 年 5 月 21 日
刘金贵	博兴县陈户镇纪刘村	35	男	1945 年 5 月 21 日
刘希增	博兴县陈户镇纪刘村	33	男	1945 年 5 月 21 日
田瑞图	博兴县陈户镇闫田村	19	男	1945 年 5 月 21 日
吉明珂	博兴县陈户镇闫田村	20	男	1945 年 5 月 21 日
尹光木	博兴县陈户镇尹楼村	19	男	1945 年 5 月 21 日
王九海	博兴县陈户镇尹楼村	17	男	1945 年 5 月 21 日
黎汉俊	博兴县陈户镇尹楼村	17	男	1945 年 5 月 21 日
尹明丑	博兴县陈户镇尹楼村	22	男	1945 年 5 月 21 日
尹明山	博兴县陈户镇尹楼村	27	男	1945 年 5 月 21 日
赵学博	博兴县陈户镇尹楼村	27	男	1945 年 5 月 21 日
尹其民	博兴县陈户镇尹楼村	22	男	1945 年 5 月 21 日
尹德山	博兴县陈户镇尹楼村	27	男	1945 年 5 月 21 日
尹其明	博兴县陈户镇尹楼村	17	男	1945 年 5 月 21 日
刘方连	博兴县陈户镇纪魏村	29	男	1945 年 5 月 21 日
李树德	博兴县陈户镇纪魏村	44	男	1945 年 5 月 21 日
刘铜之妻	博兴县陈户镇纪魏村	25	女	1945 年 5 月 21 日
贾麻湾	博兴县陈户镇崇德村	36	男	1945 年 5 月 21 日
贾振川	博兴县陈户镇崇德村	36	男	1945 年 5 月 21 日
贾振成	博兴县陈户镇崇德村	22	男	1945 年 5 月 21 日
周学谦	博兴县陈户镇崇德村	21	男	1945 年 5 月 21 日

续表

姓名	籍贯	年龄	性别	死难时间
贾守谦	博兴县陈户镇崇德村	21	男	1945 年 5 月 21 日
薛树良	博兴县陈户镇崇德村	20	男	1945 年 5 月 21 日
贾俊亭	博兴县陈户镇崇德村	22	男	1945 年 5 月 21 日
薛树恒	博兴县陈户镇崇德村	31	男	1945 年 5 月 21 日
赵英俊	博兴县陈户镇张官村	23	男	1945 年 5 月 21 日
李廷明	博兴县陈户镇张官村	20	男	1945 年 5 月 21 日
高召功	博兴县陈户镇高家村	31	男	1945 年 5 月 21 日
高春田	博兴县陈户镇高家村	23	男	1945 年 5 月 21 日
高照升	博兴县陈户镇高家村	37	男	1945 年 5 月 21 日
卞金铎	博兴县陈户镇卞家村	23	男	1945 年 5 月 21 日
卞道来	博兴县陈户镇卞家村	18	男	1945 年 5 月 21 日
张沾亨	博兴县陈户镇周庄村	20	男	1945 年 5 月 21 日
张学文	博兴县陈户镇周庄村	38	男	1945 年 5 月 21 日
王同方	博兴县陈户镇东寨村	11	男	1945 年 5 月 21 日
陈　房	博兴县陈户镇东寨村	12	男	1945 年 5 月 21 日
王学信	博兴县陈户镇东寨村	—	男	1945 年 5 月 21 日
王开章	博兴县陈户镇东寨村	—	男	1945 年 5 月 21 日
郭同义	博兴县陈户镇东寨村	24	男	1945 年 5 月 21 日
黄振家	博兴县陈户镇东寨村	19	男	1945 年 5 月 21 日
刘万年	博兴县陈户镇新东村	23	男	1945 年 5 月 21 日
刘俊汉	博兴县陈户镇新东村	26	男	1945 年 5 月 21 日
相延文	博兴县陈户镇新东村	32	男	1945 年 5 月 21 日
相吉林	博兴县陈户镇新东村	31	男	1945 年 5 月 21 日
张金水	博兴县陈户镇新西村	25	男	1945 年 5 月 21 日
张文星	博兴县陈户镇新西村	24	男	1945 年 5 月 21 日
马西寿	博兴县陈户镇赤官村	28	男	1945 年 5 月 21 日
孙同文	博兴县陈户镇王孙村	—	男	1945 年 5 月 21 日
孙月廷	博兴县陈户镇王孙村	—	男	1945 年 5 月 21 日
王　江	博兴县陈户镇官王村	—	男	1945 年 5 月 21 日
王　勤	博兴县陈户镇官王村	—	男	1945 年 5 月 21 日
王保成	博兴县陈户镇官王村	—	男	1945 年 5 月 21 日
王法忠	博兴县陈户镇官王村	—	男	1945 年 5 月 21 日
王法春	博兴县陈户镇官王村	—	男	1945 年 5 月 21 日
王永祥	博兴县陈户镇西河西村	26	男	1945 年 5 月 21 日

续表

姓 名	籍 贯	年 龄	性 别	死难时间
程学增	博兴县陈户镇西河西村	26	男	1945 年 5 月 21 日
程方同	博兴县陈户镇西河西村	19	男	1945 年 5 月 21 日
程云安	博兴县陈户镇西河西村	28	男	1945 年 5 月 21 日
程福同	博兴县陈户镇西河西村	18	男	1945 年 5 月 21 日
程福顺	博兴县陈户镇西河西村	18	男	1945 年 5 月 21 日
郑立潘	博兴县陈户镇郑家村	25	男	1945 年 5 月 21 日
齐星三	博兴县陈户镇西田村	35	男	1945 年 5 月 21 日
田淑强	博兴县陈户镇西田村	30	男	1945 年 5 月 21 日
高正儒	博兴县陈户镇高官村	19	男	1945 年 5 月 21 日
高维温	博兴县陈户镇高官村	18	男	1945 年 5 月 21 日
卞风明	博兴县博兴镇东河东村	45	男	1945 年 5 月 21 日
王其训	博兴县吕艺镇寨王村	32	男	1945 年 5 月 21 日
韩德庆	博兴县吕艺镇寨王村	32	男	1945 年 5 月 21 日
李仲昌	博兴县纯化镇李家村	21	男	1945 年 5 月
李其杰	博兴县纯化镇李家村	21	男	1945 年 5 月
李怀旺	博兴县纯化镇李家村	23	男	1945 年 5 月
潘专合	博兴县吕艺镇王浩村	21	男	1945 年 5 月
秦西永	博兴县吕艺镇王浩村	17	男	1945 年 5 月
徐正友	博兴县吕艺镇王浩村	19	男	1945 年 5 月
张明达	博兴县吕艺镇王浩村	24	男	1945 年 5 月
马英样	博兴县吕艺镇寨韩村	33	男	1945 年 5 月
马立本	博兴县吕艺镇寨韩村	21	男	1945 年 5 月
李化远	博兴县吕艺镇寨李村	35	男	1945 年 5 月
刘观河	博兴县庞家镇刘家村	30	男	1945 年 5 月
赵永禄	博兴县庞家镇赤李村	—	男	1945 年 5 月
吕禄年	博兴县博兴镇河西村	23	男	1945 年 5 月
张申贵	博兴县博兴镇河西村	25	男	1945 年 5 月
傅品一	博兴县博兴镇董高村	—	男	1945 年 5 月
陈登科	博兴县博兴镇鲍陈村	24	男	1945 年 5 月
陈登峰	博兴县博兴镇鲍陈村	22	男	1945 年 5 月
陈登岳	博兴县博兴镇鲍陈村	25	男	1945 年 5 月
陈登坤	博兴县博兴镇鲍陈村	13	男	1945 年 5 月
魏相荣	博兴县湖滨镇湾头村	21	男	1945 年 5 月
王胡氏	博兴县陈户镇西王村	46	女	1945 年 5 月

续表

姓 名	籍 贯	年 龄	性 别	死难时间
王浪妮	博兴县陈户镇官闫村	10	男	1945 年 5 月
崔英俊	博兴县陈户镇聚合村	22	男	1945 年 5 月
吉孔章	博兴县陈户镇闫田村	55	男	1945 年 5 月
郭传玉	博兴县陈户镇闫田村	16	男	1945 年 5 月
郭保泰	博兴县陈户镇闫田村	15	男	1945 年 5 月
郭英元	博兴县陈户镇闫田村	20	男	1945 年 5 月
贾秉坤	博兴县陈户镇西寨村	23	男	1945 年 5 月
济 洲	博兴县陈户镇王孙村	—	男	1945 年 5 月
孙保玉	博兴县陈户镇王孙村	—	男	1945 年 5 月
孙洪烈	博兴县陈户镇王孙村	—	男	1945 年 5 月
郑和之	博兴县陈户镇郑家村	24	男	1945 年 5 月
盖 稳	博兴县陈户镇辛闫村	19	女	1945 年 5 月
闫廷行	博兴县陈户镇辛闫村	24	男	1945 年 5 月
闫金栋	博兴县陈户镇辛闫村	18	男	1945 年 5 月
刘世玉	博兴县店子镇耿刘村	22	男	1945 年 6 月
杨玉基	博兴县庞家镇北杨村	28	男	1945 年 6 月
高金汤	博兴县陈户镇西寨村	17	男	1945 年 6 月
晋吉光	博兴县庞家镇晋家村	23	男	1945 年 7 月 6 日
刘学英	博兴县纯化镇刘后村	17	男	1945 年 7 月
刘宝林	博兴县纯化镇刘后村	37	男	1945 年 7 月
曹虎臣	博兴县纯化镇曹家村	—	男	1945 年 7 月
秦兆才	博兴县吕艺镇王浩村	25	男	1945 年 7 月
王守渠	博兴县庞家镇王厨村	26	男	1945 年 7 月
周献芝	博兴县陈户镇纪刘村	37	男	1945 年 7 月
孙如田	博兴县陈户镇王孙村	—	男	1945 年 7 月
孙立员	博兴县陈户镇王孙村	—	男	1945 年 7 月
刘彦才	博兴县纯化镇刘后村	39	男	1945 年 8 月
孙桂亭	博兴县乔庄镇王平村	32	男	1945 年 8 月
谢立端之母	博兴县吕艺镇许李村	—	女	1945 年
李云斋	博兴县吕艺镇许李村	—	男	1945 年
谢 祥	博兴县吕艺镇许李村	—	男	1945 年
李文瑞	博兴县吕艺镇许李村	—	男	1945 年
李丕龙	博兴县吕艺镇许李村	—	男	1945 年
张秀芝	博兴县陈户镇王集村	50	男	1945 年

续表

姓 名	籍 贯	年 龄	性 别	死难时间
张焕光	博兴县吕艺镇夹河村	23	男	1945 年
卞云亮	博兴县吕艺镇花园村	18	男	1945 年
卢奎花	博兴县纯化镇卢家村	19	男	1945 年
卢光玉	博兴县纯化镇卢家村	32	男	1945 年
袁临朐	博兴县纯化镇袁东村	20	男	1945 年
王立德	博兴县纯化镇河里村	—	男	1945 年
白玉庭	博兴县纯化镇河里村	—	男	1945 年
白学良	博兴县纯化镇河里村	—	男	1945 年
贾顺贤	博兴县纯化镇河里村	—	男	1945 年
熊家洗	博兴县纯化镇熊家村	23	男	1945 年
熊家茂	博兴县纯化镇熊家村	21	男	1945 年
熊家俊	博兴县纯化镇熊家村	25	男	1945 年
熊福津	博兴县纯化镇熊家村	36	男	1945 年
熊汝生	博兴县纯化镇熊家村	26	男	1945 年
孙英杰	博兴县纯化镇前王文村	28	男	1945 年
孙文海	博兴县纯化镇前王文村	17	男	1945 年
崔金符	博兴县纯化镇崔家村	—	男	1945 年
陈立祥	博兴县纯化镇崔家村	—	男	1945 年
陈友祯	博兴县纯化镇崔家村	—	男	1945 年
陈英才	博兴县纯化镇崔家村	—	男	1945 年
崔方田	博兴县纯化镇崔家村	—	男	1945 年
韩京堂	博兴县纯化镇崔家村	—	男	1945 年
曹同书	博兴县纯化镇曹家村	—	男	1945 年
曹士臣	博兴县纯化镇曹家村	—	男	1945 年
邵士名	博兴县纯化镇曹家村	—	男	1945 年
曹同喜	博兴县纯化镇曹家村	—	男	1945 年
曹景伯	博兴县纯化镇曹家村	—	男	1945 年
曹遵孟	博兴县纯化镇曹家村	—	男	1945 年
曹梅臣	博兴县纯化镇曹家村	—	男	1945 年
曹子和	博兴县纯化镇曹家村	—	男	1945 年
王士林	博兴县吕艺镇郑官村	40	男	1945 年
郑安三	博兴县吕艺镇郑官村	20	男	1945 年
郑石三	博兴县吕艺镇郑官村	22	男	1945 年
郑金三	博兴县吕艺镇郑官村	31	男	1945 年

续表

姓名	籍贯	年龄	性别	死难时间
王印三	博兴县吕艺镇郑官村	28	男	1945 年
张希贵	博兴县吕艺镇郑官村	25	男	1945 年
王士显	博兴县吕艺镇郑官村	26	男	1945 年
王德林	博兴县吕艺镇郑官村	29	男	1945 年
马吕奎	博兴县吕艺镇马家村	20	男	1945 年
马登武	博兴县吕艺镇马家村	20	男	1945 年
李证珠	博兴县吕艺镇营李村	35	男	1945 年
潘济南	博兴县吕艺镇营李村	17	男	1945 年
李学义	博兴县吕艺镇营李村	40	男	1945 年
李洪弼	博兴县吕艺镇营李村	40	男	1945 年
李王子	博兴县吕艺镇营李村	17	男	1945 年
许永胜	博兴县吕艺镇店子村	44	男	1945 年
郭光仃	博兴县吕艺镇正寨村	26	男	1945 年
郑　峰	博兴县店子镇东郑村	21	男	1945 年
郑庆山	博兴县店子镇东郑村	17	男	1945 年
刘兴三	博兴县店子镇张刘村	—	男	1945 年
王爱刚	博兴县店子镇耿王村	21	男	1945 年
谢永春	博兴县店子镇马兴村	30	男	1945 年
张才三	博兴县店子镇马兴村	28	男	1945 年
肖西朋	博兴县店子镇大肖村	33	男	1945 年
殿章之祖母	博兴县店子镇大刘村	60	女	1945 年
刘学举	博兴县店子镇大刘村	52	男	1945 年
刘学纯	博兴县店子镇大刘村	48	男	1945 年
仪章之祖母	博兴县店子镇大刘村	64	女	1945 年
宗章之妻	博兴县店子镇大刘村	32	女	1945 年
刘学彦	博兴县店子镇大刘村	45	男	1945 年
学业之母	博兴县店子镇大王村	60	女	1945 年
刘明光	博兴县店子镇大刘村	38	男	1945 年
刘树责之妻	博兴县店子镇大刘村	27	女	1945 年
兴光之母	博兴县店子镇大刘村	57	女	1945 年
刘东海	博兴县庞家镇刘寨村	21	男	1945 年
韦学诚	博兴县庞家镇大宁村	—	男	1945 年
初觉民	博兴县庞家镇大宁村	—	男	1945 年
崔金声	博兴县庞家镇大宁村	—	男	1945 年

续表

姓 名	籍 贯	年 龄	性 别	死难时间
刘植坦	博兴县庞家镇大宁村	—	男	1945 年
祁冠秀	博兴县庞家镇祁家村	18	男	1945 年
祁曰桂	博兴县庞家镇祁家村	17	男	1945 年
吴小昌	博兴县庞家镇李家村	18	男	1945 年
李爱远	博兴县庞家镇李家村	22	男	1945 年
李　靠	博兴县庞家镇李家村	21	男	1945 年
李　夯	博兴县庞家镇李家村	20	男	1945 年
李蕊堂	博兴县乔庄镇榆林村	33	男	1945 年
常学令	博兴县乔庄镇焦常村	22	男	1945 年
马登昆	博兴县博兴镇伏栾村	31	男	1945 年
马玉荣	博兴县博兴镇伏栾村	33	男	1945 年
王乃良	博兴县博兴镇王木村	—	男	1945 年
王钦禹	博兴县博兴镇北关村	—	男	1945 年
纪恩显	博兴县兴福镇东毛村	—	男	1945 年
纪日景	博兴县兴福镇兴福村	—	男	1945 年
张连美	博兴县陈户镇岭子村	—	男	1945 年
张春贵	博兴县陈户镇岭子村	—	男	1945 年
张西爵	博兴县陈户镇岭子村	—	男	1945 年
赵介山	博兴县陈户镇闫陈村	20	男	1945 年
刘兴和	博兴县陈户镇闫陈村	27	男	1945 年
杜洪昌	博兴县陈户镇闫陈村	24	男	1945 年
李成欣	博兴县陈户镇堤上村	29	男	1945 年
王秉学	博兴县陈户镇堤上村	27	男	1945 年
尹德臣	博兴县陈户镇尹楼村	23	男	1945 年
尹其年	博兴县陈户镇尹楼村	23	男	1945 年
魏惠然	博兴县陈户镇纪魏村	29	男	1945 年
魏本木	博兴县陈户镇纪魏村	31	男	1945 年
刘金菊	博兴县陈户镇纪魏村	44	男	1945 年
贾俊祥	博兴县陈户镇崇德村	19	男	1945 年
贾　健	博兴县陈户镇崇德村	22	男	1945 年
孙廷社	博兴县陈户镇崇德村	35	男	1945 年
高勋臣	博兴县陈户镇高家村	24	男	1945 年
高明梅	博兴县陈户镇高家村	23	男	1945 年
高得合	博兴县陈户镇高家村	—	男	1945 年

续表

姓 名	籍 贯	年 龄	性 别	死难时间
高清明	博兴县陈户镇高家村	—	男	1945 年
高俊英	博兴县陈户镇高家村	24	男	1945 年
刘文生	博兴县陈户镇新东村	32	男	1945 年
刘文光	博兴县陈户镇新东村	21	男	1945 年
姜瑞田	博兴县陈户镇张来村	30	男	1945 年
孙平文	博兴县陈户镇王孙村	—	男	1945 年
李树金	博兴县陈户镇高官村	20	男	1945 年
李玉温	博兴县陈户镇高官村	19	男	1945 年
孙修堂	博兴县陈户镇相孙村	18	男	1945 年
蔡洪文	博兴县陈户镇蔡家村	28	男	1945 年
王有才	博兴县陈户镇冯吴村	20	男	1945 年
高德光	博兴县陈户镇冯吴村	25	男	1945 年
高云功	博兴县陈户镇冯吴村	18	男	1945 年
高成坤	博兴县陈户镇冯吴村	38	男	1945 年
高中庆	博兴县陈户镇冯吴村	23	男	1945 年
许学增	博兴县博兴镇伏栾村	35	男	1945 年
李云亭	博兴县陈户镇霍家村	30	男	—
王丰成	博兴县陈户镇霍家村	30	男	—
位福庆	博兴县陈户镇霍家村	28	男	—
霍福田	博兴县陈户镇霍家村	30	男	—
宋法系	博兴县博兴镇东关村	—	男	—
刘早新	博兴县纯化镇刘后村	—	男	—
孙金相	博兴县纯化镇东王文村	—	男	—
孙 妮	博兴县纯化镇东王文村	—	女	—
李东明	博兴县吕艺镇营李村	59	男	—
李寿光	博兴县吕艺镇营李村	40	男	—
吴高栾	博兴县店子镇张吴村	—	男	—
吴怀清	博兴县店子镇张吴村	—	男	—
朱元增	博兴县店子镇耿朱村	25	男	—
王守滨	博兴县庞家镇王厨村	32	男	—
李洪生之兄	博兴县博兴镇西隅村	—	男	—
栾金称	博兴县博兴镇西关村	—	男	—
邵世先	博兴县博兴镇伏邵村	—	男	—
邢忠源	博兴县博兴镇伏邵村	—	男	—

续表

姓名	籍贯	年龄	性别	死难时间
李明堂	博兴县博兴镇城张村	—	男	—
魏　孩	博兴县博兴镇中辛安村	—	男	—
许相坤	博兴县博兴镇椒园村	—	男	—
周学仁	博兴县博兴镇椒园村	—	男	—
周　村	博兴县博兴镇椒园村	—	男	—
张殿祥	博兴县博兴镇椒园村	—	男	—
周家平	博兴县博兴镇椒园村	—	男	—
安　女	博兴县博兴镇北关村	—	女	—
赵竹林	博兴县博兴镇北关村	—	男	—
王希成	博兴县博兴镇北关村	—	男	—
许星三	博兴县博兴镇许营村	23	男	—
刘玉章	博兴县博兴镇北辛安村	—	男	—
姚油房	博兴县博兴镇大营村	—	男	—
王建豆	博兴县博兴镇大营村	—	男	—
姚半德	博兴县博兴镇大营村	—	男	—
姚支河	博兴县博兴镇大营村	—	男	—
吴心龙	博兴县兴福镇兴二村	—	男	—
张德成之父	博兴县兴福镇官厂村	—	男	—
李文波	博兴县兴福镇福旺村	—	男	—
李炳宽	博兴县兴福镇兴福村	—	男	—
李炳心之儿媳	博兴县兴福镇兴福村	—	女	—
王春廷	博兴县兴福镇兴福村	—	男	—
李炳范之姐	博兴县兴福镇兴福村	—	女	—
李炳桑之妹	博兴县兴福镇兴福村	—	女	—
王向丰	博兴县曹王镇东鲁村	—	男	—
刘春宜	博兴县曹王镇东鲁村	—	男	—
宋立柏	博兴县曹王镇东鲁村	—	男	—
刘建珠	博兴县湖滨镇南河东村	21	男	—
刘志田	博兴县湖滨镇南河东村	72	男	—
韩文梅	博兴县湖滨镇姜韩村	—	男	—
姜梦周	博兴县湖滨镇姜韩村	—	男	—
贾守业	博兴县陈户镇崇德村	22	男	—
高来友	博兴县陈户镇高家村	20	男	—
孙　氏	博兴县曹王镇曹二村	25	女	—

续表

姓名	籍贯	年龄	性别	死难时间
顾树臻之婶	博兴县博兴镇顾家村	—	女	1937 年
蔡丕友	博兴县陈户镇蔡家村	—	男	1937 年
蔡洪文	博兴县陈户镇蔡家村	30	男	1937 年
许宪宗	博兴县店子镇梨园村	38	男	1937 年
顾守参	博兴县博兴镇马庙村	—	男	1937 年
王　氏	—	20	女	1938 年春
周丰群	博兴县陈户镇纪刘村	30	男	1938 年
赵朋令	博兴县博兴镇菜园村	27	男	1938 年
小　檩	博兴县博兴镇菜园村	25	男	1938 年
赵振甲	博兴县博兴镇菜园村	38	男	1938 年
孙郑州	博兴县纯化镇西王文村	18	男	1939 年 1 月
孙忠诚	博兴县纯化镇西王文村	17	男	1939 年 1 月
朱秀英	博兴县店子镇马庄村	53	女	1939 年 7 月
马刘氏	博兴县店子镇马庄村	58	女	1939 年 7 月
侯学浦	博兴县博兴镇西关村	—	男	1939 年秋
王雨科	博兴县曹王镇王三村	21	男	1939 年
沈学俊	博兴县陈户镇北相村	23	男	1939 年
高红祥	博兴县陈户镇高家村	20	男	1939 年
高胜法	博兴县陈户镇高家村	22	男	1939 年
袁学五	博兴县陈户镇季王村	40	男	1939 年
曹相儒	博兴县兴福镇兴福村	—	男	1939 年
李世禄	博兴县兴福镇兴福村	—	男	1939 年
李　氏	博兴县店子镇马庄村	56	女	1939 年
杨正平	博兴县店子镇辛杨村	46	男	1939 年
张风岐	博兴县庞家镇绳耿村	24	男	1939 年
李德生	博兴县庞家镇绳耿村	40	男	1939 年
梁万松	博兴县乔庄镇梁楼村	40	男	1939 年
王兰屯	博兴县乔庄镇南王村	36	男	1939 年
常同令	博兴县乔庄镇南王村	27	男	1939 年
赵长兴	博兴县博兴镇菜园村	28	男	1939 年
赵齐氏	博兴县博兴镇菜园村	47	女	1939 年
李张氏	博兴县博兴镇东上疃村	30	女	1939 年
傅振帮	博兴县博兴镇马庙村	—	男	1939 年
黎树善	博兴县庞家镇高二青村	—	男	约 1939 年

续表

姓 名	籍 贯	年 龄	性 别	死难时间
晋文清	博兴县庞家镇高二青村	—	男	约 1939 年
王维州	博兴县乔庄镇王寨村	55	男	1940 年 3 月
邢同城	博兴县庞家镇邢家村	25	男	1940 年春
马居贞	博兴县吕艺镇康坊村	—	男	1940 年 4 月
张兰建	博兴县吕艺镇刘四村	20	男	1940 年秋
贾呈祥	博兴县乔庄镇七合村	—	男	1940 年 11 月
李成然	博兴县吕艺镇寨李村	43	男	1940 年 12 月
魏玉山	博兴县湖滨镇魏家村	40	男	1940 年
李士农之女	博兴县兴福镇兴福村	—	女	1940 年
胡金铸	博兴县吕艺镇大胡村	—	男	1940 年
刘树兰	博兴县吕艺镇屯田村	30	男	1940 年
刘树梓	博兴县吕艺镇屯田村	37	男	1940 年
张延晨	博兴县庞家镇绳耿村	52	男	1940 年
张继彩	博兴县博兴镇西伏村	22	男	1940 年
高凌水	博兴县庞家镇高二青村	—	男	1940 年
刘福亭	博兴县乔庄镇十三庄村	—	男	1941 年 2 月
蔺　志	博兴县曹王镇王三村	—	男	1941 年春
贾文贤	博兴县乔庄镇七合村	—	男	1941 年 7 月
李文光	博兴县吕艺镇寨李村	32	男	1941 年 10 月
王乐三	博兴县博兴镇相公堂村	—	男	1941 年冬
张玉梓	博兴县曹王镇杭屯村	35	男	1941 年
杭河林	博兴县曹王镇杭屯村	37	男	1941 年
张学义	博兴县陈户镇季王村	23	男	1941 年
于江海	博兴县陈户镇季王村	25	男	1941 年
初信书	博兴县湖滨镇孟桥村	27	男	1941 年
周春元	博兴县湖滨镇孟桥村	28	男	1941 年
魏玉佩	博兴县湖滨镇魏家村	35	男	1941 年
李降临之妻	博兴县兴福镇兴福村	—	女	1941 年
赵树东	博兴县吕艺镇寨马村	22	男	1941 年
相正岭	博兴县博兴镇西伏村	19	男	1941 年
傅玉华	博兴县博兴镇西伏村	37	男	1941 年
高冠芳	博兴县博兴镇董高村	—	男	1941 年
李　氏	博兴县博兴镇东上疃村	32	女	1941 年
常北森	博兴县曹王镇后唐村	23	男	1942 年 1 月

续表

姓 名	籍 贯	年 龄	性 别	死难时间
耿士角	博兴县吕艺镇崔庙村	38	男	1942 年 1 月
耿阳信	博兴县吕艺镇崔庙村	16	男	1942 年 1 月
耿彩房	博兴县吕艺镇崔庙村	18	男	1942 年 1 月
孙振鲁	博兴县纯化镇前王文村	26	男	1942 年 3 月
贾焕章	博兴县陈户镇东寨村	37	男	1942 年
高金川	博兴县陈户镇高家村	36	男	1942 年
朐圣林	博兴县吕艺镇寨马村	18	男	1942 年
朐景林	博兴县吕艺镇寨马村	24	男	1942 年
赵东奎	博兴县吕艺镇寨马村	22	男	1942 年
崔可全	博兴县庞家镇西高村	38	男	1942 年
崔成人	博兴县庞家镇西高村	36	男	1942 年
崔连同	博兴县庞家镇西高村	26	男	1942 年
李廷光	博兴县庞家镇西高村	26	男	1942 年
崔玉泉	博兴县庞家镇西高村	21	男	1942 年
冯宝令	博兴县乔庄镇魏家庄村	22	男	1942 年
李麻伟	博兴县乔庄镇魏家庄村	20	男	1942 年
杨大队	博兴县乔庄镇闫庙村	37	男	1942 年
高思义	博兴县博兴镇董高村	—	男	1942 年
高思福	博兴县博兴镇董高村	—	男	1942 年
李芳远	博兴县庞家镇高二青村	—	男	约 1942 年
王书生	博兴县陈户镇官王村	28	男	1943 年 3 月 24 日
卞道彬	博兴县陈户镇卞家村	38	男	1943 年 3 月 24 日
郭玉松	博兴县吕艺镇正寨村	46	男	1943 年 3 月 24 日
李本贞	博兴县吕艺镇寨李村	20	男	1943 年 3 月 24 日
耿炳坤	博兴县吕艺镇康坊村	—	男	1943 年 3 月 24 日
马云吉	博兴县吕艺镇康坊村	—	男	1943 年 3 月 24 日
牛信文	博兴县吕艺镇牛家村	24	男	1943 年 3 月 24 日
曹陇盛	博兴县纯化镇曹家村	—	男	1943 年 3 月
刘云梯	博兴县博兴镇鲍刘村	—	男	1943 年春
刘观山	博兴县博兴镇鲍刘村	24	男	1943 年春
刘登超	博兴县博兴镇鲍刘村	20	男	1943 年春
王怀玉	博兴县陈户镇东寨村	43	男	1943 年 4 月
刘维君	博兴县纯化镇刘前村	38	男	1943 年 5 月
李金钰	博兴县纯化镇李家村	24	男	1943 年 8 月

续表

姓 名	籍 贯	年 龄	性 别	死难时间
刘德才	博兴县纯化镇刘前村	85	男	1943 年 8 月
宋元菊	博兴县吕艺镇康坊村	—	男	1943 年 10 月 10 日
李家驹	博兴县吕艺镇寨李村	22	男	1943 年 10 月
曹兰盖	博兴县纯化镇曹家村	—	男	1943 年 10 月
王 赶	博兴县纯化镇河里村	—	男	1943 年
王入增	博兴县纯化镇河里村	—	男	1943 年
王介诺	博兴县陈户镇官王村	30	男	1943 年
王修汉	博兴县陈户镇官王村	29	男	1943 年
王树华	博兴县陈户镇堤上村	27	男	1943 年
张可固	博兴县陈户镇岭子村	23	男	1943 年
张洪才之子	博兴县陈户镇岭子村	17	男	1943 年
朐学勤	博兴县吕艺镇寨马村	17	男	1943 年
潘祥兰	博兴县吕艺镇营李村	39	男	1943 年
潘祥芝	博兴县吕艺镇营李村	38	男	1943 年
刘树胜	博兴县吕艺镇屯田村	18	男	1943 年
王健康	博兴县吕艺镇郑官村	39	男	1943 年
李索柱	博兴县庞家镇李家村	27	男	1943 年
李铁头	博兴县庞家镇李家村	21	男	1943 年
李石头	博兴县庞家镇李家村	22	男	1943 年
崔连营	博兴县庞家镇西高村	28	男	1943 年
初 发	博兴县庞家镇安家村	30	男	1943 年
索富林	博兴县庞家镇安家村	29	男	1943 年
张志臣	博兴县博兴镇河西村	—	男	1943 年
李振奎	博兴县博兴镇河西村	—	男	1943 年
傅殿忠	博兴县博兴镇董高村	—	男	1943 年
高小钱	博兴县博兴镇董高村	—	男	1943 年
牟大春	博兴县博兴镇东关村	16	男	1943 年
李金镜	博兴县博兴镇西谷王村	—	男	1943 年
李乐某	博兴县博兴镇西谷王村	—	男	1943 年
许景生	博兴县博兴镇王木村	—	男	1943 年
韩承林	博兴县湖滨镇柳桥村	36	男	1944 年 3 月
孙树昌	博兴县乔庄镇王平村	37	男	1944 年 4 月
杨东白	博兴县纯化镇杨家村	28	男	1944 年 7 月
刘家正	博兴县纯化镇刘前村	23	男	1944 年 7 月

续表

姓 名	籍 贯	年 龄	性 别	死难时间
杨东富	博兴县纯化镇杨家村	25	男	1944 年 8 月
刘惠民	博兴县纯化镇刘前村	12	男	1944 年 9 月
王维镀	博兴县陈户镇堤上村	29	男	1944 年 11 月
王旭峰	博兴县湖滨镇王家桥村	—	男	1944 年
王梦众	博兴县湖滨镇王家桥村	—	男	1944 年
朐春光	博兴县吕艺镇寨马村	25	男	1944 年
赵连成	博兴县吕艺镇寨马村	18	男	1944 年
宋希友	博兴县吕艺镇高渡村	22	男	1944 年
郑坡实	博兴县吕艺镇郑官村	28	男	1944 年
张兆堂	博兴县庞家镇永革村	61	男	1944 年
顾大生	博兴县博兴镇西三里村	—	男	1944 年
宋法章	博兴县博兴镇东关村	30	男	1944 年
王文成	博兴县博兴镇东关村	42	男	1944 年
孙珠光	博兴县曹王镇东孙村	33	男	1945 年 2 月
孙赞光	博兴县曹王镇东孙村	29	男	1945 年 2 月
杨东胜	博兴县纯化镇杨家村	23	男	1945 年 2 月
王世武	博兴县纯化镇杨家村	26	男	1945 年 2 月
李尊贤	博兴县乔庄镇七合村	—	男	1945 年 3 月
陈占祺	博兴县博兴镇鲍陈村	21	男	1945 年 3 月
马玉秀	博兴县博兴镇伏桒村	—	男	1945 年春
王小素	博兴县陈户镇堤上村	23	女	1945 年 4 月 10 日
薛汉臣	博兴县博兴镇东关村	35	男	1945 年 4 月 10 日
王立言	博兴县纯化镇纯东村	23	男	1945 年 4 月
高金浩	博兴县陈户镇西寨村	53	男	1945 年 4 月
陈潍恒	博兴县博兴镇鲍陈村	25	男	1945 年 4 月
吕光增	博兴县陈户镇纪吕村	23	男	1945 年 5 月 21 日
闫适行	博兴县陈户镇辛闫村	24	男	1945 年 5 月
刘马氏	博兴县陈户镇纪刘村	60	女	1945 年 7 月
刘　渡	博兴县纯化镇纯辛村	37	男	1945 年
孙永泉	博兴县纯化镇前王文村	25	男	1945 年
孙关杰	博兴县纯化镇前王文村	28	男	1945 年
张福松	博兴县陈户镇张官村	17	男	1945 年
蔡丕让	博兴县陈户镇蔡家村	47	男	1945 年
张西伍	博兴县陈户镇城头村	—	男	1945 年

续表

姓 名	籍 贯	年 龄	性 别	死难时间
王本厚	博兴县吕艺镇郑官村	35	男	1945 年
马洪庆	博兴县吕艺镇郑官村	27	男	1945 年
梁　槐	博兴县乔庄镇梁楼村	36	男	1945 年
傅宝成	博兴县博兴镇西伏村	23	男	1945 年
相正平	博兴县博兴镇西伏村	22	男	1945 年
初大学	博兴县博兴镇东关村	48	男	1945 年
栾金标	博兴县博兴镇东关村	44	男	1945 年
张在潘	博兴县博兴镇河西村	32	男	1944—1946 年间
顾贤书	博兴县博兴镇董王村	—	男	1941—1945 年间
李马头	博兴县博兴镇北辛安村	27	男	1941—1945 年间
郝老闷	博兴县博兴镇北辛安村	39	男	1941—1945 年间
王开田	博兴县博兴镇北辛安村	41	男	1941—1945 年间
崔洪春	博兴县博兴镇董王村	—	男	1941—1945 年间
杨佃英	博兴县博兴镇董王村	—	男	1941—1945 年间
卢秀章	博兴县纯化镇卢家村	40	男	—
杨东湖	博兴县纯化镇杨家村	22	男	—
李建光	博兴县陈户镇相李村	28	男	—
尹就学	博兴县陈户镇尹楼村	35	男	—
尹增祥	博兴县陈户镇尹楼村	17	男	—
霍献卿	博兴县陈户镇霍家村	23	男	—
霍世荣	博兴县陈户镇霍家村	30	男	—
霍世范	博兴县陈户镇霍家村	25	男	—
胡守贵	博兴县陈户镇霍家村	30	男	—
谢云兴	博兴县兴福镇东毛村	—	男	—
谢尊光	博兴县兴福镇东毛村	36	男	—
王继业	博兴县吕艺镇龙五村	22	男	—
张　船	博兴县吕艺镇兴和村	—	男	—
白玉田之父	博兴县店子镇北营村	—	男	—
赵玉山	博兴县庞家镇高二青村	—	男	—
晋树同	博兴县庞家镇高二青村	—	男	—
相　正	博兴县博兴镇西伏村	—	男	—
贾学良之兄	博兴县博兴镇西隅村	—	男	—
王成然	博兴县博兴镇王楼村	—	男	—
谢复明	博兴县博兴镇王楼村	—	男	—

续表

姓 名	籍 贯	年 龄	性 别	死难时间
谢兆堂	博兴县博兴镇王楼村	—	男	—
王小家	博兴县博兴镇王楼村	—	男	—
顾长修	博兴县博兴镇北关村	—	男	—
戴可隼	博兴县博兴镇北关村	—	男	—
戴敬全	博兴县博兴镇北关村	—	男	—
柳登基之子	博兴县博兴镇北关村	—	男	—
郑登云	博兴县博兴镇伏郑村	—	男	—
霍兰子	博兴县陈户镇霍家村	30	男	—
合 计	**1365**			

责任人：吕海霞　付俊英　　　　核实人：王家盛　　　　填表人：冯荣荣

填报单位（签章）：博兴县委党史委　　　　填报时间：2009 年 5 月 14 日

惠民县抗日战争时期死难者名录

姓 名	籍 贯	年 龄	性 别	死难时间
耿家安	惠民县孙武镇西关街	35	男	1937年11月11日
耿家平	惠民县孙武镇西关街	37	男	1937年11月11日
耿家喜	惠民县孙武镇西关街	32	男	1937年11月11日
耿立水	惠民县孙武镇西关街	—	男	1937年11月11日
吴希元	惠民县孙武镇苏家角	—	男	1937年11月11日
信友杰	惠民县孙武镇东信村	36	男	1937年11月11日
张宝锡	惠民县孙武镇花家堡村	20	男	1937年11月11日
张丙臣	惠民县孙武镇花家堡村	25	男	1937年11月11日
张丙贵	惠民县孙武镇花家堡村	28	男	1937年11月11日
张丙杰	惠民县孙武镇花家堡村	35	男	1937年11月11日
张丙武	惠民县孙武镇花家堡村	54	男	1937年11月11日
张丙原	惠民县孙武镇花家堡村	28	男	1937年11月11日
张丙振	惠民县孙武镇花家堡村	26	男	1937年11月11日
张立直	惠民县孙武镇花家堡村	59	男	1937年11月11日
张廷吉	惠民县孙武镇花家堡村	45	男	1937年11月11日
张廷文	惠民县孙武镇花家堡村	26	男	1937年11月11日
张喜峦	惠民县孙武镇花家堡村	65	男	1937年11月11日
张延臣	惠民县孙武镇花家堡村	39	男	1937年11月11日
张延吉	惠民县孙武镇花家堡村	28	男	1937年11月11日
张延顺	惠民县孙武镇花家堡村	50	男	1937年11月11日
张延青	惠民县孙武镇花家堡村	40	男	1937年11月11日
吴洪泉	惠民县孙武镇小南关街	—	男	1937年11月12日
吴振华	惠民县孙武镇小南关街	—	男	1937年11月12日
吴振龙	惠民县孙武镇小南关街	—	男	1937年11月12日
徐 呢	惠民县大年陈乡毛旺庄	23	男	1937年11月
翟召集	惠民县大年陈乡毛旺庄	25	男	1937年11月
张立达	惠民县大年陈乡莫家村	20	男	1937年11月
王风桐	惠民县姜楼镇芦坊村	21	男	1937年
位长春	惠民县孙武镇南关街	26	男	1937年
张洪山	惠民县孙武镇南门街	21	男	1939年
宗观玉	惠民县姜楼镇芦坊村	29	男	1939年

续表

姓 名	籍 贯	年 龄	性 别	死难时间
成　呢	惠民县大年陈乡苏董村	20	男	1937 年
丁　呢	惠民县大年陈乡苏董村	25	男	1937 年
董发圣	惠民县大年陈乡董家村	20	男	1937 年
韩维禹	惠民县辛店乡前韩村	24	男	1937 年
九　呢	惠民县大年陈乡扶拉李村	15	男	1937 年
李丙男	惠民县辛店乡翟家村	81	男	1937 年 11 月
刘成章	惠民县大年陈乡毛旺庄	30	男	1937 年 11 月
刘　青	惠民县大年陈乡毛旺庄	40	男	1937 年
尚廷杰	惠民县孙武镇簸箕刘村	31	男	1937 年
尚廷木	惠民县孙武镇簸箕刘村	29	男	1937 年
尚银林	惠民县孙武镇簸箕刘村	22	男	1937 年
尚银生	惠民县孙武镇簸箕刘村	29	男	1937 年
尚银堂	惠民县孙武镇簸箕刘村	15	男	1937 年
石玉德	惠民县辛店乡赵营村	33	男	1937 年
曹士贞	惠民县魏集镇谭梁许村	42	男	1938 年 2 月
寇小刚	惠民县胡集镇河东村	11	男	1938 年 2 月
梁文修	惠民县魏集镇谭梁许村	30	男	1938 年 2 月
梁成堂	惠民县魏集镇谭梁许村	43	男	1938 年 2 月
谭书亮	惠民县魏集镇谭梁许村	50	男	1938 年 2 月
崔连华	惠民县姜楼镇后崔村	15	男	1938 年 2 月
杨秀礼	惠民县何坊乡杨评事村	25	男	1938 年 3 月
冯林祥	惠民县胡集镇冯家村	31	男	1938 年 5 月
刘梅河	惠民县何坊乡付商村	13	男	1938 年 5 月
苏和增	惠民县魏集镇苏家村	23	男	1938 年 6 月
路吉天	惠民县石庙镇沙窝村	29	男	1938 年 6 月 5 日
徐廷芳	惠民县何坊乡杀猪徐村	45	男	1938 年 9 月
银　呢	惠民县大年陈乡大高村	40	男	1938 年秋
刘志远	惠民县何坊乡东寨子村	24	男	1938 年 10 月 6 日
孔繁俊	惠民县姜楼镇圣西二村	31	男	1938 年 10 月 6 日
李连魁	惠民县皂户李乡菜园刘村	41	男	1938 年 11 月
张延祥	惠民县孙武镇花家堡村	22	男	1938 年
张延友	惠民县孙武镇花家堡村	39	男	1938 年
张玉卓	惠民县孙武镇花家堡村	41	男	1938 年
张元贵	惠民县孙武镇花家堡村	61	男	1938 年

续表

姓 名	籍 贯	年 龄	性 别	死难时间
张元黄	惠民县孙武镇花家堡村	51	男	1938 年
张元直	惠民县孙武镇花家堡村	51	男	1938 年
安　呢	惠民县大年陈乡张文台村	30	男	1938 年
高洪祥	惠民县大年陈乡大高村	30	男	1938 年
韩德路之女	惠民县辛店乡前韩村	20	女	1938 年
韩德路之子	惠民县辛店乡前韩村	18	男	1938 年
侯克宽	惠民县大桑镇侯家村	39	男	1938 年
侯学孔	惠民县大桑镇侯家村	32	男	1938 年
季　氏	惠民县大桑镇桑南村	20	女	1938 年
季付林	惠民县大桑镇桑南村	35	男	1938 年
季　氏	惠民县大桑镇桑南村	33	女	1938 年
李长刚	惠民县胡集镇河东村	24	男	1938 年
李明鲁	惠民县胡集镇河东村	23	男	1938 年
锁不上	惠民县淄角镇沙窝翟村	12	男	1938 年
王迎春	惠民县胡集镇夏桥村	—	男	1938 年
刘德领	惠民县皂户李乡菜园刘村	37	男	1938 年 11 月
金常元	惠民县胡集镇小金家	—	男	1939 年 2 月
李连三	惠民县胡集镇冯家村	28	男	1939 年 2 月
玉	惠民县胡集镇菜园张村	16	女	1939 年 3 月
张建善之母	惠民县胡集镇菜园张村	63	女	1939 年 3 月
吕本良	惠民县辛店乡吕家村	38	男	1939 年 7 月
杨国生	惠民县魏集镇大杨村	20	男	1939 年 8 月
王传信	惠民县清河镇牛王店村	49	男	1939 年 8 月
李中星	惠民县皂户李乡菜园刘村	35	男	1939 年
胡吉兴之父	惠民县石庙镇庵里吴村	57	男	1939 年 9 月
马召福	惠民县淄角镇李东安村	19	男	1939 年 9 月 3 日
张脏样	惠民县淄角镇西张六村	17	男	1939 年 12 月 1 日
翟安昌	惠民县淄角镇沙窝翟村	23	男	1938 年
张庆桐	惠民县清河镇香坊张村	20	男	1938 年
张玉岭	惠民县皂户李乡南宋村	27	男	1938 年
蔡宗义	惠民县胡集镇河东村	25	男	1939 年
陈宗勋	惠民县大年陈乡大年陈村	34	男	1939 年
董观岩	惠民县胡集镇东董村	—	男	1939 年
纪延昌	惠民县辛店乡小纪村	23	男	1939 年

续表

姓 名	籍 贯	年 龄	性 别	死难时间
李洪木	惠民县辛店乡小纪村	21	男	1939 年
李花柱	惠民县皂户李乡前找李村	—	男	1939 年
刘氏之一	惠民县辛店乡五支刘村	30	女	1940 年 6 月 10 日
刘氏之二	惠民县辛店乡五支刘村	17	女	1939 年
刘李氏	惠民县辛店乡五支刘村	60	女	1939 年
刘张氏	惠民县辛店乡五支刘村	55	女	1939 年
宋方元	惠民县胡集镇东董村	—	男	1939 年
刘井良	惠民县辛店乡小胡村	46	男	1940 年 2 月 10 日
王金禄	惠民县淄角镇沙窝村	30	男	1940 年 2 月 10 日
王连珍	惠民县淄角镇沙窝村	20	男	1940 年 2 月 10 日
周月旭	惠民县淄角镇沙窝村	32	男	1940 年 2 月 10 日
白万河	惠民县淄角镇沙窝村	30	男	1940 年 2 月 10 日
张　氏	惠民县淄角镇沙窝村	26	女	1940 年 2 月 10 日
王玉梓	惠民县麻店镇沈家村	41	男	1940 年 4 月 27 日
李双举之妻	惠民县姜楼镇北李村	25	女	1940 年 3 月 20 日
李文海之妻	惠民县姜楼镇北李村	26	女	1940 年 3 月 20 日
李秀娥	惠民县姜楼镇北李村	25	女	1940 年 3 月 20 日
李秀芝之妻	惠民县姜楼镇北李村	25	女	1940 年 3 月 20 日
李云长	惠民县姜楼镇北李村	26	男	1940 年 3 月 20 日
李云在	惠民县姜楼镇北李村	27	男	1940 年 3 月 20 日
李云增	惠民县姜楼镇北李村	28	男	1940 年 3 月 20 日
李云增之妻	惠民县姜楼镇北李村	27	女	1940 年 3 月 20 日
李兆亮之妻	惠民县姜楼镇北李村	27	女	1940 年 3 月 20 日
李兆亮之子	惠民县姜楼镇北李村	5	男	1940 年 3 月 20 日
李兆明	惠民县姜楼镇北李村	25	男	1940 年 3 月 20 日
李兆太之女	惠民县姜楼镇北李村	3	女	1940 年 3 月 20 日
李兆印	惠民县姜楼镇北李村	25	男	1940 年 3 月 20 日
李兆印之母	惠民县姜楼镇北李村	51	女	1940 年 3 月 20 日
李兆玉	惠民县姜楼镇北李村	25	男	1940 年 3 月 20 日
曹会来	惠民县麻店镇曹家村	24	男	1940 年 4 月
陈洪木	惠民县麻店镇曹家村	50	男	1940 年 4 月
刘景安	滨城区麻湾村	50	男	1940 年 5 月
杨　奎	惠民县麻店镇曹家村	21	男	1940 年 4 月
刘增山	惠民县皂户李乡菜园刘村	25	男	1940 年夏

续表

姓 名	籍 贯	年 龄	性 别	死难时间
刘王氏	惠民县皂户李乡菜园刘村	52	女	1940 年夏
杨玉岚	惠民县孙武镇钓马杨村	45	男	1940 年 7 月 2 日
康洪慈	惠民县石庙镇康园村	40	男	1940 年 7 月
月　哪	惠民县淄角镇石张村	21	男	1940 年 8 月 10 日
张恒勤	惠民县皂户李乡河南张村	30	男	1940 年 8 月 5 日
冯光义	惠民县李庄镇南朱村	17	男	1940 年 8 月 10 日
朱德兴	惠民县李庄镇南朱村	14	男	1940 年 8 月 10 日
朱连全	惠民县李庄镇南朱村	15	男	1940 年 8 月 10 日
朱连同	惠民县李庄镇南朱村	14	男	1940 年 8 月 15 日
张长洙	惠民县辛店乡夹河村	30	男	1940 年秋
小拴子	惠民县皂户李乡王圈村	18	男	1940 年 11 月 1 日
李魁言	惠民县李庄镇华李村	32	男	1940 年 8 月 15 日
王宗强	惠民县李庄镇粉刘村	13	男	1940 年 11 月 1 日
夏俊胜	惠民县胡集镇夏桥村	—	男	1940 年
杨青山	惠民县胡集镇东董村	—	男	1940 年
张运堂	惠民县胡集镇菜园张村	17	男	1940 年
张青海	惠民县何坊乡张打磨村	21	男	1940 年
巩明风	惠民县辛店乡辛五村	20	男	1940 年
韩青贵	惠民县辛店乡小韩村	19	男	1940 年
韩兆锋	惠民县辛店乡后韩村	25	男	1940 年
胡付成	惠民县辛店乡夹河村	13	男	1940 年
胡广辉	惠民县辛店乡夹河村	50	男	1940 年
胡锐成	惠民县辛店乡夹河村	20	男	1940 年
王观山	惠民县麻店镇王店村	—	男	1940 年
王思荣	惠民县大年陈乡南段王村	40	男	1940 年
王云昆	惠民县石庙镇董家村	20	男	1940 年
魏成道	惠民县淄角镇大魏村	19	男	1940 年
魏洪滨	惠民县淄角镇大魏村	30	男	1940 年
位登山	惠民县何坊乡斗子李村	30	男	1941 年 11 月
杨佃堂	惠民县麻店镇毛家村	20	男	1940 年
魏俊波之妻	惠民县魏集镇魏集村	44	女	1941 年 1 月
魏洪章之妻	惠民县魏集镇魏集村	54	女	1941 年 1 月
魏连英	惠民县魏集镇魏集村	60	男	1941 年 1 月
魏顺之	惠民县魏集镇魏集村	62	男	1941 年 1 月

续表

姓名	籍贯	年龄	性别	死难时间
魏德义	惠民县魏集镇魏集村	24	男	1941年1月
魏红岱	惠民县魏集镇魏集村	48	男	1941年1月
李鸿范	惠民县石庙镇归化村	26	男	1941年2月
李平田	惠民县石庙镇归化村	42	男	1941年2月
王云华	惠民县麻店镇小王村	40	男	1941年2月
婴玉卓	惠民县石庙镇归化村	23	男	1941年2月
张洪林	惠民县石庙镇归化村	30	男	1941年2月
祖金城	惠民县石庙镇归化村	31	男	1941年2月
祖万贵	惠民县石庙镇归化村	40	男	1941年2月
魏俊庆	惠民县魏集镇魏集村	46	男	1941年6月
王清凤	惠民县淄角镇土户王村	50	男	1941年6月
樊福温	惠民县清河镇西梅村	—	男	1941年6月
冯祥东	惠民县胡集镇冯家村	25	男	1941年6月
苏　卫	惠民县魏集镇老君堂村	51	男	1941年6月
王相亭	惠民县淄角镇土户王村	23	男	1941年6月
王元林	惠民县辛店乡张宝山村	30	男	1941年6月
王清玉	惠民县淄角镇土户王村	50	男	1941年6月
祥　子	惠民县淄角镇土户王村	21	男	1941年7月
福　田	惠民县淄角镇土户王村	22	男	1941年7月
长　友	惠民县淄角镇土户王村	21	男	1941年7月
马金河	惠民县清河镇古城马村	26	男	1941年7月
马金山	惠民县清河镇古城马村	31	男	1941年7月
左存忠	惠民县辛店乡姜左村	20	男	1941年7月14日
左修阁	惠民县辛店乡姜左村	26	男	1941年7月14日
陈延礼	惠民县辛店乡西陈村	—	男	1941年9月4日
陈青礼	惠民县辛店乡西陈村	—	男	1941年9月4日
王小蕙	惠民县辛店乡西陈村	—	男	1941年9月4日
陈天冲	—	—	男	1941年9月4日
杜　杰	—	—	男	1941年9月4日
孟二柱	惠民县麻店镇孟家村	—	男	1941年秋
闫广义	惠民县淄角镇闫河村	36	男	1941年秋
闫尚堂	惠民县淄角镇闫河村	36	男	1941年秋
张小本	惠民县胡集镇大范村	24	男	1941年
赵洪岩	惠民县胡集镇北辛庄	78	男	1941年

续表

姓 名	籍 贯	年 龄	性 别	死难时间
刘永生	惠民县辛店乡东郭村	25	男	1941 年
左存树	惠民县辛店乡前左村	50	男	1941 年
成佃俭	惠民县魏集镇成庙村	22	男	1941 年
段得郭	惠民县大年陈乡中段家	30	男	1941 年
段修金	惠民县大年陈乡中段家	40	男	1941 年
樊曰良	惠民县胡集镇白桥村	12	男	1941 年
吉佃才	惠民县胡集镇吉家村	32	男	1941 年
姜克杰	惠民县胡集镇翟家村	—	男	1941 年
李登奎	惠民县胡集镇大范村	52	男	1941 年
李金良	惠民县胡集镇大范村	19	男	1941 年
吕清秀	惠民县皂户李乡西吕村	41	男	1941 年秋
杨　忠	江西省安福县	31	男	1942 年 4 月 1 日
张维一	惠民县麻店镇后张村	29	男	1942 年 3 月
卞成德	惠民县胡集镇小金家	—	男	1942 年 4 月
苑书彬	惠民县胡集镇小金家	—	男	1942 年 4 月
张开西	惠民县胡集镇小金家	—	男	1942 年 4 月
胡春田	惠民县何坊乡胡家村	42	男	1942 年 6 月
胡文元	惠民县何坊乡胡家村	30	男	1942 年 6 月
冯宝昌	惠民县胡集镇冯家村	32	男	1942 年 7 月
张××	惠民县清河镇张标家	32	男	1942 年 10 月 7 日
高德义	惠民县李庄镇高唐村	22	男	1942 年 10 月 7 日
刘清民	惠民县麻店镇刘桥	45	男	1942 年 10 月 7 日
江　呢	惠民县大年陈乡坡刘家	25	男	1942 年 10 月 7 日
刘长祥之四叔	惠民县大年陈乡坡刘家	40	男	1942 年 10 月 7 日
王忠贤	惠民县麻店镇郭家官庄	25	男	1942 年 10 月
吴志顺	惠民县胡集镇陈集村	38	男	1942 年 10 月
张九功	惠民县麻店镇前张村	30	男	1942 年 10 月
宋全臣	惠民县皂户李乡南宋村	49	男	1941 年秋
陈××	惠民县大桑镇街南陈村	30	男	1942 年
成娃娃	惠民县魏集镇成庙村	24	男	1942 年
崔其刚	惠民县胡集镇陈集村	40	男	1942 年
黄佃森	惠民县石庙镇巩家村	39	男	1942 年
康加城	惠民县皂户李乡豆腐寨村	40	男	1942 年 10 月
寇喜然	惠民县淄角镇西张六村	19	男	1942 年

续表

姓 名	籍 贯	年 龄	性 别	死难时间
立 生	惠民县魏集镇王平口村	20	男	1942 年
刘曰信	惠民县清河镇翟刘村	37	男	1942 年
石汝计	惠民县石庙镇石皮村	18	男	1942 年
石玉堂	惠民县石庙镇石皮村	40	男	1942 年
顺 成	惠民县石庙镇石皮村	19	男	1942 年
王丕玉	惠民县辛店乡棉花王村	46	男	1942 年
王兆增	惠民县麻店镇郑庙村	—	男	1942 年
刘长源之母	惠民县大年陈乡坡刘家	35	女	1942 年 10 月 7 日
刘光朴	惠民县大年陈乡坡刘家	30	男	1942 年 10 月 7 日
刘振庆之祖父	惠民县大年陈乡坡刘家	50	男	1942 年 10 月 7 日
刘振庆之祖母	惠民县大年陈乡坡刘家	50	女	1942 年 10 月 7 日
六呢之妻	惠民县大年陈乡坡刘家	35	女	1942 年 10 月 7 日
六呢之子	惠民县大年陈乡坡刘家	3	男	1942 年 10 月 7 日
刘静安	—	—	男	1943 年 3 月 1 日
刘兆勤	惠民县胡集镇北刘村	17	男	1943 年 1 月 27 日
董焕成	惠民县胡集镇西董村	49	男	1943 年 2 月
杲仁俊	惠民县胡集镇杲家村	24	男	1943 年 2 月
杨文生	惠民县何坊乡东小吴村	29	男	1943 年 2 月
于来顺	惠民县胡集镇杲家村	25	男	1943 年 2 月
杲秀儒	惠民县胡集镇杲家村	42	男	1943 年 3 月
杲志胜	惠民县胡集镇杲家村	48	男	1943 年 3 月
刘延生	惠民县辛店乡东郭村	28	男	1943 年春
孙英寨	惠民县大桑镇街南陈村	23	男	1943 年春
刘同臣	惠民县胡集镇于桥村	54	男	1943 年 3 月
申宪荣	惠民县淄角镇后李集村	—	男	1943 年 3 月
闫尚祥	惠民县皂户李乡闫曹村	22	男	1943 年 3 月
张华峰	惠民县胡集镇于桥村	56	男	1943 年 3 月
李廷西	惠民县淄角镇后李集村	—	男	1943 年 3 月
申兴连	惠民县淄角镇后李集村	—	男	1943 年 3 月
刘子军	惠民县麻店镇刘桥	32	男	1943 年 3 月
张 喜	惠民县辛店乡陈洪口村	17	男	1943 年 3 月
王淑洪	惠民县魏集镇引孙家村	16	男	1943 年 5 月
刘志成	惠民县何坊乡八里庄村	18	男	1943 年 6 月
姚××	惠民县清河镇张标家	30	男	1943 年 6 月

续表

姓 名	籍 贯	年 龄	性 别	死难时间
耿书斋	惠民县皂户李乡陈坡牛村	34	男	1943 年秋
胡增功	惠民县胡集镇南王村	—	男	1943 年 8 月
李福明	惠民县胡集镇河东村	38	男	1943 年 8 月
李学文	惠民县胡集镇河东村	22	男	1943 年 8 月
月	惠民县胡集镇菜园张村	19	男	1943 年 8 月
冯宝坤	惠民县胡集镇冯家村	36	男	1943 年 9 月
王延宝	惠民县石庙镇端张村	17	男	1943 年 9 月 20 日
聂 英	—	—	男	1943 年
曹继章	—	30	男	1944 年
杜东阁	惠民县皂户李乡大杜村	33	男	1943 年
杜学元	惠民县皂户李乡大杜村	37	男	1943 年
高作亭	惠民县何坊乡西寨子村	40	男	1943 年
郭玉亭	惠民县石庙镇蒋家村	20	男	1943 年
郭中华之祖母	惠民县麻店镇赵家官庄	35	女	1943 年
胡振义	惠民县何坊乡胡家村	33	男	1943 年
蒋秀江	惠民县石庙镇蒋家村	19	男	1943 年
金洪昌	惠民县皂户李乡豆腐寨村	35	男	1943 年 11 月
李翠峰	惠民县何坊乡大李村	19	男	1943 年
李东湘	惠民县皂户李乡皂户李村	19	男	1943 年
李德祥	惠民县魏集镇王平口村	30	男	1943 年
刘景良	临朐县	46	男	1944 年 2 月
刘连荣	惠民县皂户李乡豆腐寨村	40	男	1943 年
骆山崇	惠民县石庙镇北骆村	27	男	1943 年
骆希孝	惠民县石庙镇北骆村	20	男	1943 年
桑丙发	惠民县石庙镇桑家村	47	男	1943 年
桑风利	惠民县石庙镇桑家村	20	男	1943 年
史宝元	惠民县石庙镇土牛张村	37	男	1943 年
宋培武	惠民县胡集镇大范村	19	男	1943 年
万佃香	惠民县麻店镇西万村	30	男	1944 年
王观美	惠民县麻店镇王店村	—	男	1943 年
王全德	惠民县胡集镇河东村	50	男	1943 年
吴吉国	惠民县辛店乡夹河村	35	男	1943 年
许吉尧	惠民县麻店镇西许村	22	男	1943 年
张兰芳	惠民县大桑镇桑家村	29	男	1943 年

续表

姓 名	籍 贯	年 龄	性 别	死难时间
张六月	惠民县胡集镇大范村	20	男	1943 年
张玉文	惠民县大桑镇桑家村	33	男	1943 年
张增奎	惠民县皂户李乡豆腐寨村	41	男	1943 年
赵点春	惠民县大桑镇前赵村	24	男	1943 年
赵万德	惠民县大桑镇前赵村	27	男	1943 年
郑　山	惠民县何坊乡西寨子村	29	男	1943 年
周其祥之妻	惠民县麻店镇续家村	—	女	1943 年
房成林	惠民县李庄镇新房村	34	男	1943 年
吕本智	惠民县辛店乡吕家村	33	男	1943 年 11 月
吕长江	惠民县辛店乡吕家村	36	男	1943 年 11 月
吕长泽	惠民县辛店乡吕家村	28	男	1943 年 11 月
杨维智	惠民县辛店乡吕家村	44	男	1943 年 11 月
鲁可让	惠民县辛店乡刘庙村	—	男	1944 年 1 月 15 日
王明选	惠民县麻店镇自新王	60	男	1944 年 3 月
董希贵	惠民县何坊乡董家堂村	19	男	1944 年 3 月
魏　青	惠民县胡集镇金桥村	21	男	1944 年 3 月
王光友	惠民县淄角镇帽王村	28	男	1944 年 7 月
并　伍	惠民县皂户李乡打箔路村	25	男	1945 年 2 月 4 日
大水子	惠民县皂户李乡打箔路村	22	男	1945 年 2 月 4 日
大院子	惠民县皂户李乡打箔路村	32	男	1945 年 2 月 4 日
大院子之妻	惠民县皂户李乡打箔路村	29	女	1945 年 2 月 4 日
二　妮	惠民县皂户李乡打箔路村	60	女	1945 年 2 月 4 日
二院子	惠民县皂户李乡打箔路村	30	男	1945 年 2 月 4 日
三院子之妻	惠民县皂户李乡打箔路村	29	女	1945 年 2 月 4 日
发　子	惠民县皂户李乡打箔路村	27	男	1945 年 2 月 4 日
付　银	惠民县皂户李乡打箔路村	30	男	1945 年 2 月 4 日
路其坤之妻	惠民县皂户李乡打箔路村	47	女	1945 年 2 月 4 日
路其坤	惠民县皂户李乡打箔路村	48	男	1945 年 2 月 4 日
路景明	惠民县皂户李乡打箔路村	26	男	1945 年 2 月 4 日
路景水	惠民县皂户李乡打箔路村	28	男	1945 年 2 月 4 日
路其礼	惠民县皂户李乡打箔路村	40	男	1945 年 2 月 4 日
路其亮	惠民县皂户李乡打箔路村	38	男	1945 年 2 月 4 日
路　氏	惠民县皂户李乡打箔路村	44	女	1945 年 2 月 4 日
路玉资	惠民县皂户李乡打箔路村	24	男	1945 年 2 月 4 日

续表

姓 名	籍 贯	年 龄	性 别	死难时间
磨 子	惠民县皂户李乡打箔路村	26	男	1945 年 2 月 4 日
苏 氏	惠民县皂户李乡打箔路村	39	女	1945 年 2 月 4 日
玉安子	惠民县皂户李乡打箔路村	36	男	1945 年 2 月 4 日
张 氏	惠民县皂户李乡打箔路村	50	女	1945 年 2 月 4 日
连 柱	惠民县麻店镇小李村	20	男	1944 年
骆玉林	惠民县石庙镇北骆村	18	男	1944 年
薛宝同	惠民县大桑镇辛店村	24	男	1944 年
王光朱	惠民县淄角镇帽王村	20	男	1944 年 7 月
李光和	惠民县李庄镇华李村	31	男	1944 年
王地江	惠民县李庄镇闫霍村	23	男	1944 年冬
王恩祥	惠民县李庄镇闫霍村	33	男	1944 年冬
邓宗贤	惠民县大桑镇邓家村	—	男	1944 年 12 月 27 日
牛洪义	惠民县何坊乡伏家村	20	男	1945 年 1 月 23 日
孙杜氏	惠民县孙武镇大孙家	29	女	1945 年 1 月 23 日
孙可峰	惠民县孙武镇大孙家	46	男	1945 年 1 月 23 日
孙可俭	惠民县孙武镇大孙家	35	男	1945 年 1 月 23 日
孙可举	惠民县孙武镇大孙家	36	男	1945 年 1 月 23 日
孙可平	惠民县孙武镇大孙家	20	男	1945 年 1 月 23 日
孙可奇	惠民县孙武镇大孙家	31	男	1945 年 1 月 23 日
孙可香	惠民县孙武镇大孙家	42	男	1945 年 1 月 23 日
孙文侯	惠民县孙武镇大孙家	30	男	1945 年 1 月 23 日
孙于氏	惠民县孙武镇大孙家	27	女	1945 年 1 月 23 日
孙玉山	惠民县孙武镇大孙家	18	男	1945 年 1 月 23 日
陈立民	—	—	男	1945 年 5 月 1 日
婴××	惠民县石庙镇归化村	26	男	1945 年夏
季学文	—	—	男	1945 年 7 月 1 日
李凤岭	—	—	男	1945 年 7 月 1 日
李文俊	—	—	男	1945 年 9 月 1 日
长 柱	惠民县麻店镇麻店村	9	男	1945 年
成恩增	惠民县胡集镇南街村	31	男	1945 年
金 生	惠民县麻店镇麻店村	10	男	1945 年
李关峰	惠民县何坊乡大李村	26	男	1945 年
李元彪	惠民县胡集镇金桥村	23	男	1945 年
刘其同	惠民县何坊乡曲家村	17	男	1945 年

续表

姓 名	籍 贯	年 龄	性 别	死难时间
路文明	惠民县麻店镇东路村	23	男	1945 年
马化林	惠民县何坊乡史马村	19	男	1945 年
马永庆	惠民县何坊乡史马村	23	男	1945 年
苗云山	惠民县辛店乡赵马营村	—	男	1945 年
彭延昌	惠民县胡集镇金桥村	24	男	1945 年
王英华	惠民县大桑镇辛店村	38	男	1945 年
王玉仁	惠民县石庙镇王角村	20	男	1945 年
王自贞	惠民县麻店镇王店村	—	男	1945 年
张其同	惠民县何坊乡曲家村	19	男	1945 年
赵元明	—	—	男	—
魏长兴	惠民县淄角镇隋家村	60	男	—
魏琦连	惠民县淄角镇隋家村	41	男	—
苑美清	惠民县何坊乡苑家村	26	男	—
郭 四	惠民县孙武镇城隍庙街	18	男	—
吕存山	惠民县孙武镇商场街	—	男	—
何文图	惠民县孙武镇西关街	38	男	1938 年 6 月 7 日
何福天	惠民县孙武镇西关街	32	男	1938 年 6 月 7 日
贾立然	惠民县魏集镇东朱村	23	男	1937 年
贾喜然	惠民县魏集镇东朱村	20	男	1937 年
文 字	惠民县魏集镇大杨村	30	男	1937 年
崔长喜	惠民县魏集镇双庙崔村	22	男	1937 年
崔俊林	惠民县魏集镇双庙崔村	20	男	1937 年
小 柱	惠民县魏集镇王平口村	26	男	1937 年
王春田	惠民县魏集镇王平口村	28	男	1937 年
柱 子	惠民县魏集镇王平口村	21	男	1937 年
耿立明	惠民县孙武镇西关街	20	男	1938 年 6 月 7 日
耿少华	惠民县孙武镇西关街	30	男	1938 年 6 月 7 日
武玉礼	惠民县孙武镇西关街	32	男	1938 年 6 月 7 日
李少梅	惠民县孙武镇西关街	22	女	1938 年 6 月 7 日
杨士江	惠民县孙武镇钓马杨街	38	男	1938 年 6 月 11 日
杨士武	惠民县孙武镇钓马杨街	26	男	1938 年 6 月 11 日
陈丰树	惠民县孙武镇钓马杨街	30	男	1938 年 6 月 11 日
刘 河	惠民县孙武镇钓马杨街	18	男	1938 年 6 月 11 日
马光才	惠民县孙武镇钓马杨街	25	男	1938 年 6 月 11 日

续表

姓 名	籍 贯	年 龄	性 别	死难时间
马光成	惠民县孙武镇钓马杨街	31	男	1938 年 6 月 11 日
董佃成	惠民县孙武镇钓马杨街	28	男	1938 年 6 月 11 日
杨增天	惠民县孙武镇钓马杨街	29	男	1938 年 6 月 11 日
傻 水	惠民县魏集镇王平口村	20	男	1938 年
崔老六	惠民县魏集镇引黄崔村	30	男	1939 年
崔书成	惠民县魏集镇引黄崔村	20	男	1939 年
张延祥	惠民县胡集镇小金村	—	男	1939 年
信守吉	惠民县孙武镇东信村	28	男	1943 年冬
信云天	惠民县孙武镇东信村	29	男	1943 年冬
信守礼	惠民县孙武镇东信村	20	男	1943 年冬
冯天水	惠民县孙武镇东信村	30	男	1943 年冬
小柱子	惠民县孙武镇十方园村	20	男	1943 年冬
高发亮	惠民县孙武镇东关街	28	男	1943 年冬
高发明	惠民县孙武镇东关街	23	男	1943 年冬
赵在田	惠民县何坊乡东寨子村	19	男	1940 年春
李小五	惠民县何坊乡东寨子村	19	男	1940 年春
张宗云	惠民县大桑镇桑家村	—	男	1940 年 6 月
刘培信之母	惠民县大桑镇东刘村	—	女	1940 年 6 月
栓柱之祖母	惠民县大桑镇东刘村	—	女	1940 年 6 月
刘佃奎	惠民县石庙镇曾家村	36	男	1942 年
曾金栋	惠民县石庙镇曾家村	31	男	1942 年
刘佃元	惠民县石庙镇曾家村	36	男	1942 年
张喜林	惠民县淄角镇西张六村	35	男	1940 年 11 月 1 日
曾召俊	惠民县石庙镇曾家村	26	男	1942 年
曾广亮	惠民县石庙镇曾家村	36	男	1942 年
刘书刚	惠民县何坊乡刘集村	47	男	1940 年
高大河	惠民县何坊乡东寨子村	38	男	1940 年
王振水	惠民县何坊乡东寨子村	26	男	1940 年
郭风水	惠民县何坊乡东寨子村	31	男	1940 年
杨兰孝	惠民县何坊乡东寨子村	26	男	1940 年
马老八	惠民县淄角镇路马村	29	男	1939 年 11 月
马忠德	惠民县淄角镇路马村	27	男	1939 年 11 月
马俊德	惠民县淄角镇路马村	30	男	1939 年 11 月
张守尧	惠民县清河镇张标村	37	男	1941 年春

续表

姓名	籍贯	年龄	性别	死难时间
张守田	惠民县清河镇张标村	31	男	1941 年春
王吉庆	惠民县淄角镇帽王村	22	男	1944 年 7 月
王吉水	惠民县淄角镇帽王村	26	男	1944 年 7 月
王吉山	惠民县淄角镇帽王村	19	男	1944 年 7 月
张延礼	惠民县清河镇张标村	29	男	1941 年冬
曹魏江	惠民县皂户李乡闫曹家村	27	男	1941 年冬
张全恩	惠民县皂户李乡张集村	30	男	1939 年
糠　子	惠民县皂户李乡张集村	21	男	1939 年
清食子	惠民县皂户李乡张集村	43	男	1939 年
张清文	惠民县皂户李乡张集村	40	男	1939 年
李专恒	惠民县皂户李乡豆腐寨村	30	男	1938 年
冯化希	惠民县皂户李乡冯家村	28	男	1940 年 2 月 13 日
王二柱	惠民县淄角镇帽王村	36	男	1944 年 7 月
马兴银	惠民县淄角镇大湾西村	26	男	1944 年 11 月
连　祥	惠民县麻店镇蔡家村	20	男	1939 年
宝　文	惠民县麻店镇班家村	—	男	1941 年
金　动	惠民县麻店镇朱坊村	20	男	1944 年
冯永虎	惠民县皂户李乡冯家村	22	男	1940 年 2 月 13 日
冯　二	惠民县皂户李乡冯家村	30	男	1940 年 2 月 13 日
宋文才	惠民县皂户李乡南宋村	40	男	1939 年
张振成	惠民县皂户李乡南宋村	60	男	1939 年
刘大恒	惠民县皂户李乡二堡杨村	29	男	1944 年冬
张连国	惠民县皂户李乡耿牛张村	29	男	1940 年冬
郝夫柱	惠民县皂户李乡杨干村	27	男	1943 年
卢玉坤	惠民县皂户李乡西卢村	30	男	1940 年冬
王天让	惠民县李庄镇大王庄	30	男	1940 年 7 月
王李氏	惠民县李庄镇大王庄	20	女	1940 年 7 月
邢孝忠	惠民县李庄镇聂索邢村	17	男	1942 年
路焕秀	惠民县大年陈乡王西池村	27	女	1943 年秋
王小玉	惠民县大年陈乡王西池村	27	女	1943 年秋
李连玉	惠民县大年陈乡王西池村	30	女	1943 年秋
小　娟	惠民县大年陈乡王西池村	27	女	1943 年秋
段荣利	惠民县大年陈乡中段村	21	男	1942 年 5 月
李振楠	惠民县姜楼镇王判南村	54	男	1940 年

续表

姓 名	籍 贯	年 龄	性 别	死难时间
李振尧	惠民县姜楼镇王判南村	20	男	1938 年 10 月
成振西	惠民县姜楼镇成家村	24	男	1941 年
成天银	惠民县姜楼镇成家村	23	男	1941 年
成士芳	惠民县姜楼镇成家村	25	男	1943 年
孔繁亭	惠民县姜楼镇圣西二村	29	男	1942 年 9 月
孔繁明	惠民县姜楼镇圣西二村	37	男	1942 年 9 月
孔繁礼	惠民县姜楼镇圣西二村	42	男	1942 年 9 月
孔庆祥	惠民县姜楼镇圣西二村	29	男	1942 年 9 月
孔庆周	惠民县姜楼镇圣西二村	28	男	1942 年 9 月
路光明	惠民县姜楼镇圣西二村	21	男	1942 年 9 月
路少云	惠民县姜楼镇圣西二村	28	男	1942 年 9 月
狗 盛	惠民县姜楼镇圣西二村	20	男	1942 年 9 月
刘邦珍	惠民县辛店乡刘彬村	18	男	1939 年
巩连福	惠民县辛店乡二街	18	男	1944 年
韩风金	惠民县辛店乡周家村	27	男	1939 年
邢孝礼	惠民县李庄镇聂索邢	22	男	1943 年
邢孝地	惠民县李庄镇聂索邢	28	男	1943 年
邢大让	惠民县李庄镇聂索邢	31	男	1943 年
高长路	惠民县大年陈乡中段村	20	男	1941 年
段长才	惠民县大年陈乡中段村	20	男	1941 年
段进福	惠民县大年陈乡中段村	20	男	1941 年
李培选	惠民县大年陈乡李家坊村	27	男	1941 年
康胜水	惠民县大年陈乡唐家村	30	男	1937 年
刘孝材	惠民县大年陈乡毛家村	26	男	1937 年
陈召发	惠民县大年陈乡大年陈村	30	男	1937 年
王继海	惠民县大年陈乡王西池村	30	男	1941 年
王汉亮	惠民县大年陈乡王西池村	30	男	1941 年
王庆材	惠民县大年陈乡王西池村	35	男	1941 年
熊宝财	惠民县大年陈乡张文台村	27	男	1938 年
李宝财	惠民县大年陈乡张文台村	32	男	1938 年
王庆银	惠民县大年陈乡王西池村	29	男	1941 年
王大吉	惠民县大年陈乡王西池村	30	男	1941 年
王 春	惠民县大年陈乡王西池村	21	男	1941 年
王汉山	惠民县大年陈乡王西池村	38	男	1941 年

续表

姓名	籍贯	年龄	性别	死难时间
狗　哪	惠民县大年陈乡王西池村	21	男	1941 年
陈小柱	惠民县大年陈乡王西池村	30	男	1941 年
王继河	惠民县大年陈乡王西池村	27	男	1941 年
王吉孟	惠民县大年陈乡王西池村	29	男	1941 年
李连山	惠民县大年陈乡王西池村	29	男	1941 年
李连友	惠民县大年陈乡毛家村	30	男	1943 年
刘桂兰	惠民县大年陈乡大年陈村	30	女	1943 年
刘来荣	惠民县辛店乡赵营村	34	男	1939 年
钟夫美	惠民县辛店乡钟营村	—	男	1945 年
路风利	惠民县大年陈乡大邢村	31	男	1942 年 5 月
段荣长	惠民县大年陈乡大邢村	29	男	1942 年 5 月
段长武	惠民县大年陈乡中段村	30	男	1942 年 5 月
段光福	惠民县大年陈乡中段村	40	男	1942 年 5 月
刘顺利	惠民县大年陈乡中段村	21	男	1942 年 5 月
段小春	惠民县大年陈乡中段村	30	男	1942 年 5 月
刘维丰	惠民县大年陈乡中段村	39	男	1942 年 5 月
段进良	惠民县大年陈乡中段村	28	男	1942 年 5 月
马小二	惠民县大年陈乡中段村	29	男	1942 年 5 月
李振河	惠民县大年陈乡大邢村	41	男	1942 年 5 月
李振山	惠民县大年陈乡大邢村	38	男	1942 年 5 月
邢宝和	惠民县大年陈乡大邢村	22	男	1942 年 5 月
王继海	惠民县大年陈乡大邢村	28	男	1942 年 5 月
王玉山	惠民县孙武镇西南街	35	男	1940 年 3 月 10 日
付元光	惠民县孙武镇西南街	28	男	1940 年 3 月 10 日
李昭月	惠民县孙武镇察院街	36	男	1940 年 3 月 10 日
李小柱	惠民县孙武镇察院街	30	男	1940 年 3 月 10 日
张长秀	惠民县皂户李乡管家村	29	男	—
合　计	**534**			

责任人：张惠轩　左修和　　核实人：高进勇　孟书军　　填表人：隋利国

填报单位（签章）：惠民县委党史委　　填报时间：2009 年 4 月 22 日

邹平县抗日战争时期死难者名录

姓 名	籍 贯	年 龄	性 别	死难时间
马林吉之母	邹平县西董镇由家河滩村	—	女	1937 年
张培佳	邹平县焦桥镇小魏村	21	男	1937 年
商树信	邹平县焦桥镇小魏村	23	男	1937 年
曲遵臣	邹平县焦桥镇后三村	31	男	1937 年
牛寿玲	邹平县码头镇王庄村	36	男	1937 年
姚来河	邹平县码头镇王庄村	35	男	1937 年
贾澄兹	邹平县黛溪办三义村	27	男	1937 年
李庆祥	邹平县黛溪办三义村	26	男	1937 年
李庆祯	邹平县黛溪办三义村	22	男	1937 年
赵李氏	邹平县黛溪办城里村	38	女	1937 年
赵贾氏	邹平县黛溪办城里村	32	女	1937 年
赵刘氏	邹平县黛溪办城里村	49	女	1937 年
赵杏子	邹平县黛溪办城里村	11	女	1937 年
赵木子	邹平县黛溪办城里村	13	男	1937 年
赵春子	邹平县黛溪办城里村	9	男	1937 年
王刘氏之一	邹平县黛溪办城里村	48	女	1937 年
王刘氏之二	邹平县黛溪办城里村	46	女	1937 年
孙德胜	邹平县黛溪办城里村	35	男	1937 年
张方庆	邹平县黛溪办城里村	18	男	1937 年
朱兆相	邹平县黛溪办城里村	30	男	1937 年
周刘氏	邹平县黛溪办城里村	56	女	1937 年
王玉智	邹平县黛溪办鄢家村	28	男	1937 年
王允秋	邹平县黛溪办鄢家村	32	男	1937 年
王传景	邹平县黛溪办鄢家村	55	男	1937 年
王继顺	邹平县黛溪办鄢家村	36	男	1937 年
王志远	邹平县黛溪办中兴村	—	男	1937 年
赵宗上	邹平县黛溪办中兴村	—	男	1937 年
赵王氏	邹平县黛溪办三义村	61	女	1937 年
宗孝祯	邹平县好生镇宗家村	27	男	1937 年
王玉焕	邹平县台子镇官道村	70	男	1937 年
王念光	邹平县台子镇官道村	35	男	1937 年

续表

姓名	籍贯	年龄	性别	死难时间
王念慎	邹平县台子镇官道村	38	男	1937 年
王家淇	邹平县台子镇官道村	32	男	1937 年
刘　氏	邹平县台子镇官道村	27	女	1937 年
谢　氏	邹平县台子镇官道村	42	女	1937 年
王自顺	邹平县台子镇官道村	22	男	1937 年
王子宏	邹平县黛溪办东关村	24	男	1937 年
王四喜	邹平县黛溪办东关村	22	男	1937 年
侯兆密	邹平县黛溪办东关村	33	男	1937 年
李守林	邹平县黛溪办东关村	26	男	1937 年
李　子	邹平县黛溪办东关村	4	男	1937 年
韩光志	邹平县黛溪办东关村	25	男	1937 年
李　氏	邹平县黛溪办东关村	38	女	1937 年
李玉贞	邹平县黛溪办东关村	13	女	1937 年
郭以恭	邹平县黛溪办马庄村	—	男	1937 年
高东信	邹平县西董镇八柱台村	31	男	1937 年
王玉秀	邹平县西董镇上回村	62	男	1937 年
王连子	邹平县西董镇上回村	15	男	1937 年
牛发运	邹平县西董镇上回村	20	男	1937 年
牛五子	邹平县西董镇上回村	15	男	1937 年
董　氏	邹平县西董镇上回村	62	女	1937 年
牛发亮	邹平县西董镇上回村	21	男	1937 年
陈国楷	邹平县好生镇二槐村	22	男	1937 年
陈国铸	邹平县好生镇二槐村	21	男	1937 年
李瑞林	邹平县好生镇二槐村	23	男	1937 年
宗凤桐	邹平县好生镇二槐村	23	男	1937 年
王庆宇	邹平县好生镇二槐村	22	男	1937 年
潘文河	邹平县码头镇小信村	68	男	1937 年
刘王氏	邹平县码头镇范井村	28	女	1937 年
刘德修	邹平县码头镇范井村	51	男	1937 年
刘　氏	邹平县码头镇范井村	50	女	1937 年
刘疼子	邹平县码头镇范井村	27	男	1937 年
刘会文	邹平县码头镇范井村	37	男	1937 年
刘纪子	邹平县码头镇范井村	30	男	1937 年
张万顺	邹平县码头镇范井村	69	男	1937 年

续表

姓 名	籍 贯	年 龄	性 别	死难时间
张庆增	邹平县码头镇范井村	50	男	1937 年
张　氏	邹平县码头镇范井村	51	女	1937 年
张王氏	邹平县码头镇范井村	47	女	1937 年
张　女	邹平县码头镇范井村	21	女	1937 年
张十一	邹平县码头镇范井村	29	男	1937 年
张无名	邹平县码头镇范井村	32	男	1937 年
李国俊	邹平县码头镇范井村	30	男	1937 年
高月刚	邹平县码头镇北高村	32	男	1937 年
高树申	邹平县码头镇北高村	35	男	1937 年
路宝生	邹平县码头镇路家村	37	男	1937 年
王和行	邹平县台子镇官道村	51	男	1937 年
高东英	邹平县西董镇八柱台村	30	男	1937 年
孟光存	邹平县码头镇孟家桥村	40	男	1937 年
孟吕芬	邹平县码头镇孟家桥村	39	男	1937 年
孟召洋	邹平县码头镇孟家桥村	40	男	1937 年
魏清图	邹平县魏桥镇魏桥村	33	男	1937 年
魏本武	邹平县魏桥镇魏桥村	35	男	1937 年
刘洪海	邹平县魏桥镇魏桥村	30	男	1937 年
刘金玉之父	邹平县魏桥镇魏桥村	40	男	1937 年
王东方之弟	邹平县魏桥镇魏桥村	25	男	1937 年
孙玉书之弟	邹平县长山镇西街村	50	男	1937 年
孙茂昌之叔	邹平县长山镇西街村	40	男	1937 年
孙方成	邹平县长山镇西街村	36	男	1937 年
周连明	邹平县长山镇西街村	30	男	1937 年
王永仁	邹平县长山镇黄王村	22	男	1937 年
李业成	邹平县西董镇段家村	—	男	1937 年
董树荣	邹平县西董镇象伏村	26	男	1937 年
张支祥	邹平县西董镇芽庄村	22	男	1937 年
蒋呈圃	邹平县西董镇芽庄村	—	男	1937 年
马俊芝	邹平县西董镇张洞村	20	男	1937 年
李学跃	邹平县韩店镇东言礼村	25	男	1937 年
赵长城	邹平县韩店镇西韦村	31	男	1937 年
赵立兰	邹平县韩店镇西韦村	30	男	1937 年
刘年子	邹平县青阳镇耿家村	30	男	1937 年

续表

姓 名	籍 贯	年 龄	性 别	死难时间
张永善	邹平县青阳镇醴泉村	—	男	1937 年
徐廷仁	邹平县青阳镇醴泉村	—	男	1937 年
徐廷义	邹平县青阳镇醴泉村	—	男	1937 年
刘玉青	邹平县青阳镇醴泉村	—	男	1937 年
张延文	邹平县青阳镇醴泉村	—	男	1937 年
索记东	邹平县焦桥镇义和村	26	男	1937 年
孙永曾	邹平县焦桥镇义和村	27	男	1937 年
赵祖风	邹平县焦桥镇义和村	25	男	1937 年
索记光	邹平县焦桥镇义和村	28	男	1937 年
石志友	邹平县焦桥镇兴隆村	40	男	1937 年
魏示光	邹平县焦桥镇兴隆村	25	男	1937 年
杨斯福	邹平县好生镇东代村	27	男	1937 年
韩六子	邹平县好生镇平原村	23	男	1937 年
郭正贵	邹平县好生镇平原村	26	男	1937 年
郭正德	邹平县好生镇平原村	23	男	1937 年
韩其泰	邹平县好生镇东代村	27	男	1937 年
韩其恩	邹平县好生镇东代村	27	男	1937 年
安茂成	邹平县好生镇东代村	27	男	1937 年
毛宗田	邹平县好生镇新华村	87	男	1937 年
陈法兴	邹平县好生镇平原村	32	男	1937 年
郭良辉	邹平县好生镇平原村	22	男	1937 年
霍传庆	邹平县好生镇平原村	22	男	1937 年
徐太义	邹平县好生镇蓦涧村	22	男	1937 年
张大胜	邹平县好生镇好生村	20	男	1937 年
尹永深	邹平县好生镇好生村	20	男	1937 年
杜云星	邹平县好生镇史营村	18	男	1937 年
曹为绿	邹平县码头镇码二村	44	男	1937 年
李前英	邹平县码头镇大王村	27	女	1937 年
张华祥	邹平县临池镇柏家村	—	男	1937 年
李治奎	邹平县临池镇东台村	50	男	1937 年
李治恭	邹平县临池镇东台村	32	男	1937 年
李　氏	邹平县临池镇东台村	52	女	1937 年
三顿子	邹平县临池镇东台村	6	男	1937 年
李　氏	邹平县临池镇东台村	26	女	1937 年

续表

姓名	籍贯	年龄	性别	死难时间
小西子	邹平县临池镇东台村	7	女	1937 年
小转子	邹平县临池镇东台村	4	女	1937 年
木　香	邹平县临池镇东台村	1	女	1937 年
荣　子	邹平县临池镇东台村	7	女	1937 年
李　氏	邹平县临池镇东台村	27	女	1937 年
兰　子	邹平县临池镇东台村	13	女	1937 年
李治齐	邹平县临池镇东台村	57	男	1937 年
李圣昌	邹平县临池镇东台村	59	男	1937 年
芹　子	邹平县临池镇东台村	12	女	1937 年
李盛贤	邹平县临池镇东兑村	—	男	1937 年
王怀龙	邹平县临池镇东兑村	—	男	1937 年
李治经之母	邹平县临池镇东兑村	—	女	1937 年
李广京	邹平县高新办小刘村	23	男	1937 年
李福森	邹平县高新办山旺埠村	23	男	1937 年
李德贞	邹平县高新办山旺埠村	25	男	1937 年
李治宽	邹平县高新办山旺埠村	26	男	1937 年
李振荣	邹平县高新办山旺埠村	28	男	1937 年
刘立义	邹平县高新办山旺埠村	29	男	1937 年
李振福	邹平县高新办山旺埠村	30	男	1937 年
李德伦	邹平县高新办山旺埠村	22	男	1937 年
李丕宽	邹平县高新办山旺埠村	23	男	1937 年
李振祥	邹平县高新办山旺埠村	24	男	1937 年
李德河	邹平县高新办山旺埠村	25	男	1937 年
于兆祥	邹平县高新办山旺埠村	23	男	1937 年
朱洪勇	邹平县高新办山旺埠村	23	男	1937 年
李振兴	邹平县高新办山旺埠村	23	男	1937 年
张学典	邹平县高新办大刘村	24	男	1937 年
鹿学文	邹平县高新办大刘村	24	男	1937 年
张月亮	邹平县高新办大刘村	24	男	1937 年
李式云	邹平县高新办大刘村	24	男	1937 年
张继文	邹平县高新办大刘村	24	男	1937 年
李中山	邹平县高新办大刘村	24	男	1937 年
张振祥	邹平县高新办大刘村	31	男	1937 年
段兆镇	邹平县高新办西神坛村	30	男	1937 年

续表

姓名	籍贯	年龄	性别	死难时间
段兆训	邹平县高新办西神坛村	24	男	1937年
段兆珠	邹平县高新办西神坛村	24	男	1937年
李春田	邹平县高新办西神坛村	25	男	1937年
李卫经	邹平县高新办西神坛村	26	男	1937年
李阳田	邹平县高新办西神坛村	24	男	1937年
于在淳	邹平县高新办西神坛村	26	男	1937年
李式贤之父	邹平县高新办西神坛村	23	男	1937年
吴大洲	邹平县高新办西神坛村	24	男	1937年
张统福	邹平县高新办西神坛村	23	男	1937年
段兆水	邹平县高新办西神坛村	24	男	1937年
高传深	邹平县高新办西神坛村	23	男	1937年
王玉成	邹平县高新办西神坛村	23	男	1937年
张延亮	邹平县高新办西神坛村	23	男	1937年
陆小文	邹平县高新办西神坛村	23	男	1937年
马俊奇	邹平县高新办西神坛村	23	男	1937年
张宗岳	邹平县高新办西神坛村	23	男	1937年
王继斌	邹平县高新办新大村	23	男	1937年
吕复经	邹平县高新办新大村	22	男	1937年
卢高廷	邹平县高新办东吕村	23	男	1937年
卢令管	邹平县高新办东吕村	24	男	1937年
卢则法	邹平县高新办东吕村	24	男	1937年
李立彬	邹平县魏桥镇疯李村	21	男	1937年
李纪芝	邹平县魏桥镇疯李村	21	男	1937年
李汉瑞	邹平县魏桥镇疯李村	21	男	1937年
张陆滨	邹平县魏桥镇印家村	21	男	1937年
张连会	邹平县魏桥镇印家村	21	男	1937年
李登胜	邹平县魏桥镇印家村	21	男	1937年
张汝滨	邹平县魏桥镇辛梁村	29	男	1937年
王继等	邹平县魏桥镇辛梁村	28	男	1937年
郝兆续	邹平县魏桥镇辛梁村	25	男	1937年
李武会	邹平县魏桥镇夏庄村	23	男	1937年
张本业	邹平县黄山办代家村	24	男	1937年
邢广玉	邹平县黄山办代家村	25	男	1937年
孙狗胜	邹平县黄山办代家村	16	男	1937年

续表

姓名	籍贯	年龄	性别	死难时间
张振谦	邹平县黄山办柳泉村	50	男	1937 年
田庆晓	邹平县黄山办碑楼村	30	男	1937 年
杨光吉之妻	邹平县黄山办碑楼村	30	女	1937 年
岳光增	邹平县孙镇岳官村	23	男	1937 年
宗学荣	邹平县孙镇岳官村	23	男	1937 年
张　红	邹平县孙镇张赵村	36	女	1937 年
田梦柱	邹平县台子镇邵家村	—	男	1937 年
田梦之	邹平县台子镇邵家村	—	男	1937 年
田荣和	邹平县台子镇邵家村	—	男	1937 年
王自荣	邹平县台子镇官道村	36	男	1937 年
王和中	邹平县台子镇官道村	41	男	1937 年
王和金	邹平县台子镇官道村	28	男	1937 年
王念渎	邹平县台子镇官道村	52	男	1937 年
王家水	邹平县台子镇官道村	54	男	1937 年
王念黄	邹平县台子镇官道村	46	男	1937 年
王念跃	邹平县台子镇官道村	43	男	1937 年
王和连	邹平县台子镇官道村	38	男	1937 年
王和彬	邹平县台子镇官道村	22	男	1937 年
王家祥	邹平县台子镇官道村	40	男	1937 年
张实禄	邹平县台子镇大张村	—	男	1937 年
李胜甲	邹平县台子镇台西村	—	男	1937 年
寒食子	邹平县台子镇城关村	—	男	1937 年
刘永志	邹平县焦桥镇后三村	33	男	1938 年 1 月
王圣谭	邹平县西董镇下回村	40	男	1938 年 1 月
王士宽	邹平县西董镇下回村	28	男	1938 年 1 月
王桂云	邹平县西董镇下回村	31	女	1938 年 1 月
王大凡之祖父	邹平县西董镇下回村	36	男	1938 年 1 月
王月月	邹平县西董镇下回村	16	女	1938 年 1 月
王士杰之妻	邹平县西董镇下回村	17	女	1938 年 1 月
徐茂常	邹平县西董镇下回村	41	男	1938 年 1 月
娄复友	邹平县西董镇下娄村	24	男	1938 年 1 月
赵德水	邹平县西董镇孙家峪村	40	男	1938 年 1 月
赵德水之妻	邹平县西董镇孙家峪村	38	女	1938 年 1 月
孙如意之母	邹平县西董镇孙家峪村	43	女	1938 年 1 月

续表

姓 名	籍 贯	年 龄	性 别	死难时间
孙名都	邹平县西董镇孙家峪村	33	男	1938 年 1 月
徐茂怀	邹平县黛溪办北范村	38	男	1938 年 1 月
李君雨	邹平县黛溪办北范村	44	男	1938 年 1 月
丁保金之大娘	邹平县黄山办东杨堤村	41	女	1938 年 2 月 3 日
夏尔佩	邹平县黄山办东杨堤村	20	男	1938 年 2 月 13 日
赵云魁	邹平县黄山办东杨堤村	20	男	1938 年 2 月 13 日
高明永	邹平县西董镇下回村	20	男	1938 年 2 月
高克仁之祖父	邹平县西董镇下回村	22	男	1938 年 2 月
徐茂常之三子	邹平县西董镇下回村	21	男	1938 年 2 月
李树德之妻	邹平县西董镇会仙村	35	女	1938 年 2 月
李树德之长子	邹平县西董镇会仙村	—	男	1938 年 2 月
李道元之儿媳	邹平县西董镇会仙村	—	女	1938 年 2 月
李道元之孙	邹平县西董镇会仙村	—	男	1938 年 2 月
李道元之女	邹平县西董镇会仙村	—	女	1938 年 2 月
贾在忠之妻	邹平县西董镇会仙村	32	女	1938 年 2 月
赵宗祥	邹平县西董镇会仙村	40	男	1938 年 2 月
张守俭	邹平县西董镇会仙村	—	男	1938 年 2 月
贾在鹏	邹平县西董镇会仙村	27	男	1938 年 2 月
李庶山	邹平县西董镇会仙村	36	男	1938 年 2 月
李庶山之父	邹平县西董镇会仙村	—	男	1938 年 2 月
李庶山之母	邹平县西董镇会仙村	—	女	1938 年 2 月
李庶水	邹平县西董镇会仙村	42	男	1938 年 2 月
李庶山之妹	邹平县西董镇会仙村	—	女	1938 年 2 月
李庶荣	邹平县西董镇会仙村	39	男	1938 年 2 月
李庶荣之妻	邹平县西董镇会仙村	—	女	1938 年 2 月
李庶荣之弟媳	邹平县西董镇会仙村	—	女	1938 年 2 月
孙德元之子	邹平县西董镇会仙村	—	男	1938 年 2 月
李更元	邹平县西董镇会仙村	—	男	1938 年 2 月
李更元之父	邹平县西董镇会仙村	—	男	1938 年 2 月
赵宗海	邹平县西董镇会仙村	—	男	1938 年 2 月
赵宗海之母	邹平县西董镇会仙村	—	女	1938 年 2 月
赵宗海之父	邹平县西董镇会仙村	—	男	1938 年 2 月
贾在忠	邹平县西董镇会仙村	35	男	1938 年 2 月
贾在忠之女	邹平县西董镇会仙村	16	女	1938 年 2 月

续表

姓名	籍贯	年龄	性别	死难时间
张贾氏	邹平县西董镇会仙村	54	女	1938 年 2 月
张玉恩	邹平县西董镇上娄村	17	男	1938 年 2 月
李宜本	邹平县西董镇杨家峪村	27	男	1938 年 3 月
陈仲良	邹平县临池镇古城村	26	男	1938 年 3 月
高家凤	邹平县黄山办高家村	—	男	1938 年 3 月
李昌武	邹平县黄山办贺家村	18	男	1938 年 3 月
李维范	邹平县黄山办贺家村	17	男	1938 年 3 月
韩兆深	邹平县西董镇冯家村	24	男	1938 年 4 月
胥京山	邹平县临池镇古城村	25	男	1938 年 4 月
李　静	邹平县九户镇布王村	19	女	1938 年 5 月
李宪洪	邹平县西董镇朱家村	—	男	1938 年 6 月
李德平	邹平县西董镇朱家村	—	男	1938 年 6 月
魏佃军	邹平县西董镇朱家村	—	男	1938 年 6 月
纪德水	邹平县西董镇朱家村	—	男	1938 年 6 月
朱洪恩	邹平县西董镇台头村	40	男	1938 年 7 月 5 日
朱玉秀	邹平县西董镇台头村	35	男	1938 年 7 月 5 日
高　三	邹平县西董镇台头村	54	男	1938 年 7 月 5 日
张兆禄	邹平县西董镇台头村	40	男	1938 年 7 月 5 日
朱洪吉	邹平县西董镇台头村	54	男	1938 年 7 月 5 日
张廷俊	邹平县西董镇台头村	48	男	1938 年 7 月 5 日
张兆明	邹平县西董镇台头村	20	男	1938 年 7 月 5 日
张庭吉	邹平县西董镇台头村	30	男	1938 年 7 月 8 日
宋承会	邹平县西董镇段家村	—	男	1938 年 7 月
孙传江	邹平县焦桥镇后三村	—	男	1938 年 7 月
曲百洪	邹平县焦桥镇后三村	24	男	1938 年 7 月
韩指挥	邹平县好生镇苗家村	25	男	1938 年 8 月 20 日
赵发荣	邹平县西董镇中王村	30	男	1938 年 8 月
李木生	邹平县西董镇杨家峪村	24	男	1938 年 8 月
孙姑娘	邹平县西董镇西赵村	16	女	1938 年 9 月
董光录	邹平县西董镇段家村	—	男	1938 年 10 月 7 日
董思温	邹平县西董镇段家村	—	男	1938 年 10 月 7 日
宋承义	邹平县西董镇段家村	—	男	1938 年 10 月 7 日
宋宗良	邹平县西董镇段家村	—	男	1938 年 10 月 7 日
苗百禄	邹平县码头镇苗家村	70	男	1938 年 10 月 20 日

续表

姓名	籍贯	年龄	性别	死难时间
苗际康	邹平县码头镇苗家村	70	男	1938年10月20日
蒋呈珍	邹平县西董镇芽庄村	45	男	1938年11月1日
赵佃忠之妻	邹平县黛溪办南关村	33	女	1938年12月23日
赵佃忠之母	邹平县黛溪办南关村	—	女	1938年12月23日
郭立盛	邹平县好生镇屯里村	23	男	1938年
王同海	邹平县长山镇黄王村	27	男	1938年
王世贤	邹平县长山镇黄王村	24	男	1938年
高闫店	邹平县长山镇黄王村	31	男	1938年
王忠田	邹平县长山镇黄王村	28	男	1938年
马玉坤	邹平县长山镇后麻村	30	男	1938年
耿传福	邹平县长山镇后麻村	20	男	1938年
耿传更	邹平县长山镇后麻村	21	男	1938年
耿式河	邹平县长山镇后麻村	21	男	1938年
庞启横	邹平县长山镇后麻村	21	男	1938年
刘恒仁	邹平县长山镇大巩村	21	男	1938年
刘恒柱	邹平县长山镇大巩村	23	男	1938年
刘玉更	邹平县长山镇大巩村	21	男	1938年
刘淑华	邹平县长山镇大巩村	23	男	1938年
刘恒礼	邹平县长山镇大巩村	21	男	1938年
刘恒享	邹平县长山镇大巩村	24	男	1938年
刘庆昌	邹平县长山镇大巩村	51	男	1938年
王绪义	邹平县长山镇茶棚村	36	男	1938年
杨　双	邹平县长山镇茶棚村	43	男	1938年
周云生之母	邹平县长山镇东街村	70	女	1938年
李光财	邹平县长山镇菜园村	18	男	1938年
李本忠	邹平县长山镇菜园村	—	男	1938年
吴桂成	邹平县长山镇北前村	25	男	1938年
程永富	邹平县长山镇北前村	34	男	1938年
王建友	邹平县长山镇北前村	—	男	1938年
尚金声	邹平县长山镇增盛村	25	男	1944年9月
李式福	邹平县长山镇北中村	—	男	1938年
姚东修	邹平县长山镇尚旺村	—	男	1938年
姚静修	邹平县长山镇尚旺村	—	男	1938年
李式江	邹平县长山镇尚旺村	—	男	1938年

续表

姓 名	籍 贯	年 龄	性 别	死难时间
李原昌	邹平县长山镇尚旺村	—	男	1938 年
刘淑义	邹平县长山镇小巩村	18	男	1938 年
李风武	邹平县长山镇小巩村	38	女	1938 年
周风山	邹平县长山镇小巩村	36	男	1938 年
李向臻	邹平县长山镇小巩村	25	男	1938 年
周金牛	邹平县长山镇小巩村	17	男	1938 年
杨若尧	邹平县长山镇小巩村	17	男	1938 年
张宝珍	邹平县长山镇前王村	30	男	1938 年
王宜兴	邹平县长山镇前王村	—	男	1938 年
张宝灯	邹平县长山镇前王村	31	男	1938 年
郭正贵	邹平县长山镇北夏村	46	男	1938 年
张连顺	邹平县长山镇北夏村	51	男	1938 年
李树平	邹平县长山镇东绳村	40	男	1938 年
李尚俊	邹平县长山镇东绳村	30	男	1938 年
张焕明	邹平县长山镇范公村	30	男	1938 年
朱德胜	邹平县长山镇朱家村	30	男	1938 年
朱洪玉	邹平县长山镇朱家村	31	男	1938 年
朱洪良	邹平县长山镇朱家村	15	男	1938 年
韩万祥	邹平县长山镇西北村	21	男	1938 年
言思恒	邹平县长山镇毛张村	30	男	1938 年
言祥风	邹平县长山镇毛张村	24	男	1938 年
耿亮生	邹平县长山镇仁马村	32	男	1938 年
郭正英	邹平县长山镇仁马村	—	男	1938 年
王业儒	邹平县长山镇仁马村	—	男	1938 年
董教全	邹平县西董镇段家村	—	男	1938 年
董树连	邹平县西董镇段家村	—	男	1938 年
宋之哲	邹平县西董镇段家村	—	男	1938 年
宋希泉	邹平县西董镇韦家村	30	男	1938 年
小增子	邹平县西董镇韦家村	14	男	1938 年
马纯义	邹平县西董镇于张村	25	男	1938 年
杨方友	邹平县西董镇于张村	28	男	1938 年
马瑞芝	邹平县西董镇于张村	23	男	1938 年
吕则义	邹平县西董镇杨李村	29	男	1938 年
李光家	邹平县西董镇杨李村	26	男	1938 年

续表

姓 名	籍 贯	年 龄	性 别	死难时间
李光发	邹平县西董镇杨李村	28	男	1938 年
李志坤	邹平县西董镇八柱台村	57	男	1938 年
李茂臣	邹平县西董镇八柱台村	16	男	1938 年
李志明	邹平县西董镇八柱台村	58	男	1938 年
李孝基	邹平县西董镇八柱台村	47	男	1938 年
马富吉	邹平县西董镇由家河滩村	—	男	1938 年
李恒久	邹平县西董镇齐家村	40	男	1938 年
齐振俭	邹平县西董镇齐家村	25	男	1938 年
王冠平	邹平县西董镇齐家村	50	男	1938 年
毕作记	邹平县西董镇象伏村	25	男	1938 年
贺守文	邹平县西董镇坊子村	26	男	1938 年
孙玉胜	邹平县西董镇孙家峪村	21	男	1938 年
宋明水	邹平县西董镇上娄村	26	男	1938 年
李俊余	邹平县西董镇上娄村	24	男	1938 年
马立俭	邹平县西董镇张洞村	18	男	1938 年
池胜富	邹平县西董镇张洞村	19	男	1938 年
徐德军	邹平县韩店镇苏家村	35	男	1938 年
马　杰	邹平县韩店镇小店村	32	男	1938 年
李寿岭	邹平县韩店镇旧口村	31	男	1938 年
刘玉入	邹平县韩店镇旧口村	29	男	1938 年
刘玉海	邹平县韩店镇旧口村	27	男	1938 年
陈庆岚	邹平县韩店镇旧口村	27	男	1938 年
李德厚	邹平县韩店镇东言礼村	20	男	1938 年
徐少月	邹平县韩店镇苏家村	27	男	1938 年
徐少玉	邹平县韩店镇苏家村	35	男	1938 年
王　平	邹平县韩店镇苏家村	29	男	1938 年
袁恩太	邹平县焦桥镇爱贤村	—	男	1938 年
袁恩增	邹平县焦桥镇爱贤村	—	男	1938 年
袁宝龙	邹平县焦桥镇爱贤村	—	男	1938 年
李衍青	邹平县焦桥镇爱贤村	—	男	1938 年
曲百祥	邹平县焦桥镇西直村	18	男	1938 年
孙英圃	邹平县焦桥镇西直村	18	男	1938 年
孟于英	邹平县焦桥镇西直村	18	男	1938 年
鲍光田	邹平县焦桥镇郭家村	50	男	1938 年

续表

姓 名	籍 贯	年 龄	性 别	死难时间
赵天德	邹平县焦桥镇郭家村	55	男	1938 年
韩同宏	邹平县焦桥镇韩套村	17	男	1938 年
宗玉祥	邹平县好生镇东代村	26	男	1938 年
李树海	邹平县好生镇蒙一村	17	男	1938 年
由伟同	邹平县好生镇蒙一村	17	男	1938 年
二和尚	邹平县好生镇平原村	25	男	1938 年
邓振路	邹平县好生镇河北村	38	男	1938 年
宗锡祯	邹平县好生镇宗家村	25	男	1938 年
潘子玉	邹平县好生镇新华村	27	男	1938 年
尹世勤	邹平县好生镇好生村	22	男	1938 年
赵守深	邹平县好生镇好生村	30	男	1938 年
李宗哲	邹平县码头镇李码村	20	男	1938 年
刘廷仁	邹平县码头镇炭刘村	42	男	1938 年
高永贵	邹平县临池镇北山村	33	男	1938 年
吕淑增	邹平县临池镇北山村	63	男	1938 年
宫方元	邹平县临池镇小黄埠村	—	男	1938 年
李修温	邹平县临池镇西黄村	23	男	1938 年
由　稳	邹平县临池镇东高村	27	男	1938 年
王德修	邹平县临池镇东兑村	—	男	1938 年
李盛春	邹平县临池镇东兑村	—	男	1938 年
刘建豹	邹平县九户镇刘寨村	39	男	1938 年
韩胜勤	邹平县高新办司家村	20	男	1938 年
许百耐	邹平县高新办司家村	23	男	1938 年
朱俊增	邹平县高新办司家村	21	男	1938 年
许龙林	邹平县高新办司家村	19	男	1938 年
许化平	邹平县高新办司家村	20	男	1938 年
许义连	邹平县高新办司家村	21	男	1938 年
许恒修	邹平县高新办司家村	20	男	1938 年
许义千	邹平县高新办司家村	21	男	1938 年
许义河	邹平县高新办司家村	23	男	1938 年
殷记明	邹平县高新办司家村	22	男	1938 年
腾玉凤	邹平县高新办鲍家村	30	男	1938 年
张政西	邹平县高新办鲍家村	23	男	1938 年
王守问	邹平县高新办温孟村	32	男	1938 年

续表

姓名	籍贯	年龄	性别	死难时间
孟继同	邹平县高新办温孟村	37	男	1938 年
温长英	邹平县高新办温孟村	36	男	1938 年
李兆挺	邹平县高新办温孟村	41	男	1938 年
田书龙	邹平县高新办温孟村	31	男	1938 年
郭广明	邹平县魏桥镇来牛村	42	男	1938 年
杨立华	邹平县魏桥镇来牛村	26	男	1938 年
王木子	邹平县魏桥镇来牛村	31	男	1938 年
张玉莹	邹平县魏桥镇来牛村	20	男	1938 年
赵敬成	邹平县魏桥镇来牛村	17	男	1938 年
高升子	邹平县魏桥镇印家村	21	男	1938 年
张迷糊	邹平县魏桥镇印家村	21	男	1938 年
刘冈武	邹平县魏桥镇周家村	40	男	1938 年
吴李氏	邹平县魏桥镇周家村	24	女	1938 年
刘方太	邹平县魏桥镇周家村	50	男	1938 年
朱现华	邹平县魏桥镇周家村	50	男	1938 年
朱庆明	邹平县魏桥镇周家村	40	男	1938 年
田丕芝	邹平县黄山办碑楼村	30	男	1938 年
王传玉	邹平县黄山办碑楼村	51	男	1938 年
钟安福	邹平县孙镇郑家村	18	男	1938 年
李慎和	邹平县孙镇信家村	30	男	1938 年
信连重	邹平县孙镇信家村	31	男	1938 年
李允命	邹平县孙镇信家村	18	男	1938 年
蔡永善	邹平县孙镇孙镇村	32	男	1938 年
冯大举	邹平县孙镇冯家村	21	男	1938 年
范伟福	邹平县孙镇范家村	30	男	1938 年
贾本林	邹平县孙镇曹王村	22	男	1938 年
张召煦	邹平县台子镇型六村	20	男	1938 年
李守迁	邹平县黛溪办成五村	27	男	1938 年
李守勇	邹平县黛溪办成五村	25	男	1938 年
张母子	邹平县黛溪办	—	男	1938 年
由振业	邹平县西董镇由家河滩村	—	男	1939 年 1 月 17 日
由维财之父	邹平县西董镇由家河滩村	—	男	1939 年 1 月 17 日
刘恩成	邹平县西董镇由家河滩村	—	男	1939 年 1 月 17 日
由升田	邹平县西董镇由家河滩村	—	男	1939 年 1 月 17 日

续表

姓 名	籍 贯	年 龄	性 别	死难时间
杨 氏	邹平县西董镇由家河滩村	—	女	1939 年 1 月
陈大爷	邹平县西董镇由家河滩村	—	男	1939 年 1 月
隆经之母	邹平县西董镇由家河滩村	—	女	1939 年 1 月
李志淮	邹平县西董镇由家河滩村	—	男	1939 年 1 月
王泽礼	邹平县西董镇由家河滩村	—	男	1939 年 1 月
孙汝义	邹平县西董镇孙家峪村	22	男	1939 年 1 月
徐志元	邹平县西董镇西赵村	60	男	1939 年 1 月
徐李氏	邹平县西董镇西赵村	58	女	1939 年 1 月
曲本秀	邹平县焦桥镇后三村	28	男	1939 年 1 月
张孔信	邹平县码头镇中站村	23	男	1939 年 1 月
王德经	邹平县西董镇由家河滩村	—	男	1939 年 2 月
由全基	邹平县西董镇由家河滩村	—	男	1939 年 2 月
王云福	邹平县西董镇上娄村	30	男	1939 年 2 月
王和尚	邹平县西董镇上娄村	28	男	1939 年 2 月
赵法让	邹平县西董镇中王村	39	男	1939 年 2 月
解集立	邹平县临池镇古城村	22	男	1939 年 2 月
赵纪礼	邹平县青阳镇西窝陀村	84	男	1939 年 3 月
李国右	邹平县码头镇李坡村	27	男	1939 年 3 月
李宗财	邹平县码头镇李坡村	28	男	1939 年 3 月
陈法典	邹平县码头镇赵家村	24	男	1939 年 3 月
赵伊功	邹平县码头镇赵家村	19	男	1939 年 3 月
赵振兴	邹平县码头镇赵家村	30	男	1939 年 3 月
老憨亡	邹平县青阳镇东窝陀村	—	男	1939 年 4 月 4 日
靖尔恩	邹平县青阳镇青阳村	—	男	1939 年 4 月 5 日
赵思冠之母	邹平县青阳镇东窝陀村	—	女	1939 年 4 月 6 日
赵思呼之妻	邹平县青阳镇东窝陀村	—	女	1939 年 4 月 6 日
董树林之母	邹平县西董镇由家河滩村	—	女	1939 年 4 月 26 日
全业之妻	邹平县西董镇由家河滩村	—	女	1939 年 4 月
维家之叔	邹平县西董镇由家河滩村	—	男	1939 年 4 月
由 能	邹平县西董镇由家河滩村	—	男	1939 年 4 月
马立全	邹平县西董镇由家河滩村	—	男	1939 年 4 月
小伪子	邹平县西董镇由家河滩村	—	男	1939 年 4 月
由 氏	邹平县西董镇由家河滩村	—	女	1939 年 4 月
由广基	邹平县西董镇由家河滩村	—	男	1939 年 4 月

续表

姓名	籍贯	年龄	性别	死难时间
王泽厚	邹平县西董镇韦家坡村	—	男	1939年4月
赵怀江	邹平县青阳镇西窝陀村	—	男	1939年4月
马　兴	邹平县好生镇宗家村	22	男	1939年4月
董振云	邹平县好生镇屯里村	36	男	1939年5月6日
黄孝明	邹平县青阳镇青阳村	—	男	1939年5月12日
董训英	邹平县青阳镇青阳村	—	女	1939年5月12日
赵恒俊	邹平县青阳镇青阳村	—	男	1939年5月12日
刘以成	邹平县青阳镇青阳村	—	男	1939年5月12日
王文明	邹平县青阳镇青阳村	—	男	1939年5月12日
王　氏	邹平县青阳镇青阳村	—	女	1939年5月12日
王　勉	邹平县青阳镇青阳村	—	女	1939年5月12日
董　四	邹平县青阳镇青阳村	—	男	1939年5月12日
宋兴颜	邹平县明集镇南宋村	23	男	1939年5月
孙可吉	邹平县焦桥镇西夏村	18	男	1939年6月
刘书山	邹平县临池镇红庙村	—	男	1939年7月
曲百福	邹平县焦桥镇后三村	22	男	1939年8月
赵福端	邹平县好生镇宗家村	26	男	1939年8月
胡怡懦	邹平县临池镇红庙村	—	男	1939年8月
赵聿新	邹平县好生镇屯里村	25	男	1939年9月9日
吕云忠	邹平县西董镇坊子村	39	男	1939年9月13日
赵尊平	邹平县西董镇中王村	23	男	1939年9月
赵凤树	邹平县西董镇中王村	22	男	1939年9月
赵家财	邹平县西董镇中王村	22	男	1939年9月
高圣吉	邹平县临池镇红庙村	—	男	1939年11月
朱玉增	邹平县长山镇东街村	52	男	1939年
长头子	邹平县长山镇仁马村	22	男	1939年
刘方井	邹平县长山镇陈度村	44	男	1939年
张中树	邹平县长山镇陈度村	25	男	1939年
李汉元	邹平县长山镇陈度村	46	男	1939年
唐俊祥	邹平县长山镇陈度村	51	男	1939年
张云英	邹平县长山镇陈度村	28	男	1939年
李昌德	邹平县长山镇陈度村	31	男	1939年
张　浩	邹平县长山镇积格村	20	男	1939年
张　凯	邹平县长山镇积格村	27	男	1939年

续表

姓 名	籍 贯	年 龄	性 别	死难时间
张居家	邹平县长山镇积格村	29	男	1939 年
格天友	邹平县长山镇积格村	30	男	1939 年
张焕文	邹平县长山镇积格村	25	男	1939 年
康守俭	邹平县长山镇西店村	26	男	1939 年
陈同山	邹平县长山镇西店村	20	男	1939 年
李华吉	邹平县长山镇西店村	24	男	1939 年
高淑林	邹平县长山镇小祁村	27	男	1939 年
张　宝	邹平县长山镇小祁村	60	男	1939 年
袁　柱	邹平县长山镇小祁村	55	男	1939 年
高成让	邹平县长山镇小祁村	56	男	1939 年
尹子华	邹平县长山镇小祁村	50	男	1939 年
孟庆星	邹平县长山镇小位村	45	男	1939 年
耿希友	邹平县长山镇小位村	19	男	1939 年
李功全	邹平县长山镇东店村	40	男	1939 年
李敬杰	邹平县长山镇东店村	43	男	1939 年
宋桑达	邹平县西董镇段家村	—	男	1939 年
宋延瑞	邹平县西董镇段家村	—	男	1939 年
张宗礼	邹平县西董镇杨李村	25	男	1939 年
韩其恭	邹平县西董镇齐家村	30	男	1939 年
崔永江	邹平县西董镇崔营村	21	男	1939 年
刘光辉	邹平县西董镇象伏村	36	男	1939 年
朱玉桂	邹平县西董镇象伏村	25	男	1939 年
贺守华	邹平县西董镇坊子村	24	男	1939 年
韩德荣	邹平县西董镇朱塘村	27	男	1939 年
贾子珍	邹平县西董镇南石村	18	男	1939 年
马守基	邹平县西董镇张洞村	23	男	1939 年
李玉贞	邹平县韩店镇东言礼村	20	女	1939 年
位成业	邹平县韩店镇西韦村	28	男	1939 年
位方义	邹平县韩店镇西韦村	30	男	1939 年
马宜三	邹平县韩店镇东韦村	34	男	1939 年
侯允河	邹平县韩店镇小言村	29	男	1939 年
张念瑞	邹平县韩店镇小言村	35	男	1939 年
张宗端	邹平县韩店镇小言村	34	男	1939 年
刘玉金之母	邹平县青阳镇醴泉村	—	女	1939 年

续表

姓 名	籍 贯	年 龄	性 别	死难时间
邢光胜之兄	邹平县青阳镇醴泉村	—	男	1939 年
赵子富	邹平县青阳镇西窝陀村	—	男	1939 年
赵 氏	邹平县青阳镇西窝陀村	30	女	1939 年
王云端	邹平县青阳镇西窝陀村	—	男	1939 年
王广武之母	邹平县青阳镇西窝陀村	—	女	1939 年
王广武之妹	邹平县青阳镇西窝陀村	—	女	1939 年
袁聿太	邹平县焦桥镇东平村	20	男	1939 年
甘修成	邹平县焦桥镇爱贤村	—	男	1939 年
罗 才	邹平县焦桥镇爱贤村	—	男	1939 年
李本元	邹平县焦桥镇爱贤村	—	男	1939 年
张培坦	邹平县焦桥镇爱贤村	—	男	1939 年
孙学法	邹平县焦桥镇东直村	32	男	1939 年
徐子泉	邹平县焦桥镇刘桥村	28	男	1939 年
孟照德	邹平县焦桥镇刘桥村	18	男	1939 年
杜成甫	邹平县焦桥镇小杜村	26	男	1939 年
董远茂	邹平县焦桥镇小杜村	27	男	1939 年
刘兆礼	邹平县焦桥镇刘道口村	30	男	1939 年
刘守仁	邹平县焦桥镇刘道口村	24	男	1939 年
刘守义	邹平县焦桥镇刘道口村	28	男	1939 年
刘守树	邹平县焦桥镇刘道口村	22	男	1939 年
王守春	邹平县焦桥镇刘道口村	17	男	1939 年
杨方衡	邹平县焦桥镇史辛村	40	男	1939 年
王德永	邹平县焦桥镇韩套村	18	男	1939 年
韩福明	邹平县焦桥镇韩套村	30	男	1939 年
王泽礼	邹平县好生镇苗家村	23	男	1939 年
刘 链	邹平县好生镇苗家村	22	男	1939 年
曲永利	邹平县好生镇苗家村	27	男	1939 年
李瑞军	邹平县好生镇蒙一村	22	男	1939 年
尹世宪	邹平县好生镇蒙一村	19	男	1939 年
许德修	邹平县好生镇河西村	36	男	1939 年
李方经	邹平县好生镇河北村	41	男	1939 年
李志业	邹平县好生镇新华村	41	男	1939 年
李新厚	邹平县好生镇李庄村	25	男	1939 年
徐纪温	邹平县好生镇史营村	25	男	1939 年

续表

姓 名	籍 贯	年 龄	性 别	死难时间
路美华	邹平县码头镇路家村	24	男	1939 年
张炳善	邹平县临池镇北山村	26	男	1939 年
高宝篆	邹平县临池镇北山村	18	男	1939 年
高永俊	邹平县临池镇北山村	20	男	1939 年
徐开汛	邹平县临池镇小黄埠村	—	男	1939 年
刘锡平	邹平县临池镇佛生村	48	男	1939 年
李玉才	邹平县临池镇小洞村	24	男	1939 年
李聿章	邹平县临池镇东黄村	60	男	1939 年
潘师傅	邹平县临池镇古城村	48	男	1939 年
李功彬	邹平县临池镇古城村	16	男	1939 年
房允信	邹平县临池镇小房村	—	男	1939 年
王怀东	邹平县临池镇小房村	—	男	1939 年
李盛杰	邹平县临池镇东兑村	—	男	1939 年
李治成	邹平县临池镇东兑村	—	男	1939 年
李盛发	邹平县临池镇东兑村	—	男	1939 年
李光喜之祖母	邹平县临池镇东兑村	—	女	1939 年
高永清	邹平县临池镇北园村	45	男	1939 年
李玉田之母	邹平县九户镇北李村	60	女	1939 年
刘宗亭	邹平县九户镇刘寨村	45	男	1939 年
赵立子	邹平县九户镇西赵村	30	男	1939 年
木生子	邹平县九户镇西赵村	25	男	1939 年
董王氏	邹平县高新办牛王村	24	女	1939 年
戎廷月	邹平县高新办牛王村	22	男	1939 年
戎光圣	邹平县高新办牛王村	20	男	1939 年
高传宝	邹平县高新办牛王村	21	男	1939 年
荣延武	邹平县高新办牛王村	30	男	1939 年
荣光支	邹平县高新办牛王村	25	男	1939 年
戎振前	邹平县高新办牛王村	27	男	1939 年
高明支	邹平县高新办牛王村	26	男	1939 年
高秀川	邹平县高新办牛王村	25	男	1939 年
王树秀	邹平县高新办牛王村	22	男	1939 年
戒振贵	邹平县高新办牛王村	22	男	1939 年
高秀山	邹平县高新办牛王村	22	男	1939 年
高秀川之妻	邹平县高新办牛王村	20	女	1939 年

续表

姓 名	籍 贯	年 龄	性 别	死难时间
高日武	邹平县高新办牛王村	30	男	1939 年
荣光友	邹平县高新办牛王村	29	男	1939 年
吴炳元	邹平县高新办东范前村	24	男	1939 年
宋元鲲	邹平县魏桥镇宋家村	—	男	1939 年
李文章	邹平县魏桥镇疯李村	23	男	1939 年
李文荣	邹平县魏桥镇疯李村	21	男	1939 年
李焕章	邹平县魏桥镇疯李村	22	男	1939 年
李汉龙	邹平县魏桥镇疯李村	21	男	1939 年
张志勇	邹平县魏桥镇印家村	19	男	1939 年
张传勇	邹平县魏桥镇印家村	20	男	1939 年
张连太	邹平县魏桥镇印家村	20	男	1939 年
王振峰	邹平县魏桥镇丁家村	—	男	1939 年
李京奇	邹平县魏桥镇西左村	32	男	1939 年
李运瑞	邹平县魏桥镇西左村	30	男	1939 年
石 一	邹平县魏桥镇西左村	25	男	1939 年
孙兆彬	邹平县魏桥镇西左村	34	男	1939 年
吴元祥	邹平县魏桥镇西左村	39	男	1939 年
刘程亮	邹平县魏桥镇刘井村	—	男	1939 年
刘淑文	邹平县魏桥镇刘井村	—	男	1939 年
刘振长之外祖母	邹平县魏桥镇刘井村	—	女	1939 年
颜立柱	邹平县魏桥镇刘井村	—	男	1939 年
刘振军之妻	邹平县魏桥镇刘井村	—	女	1939 年
刘振秀之妻	邹平县魏桥镇刘井村	—	女	1939 年
牛方显	邹平县魏桥镇官牛村	30	男	1939 年
牛方石	邹平县魏桥镇官牛村	32	男	1939 年
牛方祥	邹平县魏桥镇官牛村	28	男	1939 年
宋守县	邹平县明集镇王家桥村	42	男	1939 年
刘世贵	邹平县黄山办刘家村	—	男	1939 年
刘守业	邹平县黄山办刘家村	—	男	1939 年
张世路	邹平县黄山办刘家村	—	男	1939 年
刘俊田	邹平县黄山办刘家村	—	男	1939 年
张启友	邹平县黄山办刘家村	—	男	1939 年
高奇合	邹平县孙镇新高村	15	男	1939 年
刘 妮	邹平县孙镇新高村	22	女	1939 年

续表

姓 名	籍 贯	年 龄	性 别	死难时间
石宝林	邹平县孙镇霍坡村	19	男	1939 年
霍书宝	邹平县孙镇霍坡村	28	男	1939 年
李箴云	邹平县孙镇辉里村	19	男	1939 年
李富湖	邹平县孙镇伍户村	40	男	1939 年
李长德	邹平县孙镇党里村	51	男	1939 年
高长兴	邹平县孙镇新高村	18	男	1939 年
高汉子	邹平县孙镇新高村	21	男	1939 年
王锡耀	邹平县孙镇伍户村	58	男	1939 年
时长海	邹平县孙镇时家村	20	男	1939 年
纪宗经	邹平县临池镇古城村	20	男	1940 年 1 月
刘政子	邹平县码头镇西韩村	30	男	1940 年 2 月
马慎刚	邹平县码头镇西韩村	35	男	1940 年 2 月
孟庆和	邹平县好生镇曹家村	84	男	1940 年 3 月
王继德	邹平县焦桥镇张官村	25	男	1940 年 5 月 12 日
汤义贤	邹平县焦桥镇张官村	49	男	1940 年 5 月 12 日
徐方坤	邹平县焦桥镇张官村	40	男	1940 年 5 月 12 日
韩宝山	邹平县焦桥镇张官村	40	男	1940 年 5 月 12 日
韩如祥	邹平县焦桥镇张官村	30	男	1940 年 5 月 12 日
杨贵文	邹平县焦桥镇张官村	23	男	1940 年 5 月 12 日
张风云	邹平县焦桥镇张官村	31	男	1940 年 5 月 12 日
张化芬	邹平县焦桥镇张官村	35	男	1940 年 5 月 12 日
李慎祥	邹平县西董镇杨家峪村	27	男	1940 年 5 月
张玉高	邹平县西董镇西井村	—	男	1940 年 6 月
张嘉钰	邹平县临池镇古城村	24	男	1940 年 11 月
方目章	邹平县临池镇红庙村	—	男	1940 年 11 月
张安财	邹平县明集镇曹家埠村	—	男	1940 年 12 月
李树加	邹平县长山镇北后村	32	男	1940 年
张道伟	邹平县长山镇西北村	20	男	1940 年
王财仁	邹平县长山镇买湖村	28	男	1940 年
董京顺	邹平县长山镇董城村	30	男	1940 年
张统学	邹平县长山镇王世村	20	男	1940 年
张儿祥	邹平县长山镇王世村	40	男	1940 年
李治尧	邹平县长山镇东店村	30	男	1940 年
李治提	邹平县长山镇东店村	27	男	1940 年

续表

姓名	籍贯	年龄	性别	死难时间
李治荣	邹平县长山镇东店村	30	男	1940 年
李式祥	邹平县长山镇东店村	30	男	1940 年
李敬仁	邹平县长山镇东店村	24	男	1940 年
李成吉	邹平县长山镇东店村	—	男	1940 年
董廷荃	邹平县长山镇明礼村	—	男	1940 年
李向河	邹平县长山镇明礼村	27	男	1940 年
徐绍桐	邹平县长山镇前店村	31	男	1940 年
徐绍清	邹平县长山镇前店村	38	男	1940 年
保　友	邹平县长山镇张旺村	27	男	1940 年
王呸海	邹平县长山镇张旺村	26	男	1940 年
韩光成	邹平县长山镇张旺村	31	男	1940 年
周光仁	邹平县长山镇张旺村	32	男	1940 年
张于春	邹平县长山镇大齐村	35	男	1940 年
张唐新	邹平县长山镇大齐村	32	男	1940 年
张唐兰	邹平县长山镇大齐村	33	男	1940 年
张统河	邹平县长山镇大齐村	50	男	1940 年
陈方清	邹平县长山镇大齐村	25	男	1940 年
甘发奎	邹平县长山镇甘后村	84	男	1940 年
张兆俭	邹平县西董镇马庄村	—	男	1940 年
张兆庚	邹平县西董镇马庄村	—	男	1940 年
张玉芝	邹平县西董镇马庄村	—	男	1940 年
张兆芹	邹平县西董镇马庄村	—	男	1940 年
杨济田	邹平县西董镇于张村	44	男	1940 年
于启明	邹平县西董镇于张村	28	男	1940 年
马平之	邹平县西董镇陈家村	44	男	1940 年
王云信	邹平县西董镇上娄村	25	男	1940 年
侯相田	邹平县西董镇齐家村	45	男	1940 年
张念伦	邹平县西董镇东禾村	24	男	1940 年
凡茂堂	邹平县西董镇北禾村	—	男	1940 年
王承河	邹平县西董镇大杨庄	16	男	1940 年
崔云江	邹平县西董镇崔营村	21	男	1940 年
孟庆金	邹平县西董镇朱塘村	25	男	1940 年
孟凡华	邹平县西董镇朱塘村	26	男	1940 年
韩士正	邹平县西董镇朱塘村	23	男	1940 年

续表

姓名	籍贯	年龄	性别	死难时间
韩德昌	邹平县西董镇朱塘村	26	男	1940年
张传茂	邹平县西董镇任峪村	49	男	1940年
李执奎	邹平县西董镇大杨庄	20	男	1940年
李执财	邹平县西董镇大杨庄	23	男	1940年
王承玉	邹平县西董镇大杨庄	22	男	1940年
王贯三	邹平县西董镇大杨庄	21	男	1940年
高志孝	邹平县西董镇杏林村	22	男	1940年
马方宝	邹平县西董镇上娄村	30	男	1940年
李慎居	邹平县韩店镇东言礼村	21	男	1940年
李慎义	邹平县韩店镇东言礼村	20	男	1940年
张思远	邹平县韩店镇小宋村	31	男	1940年
宋文发	邹平县韩店镇小宋村	30	男	1940年
韩凤林	邹平县韩店镇刘楷村	30	男	1940年
贾孝基	邹平县韩店镇东王村	35	男	1940年
赵绍玖	邹平县青阳镇东窝陀村	43	男	1940年
赵怀园	邹平县青阳镇西窝陀村	—	男	1940年
赵书园	邹平县青阳镇西窝陀村	—	男	1940年
赵子丰	邹平县青阳镇西窝陀村	—	男	1940年
王云珠	邹平县青阳镇西窝陀村	—	男	1940年
王云和	邹平县青阳镇西窝陀村	—	男	1940年
段维宝	邹平县焦桥镇东直村	20	男	1940年
郝庆之	邹平县焦桥镇东直村	28	男	1940年
孟庆德	邹平县焦桥镇刘桥村	26	男	1940年
郭良英	邹平县焦桥镇刘桥村	26	男	1940年
安泰昌	邹平县焦桥镇刘桥村	25	男	1940年
韩万长	邹平县焦桥镇韩套村	23	男	1940年
赵元亮	邹平县焦桥镇韩套村	50	男	1940年
李井龙	邹平县焦桥镇李套村	32	男	1940年
梁思芹	邹平县焦桥镇史辛村	30	男	1940年
孟现启	邹平县焦桥镇史辛村	30	男	1940年
高书羊	邹平县焦桥镇史辛村	16	男	1940年
王二子	邹平县焦桥镇韩套村	18	男	1940年
尹寿亭	邹平县焦桥镇韩套村	21	男	1940年
韩祖云	邹平县焦桥镇韩套村	18	男	1940年

续表

姓名	籍贯	年龄	性别	死难时间
李瑞臣	邹平县好生镇蒙一村	21	男	1940 年
尹红信	邹平县好生镇蒙一村	22	男	1940 年
吕启成	邹平县好生镇河西村	38	男	1940 年
尹永康	邹平县好生镇蒙二村	84	男	1940 年
鹿子明	邹平县好生镇鹿家村	34	男	1940 年
张之珍	邹平县好生镇院上村	23	男	1940 年
王宗学	邹平县好生镇院上村	40	男	1940 年
宗三爷	邹平县好生镇新华村	39	男	1940 年
吕洋增	邹平县好生镇蓦涧村	22	男	1940 年
王贯三	邹平县好生镇蓦涧村	22	男	1940 年
王家明	邹平县好生镇蓦涧村	23	男	1940 年
赵聿禄	邹平县好生镇蓦涧村	19	男	1940 年
赵法兰	邹平县好生镇蓦涧村	21	男	1940 年
王子玉	邹平县好生镇蓦涧村	20	男	1940 年
李和贵	邹平县好生镇李家村	30	男	1940 年
苗衍斌	邹平县好生镇蓦涧村	23	男	1940 年
苗衍庆	邹平县好生镇蓦涧村	22	男	1940 年
卢光新	邹平县好生镇蓦涧村	22	男	1940 年
尹继兰	邹平县好生镇好生村	20	男	1940 年
尹永见	邹平县好生镇好生村	20	男	1940 年
尹永坤	邹平县好生镇好生村	30	男	1940 年
崔守同	邹平县好生镇好生村	18	男	1940 年
成茂杰	邹平县码头镇归苏村	54	男	1940 年
孟豹子	邹平县码头镇归苏村	54	男	1940 年
冯加岭	邹平县临池镇北山村	19	男	1940 年
逞长安	邹平县临池镇双青村	40	男	1940 年
李修汉	邹平县临池镇东黄村	40	男	1940 年
李修卓	邹平县临池镇东黄村	16	男	1940 年
李修然	邹平县临池镇东黄村	—	男	1940 年
陈仁村	邹平县临池镇古城村	50	男	1940 年
张光文	邹平县临池镇古城村	30	男	1940 年
张树营	邹平县临池镇古城村	25	男	1940 年
张可成	邹平县临池镇良家村	—	男	1940 年
李守让	邹平县临池镇良家村	—	男	1940 年

续表

姓 名	籍 贯	年 龄	性 别	死难时间
张可志	邹平县临池镇良家村	—	男	1940 年
张开太	邹平县临池镇兴安村	—	男	1940 年
高晋峦	邹平县临池镇高旺村	—	男	1940 年
房同兴	邹平县临池镇大房村	24	男	1940 年
张乐文之母	邹平县临池镇西兑村	30	女	1940 年
刘廷茂	邹平县九户镇利民村	42	男	1940 年
宋焕章	邹平县九户镇闫家村	21	男	1940 年
余万庭	邹平县高新办莲花池村	23	男	1940 年
徐绍仲	邹平县高新办礼参村	24	男	1940 年
夏树伍	邹平县高新办礼参村	24	男	1940 年
许民修	邹平县高新办礼参村	24	男	1940 年
段兆训	邹平县高新办礼参村	24	男	1940 年
李德元	邹平县高新办大果园村	—	男	1940 年
巩家让	邹平县高新办大果园村	—	男	1940 年
梁永奎	邹平县高新办大果园村	—	男	1940 年
张福龙	邹平县高新办大果园村	—	男	1940 年
李德奎	邹平县高新办大果园村	—	男	1940 年
张树茂	邹平县高新办五里堆村	—	男	1940 年
宋往山	邹平县魏桥镇宋家村	28	男	1940 年
宋元林	邹平县魏桥镇宋家村	—	男	1940 年
宋传友	邹平县魏桥镇宋家村	—	男	1940 年
李振风	邹平县魏桥镇疯李村	30	男	1940 年
李祖新	邹平县魏桥镇夏庄村	48	男	1940 年
李武汉	邹平县魏桥镇夏庄村	45	男	1940 年
孔繁旺	邹平县魏桥镇孔家村	17	男	1940 年
李庆占	邹平县黄山办中杨堤村	61	男	1940 年
李庆龙	邹平县黄山办中杨堤村	62	男	1940 年
韩光吉	邹平县黄山办碑楼村	40	男	1940 年
高启文	邹平县孙镇新高村	35	男	1940 年
韩世仁	邹平县孙镇郑家村	22	男	1940 年
王克昌	邹平县孙镇伍户村	45	男	1940 年
李修侮	邹平县孙镇党里村	50	男	1940 年
魏光海	邹平县孙镇王伍西村	76	男	1940 年
孙登鹏	邹平县孙镇王伍西村	57	男	1940 年

续表

姓 名	籍 贯	年 龄	性 别	死难时间
孙伍凡	邹平县孙镇大里村	30	男	1940 年
胡治子	邹平县孙镇孙镇村	31	男	1940 年
范伟美	邹平县孙镇范家村	32	男	1940 年
张实潭	邹平县台子镇张石辛村	26	男	1940 年
张务水	邹平县台子镇张石辛村	20	男	1940 年
张行才	邹平县台子镇张石辛村	18	男	1940 年
刘崇恩	邹平县黛溪办南关村	—	男	1940 年
刘怀泽	邹平县黛溪办南关村	—	男	1940 年
马立亨	邹平县西董镇由家河滩村	33	男	1941 年 1 月
韦尔杰	邹平县西董镇韦家坡村	—	男	1941 年 1 月
孟 兆	邹平县九户镇爰西村	39	男	1941 年 1 月
孟兆之长女	邹平县九户镇爰西村	20	女	1941 年 1 月
孟兆之次女	邹平县九户镇爰西村	18	女	1941 年 1 月
孟光才	邹平县九户镇爰西村	51	男	1941 年 1 月
孟光才之女	邹平县九户镇爰西村	22	女	1941 年 1 月
王中立	邹平县西董镇丁家村	18	男	1941 年 2 月
牛承云	邹平县西董镇韦家坡村	—	男	1941 年 3 月
卢保礼	邹平县码头镇孙家村	40	男	1941 年 3 月
卢秀南	邹平县码头镇孙家村	23	男	1941 年 3 月
任允佩之母	邹平县西董镇任峪村	30	女	1941 年 5 月
张念厚	邹平县西董镇西赵村	27	男	1941 年 5 月
李杜生	邹平县焦桥镇李套村	30	男	1941 年 6 月 5 日
贾善庆	邹平县西董镇丁家村	20	男	1941 年 6 月
王玉宅	邹平县码头镇田拐村	42	男	1941 年 6 月
王芹习	邹平县明集镇许道口村	—	男	1941 年 6 月
梁慎成	邹平县西董镇吉祥村	23	男	1941 年 7 月
李凤平	邹平县焦桥镇李套村	27	男	1941 年 7 月
王玉山	邹平县好生镇张家村	—	男	1941 年 7 月
李星文	邹平县好生镇宗家村	31	男	1941 年 7 月
韦业青	邹平县西董镇韦家坡村	—	男	1941 年 8 月
马成龙	邹平县西董镇杏林村	26	男	1941 年 9 月 13 日
张 清	邹平县西董镇杏林村	20	男	1941 年 9 月 13 日
左光武	邹平县西董镇杏林村	18	男	1941 年 9 月 13 日
刘思胜	邹平县西董镇杏林村	20	男	1941 年 9 月 13 日

续表

姓 名	籍 贯	年 龄	性 别	死难时间
王玉秀	邹平县西董镇刘家窝	—	男	1941 年 9 月
左光贞	邹平县西董镇杏林村	21	男	1941 年 9 月
吕方周	邹平县码头镇王庄村	28	男	1941 年 12 月 28 日
吕敦义	邹平县码头镇王庄村	30	男	1941 年 12 月 28 日
张金秀	邹平县码头镇孙家村	20	男	1941 年 12 月
宋传发	邹平县长山镇西北村	35	男	1941 年
张于心	邹平县长山镇大齐村	34	男	1941 年
王慎清	邹平县长山镇焦家村	26	男	1941 年
王本源	邹平县长山镇焦家村	27	男	1941 年
王晨平	邹平县长山镇焦家村	21	男	1941 年
张玉浦	邹平县长山镇甘中村	40	男	1941 年
甘继武	邹平县长山镇甘前村	41	男	1941 年
张一水	邹平县长山镇甘前村	32	男	1941 年
范永和	邹平县长山镇柳寺村	32	男	1941 年
王子武	邹平县长山镇东尉村	68	男	1941 年
王长圣	邹平县长山镇东尉村	70	男	1941 年
王长丰	邹平县长山镇东尉村	29	男	1941 年
于孔喜	邹平县长山镇东尉村	52	男	1941 年
保　友	邹平县长山镇大尹家村	35	男	1941 年
韩光成	邹平县长山镇大尹家村	24	男	1941 年
马世明	邹平县西董镇于张村	31	男	1941 年
娄复钱	邹平县西董镇上娄村	25	男	1941 年
王云庆	邹平县西董镇上娄村	30	男	1941 年
李德田	邹平县西董镇齐家村	40	男	1941 年
侯长青	邹平县西董镇齐家村	42	男	1941 年
马明芝	邹平县西董镇齐家村	26	男	1941 年
李德友	邹平县西董镇齐家村	45	男	1941 年
王德明	邹平县西董镇大杨庄	22	男	1941 年
王德水	邹平县西董镇大杨庄	23	男	1941 年
王德兰	邹平县西董镇大杨庄	23	男	1941 年
王以宾	邹平县西董镇大杨庄	20	男	1941 年
娄本深	邹平县西董镇丁家村	22	男	1941 年
孟凡正	邹平县西董镇朱塘村	22	男	1941 年
崔永兴	邹平县西董镇崔营村	23	男	1941 年

续表

姓名	籍贯	年龄	性别	死难时间
刘通廷	邹平县西董镇朱塘村	22	男	1941 年
朱洪吉	邹平县西董镇东峪村	27	男	1941 年
尹永福	邹平县西董镇东峪村	20	男	1941 年
尹永志	邹平县西董镇东峪村	23	男	1941 年
左行祥	邹平县西董镇杏林村	17	男	1941 年
马希良	邹平县西董镇杏林村	21	男	1941 年
刘传山	邹平县西董镇杏林村	24	男	1941 年
柳　安	邹平县西董镇杏林村	22	男	1941 年
娄法元	邹平县西董镇上娄村	23	男	1941 年
娄奎元	邹平县西董镇上娄村	—	男	1941 年
李业德	邹平县韩店镇耿家村	20	男	1941 年
史振声	邹平县韩店镇姚家村	30	男	1941 年
张念臣	邹平县青阳镇醴泉村	38	男	1941 年
刘庆明	邹平县青阳镇醴泉村	37	男	1941 年
刘宝子	邹平县青阳镇醴泉村	32	男	1941 年
邢楼子	邹平县青阳镇醴泉村	36	男	1941 年
刘光海	邹平县青阳镇青阳村	23	男	1941 年
赵以美	邹平县青阳镇东窝陀村	32	男	1941 年
赵学温	邹平县青阳镇东窝陀村	27	男	1941 年
赵守仁	邹平县青阳镇东窝陀村	—	男	1941 年
赵思先	邹平县青阳镇东窝陀村	—	男	1941 年
赵怀义	邹平县青阳镇西窝陀村	—	男	1941 年
刘长祯	邹平县青阳镇代庄村	—	男	1941 年
孙冈广	邹平县焦桥镇东平村	22	男	1941 年
刘遵德	邹平县焦桥镇东直村	21	男	1941 年
郝寿之	邹平县焦桥镇东直村	28	男	1941 年
周克仁	邹平县焦桥镇东直村	23	男	1941 年
韩光龙	邹平县焦桥镇刘桥村	26	男	1941 年
孟现恩	邹平县焦桥镇刘桥村	26	男	1941 年
张　氏	邹平县焦桥镇小杜村	42	女	1941 年
张遵尚	邹平县焦桥镇张套村	—	男	1941 年
张祖乾	邹平县焦桥镇张套村	—	男	1941 年
张教武	邹平县焦桥镇张套村	83	男	1941 年
王希善	邹平县焦桥镇张套村	—	男	1941 年

续表

姓 名	籍 贯	年 龄	性 别	死难时间
张淑亭	邹平县焦桥镇张套村	—	男	1941 年
邱向新	邹平县焦桥镇张套村	—	男	1941 年
李汝龙	邹平县焦桥镇李套村	26	男	1941 年
李其吕	邹平县焦桥镇李套村	25	男	1941 年
孙学勤	邹平县焦桥镇前三村	21	男	1941 年
张继占	邹平县焦桥镇西杜村	20	男	1941 年
张述俊	邹平县焦桥镇西杜村	29	男	1941 年
张继实	邹平县焦桥镇西杜村	30	男	1941 年
张维庆	邹平县焦桥镇西杜村	27	男	1941 年
董恒仁	邹平县焦桥镇董家村	26	男	1941 年
韩同太	邹平县焦桥镇韩套村	31	男	1941 年
尹世配	邹平县好生镇蒙一村	20	男	1941 年
尹安鹏	邹平县好生镇蒙二村	89	男	1941 年
刘缮修	邹平县好生镇东董村	22	男	1941 年
李长发	邹平县好生镇东董村	23	男	1941 年
卢奉武	邹平县好生镇东董村	24	男	1941 年
刘兆树	邹平县好生镇东董村	21	男	1941 年
刘敬训	邹平县好生镇东董村	20	男	1941 年
刘敬远	邹平县好生镇东董村	22	男	1941 年
刘敬武	邹平县好生镇东董村	22	男	1941 年
孙法海	邹平县好生镇小马村	—	男	1941 年
刘咬子	邹平县好生镇小马村	—	男	1941 年
张元福	邹平县好生镇小马村	—	男	1941 年
张元贞	邹平县好生镇小马村	—	男	1941 年
孙吉文	邹平县好生镇河阳村	23	男	1941 年
孙兆春	邹平县好生镇河阳村	24	男	1941 年
范聿常	邹平县好生镇新华村	35	男	1941 年
景玉濮	邹平县好生镇新华村	36	男	1941 年
曾　武	邹平县好生镇尹桥村	31	男	1941 年
陈生伟	邹平县好生镇平原村	45	男	1941 年
吕洋元	邹平县好生镇蓦涧村	23	男	1941 年
唐成美	邹平县好生镇蓦涧村	20	男	1941 年
李世昌	邹平县好生镇蓦涧村	22	男	1941 年
孙维新	邹平县好生镇蓦涧村	24	男	1941 年

续表

姓名	籍贯	年龄	性别	死难时间
孙谭福	邹平县好生镇李庄村	40	男	1941年
胡立亨	邹平县好生镇黑土村	—	男	1941年
胡立业	邹平县好生镇黑土村	—	男	1941年
尹世宗	邹平县好生镇姜家村	42	男	1941年
由式基	邹平县好生镇姜家村	43	男	1941年
尹兆基	邹平县好生镇姜家村	41	男	1941年
尹永贵	邹平县好生镇姜家村	23	男	1941年
尹洪福	邹平县好生镇姜家村	43	男	1941年
尹兆文	邹平县好生镇姜家村	40	男	1941年
姜玉实	邹平县好生镇姜家村	27	男	1941年
尹永孝	邹平县好生镇姜家村	37	男	1941年
姜玉宽	邹平县好生镇姜家村	23	男	1941年
时六子	邹平县好生镇姜家村	27	男	1941年
刘殆福	邹平县好生镇史营村	25	男	1941年
高永佩	邹平县码头镇高家村	15	男	1941年
高学芹	邹平县码头镇高家村	13	男	1941年
赵汝俊	邹平县码头镇归苏村	37	男	1941年
苗仁百	邹平县临池镇北山村	28	男	1941年
李斗子	邹平县临池镇东台村	27	男	1941年
李治随	邹平县临池镇东台村	38	男	1941年
李世墩	邹平县临池镇西台村	20	男	1941年
李万丰	邹平县临池镇西台村	60	男	1941年
张立德	邹平县临池镇兴安村	—	男	1941年
李光发	邹平县临池镇东兑村	—	男	1941年
李光明	邹平县临池镇东兑村	—	男	1941年
冯干臣	邹平县临池镇大房村	27	男	1941年
李治义	邹平县临池镇大房村	22	男	1941年
靳永空	邹平县临池镇大房村	23	男	1941年
张　米	邹平县临池镇北园村	21	男	1941年
张为水	邹平县临池镇西兑村	40	男	1941年
张之正之子	邹平县临池镇西兑村	3	男	1941年
房崇贵	邹平县高新办房家桥村	30	男	1941年
卢文云	邹平县高新办房家桥村	31	男	1941年
李沾祥	邹平县高新办房家桥村	32	男	1941年

续表

姓 名	籍 贯	年 龄	性 别	死难时间
房允浩	邹平县高新办房家桥村	30	男	1941 年
郗志贤	邹平县魏桥镇五龙堂村	30	男	1941 年
王伍义	邹平县魏桥镇五龙堂村	32	男	1941 年
郗元岭	邹平县魏桥镇五龙堂村	40	男	1941 年
郗志味	邹平县魏桥镇五龙堂村	16	女	1941 年
郗志昆	邹平县魏桥镇五龙堂村	25	男	1941 年
郗元刚	邹平县魏桥镇五龙堂村	18	男	1941 年
王李贤之母	邹平县魏桥镇五龙堂村	30	女	1941 年
郗长点	邹平县魏桥镇五龙堂村	20	男	1941 年
牛纪昌	邹平县魏桥镇官牛村	26	男	1941 年
牛方成	邹平县魏桥镇官牛村	24	男	1941 年
赵 芳	邹平县明集镇兰芝里村	—	男	1941 年
宋传勤	邹平县明集镇西宋村	—	男	1941 年
吕宗邹	邹平县黄山办中杨堤村	22	男	1941 年
高守郗	邹平县孙镇小三村	—	男	1941 年
李 民	邹平县孙镇东安村	27	女	1941 年
高 搓	邹平县孙镇东安村	31	男	1941 年
张大准	邹平县孙镇大三村	31	男	1941 年
老 强	邹平县孙镇大三村	37	男	1941 年
宋方知	邹平县台子镇曹务村	—	男	1941 年
刘士海	邹平县台子镇曹务村	—	男	1941 年
王住贤	邹平县台子镇曹务村	—	男	1941 年
马火子	邹平县台子镇曹务村	—	男	1941 年
张同顺	邹平县西董镇由家河滩村	25	男	1942 年 1 月
谷顺川	邹平县码头镇谷家村	23	男	1942 年 1 月
孟任氏	邹平县码头镇孟家桥村	25	女	1942 年 2 月 27 日
肖树深	邹平县码头镇肖家村	55	男	1942 年 2 月
许继春	邹平县临池镇古城村	18	男	1942 年 2 月
李学升	邹平县西董镇杨家峪村	25	男	1942 年 3 月
李宜水	邹平县西董镇杨家峪村	34	男	1942 年 3 月
李勤业	邹平县西董镇杨家峪村	31	男	1942 年 3 月
李勤俭	邹平县西董镇杨家峪村	34	男	1942 年 3 月
李慎忠	邹平县西董镇杨家峪村	54	男	1942 年 3 月
徐叶汝	邹平县西董镇杨家峪村	37	男	1942 年 3 月

续表

姓 名	籍 贯	年 龄	性 别	死难时间
李学成	邹平县西董镇杨家峪村	62	男	1942 年 3 月
李万财	邹平县临池镇北台村	—	男	1942 年 3 月
姜张氏	邹平县黄山办姜洞村	91	女	1942 年春
邢之实	邹平县青阳镇青阳村	—	男	1942 年 4 月 7 日
黄士荣	邹平县西董镇黄家河滩村	—	男	1942 年 4 月 26 日
王志超	邹平县西董镇黄家河滩村	—	男	1942 年 4 月 26 日
李式钦	邹平县西董镇由家河滩村	17	男	1942 年 4 月
张安才	邹平县好生镇刘桥村	40	男	1942 年 4 月
王德才	邹平县码头镇大王村	45	男	1942 年 4 月
王登育	邹平县码头镇大王村	30	男	1942 年 4 月
罗扣子	邹平县码头镇大王村	30	男	1942 年 4 月
张立业	邹平县焦桥镇西夏村	25	男	1942 年 5 月
李 芳	邹平县临池镇北台村	—	男	1942 年 5 月
惠以刚	邹平县明集镇惠辛村	34	男	1942 年 5 月
曹为军	邹平县码头镇码一村	47	男	1942 年 6 月 4 日
曹为聪	邹平县码头镇码一村	43	男	1942 年 6 月 4 日
曹曰达	邹平县码头镇码一村	41	男	1942 年 6 月 4 日
曹曰钦	邹平县码头镇码一村	34	男	1942 年 6 月 4 日
曹树砚	邹平县码头镇码一村	48	男	1942 年 6 月 4 日
乔维堂	邹平县码头镇码一村	45	男	1942 年 6 月 4 日
胡秀起	邹平县码头镇码二村	50	男	1942 年 6 月 4 日
曹伯功	邹平县码头镇码二村	51	男	1942 年 6 月 11 日
曹曰思	邹平县码头镇码二村	39	男	1942 年 6 月 15 日
琴 子	邹平县码头镇码二村	21	女	1942 年 6 月 15 日
王传福	邹平县西董镇韦家坡村	—	男	1942 年 6 月
杨济州	邹平县西董镇小杨庄	—	男	1942 年 6 月
邱长福	邹平县焦桥镇西夏村	19	男	1942 年 6 月
张开明	邹平县焦桥镇西夏村	43	男	1942 年 6 月
李传喜	邹平县临池镇古城村	12	男	1942 年 6 月
李龙芬	邹平县临池镇北台村	—	男	1942 年 6 月
周敦义	邹平县码头镇乔家村	28	男	1942 年夏
杨德星	邹平县西董镇小杨庄	—	男	1942 年 7 月
杨德恒	邹平县西董镇小杨庄	—	男	1942 年 7 月
娄本信	邹平县西董镇下娄村	49	男	1942 年 7 月

续表

姓 名	籍 贯	年 龄	性 别	死难时间
孙兆亨	邹平县焦桥镇西夏村	27	男	1942 年 7 月
李慎厚	邹平县西董镇杨家峪村	21	男	1942 年 8 月
路宝平	邹平县码头镇路家村	31	男	1942 年 8 月
陈冠军	邹平县临池镇古城村	32	男	1942 年 8 月
任传英	邹平县西董镇韦家坡村	—	男	1942 年 9 月
李生芳	邹平县西董镇小西河村	45	男	1942 秋
马立元	邹平县西董镇西峪村	—	男	1942 年 12 月
马立才	邹平县西董镇西峪村	—	男	1942 年 12 月
孙大武	邹平县西董镇西峪村	—	男	1942 年 12 月
马满基	邹平县西董镇西峪村	—	男	1942 年 12 月
刘云海	邹平县西董镇西峪村	—	男	1942 年 12 月
贺兴东	邹平县西董镇西峪村	—	男	1942 年 12 月
池凤梅	邹平县西董镇西峪村	—	女	1942 年 12 月
池荣之	邹平县西董镇西峪村	—	男	1942 年 12 月
刘 峰	邹平县西董镇西峪村	—	男	1942 年 12 月
董 氏	邹平县西董镇西峪村	—	女	1942 年 12 月
刘胜德	邹平县西董镇西峪村	—	男	1942 年 12 月
池 氏	邹平县西董镇西峪村	—	女	1942 年 12 月
田爱美	邹平县西董镇西峪村	—	女	1942 年 12 月
马方胜	邹平县西董镇西峪村	—	男	1942 年 12 月
马 氏	邹平县西董镇西峪村	—	女	1942 年 12 月
池胜金	邹平县西董镇西峪村	—	男	1942 年 12 月
孙妮子	邹平县西董镇西峪村	—	女	1942 年 12 月
田花子	邹平县西董镇西峪村	—	女	1942 年 12 月
孙菊子	邹平县西董镇西峪村	—	女	1942 年 12 月
池保连	邹平县西董镇西峪村	—	男	1942 年 12 月
马立信	邹平县西董镇西峪村	—	男	1942 年 12 月
田 南	邹平县西董镇西峪村	—	男	1942 年 12 月
田 东	邹平县西董镇西峪村	—	男	1942 年 12 月
郑 氏	邹平县西董镇西峪村	—	女	1942 年 12 月
孙开会	邹平县西董镇西峪村	—	男	1942 年 12 月
马 氏	邹平县西董镇西峪村	—	女	1942 年 12 月
池清连	邹平县西董镇西峪村	—	男	1942 年 12 月
郑长秀	邹平县西董镇西峪村	—	男	1942 年 12 月

续表

姓名	籍贯	年龄	性别	死难时间
孙大成	邹平县西董镇西峪村	—	男	1942 年 12 月
于考纯	邹平县长山镇东尉村	56	男	1942 年
马云俊	邹平县长山镇小马村	82	男	1942 年
邓洪鲁	邹平县长山镇大由村	20	男	1942 年
李邵光	邹平县长山镇大由村	32	男	1942 年
马训原	邹平县长山镇大由村	28	男	1942 年
李治堂	邹平县长山镇大由村	30	男	1942 年
王玉明	邹平县长山镇大由村	32	男	1942 年
王本起	邹平县长山镇大由村	46	男	1942 年
石成作	邹平县长山镇田家村	22	男	1942 年
王本胜	邹平县长山镇田家村	25	男	1942 年
李孔秀	邹平县长山镇田家村	26	男	1942 年
李述清	邹平县长山镇田家村	27	男	1942 年
陈云池	邹平县长山镇田家村	23	男	1942 年
张电灯	邹平县长山镇田家村	28	男	1942 年
曲福义	邹平县长山镇田家村	24	男	1942 年
尹茂福	邹平县长山镇田家村	26	男	1942 年
张尔俊	邹平县长山镇良郭村	—	男	1942 年
刘兴俊	邹平县长山镇良郭村	—	男	1942 年
崔明深	邹平县长山镇良郭村	—	男	1942 年
张尔朱	邹平县长山镇良郭村	—	男	1942 年
韩守文	邹平县长山镇马家洼村	—	男	1942 年
孙希敬	邹平县长山镇马家洼村	—	男	1942 年
孙永福	邹平县长山镇马家洼村	—	男	1942 年
张兆发	邹平县西董镇马庄村	—	男	1942 年
张兆银	邹平县西董镇马庄村	—	男	1942 年
张庆子	邹平县西董镇马庄村	—	男	1942 年
于加柱	邹平县西董镇于张村	26	男	1942 年
凡秀峰	邹平县西董镇于张村	28	男	1942 年
樊兆兴	邹平县西董镇于张村	28	男	1942 年
马振廷	邹平县西董镇于张村	32	男	1942 年
李纪才	邹平县西董镇郭家峪村	21	男	1942 年
刘福林	邹平县西董镇东禾村	25	男	1942 年
张宗唐	邹平县西董镇东禾村	24	男	1942 年

续表

姓名	籍贯	年龄	性别	死难时间
石玉堂	邹平县西董镇朱塘村	25	男	1942年
李贤武	邹平县西董镇象伏村	27	男	1942年
李昌经	邹平县西董镇东峪村	29	男	1942年
尹永亭	邹平县西董镇东峪村	26	男	1942年
马宽芝	邹平县西董镇东峪村	20	男	1942年
李式金	邹平县西董镇东峪村	23	男	1942年
李光发	邹平县西董镇任峪村	23	男	1942年
刘恒生	邹平县西董镇杏林村	19	男	1942年
刘孝章	邹平县西董镇杏林村	19	男	1942年
梁慎言	邹平县西董镇吉祥村	30	男	1942年
蒋承树	邹平县西董镇芽庄村	20	男	1942年
李张氏	邹平县韩店镇东言礼村	21	女	1942年
李道明	邹平县韩店镇东言礼村	22	男	1942年
梁永固	邹平县韩店镇邱家村	45	男	1942年
王　凯	邹平县韩店镇东王村	38	男	1942年
张德业	邹平县韩店镇小言村	31	男	1942年
王公堂	邹平县青阳镇青阳村	—	男	1942年
高留子	邹平县青阳镇耿家村	30	男	1942年
赵怀善	邹平县青阳镇东窝陀村	32	男	1942年
赵怀宣	邹平县青阳镇东窝陀村	29	男	1942年
范成善	邹平县青阳镇东窝陀村	55	男	1942年
赵兴玉	邹平县青阳镇东窝陀村	55	男	1942年
土火子	邹平县青阳镇东窝陀村	32	男	1942年
棍　子	邹平县青阳镇东窝陀村	42	男	1942年
赵怀菊	邹平县青阳镇东窝陀村	34	男	1942年
赵学念	邹平县青阳镇东窝陀村	32	男	1942年
赵怀书	邹平县青阳镇东窝陀村	35	男	1942年
赵承家	邹平县青阳镇东窝陀村	—	男	1942年
张官魁	邹平县焦桥镇东平村	28	男	1942年
曲宜珍	邹平县焦桥镇东平村	26	男	1942年
逯明滨	邹平县焦桥镇东平村	22	男	1942年
孙玉亭	邹平县焦桥镇东平村	28	男	1942年
张宁弟	邹平县焦桥镇东平村	26	男	1942年
袁保提	邹平县焦桥镇东直村	26	男	1942年

续表

姓名	籍贯	年龄	性别	死难时间
郝富之	邹平县焦桥镇东直村	25	男	1942年
孟庆珍	邹平县焦桥镇刘桥村	27	男	1942年
韩福荫	邹平县焦桥镇韩套村	23	男	1942年
王新德	邹平县焦桥镇韩套村	25	男	1942年
牛廷富	邹平县焦桥镇韩套村	30	男	1942年
李凤荣	邹平县焦桥镇李套村	23	男	1942年
李宝福	邹平县焦桥镇李套村	26	男	1942年
孙光德	邹平县焦桥镇前三村	23	男	1942年
张建明	邹平县焦桥镇西杜村	21	男	1942年
董应法	邹平县焦桥镇董家村	25	男	1942年
王玉春	邹平县焦桥镇董家村	28	男	1942年
孙立德	邹平县焦桥镇姚孙村	25	男	1942年
韩万俭	邹平县焦桥镇韩套村	23	男	1942年
王合子	邹平县焦桥镇韩套村	18	男	1942年
韩修鸿	邹平县焦桥镇韩套村	25	男	1942年
徐景顺	邹平县好生镇河南村	—	男	1942年
周之峦	邹平县好生镇河南村	—	男	1942年
李式江	邹平县好生镇鹿家村	20	男	1942年
王墨元	邹平县好生镇鹿家村	34	男	1942年
张心盛	邹平县好生镇乔家村	20	男	1942年
王丕亮	邹平县好生镇乔家村	20	男	1942年
纪茂元	邹平县好生镇蓦涧村	21	男	1942年
王福禄	邹平县好生镇山旺村	40	男	1942年
苗茂支	邹平县好生镇山旺村	39	男	1942年
苗德培	邹平县好生镇山旺村	35	男	1942年
李积文	邹平县好生镇山旺村	37	男	1942年
尹洪奎	邹平县好生镇山旺村	40	男	1942年
刘兆然	邹平县好生镇山旺村	41	男	1942年
王家忠	邹平县好生镇蓦涧村	24	男	1942年
赵法江	邹平县好生镇蓦涧村	20	男	1942年
孙继福	邹平县好生镇蓦涧村	22	男	1942年
王德勤	邹平县好生镇蓦涧村	23	男	1942年
胡德云	邹平县好生镇李庄村	25	男	1942年
苗衍常	邹平县好生镇蓦涧村	21	男	1942年

续表

姓名	籍贯	年龄	性别	死难时间
尹家奎	邹平县好生镇尹家河村	42	男	1942 年
尹世杰	邹平县好生镇好生村	38	男	1942 年
尹世贵	邹平县好生镇好生村	40	男	1942 年
崔守义	邹平县好生镇好生村	20	男	1942 年
路善江	邹平县好生镇贾庄村	42	男	1942 年
刘广厚	邹平县好生镇史营村	23	男	1942 年
张元龙	邹平县好生镇史营村	25	男	1942 年
刘福增	邹平县好生镇史营村	25	男	1942 年
卢成淮	邹平县码头填旧安村	21	男	1942 年
宫承高	邹平县临池镇上河村	19	男	1942 年
吕仲义	邹平县临池镇上河村	18	男	1942 年
杨刘氏	邹平县临池镇北寺村	26	女	1942 年
李孔瑛	邹平县临池镇古城村	31	男	1942 年
李万田	邹平县临池镇西台村	59	男	1942 年
李世家之妻	邹平县临池镇西台村	55	女	1942 年
孙　正	邹平县临池镇大洞村	40	男	1942 年
李先中	邹平县临池镇北台村	—	男	1942 年
杨赡修	邹平县临池镇南寺村	—	男	1942 年
李治瑞	邹平县临池镇东兑村	—	男	1942 年
李光华	邹平县临池镇东兑村	—	男	1942 年
王泽水	邹平县临池镇东兑村	—	男	1942 年
李治泉	邹平县临池镇东兑村	—	男	1942 年
李盛台	邹平县临池镇东兑村	—	男	1942 年
李治远	邹平县临池镇东兑村	—	男	1942 年
房崇楼	邹平县临池镇大房村	22	男	1942 年
蔡广田	邹平县临池镇北园村	30	男	1942 年
张元善	邹平县临池镇西兑村	36	男	1942 年
张开善	邹平县临池镇西兑村	30	男	1942 年
马天民	邹平县高新办大新村	22	男	1942 年
李兆亨	邹平县高新办大新村	23	男	1942 年
李昌宾	邹平县高新办大新村	23	男	1942 年
李亨田	邹平县高新办大新村	23	男	1942 年
孟郑氏	邹平县魏桥镇张平村	72	女	1942 年
刘玉礼	邹平县魏桥镇大坡村	32	男	1942 年

续表

姓名	籍贯	年龄	性别	死难时间
于兴河	邹平县魏桥镇大坡村	28	男	1942年
刘兆利	邹平县魏桥镇大坡村	28	男	1942年
刘树点	邹平县魏桥镇大坡村	31	男	1942年
刘敬礼	邹平县魏桥镇大坡村	30	男	1942年
刘视俊	邹平县魏桥镇大坡村	29	男	1942年
刘文会	邹平县魏桥镇大坡村	32	男	1942年
高克千	邹平县魏桥镇文家村	38	男	1942年
高士方	邹平县魏桥镇文家村	34	男	1942年
李为经	邹平县魏桥镇朱官村	36	男	1942年
李为福	邹平县魏桥镇朱官村	27	男	1942年
岳崇思	邹平县魏桥镇朱官村	38	男	1942年
岳玉可	邹平县魏桥镇朱官村	23	男	1942年
刘存福	邹平县魏桥镇临河村	28	男	1942年
刘百德	邹平县魏桥镇临河村	35	男	1942年
樊受户	邹平县魏桥镇临河村	38	男	1942年
张成同	邹平县魏桥镇临河村	40	男	1942年
胡纪茂	邹平县魏桥镇临河村	35	男	1942年
李树良	邹平县魏桥镇临河村	25	男	1942年
吴继法	邹平县魏桥镇临河村	28	男	1942年
田纯德	邹平县魏桥镇里八田村	—	男	1942年
牛可兴	邹平县魏桥镇官牛村	21	男	1942年
宋牛子	邹平县明集镇王家桥村	18	男	1942年
毛猴子	邹平县明集镇王家桥村	28	男	1942年
王永明	邹平县明集镇王家桥村	18	男	1942年
李志富	邹平县黄山办中杨堤村	37	男	1942年
高希柴	邹平县孙镇新高村	22	男	1942年
李云青	邹平县孙镇蔡家村	21	男	1942年
二疯子	邹平县孙镇蔡家村	26	男	1942年
张安壁	邹平县孙镇信家村	40	男	1942年
韩继光	邹平县孙镇王伍东村	24	男	1942年
柏纪和	邹平县孙镇王伍东村	22	男	1942年
徐静移	邹平县孙镇王伍东村	24	男	1942年
马立宫	邹平县孙镇王伍西村	26	男	1942年
马芝训	邹平县孙镇王伍西村	27	男	1942年

续表

姓 名	籍 贯	年 龄	性 别	死难时间
王允明	邹平县孙镇东安村	33	男	1942 年
王玉起	邹平县孙镇东安村	28	男	1942 年
宋会功	邹平县台子镇红宋村	21	男	1942 年
卢乃庭	邹平县台子镇大卢村	—	男	1942 年
卢乃仁	邹平县台子镇大卢村	22	男	1942 年
卢乃义	邹平县台子镇大卢村	22	男	1942 年
许致和	邹平县台子镇大卢村	75	男	1942 年
曹鸿汝	邹平县台子镇大卢村	20	男	1942 年
付相增	邹平县西董镇朱家村	—	男	1943 年 1 月
张配俊	邹平县焦桥镇西夏村	22	男	1943 年 1 月
谷月先	邹平县码头镇谷家村	19	男	1943 年 1 月
小推子	邹平县码头镇谷家村	14	女	1943 年 1 月
王承仁	邹平县西董镇中王村	38	男	1943 年 2 月 2 日
小本子	邹平县码头镇谷家村	16	男	1943 年 2 月
郭恒禄	邹平县码头镇小郭村	48	男	1943 年 3 月 20 日
赵友忠	邹平县码头镇小郭村	60	男	1943 年 3 月 20 日
杨济昌	邹平县西董镇小杨庄	—	男	1943 年 3 月
王法礼	邹平县西董镇朱家村	—	男	1943 年 3 月
李子英	邹平县好生镇刘桥村	45	男	1943 年 3 月
娄焕跃	邹平县西董镇下娄村	39	男	1943 年 4 月
张本全	邹平县西董镇西赵村	35	男	1943 年 4 月
曲百贵	邹平县焦桥镇西夏村	21	男	1943 年 4 月
张培才	邹平县焦桥镇西夏村	23	男	1943 年 4 月
李述亮	邹平县临池镇古城村	32	男	1943 年 4 月
李道厚	邹平县西董镇地佛村	25	男	1943 年 5 月
戴庆思	邹平县码头镇大寨村	38	男	1943 年 5 月
王福祥	邹平县码头镇田拐村	35	男	1943 年 6 月 28 日
王福良	邹平县码头镇田拐村	39	男	1943 年 6 月 28 日
李秀河	邹平县焦桥镇李套村	24	男	1943 年 6 月
朱逢秋	邹平县码头镇三合村	35	男	1943 年夏
潘敦奎	邹平县码头镇三合村	22	男	1943 年夏
邱向连	邹平县焦桥镇西夏村	26	男	1943 年 7 月
庞守德	邹平县码头镇田拐村	40	男	1943 年 7 月
谷金海	邹平县码头镇谷家村	59	男	1943 年 7 月

续表

姓名	籍贯	年龄	性别	死难时间
谷先迁	邹平县码头镇谷家村	35	男	1943年7月
任长龙	邹平县码头镇窑头村	29	男	1943年8月
陈恒德	邹平县临池镇古城村	15	男	1943年8月
郭振柱	邹平县临池镇红庙村	—	男	1943年8月
李守大	邹平县西董镇贺家村	23	男	1943年9月9日
宁廷俊	邹平县西董镇于桥村	—	男	1943年9月9日
宁廷杰	邹平县西董镇于桥村	—	男	1943年9月9日
宁廷仁	邹平县西董镇于桥村	—	男	1943年9月9日
杨济孟	邹平县西董镇于桥村	—	男	1943年9月9日
任传周	邹平县西董镇于桥村	—	男	1943年9月9日
马用旗	邹平县西董镇小马峪村	23	男	1943年11月
张玉山	邹平县焦桥镇牛家村	26	男	1943年12月
牛加震	邹平县焦桥镇牛家村	15	男	1943年12月
耿振友	邹平县长山镇小井村	30	男	1943年
耿雄林	邹平县长山镇小井村	43	男	1943年
孙守勤	邹平县长山镇前洼村	35	男	1943年
孙成德	邹平县长山镇前洼村	23	男	1943年
孙守德	邹平县长山镇前洼村	24	男	1943年
孙利氏	邹平县长山镇前洼村	40	女	1943年
孙××	邹平县长山镇前洼村	2	男	1943年
梁　三	邹平县长山镇前洼村	50	男	1943年
高桂英	邹平县长山镇前洼村	40	女	1943年
郭正千	邹平县长山镇前洼村	20	男	1943年
郭正祥	邹平县长山镇前洼村	30	男	1943年
郭秋氏	邹平县长山镇前洼村	80	女	1943年
王本营	邹平县长山镇前洼村	35	男	1943年
孙利训	邹平县长山镇前洼村	38	男	1943年
郭方义	邹平县长山镇前洼村	59	男	1943年
郭立武	邹平县长山镇前洼村	60	男	1943年
郭立茂	邹平县长山镇前洼村	38	男	1943年
郭在冉	邹平县长山镇前洼村	40	男	1943年
孙守浦	邹平县长山镇前洼村	38	男	1943年
孙　成	邹平县长山镇前洼村	40	男	1943年
王培海	邹平县长山镇大尹家村	28	男	1943年

续表

姓名	籍贯	年龄	性别	死难时间
王永春之妻	邹平县长山镇大尹家村	35	女	1943 年
刘亲祥	邹平县西董镇于张村	26	男	1943 年
刘立清	邹平县西董镇于张村	27	男	1943 年
娄兆忠	邹平县西董镇郭家峪村	35	男	1943 年
娄兆吉	邹平县西董镇郭家峪村	36	男	1943 年
娄焕清	邹平县西董镇郭家峪村	37	男	1943 年
李长胜	邹平县西董镇齐家村	21	男	1943 年
鄢大祥	邹平县西董镇东禾村	23	男	1943 年
李增厚	邹平县西董镇西王村	—	男	1943 年
鲁家智	邹平县西董镇象伏村	25	男	1943 年
董振杰	邹平县西董镇象伏村	23	男	1943 年
郝怀文	邹平县西董镇朱塘村	21	男	1943 年
孟祥水	邹平县西董镇朱塘村	19	男	1943 年
张玉华	邹平县西董镇朱塘村	25	男	1943 年
马方怀	邹平县西董镇朱塘村	23	男	1943 年
娄柱远	邹平县西董镇下娄村	25	男	1943 年
赵永年	邹平县西董镇吉祥村	25	男	1943 年
魏怀珠	邹平县西董镇吉祥村	28	男	1943 年
赵中伏	邹平县西董镇吉祥村	61	男	1943 年
贺庆祥	邹平县西董镇吉祥村	43	男	1943 年
梁志合	邹平县西董镇吉祥村	24	男	1943 年
耿玉杰	邹平县西董镇西王村	—	男	1943 年
徐爱云	邹平县韩店镇西言礼村	21	女	1943 年
徐立瑞	邹平县韩店镇西言礼村	21	男	1943 年
徐广真	邹平县韩店镇西言礼村	21	男	1943 年
徐立贵	邹平县韩店镇西言礼村	25	男	1943 年
徐广茂	邹平县韩店镇西言礼村	24	男	1943 年
徐佃家	邹平县韩店镇西言礼村	25	男	1943 年
徐广普	邹平县韩店镇西言礼村	24	男	1943 年
徐志凤	邹平县韩店镇西言礼村	27	男	1943 年
徐志山	邹平县韩店镇西言礼村	27	男	1943 年
徐　胜	邹平县韩店镇西言礼村	26	男	1943 年
徐立山	邹平县韩店镇西言礼村	27	男	1943 年
孙秉德	邹平县青阳镇刘家村	—	男	1943 年

续表

姓 名	籍 贯	年 龄	性 别	死难时间
袁训亭	邹平县焦桥镇东平村	28	男	1943 年
邢本法	邹平县焦桥镇东平村	26	男	1943 年
孟凡祥	邹平县焦桥镇东南村	—	男	1943 年
孟庆梓	邹平县焦桥镇东南村	—	男	1943 年
杜怀玉	邹平县焦桥镇东南村	—	男	1943 年
袁崇贵	邹平县焦桥镇东南村	—	男	1943 年
贺怀人	邹平县焦桥镇西北村	55	男	1943 年
袁宝树	邹平县焦桥镇西北村	50	男	1943 年
孟如亭	邹平县焦桥镇西北村	40	男	1943 年
王伟祥	邹平县焦桥镇西北村	43	男	1943 年
齐兴禄	邹平县焦桥镇刘桥村	23	男	1943 年
赵祖兹	邹平县焦桥镇韩套村	21	男	1943 年
韩同臣	邹平县焦桥镇韩套村	27	男	1943 年
王仁德	邹平县焦桥镇韩套村	22	男	1943 年
王传忠	邹平县焦桥镇韩套村	31	男	1943 年
李风信	邹平县焦桥镇李套村	28	男	1943 年
张廷珠	邹平县焦桥镇兴隆村	23	男	1943 年
张汝利	邹平县焦桥镇西杜村	22	男	1943 年
张述杉	邹平县焦桥镇西杜村	23	男	1943 年
张维汉	邹平县焦桥镇西杜村	40	男	1943 年
董举廷	邹平县焦桥镇董家村	23	男	1943 年
韩同吉	邹平县焦桥镇韩套村	19	男	1943 年
王传伦	邹平县焦桥镇韩套村	30	男	1943 年
李方精	邹平县好生镇河北村	37	男	1943 年
刘昭寨	邹平县好生镇河南村	—	男	1943 年
张光珠	邹平县好生镇乔家村	20	男	1943 年
唐成浪	邹平县好生镇蓦涧村	36	男	1943 年
孙迎玉	邹平县好生镇蓦涧村	23	男	1943 年
张学永	邹平县好生镇八里河村	20	男	1943 年
刘殆海	邹平县好生镇史营村	30	男	1943 年
马修吉	邹平县码头镇旧安村	32	男	1943 年
马修衡	邹平县码头镇旧安村	24	男	1943 年
马振杰	邹平县码头镇旧安村	33	男	1943 年
朱景肖	邹平县码头镇三合村	19	男	1943 年

续表

姓 名	籍 贯	年 龄	性 别	死难时间
朱登官	邹平县码头镇三合村	20	男	1943 年
潘呈雷	邹平县码头镇三合村	19	男	1943 年
杨金荣	邹平县码头镇大杨村	40	男	1943 年
杨喜子	邹平县码头镇大杨村	32	男	1943 年
潘少乾	邹平县码头镇潘桥村	70	男	1943 年
潘敦兴	邹平县码头镇潘桥村	50	男	1943 年
张敦庆	邹平县码头镇老张桥村	16	男	1943 年
牛方铜	邹平县码头镇草庙村	20	男	1943 年
牛方资	邹平县码头镇草庙村	21	男	1943 年
牛竹滨	邹平县码头镇草庙村	19	男	1943 年
李秀深	邹平县码头镇草庙村	25	男	1943 年
李文水	邹平县码头镇草庙村	30	男	1943 年
谷彭先	邹平县码头镇谷家村	53	男	1943 年
谷先能	邹平县码头镇谷家村	20	男	1943 年
李玉怀	邹平县临池镇小洞村	25	男	1943 年
李慎信	邹平县临池镇小洞村	35	男	1943 年
闫永富	邹平县临池镇小洞村	23	男	1943 年
闫二疯	邹平县临池镇小洞村	27	男	1943 年
李世香	邹平县临池镇西台村	38	男	1943 年
李万亭	邹平县临池镇西台村	30	男	1943 年
李金寿	邹平县临池镇大洞村	46	男	1943 年
王××	邹平县临池镇大洞村	36	男	1943 年
闫勇会	邹平县临池镇大洞村	36	男	1943 年
孙继明	邹平县临池镇大洞村	35	男	1943 年
房崇俊	邹平县临池镇小房村	—	男	1943 年
杨德柱	邹平县临池镇南寺村	—	男	1943 年
杨德站	邹平县临池镇南寺村	—	男	1943 年
杨殿青	邹平县临池镇南寺村	—	男	1943 年
杨德仁	邹平县临池镇南寺村	—	男	1943 年
程学玉	邹平县临池镇南寺村	—	男	1943 年
杨修素	邹平县临池镇南寺村	—	男	1943 年
李治信	邹平县临池镇东兑村	—	男	1943 年
王德山	邹平县临池镇东兑村	—	男	1943 年
王允纪	邹平县临池镇东兑村	—	男	1943 年

续表

姓名	籍贯	年龄	性别	死难时间
李治刚	邹平县临池镇东兑村	—	男	1943 年
高凤鸣	邹平县临池镇北园村	23	男	1943 年
高永翠	邹平县临池镇北园村	25	男	1943 年
崔业盛	邹平县高新办东崔村	30	男	1943 年
崔宗卿	邹平县高新办东崔村	34	男	1943 年
崔子明	邹平县高新办东崔村	32	男	1943 年
崔子明之弟	邹平县高新办东崔村	21	男	1943 年
崔家普	邹平县高新办东崔村	27	男	1943 年
尉家顾	邹平县高新办东崔村	23	男	1943 年
崔任平	邹平县高新办东崔村	41	男	1943 年
崔家俭	邹平县高新办东崔村	37	男	1943 年
菅贵德	邹平县魏桥镇文家村	53	男	1943 年
苏光珍	邹平县魏桥镇苏家村	20	男	1943 年
田屋子	邹平县魏桥镇里八田村	—	男	1943 年
牛纪明	邹平县魏桥镇官牛村	31	男	1943 年
牛维平	邹平县魏桥镇官牛村	30	男	1943 年
杨继明	邹平县孙镇杨家村	20	男	1943 年
杨佩章	邹平县孙镇杨家村	21	男	1943 年
信廷凤	邹平县孙镇信家村	21	女	1943 年
韩守玉	邹平县孙镇王伍东村	21	男	1943 年
信发利	邹平县孙镇大陈村	31	男	1943 年
刘还全	邹平县台子镇牛张村	32	男	1943 年
韦尔强	邹平县西董镇韦家坡村	—	男	1944 年 3 月
李先俊	邹平县临池镇北台村	—	男	1944 年 3 月
郑常龙	邹平县西董镇小马峪村	45	男	1944 年 4 月 26 日
张维青	邹平县西董镇夫村	23	男	1944 年 4 月 28 日
贺福庆	邹平县西董镇贺家村	42	男	1944 年 4 月 28 日
李圣经	邹平县西董镇由家河滩村	—	男	1944 年 5 月
由卫忠	邹平县西董镇由家河滩村	—	男	1944 年 5 月
张保英	邹平县焦桥镇李套村	25	男	1944 年 5 月
曹怀山	邹平县明集镇曹家坪村	—	男	1944 年 5 月
李佃奎	邹平县明集镇曹家坪村	—	男	1944 年 5 月
卫东子	邹平县西董镇由家河滩村	—	男	1944 年 6 月
王志勤	邹平县西董镇由家河滩村	—	男	1944 年 6 月

续表

姓 名	籍 贯	年 龄	性 别	死难时间
贾子水	邹平县西董镇南石村	24	男	1944 年 6 月
王泽信	邹平县西董镇由家河滩村	—	男	1944 年 8 月 18 日
由维营	邹平县西董镇地佛村	28	男	1944 年 8 月
张志鹏	邹平县西董镇韦家坡村	—	男	1944 年 8 月
王传尧	邹平县西董镇韦家坡村	—	男	1944 年
李光增	邹平县临池镇古城村	34	男	1944 年
张　兰	邹平县长山镇后王村	27	男	1944 年
耿休岭	邹平县长山镇小井村	45	男	1944 年
孙佃大	邹平县长山镇前洼村	55	男	1944 年
孙四东	邹平县长山镇前洼村	52	男	1944 年
孙蔡氏	邹平县长山镇前洼村	52	女	1944 年
王志义	邹平县长山镇前洼村	20	男	1944 年
王树信	邹平县长山镇前洼村	42	男	1944 年
王庆成	邹平县长山镇前洼村	54	男	1944 年
孙继忠	邹平县长山镇前洼村	28	男	1944 年
孙继业	邹平县长山镇前洼村	50	男	1944 年
孙四青	邹平县长山镇前洼村	27	男	1944 年
段兆兴	邹平县长山镇前洼村	30	男	1944 年
孙保田	邹平县长山镇前洼村	65	男	1944 年
孙张氏	邹平县长山镇前洼村	40	女	1944 年
王宜德	邹平县长山镇前洼村	36	男	1944 年
孙佃光	邹平县长山镇前洼村	33	男	1944 年
孙守平	邹平县长山镇前洼村	43	男	1944 年
孙守高	邹平县长山镇前洼村	50	男	1944 年
张文伟	邹平县西董镇马庄村	—	男	1944 年
李执和	邹平县西董镇夫村	24	男	1944 年
陈泽生	邹平县西董镇郭家峪村	21	男	1944 年
陈怀玉	邹平县西董镇郭家峪村	27	男	1944 年
李学江	邹平县西董镇小西河村	38	男	1944 年
徐道明	邹平县西董镇小西河村	32	男	1944 年
李长友	邹平县西董镇西王村	—	男	1944 年
董振俊	邹平县西董镇象伏村	22	男	1944 年
魏振方	邹平县西董镇朱塘村	23	男	1944 年
孟庆功	邹平县西董镇朱塘村	22	男	1944 年

续表

姓 名	籍 贯	年 龄	性 别	死难时间
夏尔刘	邹平县西董镇下娄村	—	男	1944 年
娄焕胜	—	—	男	1944 年
娄培贤	—	—	男	1944 年
娄焕庭	—	—	男	1944 年
魏怀之	邹平县西董镇吉祥村	42	男	1944 年
颜景永	邹平县西董镇吉祥村	30	男	1944 年
魏怀珍	邹平县西董镇吉祥村	18	男	1944 年
王兆贤	邹平县韩店镇实户村	30	男	1944 年
梁永诚	邹平县韩店镇邱家村	38	男	1944 年
蔡立金	邹平县韩店镇波渣店村	23	男	1944 年
张永一	邹平县青阳镇醴泉村	—	男	1944 年
张永河	邹平县青阳镇醴泉村	—	男	1944 年
张玉勤	邹平县青阳镇醴泉村	—	男	1944 年
张金美	邹平县青阳镇醴泉村	—	男	1944 年
张念信	邹平县青阳镇醴泉村	—	男	1944 年
李宗远	邹平县焦桥镇西营村	43	男	1944 年
李尚一	邹平县焦桥镇西营村	41	男	1944 年
李玉宗	邹平县焦桥镇西营村	45	男	1944 年
袁崇合	邹平县焦桥镇东平村	—	男	1944 年
孟祥儒	邹平县焦桥镇东平村	—	男	1944 年
孟凡柱	邹平县焦桥镇东南村	—	男	1944 年
王纪泰	邹平县焦桥镇董家村	51	男	1944 年
王传臣	邹平县焦桥镇韩套村	32	男	1944 年
韩修哲	邹平县焦桥镇韩套村	28	男	1944 年
王允生	邹平县好生镇蒙二村	86	男	1944 年
张心玉	邹平县好生镇乔家村	18	男	1944 年
王树亭	邹平县好生镇乔家村	20	男	1944 年
刘兆英	邹平县好生镇院上村	46	男	1944 年
陈法俊	邹平县好生镇平原村	27	男	1944 年
尹遵富	邹平县好生镇蒙三村	25	男	1944 年
尹永丰	邹平县好生镇尹家河村	30	男	1944 年
尹德基	邹平县好生镇周前村	20	男	1944 年
尹兆征	邹平县好生镇周前村	21	男	1944 年
赵聿文	邹平县好生镇八里河村	18	男	1944 年

续表

姓 名	籍 贯	年 龄	性 别	死难时间
孙法元	邹平县好生镇八里河村	19	男	1944 年
王兴胜	邹平县码头镇田拐村	45	男	1944 年
毕于亭	邹平县临池镇佛生村	16	男	1944 年
闫勇宝	邹平县临池镇大洞村	26	男	1944 年
房同坤	邹平县临池镇大房村	27	男	1944 年
张乃武	邹平县魏桥镇丁家村	32	男	1944 年
焦念书	邹平县明集镇大张村	50	男	1944 年
李顾氏	邹平县黄山办中杨堤村	60	女	1944 年
董永和	邹平县黄山办中杨堤村	23	男	1944 年
韩明湖	邹平县黄山办碑楼村	25	男	1944 年
杨继雷	邹平县孙镇杨家村	22	男	1944 年
瞎海子	邹平县孙镇霍坡村	30	男	1944 年
李关长	邹平县孙镇王伍西村	32	男	1944 年
张明玉	邹平县孙镇王伍西村	26	男	1944 年
李向红	邹平县孙镇曹王村	31	男	1944 年
李怀亭	邹平县孙镇曹王村	29	男	1944 年
李孔尧	邹平县西董镇夫村	20	男	1945 年 1 月
毕承林	邹平县临池镇西永和村	60	男	1945 年 1 月
张振渡	邹平县西董镇夫村	24	男	1945 年 3 月
由顺业	邹平县西董镇地佛村	24	男	1945 年 3 月
由兴业	邹平县西董镇地佛村	40	男	1945 年 3 月
孟继礼	邹平县码头镇孟家村	47	男	1945 年 3 月
孟成氏	邹平县码头镇孟家村	42	女	1945 年 5 月
李孔礼	邹平县西董镇夫村	25	男	1945 年 6 月
张志德	邹平县西董镇韦家坡村	—	男	1945 年 6 月
田成发	邹平县黛溪办东关村	35	男	1945 年 8 月
郭良玉	邹平县焦桥镇西夏村	21	男	1945 年
李先修	邹平县临池镇北台村	—	男	1945 年
郭三毛	邹平县长山镇前洼村	26	男	1945 年
郭立木	邹平县长山镇前洼村	60	男	1945 年
郭方明	邹平县长山镇前洼村	50	男	1945 年
郭立潘	邹平县长山镇前洼村	57	男	1945 年
孙光禄	邹平县长山镇前洼村	60	男	1945 年
孙光红	邹平县长山镇前洼村	57	男	1945 年

续表

姓名	籍贯	年龄	性别	死难时间
孙维庚	邹平县长山镇前洼村	50	男	1945 年
马祥芝	邹平县西董镇于张村	25	男	1945 年
于德水	邹平县西董镇于张村	20	男	1945 年
李长富	邹平县西董镇西王村	—	男	1945 年
李德红	邹平县西董镇西王村	—	男	1945 年
李式德	邹平县西董镇东峪村	19	男	1945 年
朱宝子	邹平县西董镇东峪村	21	男	1945 年
娄本川	邹平县西董镇下娄村	21	男	1945 年
娄丰忠	邹平县西董镇下娄村	58	男	1945 年
刘则孝	邹平县青阳镇耿家村	21	男	1945 年
耿丙生	邹平县青阳镇耿家村	20	男	1945 年
耿佃礼	邹平县青阳镇耿家村	21	男	1945 年
赵本富	邹平县焦桥镇韩套村	29	男	1945 年
张宗文	邹平县焦桥镇张套村	84	男	1945 年
魏思迁	邹平县好生镇河西村	36	男	1945 年
徐景厚	邹平县好生镇河南村	86	男	1945 年
赵法怀	邹平县好生镇蓦涧村	26	男	1945 年
孙吉成	邹平县好生镇蓦涧村	20	男	1945 年
陈德瑞	邹平县好生镇八里河村	16	男	1945 年
王其信	邹平县码头镇小寨村	51	男	1945 年
王丹有	邹平县码头镇小寨村	60	男	1945 年
王　氏	邹平县码头镇小寨村	57	女	1945 年
王其栋	邹平县码头镇小寨村	44	男	1945 年
毕增先	邹平县临池镇郑家村	22	男	1945 年
孟　氏	邹平县临池镇佛生村	50	女	1945 年
房刘氏	邹平县临池镇大房村	27	女	1945 年
高子玉	邹平县临池镇北园村	40	男	1945 年
包来富	邹平县高新办廉家村	29	男	1945 年
包家仁	邹平县高新办廉家村	29	男	1945 年
包永坤	邹平县高新办廉家村	29	男	1945 年
廉日礼	邹平县高新办廉家村	29	男	1945 年
王士富之大爷	邹平县高新办廉家村	46	男	1945 年
菅恒达	邹平县魏桥镇文家村	30	男	1945 年
郝周村	邹平县魏桥镇辛梁村	18	男	1945 年

续表

姓 名	籍 贯	年 龄	性 别	死难时间
郝悬浩	邹平县魏桥镇辛梁村	—	男	1945 年
刘玉莲	邹平县黄山办中杨堤村	18	女	1945 年
杨召洪	邹平县台子镇牛张村	24	男	1945 年
张廷忠	邹平县西董镇马庄村	—	男	—
张兆旺	邹平县西董镇马庄村	—	男	—
张二宝	邹平县西董镇马庄村	—	男	—
马成茂	邹平县西董镇沟西村	—	男	—
崔金栋	邹平县西董镇沟西村	—	男	—
马方荣	邹平县西董镇沟西村	—	男	—
马太之	邹平县西董镇沟西村	—	男	—
马之申	邹平县西董镇沟西村	—	男	—
崔金生	邹平县西董镇沟西村	—	男	—
张兆成	邹平县西董镇台头村	—	男	—
张兆贤	邹平县西董镇陈家村	24	男	—
董克祥	邹平县西董镇西董村	—	男	—
董克祯	邹平县西董镇西董村	—	男	—
赵方仲	邹平县西董镇西董村	—	男	—
赵方俭	邹平县西董镇西董村	—	男	—
尹德俭	邹平县西董镇西董村	—	男	—
尹 永	邹平县西董镇西董村	—	男	—
徐中厚	邹平县西董镇西董村	—	男	—
徐中厚之妻	邹平县西董镇西董村	—	女	—
徐立业	邹平县西董镇西董村	—	男	—
刘开胜	邹平县西董镇由家河滩村	—	男	—
刘成田	邹平县西董镇由家河滩村	—	男	—
由项平	邹平县西董镇由家河滩村	—	男	—
由维基	邹平县西董镇由家河滩村	—	男	—
由根业	邹平县西董镇由家河滩村	—	男	—
高庆红	邹平县西董镇由家河滩村	—	男	—
由卫汉	邹平县西董镇由家河滩村	—	男	—
由卫勤	邹平县西董镇由家河滩村	—	男	—
由民业	邹平县西董镇由家河滩村	—	男	—
由长基	邹平县西董镇由家河滩村	—	男	—
张新敬	邹平县西董镇由家河滩村	—	男	—

续表

姓名	籍贯	年龄	性别	死难时间
由维志	邹平县西董镇由家河滩村	—	男	—
董树德	邹平县西董镇由家河滩村	—	男	—
由后基	邹平县西董镇由家河滩村	—	男	—
由安吉	邹平县西董镇由家河滩村	—	男	—
由坛吉	邹平县西董镇由家河滩村	—	男	—
马沛吉	邹平县西董镇由家河滩村	—	男	—
马财之	邹平县西董镇由家河滩村	—	男	—
由农业	邹平县西董镇由家河滩村	—	男	—
马振吉	邹平县西董镇由家河滩村	—	男	—
由维权	邹平县西董镇由家河滩村	—	男	—
由维善	邹平县西董镇由家河滩村	—	男	—
由全业	邹平县西董镇由家河滩村	—	男	—
刘之清	邹平县西董镇由家河滩村	—	男	—
马方宽	邹平县西董镇大马峪村	25	男	—
马方达	邹平县西董镇大马峪村	23	男	—
张永顺	邹平县西董镇大马峪村	38	男	—
马忠之	邹平县西董镇大马峪村	27	男	—
马兵之	邹平县西董镇大马峪村	19	男	—
马方贞	邹平县西董镇大马峪村	28	男	—
马营之	邹平县西董镇大马峪村	30	男	—
马立志	邹平县西董镇韩寨村	—	男	—
张方春	邹平县西董镇北禾村	—	男	—
赵中玉	邹平县西董镇北禾村	—	男	—
张新业	邹平县西董镇北禾村	29	男	—
张石业	邹平县西董镇北禾村	21	男	—
鄢大鹏	邹平县西董镇北禾村	—	男	—
张方水	邹平县西董镇北禾村	—	男	—
李中衡	邹平县西董镇大杨庄	20	男	—
李执法	邹平县西董镇大杨庄	30	男	—
李执义	邹平县西董镇大杨庄	35	男	—
李忠德	邹平县西董镇大杨庄	25	男	—
李　氏	邹平县西董镇大杨庄	65	女	—
赵家木	邹平县西董镇中王村	—	男	—
李孔俭	邹平县西董镇中王村	—	男	—

续表

姓 名	籍 贯	年 龄	性 别	死难时间
李学延	邹平县西董镇中王村	—	男	—
张新良	邹平县西董镇中王村	—	男	—
赵法重	邹平县西董镇中王村	—	男	—
赵衍祥	邹平县西董镇中王村	—	男	—
赵家亮	邹平县西董镇宋家村	—	男	—
王贻春	邹平县西董镇宋家村	—	男	—
赵尊平	邹平县西董镇宋家村	—	男	—
赵家圣	邹平县西董镇宋家村	—	男	—
宋承祥	邹平县西董镇宋家村	—	男	—
张启祥	邹平县西董镇宋家村	—	男	—
朱训臣	邹平县西董镇宋家村	—	男	—
朱兆克	邹平县西董镇东赵村	—	男	—
崔云福	邹平县西董镇崔营村	24	女	—
韩勤善	邹平县西董镇西董村	—	男	—
尹永刚之妻	邹平县西董镇西董村	—	女	—
韩文齐	邹平县西董镇西董村	—	男	—
董克振之叔	邹平县西董镇西董村	—	男	—
韩　武	邹平县西董镇西董村	—	男	—
尹遵恩	邹平县西董镇西董村	—	女	—
董克仁之父	邹平县西董镇西董村	—	男	—
赵玉杏	邹平县西董镇西董村	20	女	—
韩勤德	邹平县西董镇西董村	—	男	—
景西春之父	邹平县西董镇尚庄村	40	男	—
马财之	邹平县西董镇尚庄村	30	男	—
刘长俊	邹平县西董镇尚庄村	—	男	—
刘顺泽	邹平县西董镇尚庄村	—	男	—
马营之	邹平县西董镇尚庄村	—	男	—
王玉青	邹平县西董镇尚庄村	—	男	—
刘德安	邹平县西董镇尚庄村	—	男	—
刘德美	邹平县西董镇尚庄村	—	男	—
刘德伦	邹平县西董镇尚庄村	—	男	—
赵守英	邹平县西董镇尚庄村	—	男	—
马丙之	邹平县西董镇尚庄村	—	男	—
张维新	邹平县西董镇尚庄村	—	男	—

续表

姓 名	籍 贯	年 龄	性 别	死难时间
由象伦	邹平县西董镇尚庄村	—	男	—
刘笃辉	邹平县西董镇尚庄村	—	男	—
田玉芳	邹平县西董镇尚庄村	—	男	—
李训家	邹平县西董镇东峪村	—	男	—
李式校	邹平县西董镇东峪村	20	男	—
马立玉	邹平县西董镇尚庄村	35	男	—
刘印福	邹平县西董镇尚庄村	30	男	—
刘玉珍	邹平县西董镇尚庄村	28	男	—
刘玉海	邹平县西董镇西峪村	—	男	—
孙之会	邹平县西董镇西峪村	—	男	—
任汝田	邹平县西董镇韦家坡村	—	男	—
韦业东	邹平县西董镇韦家坡村	—	男	—
王传君	邹平县西董镇韦家坡村	—	男	—
杨方浦	邹平县西董镇小杨庄	—	男	—
杨德洪	邹平县西董镇小杨庄	—	男	—
杨德润	邹平县西董镇小杨庄	—	男	—
杨德玉	邹平县西董镇小杨庄	—	男	—
杨方家	邹平县西董镇小杨庄	—	男	—
赵春谷	邹平县西董镇西庵村	—	男	—
李慎段	邹平县西董镇西庵村	—	男	—
李海生	邹平县西董镇西庵村	—	男	—
杨德番	邹平县西董镇白云涧村	—	男	—
李学友	邹平县西董镇白云涧村	—	男	—
李学库	邹平县西董镇白云涧村	—	男	—
徐启美	邹平县西董镇杨家峪村	—	男	—
任光辉	邹平县西董镇韦家坡村	—	男	—
任传训	邹平县西董镇韦家坡村	—	男	—
付相玉	邹平县西董镇朱家村	—	男	—
杨方平	邹平县西董镇朱家村	—	男	—
李　氏	邹平县西董镇朱家村	—	女	—
王昌胜	邹平县西董镇朱家村	—	男	—
付守山	邹平县西董镇朱家村	—	男	—
李生厚	邹平县西董镇朱家村	—	男	—
付守道	邹平县西董镇朱家村	—	男	—

续表

姓名	籍贯	年龄	性别	死难时间
任允佩	邹平县西董镇任峪村	—	男	—
徐荣昌	邹平县西董镇朱家村	—	男	—
陶胜春	邹平县西董镇朱家村	—	男	—
杨德青	邹平县西董镇朱家村	—	男	—
杨长荣	邹平县西董镇朱家村	—	男	—
杨斯胜	邹平县西董镇白云涧村	—	男	—
杨胜德	邹平县西董镇白云涧村	—	男	—
杨德贵	邹平县西董镇小杨庄	—	男	—
杨仁福	邹平县西董镇小杨庄	—	男	—
孙佃安	邹平县西董镇孙家峪村	26	男	—
孙佃宣	邹平县西董镇孙家峪村	19	男	—
孙玉河	邹平县西董镇孙家峪村	42	男	—
孙佃山	邹平县西董镇孙家峪村	18	男	—
张安瑞	邹平县西董镇西井村	—	男	—
张方之	邹平县西董镇西井村	—	男	—
陈方田	邹平县西董镇西井村	—	男	—
周树美	邹平县西董镇西井村	—	男	—
孙桂新	邹平县西董镇西井村	—	男	—
景汝高	邹平县西董镇芦泉村	29	男	—
景光千	邹平县西董镇芦泉村	18	男	—
景光真	邹平县西董镇芦泉村	19	男	—
徐怀新	邹平县西董镇芦泉村	22	男	—
徐怀明	邹平县西董镇芦泉村	23	男	—
董光山	邹平县西董镇芦泉村	37	男	—
景汝贵	邹平县西董镇芦泉村	29	男	—
王云龙	邹平县西董镇樊家村	—	男	—
孙恒水	邹平县西董镇樊家村	—	男	—
王玉林	邹平县西董镇樊家村	—	男	—
崔丙连	邹平县西董镇樊家村	—	男	—
张兆山	邹平县西董镇韩寨村	—	男	—
马方顺	邹平县西董镇韩寨村	—	男	—
韩玉俭	邹平县西董镇韩寨村	—	男	—
徐启才	邹平县西董镇韩寨村	—	男	—
蒋泗忠	邹平县西董镇芽庄村	—	男	—

续表

姓名	籍贯	年龄	性别	死难时间
蒋泗修	邹平县西董镇芽庄村	—	男	—
徐业俭	邹平县西董镇芽庄村	—	男	—
蒋泗先	邹平县西董镇芽庄村	—	男	—
蒋泗杰	邹平县西董镇芽庄村	—	男	—
徐启贵	邹平县西董镇芽庄村	—	男	—
蒋承山	邹平县西董镇芽庄村	—	男	—
蒋守梓	邹平县西董镇芽庄村	—	男	—
蒋泗武	邹平县西董镇芽庄村	—	男	—
成相才	邹平县西董镇芽庄村	—	男	—
马灿芝	邹平县西董镇马台村	23	男	—
马烂芝	邹平县西董镇马台村	21	男	—
马立言	邹平县西董镇马台村	36	男	—
马立水	邹平县西董镇马台村	22	男	—
马立壮	邹平县西董镇马台村	28	男	—
朱洪安	邹平县西董镇东峪村	—	男	—
朱洪祥	邹平县西董镇东峪村	—	男	—
李式云	邹平县西董镇东峪村	41	男	—
李训生	邹平县西董镇东峪村	—	男	—
李训祥	邹平县西董镇东峪村	—	男	—
李子英	邹平县西董镇东峪村	—	男	—
朱训成	邹平县西董镇东峪村	—	男	—
李式江	邹平县西董镇东峪村	—	男	—
李式水	邹平县西董镇东峪村	—	男	—
李志宝	邹平县焦桥镇西营村	—	男	—
李志新	邹平县焦桥镇西营村	—	男	—
李守一	邹平县焦桥镇西营村	—	男	—
李玉堂	邹平县焦桥镇西营村	—	男	—
李　普	邹平县焦桥镇西营村	—	男	—
李守坤	邹平县焦桥镇西营村	—	男	—
左其寿	邹平县焦桥镇西营村	—	男	—
左其禄	邹平县焦桥镇西营村	—	男	—
孔繁旗	邹平县焦桥镇四马村	20	男	—
孔繁辉	邹平县焦桥镇四马村	21	男	—
孟庆读	邹平县焦桥镇四马村	21	男	—

续表

姓 名	籍 贯	年 龄	性 别	死难时间
李崇材	邹平县焦桥镇四马村	20	男	—
李和元	邹平县焦桥镇四马村	20	男	—
赵玉华	邹平县焦桥镇四马村	35	男	—
王希禄	邹平县焦桥镇四马村	21	男	—
许长修	邹平县焦桥镇四马村	20	男	—
陈一光	邹平县焦桥镇四马村	40	男	—
张振德	邹平县焦桥镇四马村	23	男	—
曹玉江	邹平县焦桥镇四马村	22	男	—
徐牢靠	邹平县焦桥镇四马村	20	男	—
曲车华	邹平县焦桥镇东平村	22	男	—
袁崇广	邹平县焦桥镇东平村	24	男	—
袁崇舍	邹平县焦桥镇东平村	26	男	—
曲宜谦	邹平县焦桥镇东平村	24	男	—
甘 一	邹平县焦桥镇爱贤村	—	男	—
袁且延	邹平县焦桥镇爱贤村	—	男	—
刘遵国	邹平县焦桥镇西直村	—	男	—
孙怀路	邹平县焦桥镇西直村	—	男	—
孙怀芝	邹平县焦桥镇西直村	—	男	—
王公山	邹平县焦桥镇西直村	—	男	—
刘荣云	邹平县焦桥镇西直村	—	男	—
刘中福	邹平县焦桥镇西直村	—	男	—
刘雨亭	邹平县焦桥镇西直村	—	男	—
杜连学	邹平县焦桥镇小杜村	25	男	—
杜怀慎	邹平县焦桥镇小杜村	28	男	—
董远盛	邹平县焦桥镇小杜村	26	男	—
杜怀茂	邹平县焦桥镇小杜村	25	男	—
张道曾	邹平县焦桥镇小杜村	27	男	—
杜连后	邹平县焦桥镇小杜村	27	男	—
朱训水	邹平县焦桥镇朱套村	—	男	—
朱秀申	邹平县焦桥镇朱套村	—	男	—
朱洪美	邹平县焦桥镇朱套村	—	男	—
钟座子	邹平县焦桥镇朱套村	—	男	—
段维信	邹平县焦桥镇朱套村	—	男	—
朱洪发	邹平县焦桥镇朱套村	—	男	—

续表

姓名	籍贯	年龄	性别	死难时间
夏红寿	邹平县焦桥镇朱套村	—	男	—
夏红江	邹平县焦桥镇后大城村	—	男	—
刘玉三	邹平县焦桥镇后大城村	—	男	—
曲遵汤	邹平县焦桥镇后大城村	25	男	—
曲遵祥	邹平县焦桥镇北段村	30	男	—
曲本元	邹平县焦桥镇北段村	21	男	—
曲可和	邹平县焦桥镇北段村	25	男	—
曲子明	邹平县焦桥镇北段村	27	男	—
曲本万	邹平县焦桥镇北段村	33	男	—
曲百汶	邹平县焦桥镇北段村	25	男	—
曲本刚	邹平县焦桥镇北段村	20	男	—
曲遵连	邹平县焦桥镇北段村	30	男	—
张士柱	邹平县焦桥镇北段村	—	男	—
曲本远	邹平县焦桥镇北段村	29	男	—
曲振西	邹平县焦桥镇北段村	—	男	—
曲本文	邹平县焦桥镇北段村	26	男	—
段纪堂	邹平县焦桥镇南段村	34	男	—
段纪德	邹平县焦桥镇南段村	34	男	—
段纪元	邹平县焦桥镇南段村	34	男	—
段维强	邹平县焦桥镇南段村	25	男	—
孙聿伟	邹平县焦桥镇孙庄村	—	男	—
孙甲三	邹平县焦桥镇孙庄村	—	男	—
孙传业	邹平县焦桥镇前大城村	27	男	—
吴兆凯	邹平县焦桥镇前大城村	40	男	—
吴兆林	邹平县焦桥镇前大城村	35	男	—
吴德宝	邹平县焦桥镇前大城村	50	男	—
韩本聪	邹平县焦桥镇前大城村	31	男	—
张林争	邹平县焦桥镇前大城村	—	男	—
韩本木	邹平县焦桥镇前大城村	—	男	—
韩天芹	邹平县焦桥镇前大城村	25	男	—
韩本顺	邹平县焦桥镇前大城村	—	男	—
曲修记	邹平县焦桥镇前大城村	30	男	—
韩文俭	邹平县焦桥镇前大城村	30	男	—
刘振争	邹平县焦桥镇纪家村	—	男	—

续表

姓 名	籍 贯	年 龄	性 别	死难时间
王步亭	邹平县焦桥镇纪家村	—	男	—
郭庆云	邹平县焦桥镇纪家村	—	男	—
袁聿科	邹平县焦桥镇纪家村	—	男	—
李继富	邹平县焦桥镇纪家村	—	男	—
孙可文	邹平县焦桥镇纪家村	—	男	—
袁聿喜	邹平县焦桥镇纪家村	—	男	—
张福山	邹平县焦桥镇纪家村	—	男	—
高书成	邹平县焦桥镇高道口村	29	男	—
段振武	邹平县焦桥镇高道口村	23	男	—
张瑞富	邹平县焦桥镇高道口村	27	男	—
高书祥	邹平县焦桥镇高道口村	22	男	—
高纪银	邹平县焦桥镇高道口村	19	男	—
赵纪新	邹平县焦桥镇韩套村	42	男	—
韩福江	邹平县焦桥镇韩套村	40	男	—
韩万帮	邹平县焦桥镇韩套村	—	男	—
王宗洲	邹平县临池镇大临池村	24	男	—
李临江	邹平县临池镇大临池村	32	男	—
王尽源	邹平县临池镇大临池村	21	男	—
王安学	邹平县临池镇大临池村	21	男	—
王宗恩	邹平县临池镇大临池村	30	男	—
李万才	邹平县临池镇大临池村	12	男	—
赵振玉	邹平县临池镇郭庄村	—	男	—
赵元场	邹平县临池镇郭庄村	40	男	—
毕张氏	邹平县临池镇下河村	70	女	—
由 冷	邹平县临池镇东高村	12	女	—
麻 ×	邹平县临池镇高旺村	—	女	—
郝本辉	邹平县魏桥镇辛梁村	35	男	—
郝本重	邹平县魏桥镇辛梁村	24	男	—
张维军	邹平县魏桥镇张家村	24	男	—
王庆余	邹平县明集镇王少唐村	—	男	—
刘宝玲	邹平县明集镇邢家村	—	男	—
杨淀臣之妻	邹平县明集镇邢家村	—	女	—
刘守弟	邹平县黄山办刘家村	—	男	—
刘守贵	邹平县黄山办刘家村	—	男	—

续表

姓 名	籍 贯	年 龄	性 别	死难时间
王陈氏	邹平县黄山办王家村	—	女	—
梁玉早	邹平县黄山办大李村	—	男	—
孙本子	邹平县黄山办大李村	—	男	—
田玉祥	邹平县孙镇坡庄村	30	男	—
李光文	邹平县孙镇坡庄村	30	男	—
刘继贤	邹平县台子镇玉皇村	22	男	—
刘继胜	邹平县台子镇玉皇村	21	男	—
赵京伍之妻	邹平县台子镇玉皇村	30	女	—
陈法胜之前妻	邹平县台子镇玉皇村	71	女	—
李增杰	邹平县台子镇官道村	40	男	—
王存祥	邹平县台子镇官道村	18	男	—
王春花	邹平县台子镇官道村	40	女	—
孙思功	邹平县黛溪办后城村	—	男	—
马广福	邹平县黛溪办南营村	—	男	—
赵福臣	邹平县黛溪办西关村	—	男	—
孙化实	邹平县黛溪办马庄村	—	男	—
郭　雷	邹平县黛溪办马庄村	—	男	—
马昆芝	邹平县西董镇马台村	26	男	—
马立池	邹平县西董镇马台村	25	男	—
马立俭	邹平县西董镇马台村	45	男	—
李式宝	邹平县西董镇东峪村	42	男	—
马　二	邹平县西董镇马台村	26	男	—
刘延茂	邹平县黛溪办成五村	70	男	—
李守同	邹平县黛溪办成五村	26	男	—
位以真	邹平县黛溪办成五村	26	男	—
付振生	邹平县黛溪办成五村	25	男	—
马福芝	邹平县西董镇马台村	27	男	—
李成贵	邹平县长山镇北后村	30	男	1937 年
李成荣	邹平县长山镇北后村	28	男	1937 年
成福林	邹平县好生镇二槐村	18	男	1937 年
毕研安	邹平县临池镇佛生村	25	男	1937 年
牛顺东	邹平县焦桥镇朱家崖村	—	男	1937 年
杨方生	邹平县九户镇长槐村	36	男	1937 年
刘康安	邹平县临池镇佛生村	68	男	1937 年

续表

姓 名	籍 贯	年 龄	性 别	死难时间
索纪东	邹平县焦桥镇义和村	33	男	1937 年
索纪权	邹平县焦桥镇义和村	30	男	1937 年
张广富	邹平县台子镇东刁村	70	男	1937 年
王志林	邹平县黛溪办中兴村	48	男	1937 年
王清桂	邹平县黛溪办中兴村	26	男	1937 年
赵宗正	邹平县黛溪办中兴村	43	男	1937 年
梁李氏	邹平县黛溪办北范村	31	女	1937 年
商增基	邹平县九户镇商家村	56	男	1937 年
李王氏	邹平县黛溪办东关村	32	女	1937 年
郭××	邹平县黛溪办东关村	18	女	1937 年
李玉贞	邹平县黛溪办东关村	14	女	1937 年
赵贾一	邹平县黛溪办东关村	23	男	1937 年
王喜子	邹平县黛溪办东关村	25	男	1937 年
侯道密	邹平县黛溪办东关村	30	男	1937 年
李三子	邹平县黛溪办东关村	3	男	1937 年
王勺子	邹平县黛溪办东关村	30	男	1937 年
王李氏	邹平县黛溪办东关村	23	女	1937 年
梁位修	邹平县黛溪办北范村	27	男	1937 年
李尧臣	邹平县黛溪办北范村	25	男	1937 年
李树武	邹平县黛溪办北范村	30	男	1937 年
梁慎祥	邹平县黛溪办北范村	25	男	1937 年
菅纪明	邹平县明集镇菅家村	50	男	1937 年
潘光宝	邹平县九户镇潘辛村	29	男	1937 年
张承华	邹平县九户镇铁匠村	53	男	1937 年
陈焕章	邹平县台子镇教场村	30	男	1937 年
刘赵氏	邹平县黛溪办西范村	47	女	1937 年
马修仁	邹平县黛溪办南营村	32	男	1937 年
马安林	邹平县黛溪办南营村	24	男	1937 年
马茂全	邹平县黛溪办南营村	42	男	1937 年
马根菜	邹平县黛溪办前城村	35	男	1937 年
刘公会	邹平县黄山办郎君村	42	男	1937 年
张士奎	邹平县黄山办唐家村	22	男	1937 年
谭 三	邹平县长山镇大尹家村	28	男	1937 年
张百友	邹平县长山镇后王村	—	男	1937 年

续表

姓名	籍贯	年龄	性别	死难时间
曲竞良	邹平县长山镇后王村	—	男	1937年
李贤敏	邹平县长山镇后王村	—	男	1937年
王希恩	邹平县长山镇中后村	—	男	1937年
徐晨贞	邹平县长山镇中后村	—	男	1937年
杨济福	邹平县长山镇南街村	—	男	1937年
杨德公	邹平县长山镇南街村	—	男	1937年
张守成	邹平县长山镇南街村	—	男	1937年
董廷吉	邹平县长山镇明礼村	—	男	1937年
李贤禄	邹平县长山镇明礼村	—	男	1937年
朱玉怀	邹平县长山镇大演马村	40	男	1937年
徐业成	邹平县长山镇柏林村	40	男	1937年
由洪庆	邹平县好生镇蒙一村	28	男	1937年
尹世林	邹平县好生镇蒙一村	36	男	1937年
周　立	邹平县好生镇河南村	39	男	1937年
王宗俊	邹平县好生镇东代村	54	男	1937年
王德山	邹平县好生镇尹桥村	71	男	1937年
王德明	邹平县好生镇尹桥村	80	男	1937年
王玉坦	邹平县好生镇蒙四村	32	男	1937年
王传九	邹平县好生镇蒙四村	33	男	1937年
王玉柯	邹平县好生镇蒙四村	32	男	1937年
王安业	邹平县好生镇蒙四村	41	男	1937年
董应星	邹平县好生镇河西村	61	男	1937年
邓成基	邹平县好生镇河西村	44	男	1937年
李　氏	邹平县好生镇河北村	65	女	1937年
孙　贤	邹平县好生镇屯里村	21	男	1937年
张希合	邹平县好生镇李营村	47	男	1937年
由大尊	邹平县临池镇东高村	51	男	1937年
王光亮	邹平县临池镇大临池村	30	男	1937年
翟守伟	邹平县临池镇王家庄村	—	男	1937年
孙继贤	邹平县临池镇王家庄村	—	男	1937年
高安氏	邹平县临池镇兴安村	—	女	1937年
赵玉冯	邹平县青阳镇郭庄村	—	男	1937年
曲修武	邹平县焦桥镇前大城村	50	男	1937年
韩文俭	邹平县焦桥镇前大城村	54	男	1937年

续表

姓 名	籍 贯	年 龄	性 别	死难时间
魏尔德	邹平县焦桥镇兴隆村	32	男	1937 年
魏长顺	邹平县焦桥镇东杜村	30	男	1937 年
高纪千	邹平县焦桥镇高道口村	41	男	1937 年
高茂林	邹平县焦桥镇高道口村	46	男	1937 年
高风芹	邹平县焦桥镇高道口村	48	男	1937 年
高书芹	邹平县焦桥镇高道口村	36	男	1937 年
高纪兴	邹平县焦桥镇高道口村	38	男	1937 年
袁聿山	邹平县焦桥镇西南村	—	男	1937 年
刘　宣	邹平县九户镇陈玉平村	29	男	1937 年
位翠娥	邹平县九户镇陈玉平村	38	女	1937 年
张树忠	邹平县九户镇道民村	25	男	1937 年
潘冬义	邹平县九户镇南潘村	29	男	1937 年
张洪堂	邹平县九户镇北郭村	52	男	1937 年
郭商氏	邹平县九户镇北郭村	50	女	1937 年
刘延马	邹平县九户镇长兴村	38	男	1937 年
杨贡林	邹平县九户镇刚斧寨村	39	男	1937 年
杨公芹	邹平县九户镇刚斧寨村	41	男	1937 年
杨公秀	邹平县九户镇刚斧寨村	36	男	1937 年
孙传诗	邹平县九户镇刚斧寨村	38	男	1937 年
杨守河	邹平县九户镇刚斧寨村	34	男	1937 年
郑行增	邹平县九户镇大郑村	38	男	1937 年
董立志	邹平县九户镇大郑村	37	男	1937 年
郑述信	邹平县九户镇大郑村	48	男	1937 年
郭玉堂	邹平县九户镇西郭村	26	男	1937 年
赵立杰	邹平县九户镇西郭村	25	男	1937 年
郭佃恒	邹平县九户镇西郭村	23	男	1937 年
赵立圆	邹平县九户镇西郭村	25	男	1937 年
李成园	邹平县九户镇西郭村	28	男	1937 年
宋建忠	邹平县九户镇南李村	24	男	1937 年
李玉祥	邹平县九户镇古王台村	38	男	1937 年
赵长枚	邹平县九户镇古王台村	29	男	1937 年
李玉华	邹平县九户镇古王台村	25	男	1937 年
刘明仁	邹平县九户镇刘祥村	30	男	1937 年
卢祖右	邹平县台子镇小卢村	—	男	1937 年

续表

姓名	籍贯	年龄	性别	死难时间
张纪彬	邹平县台子镇店东村	48	男	1937 年
刘德秀	邹平县台子镇店东村	35	男	1937 年
郭敦珠	邹平县台子镇沙里村	21	男	1937 年
卢志强	邹平县台子镇卢辛村	16	男	1937 年
张敦木	邹平县台子镇张石辛村	25	男	1937 年
刘士贵	邹平县台子镇曹务村	15	男	1937 年
刘会全	邹平县台子镇牛张村	25	男	1937 年
方继青	邹平县台子镇方家村	39	男	1937 年
刘长春	邹平县台子镇常家村	26	男	1937 年
李硬福	邹平县台子镇型六村	45	男	1937 年
李范氏	邹平县台子镇型六村	42	女	1937 年
郑而温	邹平县台子镇北郑村	40	男	1937 年
郑月成	邹平县台子镇北郑村	30	男	1937 年
关明更	邹平县台子镇北郑村	27	男	1937 年
郑黑子	邹平县台子镇北郑村	—	男	1937 年
郑明柱	邹平县台子镇北郑村	15	男	1937 年
郑雨子	邹平县台子镇北郑村	—	男	1937 年
郑人环	邹平县台子镇北郑村	20	男	1937 年
郑雨子之母	邹平县台子镇北郑村	18	女	1937 年
张相文	邹平县台子镇西刁村	32	男	1937 年
刘云池	邹平县台子镇西刁村	33	男	1937 年
刘宗福	邹平县黛溪办西关村	20	男	1938 年 1 月
尹　军	邹平县好生镇蒙二村	30	男	1938 年 1 月
张心启	邹平县好生镇乔家村	20	男	1938 年 1 月
李万美	邹平县临池镇殷家村	45	男	1938 年 1 月
高中海	邹平县明集镇高家村	—	男	1938 年 1 月
张尔斌	邹平县焦桥镇朱家崖村	—	男	1938 年 1 月
卜庆坤	邹平县九户镇新东村	32	男	1938 年 1 月
李玉平	邹平县台子镇东升村	29	男	1938 年 1 月
胡宪清	邹平县台子镇台西村	23	男	1938 年 1 月
魏立信	邹平县台子镇台西村	21	男	1938 年 1 月
郭立福	邹平县台子镇老邵村	25	男	1938 年 1 月
卢秀宝	邹平县台子镇高桥村	18	男	1938 年 1 月
刁凤怀	邹平县台子镇东刁村	60	男	1938 年 1 月

续表

姓 名	籍 贯	年 龄	性 别	死难时间
田二子	邹平县台子镇马家村	27	男	1938 年 1 月
张训恒	邹平县好生镇二槐村	37	男	1938 年 2 月
张左德	邹平县明集镇段桥村	19	男	1938 年 2 月
李玉森	邹平县九户镇商家村	27	男	1938 年 2 月
高富善	邹平县台子镇高家村	68	男	1938 年 2 月
王居温	邹平县台子镇店西村	18	男	1938 年 2 月
李世福	邹平县临池镇殷家村	30	男	1938 年 3 月
许荣禄	邹平县临池镇古城村	—	男	1938 年 3 月
陈仲良	邹平县临池镇古城村	—	男	1938 年 3 月
王万顺	邹平县青阳镇西董村	42	男	1938 年 3 月
张广氏	邹平县九户镇北河沟村	48	女	1938 年 3 月
周李氏	邹平县长山镇东街村	60	女	1938 年 4 月
许京山	邹平县临池镇古城村	—	男	1938 年 4 月
潘振田	邹平县九户镇潘辛村	35	男	1938 年 4 月
宋元福	邹平县九户镇北宋村	30	男	1938 年 4 月
宋元新	邹平县九户镇北李村	26	男	1938 年 4 月
卜庆友	邹平县九户镇新东村	26	男	1938 年 4 月
马建芹	邹平县九户镇长槐村	48	女	1938 年 5 月
孟××	邹平县焦桥镇孟王村	34	男	1938 年 6 月
李京春	邹平县九户镇新西村	39	男	1938 年 6 月
常树林	邹平县台子镇闫家村	22	男	1938 年 6 月
田弱盼	邹平县台子镇邵家村	50	男	1938 年 6 月
田　牛	邹平县台子镇邵家村	54	男	1938 年 6 月
杨　火	邹平县台子镇邵家村	52	男	1938 年 6 月
左永千	邹平县好生镇小高村	15	男	1938 年 7 月
程传碧	邹平县临池镇南山村	48	男	1938 年 7 月
毕张氏	邹平县明集镇牛家村	73	女	1938 年 7 月
张忠良	邹平县焦桥镇小北杜村	—	男	1938 年 7 月
张继林	邹平县九户镇铁匠村	35	男	1938 年 7 月
韩进元	邹平县九户镇韩湾村	43	男	1938 年 7 月
田尚军	邹平县台子镇田家村	27	男	1938 年 7 月
刘志文	邹平县焦桥镇朱堐村	—	男	1938 年 8 月
郭念林	邹平县九户镇商家村	60	男	1938 年 8 月
邹法福	邹平县九户镇北李村	31	男	1938 年 8 月

续表

姓名	籍贯	年龄	性别	死难时间
孙行玉	邹平县好生镇河阳村	32	男	1938年9月
孙洪举	邹平县焦桥镇朱堐村	—	男	1938年9月
李武君	—	34	男	1938年9月
宋兴发	邹平县明集镇南宋村	38	男	1938年11月
张士庆	邹平县九户镇北河沟村	45	男	1938年11月
孙世起	邹平县台子镇李金村	83	男	1938年11月
郭良木	邹平县好生镇平原村	27	男	1938年12月
张瑞荣	邹平县明集镇大张村	24	男	1938年12月
宋敬者	邹平县九户镇北宋村	60	女	1938年12月
田容水	邹平县台子镇田家村	36	男	1938年12月
刘广田	邹平县黛溪办西范村	28	男	1938年
刘以美	邹平县黄山办郎君村	42	男	1938年
马兰胜	邹平县黄山办惠杨堤村	22	男	1938年
温长杰	邹平县高新办温孟村	51	男	1938年
张文氏	邹平县高新办温孟村	30	女	1938年
张延功	邹平县长山镇沟盈村	33	男	1938年
伊树明	邹平县长山镇小祁村	40	男	1938年
张李氏	邹平县长山镇大齐村	—	女	1938年
徐德永	邹平县长山镇前店村	40	男	1938年
王传奇	邹平县长山镇大尹家村	36	男	1938年
王　武	邹平县长山镇小牛村	27	男	1938年
宫云江	邹平县长山镇小牛村	38	男	1938年
石光礼	邹平县长山镇小牛村	38	男	1938年
张培忠	邹平县长山镇中后村	—	男	1938年
徐方启	邹平县长山镇中后村	—	男	1938年
张朋玲	邹平县长山镇中后村	—	男	1938年
张保进	邹平县长山镇中后村	—	男	1938年
徐方明	邹平县长山镇中后村	—	男	1938年
邢树金	邹平县长山镇中前村	—	男	1938年
赵永祺	邹平县长山镇南街村	—	男	1938年
徐沼彬	邹平县长山镇南街村	—	男	1938年
李文全	邹平县长山镇明礼村	—	男	1938年
李贤恩	邹平县长山镇明礼村	—	男	1938年
王　森	邹平县长山镇明礼村	—	男	1938年

续表

姓 名	籍 贯	年 龄	性 别	死难时间
王永红	邹平县长山镇黄王村	24	男	1938 年
左重田	邹平县长山镇黄王村	28	男	1938 年
徐绍春	邹平县长山镇黄王村	29	男	1938 年
王忠厚	邹平县长山镇黄王村	27	男	1938 年
张田氏	邹平县长山镇黄王村	22	女	1938 年
朱俊孝	邹平县长山镇大演马村	42	男	1938 年
伊若祥	邹平县长山镇柏林村	30	男	1938 年
赵西山	邹平县长山镇柏林村	36	男	1938 年
肖广山	邹平县长山镇小演马村	32	男	1938 年
肖庆平	邹平县长山镇小演马村	31	男	1938 年
张文魁	邹平县长山镇甘中村	30	男	1938 年
李书生	邹平县长山镇邵家村	30	男	1938 年
李度海	邹平县好生镇蒙一村	17	男	1938 年
尹洪信	邹平县好生镇蒙一村	20	男	1938 年
尹世沛	邹平县好生镇蒙一村	20	男	1938 年
由维桐	邹平县好生镇蒙一村	18	男	1938 年
尹世宽	邹平县好生镇蒙一村	22	男	1938 年
张景山	邹平县好生镇河南村	38	男	1938 年
毛 三	邹平县好生镇新华村	51	男	1938 年
马立森	邹平县好生镇尹桥村	53	男	1938 年
王允清	邹平县好生镇蒙四村	31	男	1938 年
刘敬芬	邹平县好生镇东董村	21	女	1938 年
赵本法	邹平县好生镇宗家村	50	男	1938 年
刘学明	邹平县临池镇双青村	39	男	1938 年
胡以儒	邹平县临池镇红庙村	27	男	1938 年
毕杨氏	邹平县临池镇西永和村	40	女	1938 年
高 三	邹平县临池镇北园村	47	男	1938 年
高义功	邹平县临池镇中黄村	28	男	1938 年
高逢军	邹平县临池镇中黄村	40	男	1938 年
李圣民	邹平县临池镇中黄村	36	男	1938 年
高××	邹平县临池镇中黄村	38	男	1938 年
高逢东	邹平县临池镇中黄村	37	男	1938 年
高义华	邹平县临池镇中黄村	35	男	1938 年
高圣北	邹平县临池镇中黄村	34	男	1938 年

续表

姓名	籍贯	年龄	性别	死难时间
高义南	邹平县临池镇中黄村	28	男	1938 年
高承军	邹平县临池镇中黄村	29	男	1938 年
高华东	邹平县临池镇中黄村	30	男	1938 年
高江北	邹平县临池镇中黄村	32	男	1938 年
高河东	邹平县临池镇中黄村	31	男	1938 年
由开俭	邹平县临池镇东高村	52	男	1938 年
王玉德	邹平县临池镇望京村	50	男	1938 年
李相荣	邹平县临池镇王家庄村	—	男	1938 年
杨秀英	邹平县临池镇王家庄村	—	女	1938 年
王令树	邹平县临池镇王家庄村	—	男	1938 年
王貌梓	邹平县临池镇王家庄村	—	男	1938 年
王　氏	邹平县临池镇兴安村	—	女	1938 年
贾王氏	邹平县临池镇高旺村	26	女	1938 年
刘老五	邹平县青阳镇浒山村	62	男	1938 年
耿月亮	邹平县青阳镇浒山村	28	男	1938 年
耿茂昌	邹平县青阳镇浒山村	35	男	1938 年
杨同中	邹平县青阳镇韩家村	20	男	1938 年
杨更子	邹平县青阳镇新立村	35	男	1938 年
张承庆	邹平县青阳镇化庄村	45	男	1938 年
赵　信	邹平县青阳镇郭庄村	70	男	1938 年
成道玉	邹平县明集镇南成村	35	男	1938 年
张抓树	邹平县明集镇南成村	40	男	1938 年
王昌河	邹平县明集镇南成村	41	男	1938 年
李风京	邹平县焦桥镇李套村	42	男	1938 年
韩勤木	邹平县焦桥镇前大城村	60	男	1938 年
吴兆经	邹平县焦桥镇前大城村	42	男	1938 年
魏尔法	邹平县焦桥镇兴隆村	32	男	1938 年
魏　镇	邹平县焦桥镇兴隆村	28	男	1938 年
张　浩	邹平县焦桥镇兴隆村	30	男	1938 年
魏训勇	邹平县焦桥镇兴隆村	28	男	1938 年
孙象贵	邹平县焦桥镇刘套村	21	男	1938 年
李茂尚	邹平县焦桥镇刘套村	25	男	1938 年
李茂风	邹平县焦桥镇刘套村	24	男	1938 年
高书台	邹平县焦桥镇高道口村	39	男	1938 年

续表

姓 名	籍 贯	年 龄	性 别	死难时间
张兆修	邹平县焦桥镇高道口村	62	男	1938 年
高化清	邹平县焦桥镇高道口村	51	男	1938 年
高纪方	邹平县焦桥镇高道口村	28	男	1938 年
高纪柳	邹平县焦桥镇高道口村	61	男	1938 年
段明礼	邹平县焦桥镇高道口村	45	男	1938 年
段明贵	邹平县焦桥镇高道口村	51	男	1938 年
李克成	邹平县焦桥镇姚孙村	18	男	1938 年
孙可泉	邹平县焦桥镇姚孙村	58	男	1938 年
袁杰三	邹平县焦桥镇西南村	—	男	1938 年
曲文辉	邹平县焦桥镇西南村	—	男	1938 年
袁聿朋	邹平县焦桥镇西南村	—	男	1938 年
袁聿河	邹平县焦桥镇西南村	—	男	1938 年
袁法三	邹平县焦桥镇西北村	—	男	1938 年
袁法恩	邹平县焦桥镇西北村	—	男	1938 年
钟读明	邹平县焦桥镇小魏村	50	男	1938 年
单同宝	邹平县焦桥镇刘套村	25	男	1938 年
王茂秀	邹平县焦桥镇刘套村	20	男	1938 年
刘　菊	邹平县九户镇陈玉平村	42	男	1938 年
卢桂英	邹平县九户镇张德佐村	46	女	1938 年
牛司文	邹平县九户镇张重良村	27	男	1938 年
张光村	邹平县九户镇张重良村	38	男	1938 年
王玉松	邹平县九户镇石店村	18	男	1938 年
李振红	邹平县九户镇石店村	23	男	1938 年
康　英	邹平县九户镇南潘村	48	男	1938 年
马殿元	邹平县九户镇闫士庙村	23	男	1938 年
李如水	邹平县九户镇闫士庙村	33	男	1938 年
公在阳	邹平县九户镇小王村	20	男	1938 年
丁元奎	邹平县九户镇丁家村	37	男	1938 年
杨宗新	邹平县九户镇刚斧寨村	36	男	1938 年
刘孙氏	邹平县九户镇刚斧寨村	36	女	1938 年
杨守万	邹平县九户镇刚斧寨村	38	男	1938 年
郑士民	邹平县九户镇大郑村	39	男	1938 年
郑行俊	邹平县九户镇大郑村	36	男	1938 年
郭佃路	邹平县九户镇西郭村	27	男	1938 年

续表

姓 名	籍 贯	年 龄	性 别	死难时间
郭孝兰	邹平县九户镇西郭村	26	男	1938 年
李应龙	邹平县九户镇南李村	26	男	1938 年
刘敬美	邹平县九户镇	19	男	1938 年
刘敬贡	邹平县九户镇	19	男	1938 年
刘宗商	邹平县九户镇	19	男	1938 年
刘宋礼	邹平县九户镇	17	男	1938 年
刘宗贵	邹平县九户镇	18	男	1938 年
房尊道	邹平县九户镇金斗村	18	男	1938 年
李敬增	邹平县九户镇古王台村	46	男	1938 年
张敦孔	邹平县九户镇古王台村	51	男	1938 年
李玉渎	邹平县九户镇古王台村	34	男	1938 年
苗中厚	邹平县九户镇安祥村	26	男	1938 年
成兆生	邹平县九户镇成家村	28	男	1938 年
成乃海	邹平县九户镇成家村	25	男	1938 年
郭以平	邹平县九户镇刘祥村	25	男	1938 年
李玉珂	邹平县九户镇左李村	38	男	1938 年
卢祖华	邹平县台子镇小卢村	40	男	1938 年
张明精	邹平县台子镇贾寨村	33	男	1938 年
孙玉青	邹平县台子镇贾寨村	23	男	1938 年
刘光华	邹平县台子镇刘家村	35	男	1938 年
许治河	邹平县台子镇大卢村	19	男	1938 年
卢昌安	邹平县台子镇大卢村	20	男	1938 年
宋传光	邹平县台子镇沙里村	23	男	1938 年
杨绍温	邹平县台子镇卢辛村	19	男	1938 年
王承业	邹平县台子镇孟胡村	21	男	1938 年
张敦合	邹平县台子镇张石辛村	35	男	1938 年
石存英	邹平县台子镇张石辛村	27	男	1938 年
韩叙武	邹平县台子镇牛张村	21	男	1938 年
王自银	邹平县台子镇城关村	26	男	1938 年
毕德仁	邹平县台子镇高王村	25	男	1938 年
毕玉山	邹平县台子镇高王村	20	男	1938 年
王家申	邹平县台子镇高王村	23	男	1938 年
李应祯	邹平县台子镇型六村	36	男	1938 年
郑人风	邹平县台子镇北郑村	61	男	1938 年

续表

姓 名	籍 贯	年 龄	性 别	死难时间
郑月泰	邹平县台子镇北郑村	20	男	1938 年
赵京伍之妻	邹平县台子镇玉皇村	34	女	1938 年
王思美	邹平县台子镇西刁村	30	男	1938 年
胡善停	邹平县台子镇胡楼村	27	男	1938 年
赵洪吉	邹平县台子镇胡楼村	25	男	1938 年
胡刘氏	邹平县台子镇胡楼村	30	女	1938 年
胡福庭之妻	邹平县台子镇胡楼村	29	女	1938 年
张启春	邹平县西董镇宋家村	21	男	1939 年 1 月
王大好	邹平县好生镇蒙二村	26	男	1939 年 1 月
王继军	邹平县好生镇蒙二村	33	男	1939 年 1 月
左建元	邹平县好生镇小高村	37	男	1939 年 1 月
梁春云	邹平县焦桥镇赵旺村	42	男	1939 年 1 月
王仁贵	邹平县焦桥镇孟王村	42	男	1939 年 1 月
卜小增	邹平县九户镇新东村	20	男	1939 年 1 月
姜奉善	邹平县台子镇姜陈村	63	男	1939 年 1 月
高念庆	邹平县台子镇高家村	50	男	1939 年 1 月
高庆桐	邹平县台子镇高家村	50	男	1939 年 1 月
胡王氏	邹平县台子镇西升村	27	女	1939 年 1 月
刘跃仁	邹平县台子镇绳刘村	36	男	1939 年 1 月
刘顺楼	邹平县台子镇东刁村	40	男	1939 年 1 月
刘仁长	邹平县台子镇东刁村	40	男	1939 年 1 月
高佃文	邹平县台子镇杨家村	28	男	1939 年 1 月
刘宗权	邹平县黛溪办西关村	22	男	1939 年 2 月
田承溪	邹平县黛溪办韦家村	35	男	1939 年 2 月
张小兵	邹平县好生镇蒙三村	23	男	1939 年 2 月
解吉利	邹平县临池镇古城村	—	男	1939 年 2 月
马方连	邹平县明集镇段桥村	21	男	1939 年 2 月
宋书善	邹平县明集镇南宋村	27	男	1939 年 2 月
李共昌	邹平县焦桥镇李套村	26	男	1939 年 2 月
宋玉街	邹平县九户镇北宋村	27	男	1939 年 2 月
彭马玉	邹平县九户镇彭家村	56	男	1939 年 2 月
王维忠	邹平县台子镇双庙村	55	男	1939 年 2 月
李玉栋	邹平县台子镇旧城村	17	男	1939 年 2 月
王珍子	邹平县台子镇马家村	39	男	1939 年 2 月

续表

姓名	籍贯	年龄	性别	死难时间
贾左山	邹平县西董镇韦家坡村	52	男	1939 年 3 月
李怀成	邹平县好生镇二槐村	48	男	1939 年 3 月
姜刘恒	邹平县好生镇姜家村	44	男	1939 年 3 月
时玉山	邹平县好生镇姜家村	15	男	1939 年 3 月
尹重武	邹平县好生镇姜家村	14	男	1939 年 3 月
潘广文	邹平县临池镇南山村	62	男	1939 年 3 月
宋行划	邹平县九户镇北宋村	42	男	1939 年 3 月
董八子	邹平县青阳镇青阳村	26	男	1939 年 4 月 1 日
陈化山	邹平县台子镇姜陈村	50	男	1939 年 4 月 5 日
王勉子	邹平县青阳镇青阳村	5	女	1939 年 4 月 15 日
王丕春	邹平县好生镇乔家村	19	男	1939 年 4 月
王顺利	邹平县临池镇下河村	47	男	1939 年 4 月
王德乐	邹平县临池镇下河村	45	男	1939 年 4 月
刘允之	邹平县青阳镇马埠村	50	男	1939 年 4 月
位耀光	邹平县焦桥镇小北杜村	—	男	1939 年 4 月
郭星龙	邹平县九户镇韩湾村	45	男	1939 年 4 月
张广场	邹平县台子镇赵水村	22	男	1939 年 4 月
孙延永	邹平县好生镇河阳村	38	男	1939 年 5 月
尹基和	邹平县好生镇尹家河村	45	男	1939 年 5 月
张茂德	邹平县明集镇段桥村	21	男	1939 年 5 月
朱志思	邹平县台子镇位家村	15	男	1939 年 5 月
孙世财	邹平县台子镇李金村	31	男	1939 年 5 月
刘敬理	邹平县好生镇院上村	26	男	1939 年 6 月
王家澄	邹平县台子镇康家村	53	男	1939 年 6 月
赵子峰	邹平县台子镇豆八村	22	男	1939 年 6 月
闫明周	邹平县台子镇闫家村	22	男	1939 年 6 月
王培忠	邹平县台子镇北位桥村	20	男	1939 年 6 月
王力同	邹平县好生镇蒙三村	46	男	1939 年 7 月
张福会	邹平县好生镇好生村	27	男	1939 年 7 月
石光才	邹平县好生镇好生村	36	男	1939 年 7 月
高宪荣	邹平县明集镇高家村	—	男	1939 年 7 月
于光荣	邹平县明集镇段桥村	25	男	1939 年 7 月
刘以山	邹平县明集镇牛家村	47	男	1939 年 7 月
宋元青	邹平县九户镇北李村	35	男	1939 年 7 月

续表

姓 名	籍 贯	年 龄	性 别	死难时间
王京湖	邹平县九户镇爱东村	45	男	1939 年 7 月
刘菊花	邹平县九户镇杨家村	37	男	1939 年 7 月
翟稳桂	邹平县台子镇双庙村	31	男	1939 年 7 月
杨来子	邹平县台子镇马家村	32	男	1939 年 7 月
赵秀兰	邹平县码头镇李坡村	35	女	1939 年 8 月 10 日
李王氏	邹平县临池镇下河村	18	女	1939 年 8 月
赵宗义	邹平县明集镇兰芝里村	30	男	1939 年 8 月
赵子林	邹平县明集镇兰芝里村	40	男	1939 年 8 月
孙广没	邹平县明集镇西闸村	24	男	1939 年 8 月
李美娜	邹平县明集镇西闸村	22	女	1939 年 8 月
李林文	邹平县焦桥镇李套村	24	男	1939 年 8 月
商学勇	邹平县九户镇商家村	47	男	1939 年 8 月
张士森	邹平县九户镇北宋村	24	男	1939 年 8 月
张立本	邹平县台子镇长船村	37	男	1939 年 8 月
张福臣	邹平县好生镇好生村	25	男	1939 年 9 月
尹永昌	邹平县青阳镇西董村	40	男	1939 年 9 月
赵振银	邹平县明集镇段桥村	20	男	1939 年 9 月
邢振忠	邹平县明集镇大耿村	—	男	1939 年 9 月
康佃胜	邹平县台子镇康家村	49	男	1939 年 11 月
李秀娥	邹平县台子镇西升村	27	女	1939 年 11 月
胡宗思	邹平县台子镇西升村	19	男	1939 年 11 月
岳彩霞	邹平县台子镇杨家村	30	女	1939 年 11 月
营佐保	邹平县明集镇营家村	44	男	1939 年 12 月
宋永革	邹平县明集镇南宋村	27	男	1939 年 12 月
徐仁平	邹平县焦桥镇四马村	24	男	1939 年 12 月
朱义友	邹平县焦桥镇赵旺村	15	男	1939 年 12 月
王林之	邹平县焦桥镇赵旺村	40	男	1939 年 12 月
张光才	邹平县焦桥镇赵旺村	38	男	1939 年 12 月
王玉全	邹平县焦桥镇赵旺村	35	男	1939 年 12 月
张贵昌	邹平县焦桥镇爱贤村	20	男	1939 年 12 月
张红涛	邹平县九户镇北河沟村	34	男	1939 年 12 月
刘广福	邹平县黛溪办西范村	39	男	1939 年
刘广玺	邹平县黛溪办西范村	38	女	1939 年
刘广和	邹平县黛溪办西范村	49	男	1939 年

续表

姓 名	籍 贯	年 龄	性 别	死难时间
赵福臣	邹平县黛溪办南营村	30	男	1939 年
赵 卓	邹平县黛溪办南营村	26	男	1939 年
刘向元	邹平县黄山办郎君村	27	男	1939 年
马永春	邹平县黄山办郎君村	26	男	1939 年
刘 氏	邹平县黄山办郎君村	53	女	1939 年
路连德	邹平县黄山办韩家村	29	男	1939 年
陈世芹	邹平县黄山办惠杨村	24	男	1939 年
王玉亭	邹平县黄山办惠杨村	32	男	1939 年
盖奉告	邹平县黄山办惠杨村	27	男	1939 年
孟继尧	邹平县高新办温孟村	37	男	1939 年
高明川	邹平县高新办牛王村	20	男	1939 年
荣延同	邹平县高新办牛王村	24	男	1939 年
宋业来	邹平县长山镇沟盈村	28	男	1939 年
高成德	邹平县长山镇小祁村	18	男	1939 年
王丕海	邹平县长山镇大尹家村	32	男	1939 年
宫守杰	邹平县长山镇小牛村	38	男	1939 年
裴合全	邹平县长山镇中前村	—	男	1939 年
张居志	邹平县长山镇积格村	—	男	1939 年
张 浩	邹平县长山镇积格村	—	男	1939 年
张化远	邹平县长山镇积格村	—	男	1939 年
肖光海	邹平县长山镇大演马村	39	男	1939 年
朱砚夫	邹平县长山镇大演马村	31	男	1939 年
朱玉新	邹平县长山镇柏林村	21	男	1939 年
刘玉洪	邹平县长山镇柏林村	22	男	1939 年
张文州	邹平县长山镇小演马村	36	男	1939 年
徐少武	邹平县长山镇西街村	30	男	1939 年
张道德	邹平县长山镇西街村	24	男	1939 年
张明礼	邹平县好生镇新华村	43	男	1939 年
孙老三	邹平县好生镇屯里村	32	男	1939 年
魏思孔	邹平县好生镇河西村	46	男	1939 年
赵延俊	邹平县好生镇史营村	27	男	1939 年
王元福	邹平县好生镇李营村	46	男	1939 年
赵方发	邹平县好生镇宗家村	50	男	1939 年
宗秀祯	邹平县好生镇宗家村	45	男	1939 年

续表

姓 名	籍 贯	年 龄	性 别	死难时间
赵启山	邹平县临池镇双青村	52	男	1939 年
李古行	邹平县临池镇西庄村	41	男	1939 年
李钦尊	邹平县临池镇西庄村	26	男	1939 年
张　顺	邹平县临池镇北园村	60	男	1939 年
高贵仁	邹平县临池镇北园村	52	男	1939 年
李道山	邹平县临池镇东黄村	47	男	1939 年
周道勋	邹平县临池镇望京村	49	男	1939 年
王宗水	邹平县临池镇大临池村	32	男	1939 年
宫方远	邹平县临池镇小黄埠村	66	男	1939 年
张万针	邹平县临池镇柏家村	51	男	1939 年
李工斌	邹平县临池镇古城村	—	男	1939 年
王广平	邹平县青阳镇西窝陀村	27	男	1939 年
王广俊	邹平县青阳镇西窝陀村	20	男	1939 年
赵纪星	邹平县青阳镇西窝陀村	23	男	1939 年
王云水	邹平县青阳镇西窝陀村	25	男	1939 年
王先民	邹平县青阳镇徐家村	—	—	1939 年
赵大德	邹平县青阳镇徐家村	—	男	1939 年
赵纪厚之妻	邹平县青阳镇徐家村	—	女	1939 年
张孔林	邹平县青阳镇浒山村	36	男	1939 年
孙恒举	邹平县青阳镇浒山村	35	男	1939 年
刘元福	邹平县青阳镇醴泉村	40	男	1939 年
刘郑氏	邹平县青阳镇醴泉村	51	女	1939 年
张玉龙	邹平县青阳镇醴泉村	35	男	1939 年
刘保子	邹平县青阳镇醴泉村	25	男	1939 年
李东方	邹平县青阳镇韩家村	21	男	1939 年
李俊发	邹平县青阳镇韩家村	25	男	1939 年
张以辉	邹平县青阳镇韩家村	32	男	1939 年
徐佃芝	邹平县青阳镇化庄村	37	男	1939 年
李经远	邹平县青阳镇郭庄村	21	男	1939 年
贾崇山	邹平县青阳镇贾庄村	40	男	1939 年
颜景法	邹平县明集镇宋集村	18	男	1939 年
颜景河	邹平县明集镇宋集村	19	男	1939 年
颜承杰	邹平县明集镇宋集村	19	男	1939 年
刘云训	邹平县明集镇宋集村	20	男	1939 年

续表

姓 名	籍 贯	年 龄	性 别	死难时间
刘公浩	邹平县明集镇宋集村	20	男	1939 年
韩本亮	邹平县焦桥镇前大城村	47	男	1939 年
韩本木	邹平县焦桥镇前大城村	52	男	1939 年
夏玉林	邹平县焦桥镇前大城村	57	男	1939 年
刘叶美	邹平县焦桥镇兴隆村	25	女	1939 年
魏兆增	邹平县焦桥镇兴隆村	27	男	1939 年
袁聿太	邹平县焦桥镇东平村	20	男	1939 年
曲延森	邹平县焦桥镇四马村	24	男	1939 年
王立功	邹平县焦桥镇四马村	40	男	1939 年
刘长胜	邹平县焦桥镇牛家村	—	男	1939 年
孙光云	邹平县焦桥镇刘套村	24	男	1939 年
孙玉让	邹平县焦桥镇刘套村	23	男	1939 年
孙玉河	邹平县焦桥镇刘套村	24	男	1939 年
李茂彬	邹平县焦桥镇刘套村	20	男	1939 年
李茂治	邹平县焦桥镇刘套村	24	男	1939 年
宋金山	邹平县焦桥镇刁宋村	24	男	1939 年
刁庆信	邹平县焦桥镇刁宋村	36	男	1939 年
刁长传	邹平县焦桥镇刁宋村	36	男	1939 年
刁在富	邹平县焦桥镇刁宋村	37	男	1939 年
高风举	邹平县焦桥镇高道口村	43	男	1939 年
董际千	邹平县焦桥镇董家村	—	男	1939 年
董应奎	邹平县焦桥镇董家村	61	男	1939 年
刘忠梅	邹平县焦桥镇董家村	—	男	1939 年
杨京文	邹平县焦桥镇姚孙村	60	男	1939 年
杨方俭	邹平县焦桥镇姚孙村	61	男	1939 年
左其录	邹平县焦桥镇西营村	20	男	1939 年
李明录	邹平县焦桥镇西营村	26	男	1939 年
袁仁山	邹平县焦桥镇西营村	28	男	1939 年
曲延体	邹平县焦桥镇西南村	—	男	1939 年
贺怀仁	邹平县焦桥镇西北村	—	男	1939 年
王百祥	邹平县焦桥镇西北村	—	男	1939 年
张为荣	邹平县焦桥镇小魏村	38	男	1939 年
张兆祥	邹平县焦桥镇刘套村	24	男	1939 年
张述锋	邹平县焦桥镇西杜村	29	男	1939 年

续表

姓 名	籍 贯	年 龄	性 别	死难时间
颜秀英	邹平县九户镇张德佐村	45	女	1939 年
张克广	邹平县九户镇张德佐村	49	男	1939 年
张井左	邹平县九户镇张重良村	30	男	1939 年
张法尧	邹平县九户镇石店村	25	男	1939 年
赵　氏	邹平县青阳镇郭庄村	67	女	1941 年
潘敦厚	邹平县九户镇南潘村	30	男	1939 年
李如春	邹平县九户镇闫士庙村	23	男	1939 年
郭化朋	邹平县九户镇北郭村	55	男	1939 年
刘庆书	邹平县九户镇长兴村	36	男	1939 年
韩春顺	邹平县九户镇水牛韩村	57	男	1939 年
丁　虎	邹平县九户镇丁家村	42	男	1939 年
丁云生	邹平县九户镇丁家村	41	男	1939 年
沈兆祥	邹平县九户镇丁家村	39	男	1939 年
丁继虎	邹平县九户镇丁家村	39	男	1939 年
杨秀春	邹平县九户镇刚斧寨村	48	男	1939 年
杨宗县	邹平县九户镇刚斧寨村	37	男	1939 年
刘徐州	邹平县九户镇刘官村	25	男	1939 年
张保珍	邹平县九户镇刘官村	24	男	1939 年
刘秀德	邹平县九户镇刘官村	26	男	1939 年
张秀清	邹平县九户镇刘官村	26	男	1939 年
刘传志	邹平县九户镇刘官村	26	男	1939 年
郭佃木	邹平县九户镇西郭村	26	男	1939 年
房秀杰	邹平县九户镇房家村	20	男	1939 年
房万春	邹平县九户镇房家村	17	男	1939 年
房吉田	邹平县九户镇房家村	23	男	1939 年
刘　奎	邹平县九户镇房家村	18	男	1939 年
房尤孝	邹平县九户镇房家村	18	男	1939 年
房秀胜	邹平县九户镇房家村	23	男	1939 年
房　甫	邹平县九户镇房家村	21	男	1939 年
房佃清	邹平县九户镇房家村	24	男	1939 年
刘佳良	邹平县九户镇房家村	22	男	1939 年
李少秋	邹平县九户镇南李村	26	男	1939 年
马元征	邹平县九户镇金斗村	21	男	1939 年
张士利	邹平县九户镇金斗村	20	男	1939 年

续表

姓 名	籍 贯	年 龄	性 别	死难时间
刘善行	邹平县九户镇兴合村	19	男	1939 年
张佃波	邹平县九户镇兴合村	23	男	1939 年
刘告锋	邹平县九户镇兴合村	19	男	1939 年
张程祥	邹平县九户镇兴合村	22	男	1939 年
张士全	邹平县九户镇古王台村	36	男	1939 年
田兴文	邹平县九户镇成家村	32	男	1939 年
成守海	邹平县九户镇成家村	30	男	1939 年
薛德顺	邹平县九户镇刘祥村	18	男	1939 年
刘凤武	邹平县九户镇刘祥村	21	男	1939 年
王传礼	邹平县九户镇迷河套村	27	男	1939 年
刘书华	邹平县台子镇小卢村	79	男	1939 年
刘兴黄	邹平县台子镇刘家村	32	男	1939 年
刘立银	邹平县台子镇刘家村	46	男	1939 年
胡培石	邹平县台子镇店东村	—	男	1939 年
张纪顺	邹平县台子镇店东村	36	男	1939 年
刘德彬	邹平县台子镇店东村	30	男	1939 年
卢昌顺	邹平县台子镇大卢村	20	男	1939 年
卢乃清	邹平县台子镇大卢村	18	男	1939 年
李圣贞	邹平县台子镇沙里村	30	男	1939 年
郭芳汉	邹平县台子镇沙里村	28	男	1939 年
杨紧曾	邹平县台子镇卢辛村	20	男	1939 年
李曰仪	邹平县台子镇官道李村	—	男	1939 年
张月娥	邹平县台子镇盛家村	25	女	1939 年
张士潭	邹平县台子镇张石辛村	26	男	1939 年
刘大朋	邹平县台子镇曹务村	55	男	1939 年
李玉庭	邹平县台子镇曹务村	40	男	1939 年
刘运全	邹平县台子镇牛张村	28	男	1939 年
韩叙仁	邹平县台子镇牛张村	40	男	1939 年
方光下	邹平县台子镇方家村	34	男	1939 年
杨爱后	邹平县台子镇张博村	40	男	1939 年
张尔后	邹平县台子镇型六村	58	男	1939 年
李孟氏	邹平县台子镇型六村	45	女	1939 年
赵永坤之妻	邹平县台子镇玉皇村	32	女	1939 年
张汉光之女	邹平县台子镇玉皇村	29	女	1939 年

续表

姓 名	籍 贯	年 龄	性 别	死难时间
胡文清	邹平县台子镇胡楼村	30	男	1939 年
李思强	邹平县台子镇胡楼村	30	男	1939 年
李玉芳	邹平县黛溪办成五村	22	男	1940 年 1 月
李丙服	邹平县长山镇西江村	25	男	1940 年 1 月
张士天	邹平县长山镇西江村	32	男	1940 年 1 月
鲍泽珂	邹平县长山镇鲍家村	19	男	1940 年 1 月
杨富贵	邹平县长山镇弥勒村	36	男	1940 年 1 月
张传国	邹平县长山镇小张村	31	男	1940 年 1 月
王义平	邹平县长山镇增盛村	36	男	1940 年 1 月
姚茂喜	邹平县长山镇尚旺村	53	男	1940 年 1 月
王淑山	邹平县好生镇蒙三村	35	男	1940 年 1 月
王文河	邹平县好生镇蒙三村	41	男	1940 年 1 月
鹿长年	邹平县好生镇展店村	18	男	1940 年 1 月
潘广信	邹平县临池镇南山村	61	男	1940 年 1 月
李崇格	邹平县临池镇南山村	59	男	1940 年 1 月
纪宗京	邹平县临池镇古城村	—	男	1940 年 1 月
李家初	邹平县焦桥镇李套村	35	男	1940 年 1 月
张新峰	邹平县焦桥镇张官村	24	男	1940 年 1 月
张干庆	邹平县九户镇铁匠村	31	男	1940 年 1 月
卜孟氏	邹平县九户镇新东村	35	女	1940 年 1 月
李桐修	邹平县九户镇新西村	45	男	1940 年 1 月
张敦官	邹平县九户镇长槐村	50	男	1940 年 1 月
王传义	—	39	男	1940 年 1 月
高庆明	邹平县台子镇高家村	60	男	1940 年 1 月
赵朋飞	邹平县台子镇豆八村	17	男	1940 年 1 月
闫　义	邹平县台子镇闫家村	21	男	1940 年 1 月
宋解思	邹平县台子镇宋四排村	26	男	1940 年 1 月
高　二	邹平县长山镇尚旺村	50	男	1940 年 2 月
姚德中	邹平县长山镇尚旺村	45	男	1940 年 2 月
孙丙水	邹平县好生镇鹿家村	16	男	1940 年 2 月
张照枝	邹平县明集镇大张村	27	男	1940 年 2 月
陈景能	邹平县九户镇小陈村	41	男	1940 年 2 月
王维传	邹平县台子镇双庙村	40	男	1940 年 2 月
张　贝	邹平县台子镇双庙村	60	男	1940 年 2 月

续表

姓名	籍贯	年龄	性别	死难时间
付庆怀	邹平县台子镇高家村	45	男	1940 年 2 月
李家恒	邹平县台子镇台东村	21	男	1940 年 2 月
盛功利	邹平县台子镇马家村	25	男	1940 年 2 月
陈业胜	邹平县好生镇二槐村	55	男	1940 年 3 月 14 日
马方财	邹平县明集镇段桥村	30	男	1940 年 3 月
赵子通	邹平县明集镇兰芝里村	37	男	1940 年 3 月
赵泽三	邹平县明集镇兰芝里村	29	男	1940 年 3 月
赵继昌	邹平县明集镇兰芝里村	28	男	1940 年 3 月
刘玉山	邹平县明集镇西闸村	28	男	1940 年 3 月
李金田	邹平县明集镇西闸村	22	男	1940 年 3 月
王刚才	邹平县明集镇西闸村	23	男	1940 年 3 月
刘君德	邹平县台子镇姜陈村	58	男	1940 年 3 月
康兴禄	邹平县台子镇康家村	52	男	1940 年 3 月
袁聿太	邹平县长山镇东夏村	30	男	1940 年春
刘耀吉	邹平县长山镇东夏村	29	男	1940 年春
王廷顺	邹平县长山镇东夏村	30	男	1940 年春
王宗太	邹平县长山镇东夏村	32	男	1940 年春
张遵杰	邹平县长山镇西宰村	37	男	1940 年春
张德祥	邹平县长山镇西丁村	31	男	1940 年春
蔺法利	邹平县长山镇西丁村	28	男	1940 年春
李芝森	邹平县长山镇大丁村	28	男	1940 年春
张开会	邹平县长山镇大丁村	34	男	1940 年春
张新德	邹平县长山镇大丁村	31	男	1940 年春
张学勇	邹平县好生镇八里河村	16	男	1940 年 4 月
李树茂	邹平县青阳镇西董村	40	男	1940 年 4 月
高中晨	邹平县明集镇高家村	—	男	1940 年 4 月
袁聿启	邹平县长山镇东夏村	23	男	1940 年 5 月
张方修	邹平县明集镇段桥村	25	男	1940 年 5 月
赵汝前	邹平县明集镇段桥村	23	男	1940 年 5 月
穆佃营	邹平县明集镇牛家村	61	男	1940 年 5 月
张继礼	邹平县九户镇铁匠村	42	男	1940 年 5 月
卜庆银	邹平县九户镇新东村	36	男	1940 年 5 月
房佃全	邹平县九户镇哈庄村	23	男	1940 年 5 月
彭克山	邹平县九户镇哈庄村	24	男	1940 年 5 月

续表

姓 名	籍 贯	年 龄	性 别	死难时间
房敬永	邹平县九户镇哈庄村	25	男	1940 年 5 月
彭振良	邹平县九户镇哈庄村	26	男	1940 年 5 月
任办行	邹平县台子镇店西村	25	男	1940 年 5 月
田若立	邹平县台子镇田家村	29	男	1940 年 5 月
王思祥	邹平县好生镇鹿家村	18	男	1940 年 6 月
王茂坤	邹平县青阳镇西董村	39	男	1940 年 6 月
高中林	邹平县明集镇高家村	—	男	1940 年 6 月
李昌书	邹平县焦桥镇李套村	21	男	1940 年 6 月
李武公	邹平县九户镇北李村	34	男	1940 年 6 月
王俊邦	邹平县台子镇店西村	25	男	1940 年 6 月
徐重才	邹平县长山镇官庄村	21	男	1940 年 7 月
杨建业	邹平县长山镇弥勒村	27	男	1940 年 7 月
李式武	邹平县长山镇北中村	35	男	1940 年 7 月
王德香	邹平县长山镇尚旺村	44	男	1940 年 7 月
李树德	邹平县台子镇姜陈村	61	男	1940 年 7 月
郭玉山	邹平县长山镇前栗村	25	男	1940 年 8 月
朱曾祥	邹平县好生镇乔家村	22	男	1940 年 8 月
段明仁	邹平县焦桥镇赵旺村	23	男	1940 年 8 月
孟宪忠	邹平县焦桥镇史辛村	35	男	1940 年 8 月
王善力	邹平县九户镇王号村	29	男	1940 年 8 月
张为涛	邹平县台子镇老鸦赵村	19	男	1940 年 8 月
王尔璞	邹平县九户镇爱东村	48	男	1940 年 9 月
王厚太	邹平县长山镇东夏村	33	男	1940 年秋
刘恒吉	邹平县长山镇东夏村	40	男	1940 年秋
杨方会	邹平县长山镇西丁村	32	男	1940 年秋
张行鲁	邹平县长山镇南夏村	41	男	1940 年 10 月 1 日
尹世刚	邹平县好生镇河阳村	45	男	1940 年 11 月
宋景泽	邹平县明集镇南宋村	39	男	1940 年 11 月
马会美	邹平县码头镇李家村	25	男	1940 年 11 月
宋守子	邹平县青阳镇青阳村	27	男	1940 年 12 月 23 日
王　民	邹平县青阳镇青阳村	31	男	1940 年 12 月 23 日
刘之明	邹平县青阳镇青阳村	29	男	1940 年 12 月 23 日
宋　明	邹平县青阳镇青阳村	35	男	1940 年 12 月 23 日
宋得子	邹平县青阳镇青阳村	30	男	1940 年 12 月 23 日

续表

姓 名	籍 贯	年 龄	性 别	死难时间
王守新	邹平县青阳镇青阳村	28	男	1940 年 12 月 23 日
宋越飞	邹平县青阳镇青阳村	29	男	1940 年 12 月 23 日
宋守玉	邹平县青阳镇青阳村	35	男	1940 年 12 月 23 日
刘 章	邹平县青阳镇青阳村	28	男	1940 年 12 月 23 日
董正明	邹平县青阳镇青阳村	32	男	1940 年 12 月 23 日
袁崇祐	邹平县长山镇长韩村	42	男	1940 年 12 月
石玉华	邹平县长山镇田家村	42	男	1940 年 12 月
常天宝	邹平县长山镇大闫村	31	男	1940 年 12 月
杨聚财	邹平县长山镇弥勒村	29	男	1940 年 12 月
沈云柱	邹平县好生镇展店村	21	男	1940 年 12 月
于加信	邹平县好生镇山旺村	32	男	1940 年 12 月
刘广玉	邹平县黛溪办西范村	41	男	1940 年
赵宝元	邹平县黛溪办南营村	22	男	1940 年
姜传贵	邹平县黛溪办北关村	38	男	1940 年
王保会	邹平县黛溪办北关村	30	男	1940 年
刘绪率	邹平县黄山办郎君村	37	男	1940 年
郭家祥	邹平县黄山办惠杨堤村	35	男	1940 年
丁战发	邹平县黄山办惠杨堤村	20	男	1940 年
陈永冒	邹平县黄山办惠杨堤村	30	男	1940 年
崔守金	邹平县黄山办崔家村	45	男	1940 年
孟兆戈	邹平县高新办温孟村	42	男	1940 年
马天民	邹平县高新办山旺村	36	男	1940 年
李兆亭	邹平县高新办大新村	35	女	1940 年
张挺让	邹平县长山镇小祁村	40	男	1940 年
祁光让	邹平县长山镇小祁村	38	男	1940 年
高淑让	邹平县长山镇小祁村	50	男	1940 年
高成明	邹平县长山镇小祁村	55	男	1940 年
祁光英	邹平县长山镇小祁村	21	男	1940 年
张统祥	邹平县长山镇大齐村	—	男	1940 年
张唐青	邹平县长山镇大齐村	—	男	1940 年
赵家发	邹平县长山镇张旺村	36	男	1940 年
赵希唐	邹平县长山镇张旺村	39	男	1940 年
赵佩芝	邹平县长山镇张旺村	28	男	1940 年
李希三	邹平县长山镇张旺村	41	男	1940 年

续表

姓名	籍贯	年龄	性别	死难时间
李敬全	邹平县长山镇东店村	24	男	1940年
韩光成	邹平县长山镇大尹家村	30	男	1940年
刘尊仁	邹平县长山镇大尹家村	40	男	1940年
王占祥	邹平县长山镇大由村	36	男	1940年
文德坤	邹平县长山镇中前村	—	男	1940年
格天龙	邹平县长山镇积格村	—	男	1940年
张光文	邹平县长山镇积格村	—	男	1940年
张道奎	邹平县长山镇积格村	—	男	1940年
张居家	邹平县长山镇积格村	—	男	1940年
王维臣	邹平县长山镇黄王村	31	男	1940年
刘贤文	邹平县长山镇良郭村	25	男	1940年
刘成爱	邹平县长山镇良郭村	35	男	1940年
杨增坤	邹平县长山镇良郭村	30	男	1940年
杨增润	邹平县长山镇良郭村	31	男	1940年
刘成文	邹平县长山镇良郭村	28	男	1940年
朱玉纪	邹平县长山镇大演马村	41	男	1940年
朱世信	邹平县长山镇大演马村	38	男	1940年
肖佃貌	邹平县长山镇大演马村	29	男	1940年
刘玉奇	邹平县长山镇柏林村	25	男	1940年
曲百江	邹平县长山镇杏村	37	男	1940年
李传成	邹平县长山镇李富村	33	男	1940年
石广义	邹平县长山镇邵家村	42	男	1940年
宋希元	邹平县长山镇邵家村	55	男	1940年
李书衔	邹平县长山镇邵家村	61	男	1940年
由安业	邹平县好生镇蒙一村	67	男	1940年
王永江	邹平县好生镇河南村	39	男	1940年
徐　山	邹平县好生镇河南村	40	男	1940年
郭　利	邹平县好生镇河南村	40	男	1940年
王泽实	邹平县好生镇苗家村	45	男	1940年
马老六	邹平县好生镇张家村	61	男	1940年
李生泽	邹平县好生镇河北村	—	男	1940年
李淑宝	邹平县好生镇史营村	25	男	1940年
刘兆喜	邹平县好生镇东董村	39	男	1940年
路善海	邹平县好生镇贾庄村	35	男	1940年

续表

姓 名	籍 贯	年 龄	性 别	死难时间
路善吉	邹平县好生镇贾庄村	41	男	1940 年
王成思	邹平县好生镇贾庄村	38	男	1940 年
李长合	邹平县好生镇李营村	46	男	1940 年
赵方秀	邹平县好生镇宗家村	58	男	1940 年
李星福	邹平县好生镇宗家村	52	男	1940 年
郭正柱	邹平县临池镇红庙村	20	男	1940 年
高代运	邹平县临池镇红庙村	26	男	1940 年
高兴运	邹平县临池镇红庙村	26	男	1940 年
高逢时	邹平县临池镇红庙村	28	男	1940 年
李古章	邹平县临池镇西庄村	37	男	1940 年
毕邦抗	邹平县临池镇西永和村	55	男	1940 年
杨一环	邹平县临池镇西永和村	38	男	1940 年
高春花	邹平县临池镇北园村	44	女	1940 年
张希贵	邹平县临池镇北园村	59	男	1940 年
高宝东	邹平县临池镇中黄村	39	男	1940 年
王张氏	邹平县临池镇东黄村	50	女	1940 年
吕 顺	邹平县临池镇东黄村	48	男	1940 年
由周氏	邹平县临池镇东高村	45	女	1940 年
由大义	邹平县临池镇东高村	40	男	1940 年
崔圣喜	邹平县临池镇望京村	55	男	1940 年
王宗堂	邹平县临池镇大临池村	40	男	1940 年
王守连	邹平县临池镇王家庄村	—	男	1940 年
董呈富	邹平县临池镇王家庄村	—	男	1940 年
董呈祥	邹平县临池镇王家庄村	—	男	1940 年
张高氏	邹平县临池镇兴安村	—	女	1940 年
刘清仁	邹平县临池镇小黄埠村	59	男	1940 年
贾 柱	邹平县临池镇高旺村	24	男	1940 年
高逢山	邹平县临池镇高旺村	27	男	1940 年
高晋朋	邹平县临池镇高旺村	20	男	1940 年
麻星兰	邹平县临池镇高旺村	26	男	1940 年
王荣华	邹平县临池镇柏家村	60	男	1940 年
张广文	邹平县临池镇古城村	—	男	1940 年
张树营	邹平县临池镇古城村	—	男	1940 年
陈仁春	邹平县临池镇古城村	—	男	1940 年

续表

姓 名	籍 贯	年 龄	性 别	死难时间
赵成德	邹平县青阳镇东窝陀村	60	男	1940 年
赵云胜之父	邹平县青阳镇西窝陀村	30	男	1940 年
赵少子	邹平县青阳镇西窝陀村	29	男	1940 年
王树友之父	邹平县青阳镇西窝陀村	27	男	1940 年
张守职	邹平县青阳镇浒山村	38	男	1940 年
孙恒元	邹平县青阳镇浒山村	26	男	1940 年
张友林	邹平县青阳镇浒山村	28	男	1940 年
潘玉龙	邹平县青阳镇醴泉村	40	男	1940 年
邢玉宝	邹平县青阳镇醴泉村	34	男	1940 年
张唱子	邹平县青阳镇醴泉村	33	男	1940 年
耿成子	邹平县青阳镇韩家村	24	男	1940 年
张绞子	邹平县青阳镇韩家村	34	男	1940 年
张 氏	邹平县青阳镇韩家村	62	女	1940 年
杨成仁	邹平县青阳镇新立村	48	男	1940 年
张汶天	邹平县青阳镇新立村	26	男	1940 年
曹兴子	邹平县青阳镇化庄村	48	男	1940 年
赵王氏	邹平县青阳镇郭庄村	70	女	1940 年
耿茂让	邹平县青阳镇钟家村	48	男	1940 年
贾崇善	邹平县青阳镇贾庄村	28	男	1940 年
贾玉成	邹平县青阳镇贾庄村	21	男	1940 年
刘正范	邹平县明集镇宋集村	18	男	1940 年
赵方芹	邹平县明集镇颜集村	25	男	1940 年
张含念	邹平县明集镇颜集村	27	男	1940 年
李林龙	邹平县焦桥镇李套村	27	男	1940 年
韩本魁	邹平县焦桥镇前大城村	50	男	1940 年
吴兆辉	邹平县焦桥镇前大城村	64	男	1940 年
曲修礼	邹平县焦桥镇后三村	29	男	1940 年
张业宜	邹平县焦桥镇兴隆村	21	男	1940 年
李洪江	邹平县焦桥镇东平村	26	男	1940 年
袁小恩	邹平县焦桥镇东平村	24	男	1940 年
刘忠义	邹平县焦桥镇东平村	28	男	1940 年
杨钦山	邹平县焦桥镇东平村	27	男	1940 年
袁 飞	邹平县焦桥镇四马村	24	男	1940 年
陈国立	邹平县焦桥镇四马村	41	男	1940 年

续表

姓名	籍贯	年龄	性别	死难时间
徐其泉	邹平县焦桥镇四马村	32	男	1940年
孙书增	邹平县焦桥镇牛家村	—	男	1940年
陈玉西	邹平县焦桥镇刘套村	26	男	1940年
李华云	邹平县焦桥镇刘套村	26	男	1940年
孟现荣	邹平县焦桥镇刁宋村	34	男	1940年
刁长仁	邹平县焦桥镇刁宋村	36	男	1940年
张元亮	邹平县焦桥镇高道口村	31	男	1940年
李光文	邹平县焦桥镇高道口村	37	男	1940年
董际宽	邹平县焦桥镇董家村	60	男	1940年
王红法	邹平县焦桥镇董家村	—	男	1940年
李兴业	邹平县焦桥镇姚孙村	—	男	1940年
李××	邹平县焦桥镇西营村	31	男	1940年
李华良	邹平县焦桥镇西营村	29	男	1940年
杜连木	邹平县焦桥镇小杜村	32	男	1940年
韩延贵	邹平县焦桥镇西绳村	40	男	1940年
袁花平	邹平县焦桥镇西北村	—	男	1940年
袁崇兰	邹平县焦桥镇西北村	—	男	1940年
焦振公	邹平县焦桥镇西北村	—	男	1940年
张培甲	邹平县焦桥镇小魏村	21	男	1940年
商风柱	邹平县焦桥镇小魏村	46	男	1940年
张维汉	邹平县焦桥镇西杜村	27	男	1940年
孙广田	邹平县焦桥镇前三村	39	男	1940年
张云婷	邹平县九户镇张德佐村	51	女	1940年
张学之	邹平县九户镇张重良村	31	男	1940年
牛纪良	邹平县九户镇张重良村	41	男	1940年
张田增	邹平县九户镇南北张村	19	男	1940年
蔡传甲	邹平县九户镇石店村	23	男	1940年
张兰奎	邹平县九户镇道民村	20	男	1940年
潘新后	邹平县九户镇南潘村	36	男	1940年
郭丙尧	邹平县九户镇北郭村	53	男	1940年
张义胜	邹平县九户镇北郭村	51	男	1940年
刘张氏	邹平县九户镇长兴村	39	女	1940年
张　氏	邹平县九户镇长兴村	37	女	1940年
韩方江	邹平县九户镇水牛韩村	51	男	1940年

续表

姓名	籍贯	年龄	性别	死难时间
公茂云	邹平县九户镇小王村	27	男	1940 年
丁继祥	邹平县九户镇丁家村	38	男	1940 年
刘佳志	邹平县九户镇刘官村	27	男	1940 年
刘秀河	邹平县九户镇刘官村	24	男	1940 年
张仕志	邹平县九户镇刘官村	27	男	1940 年
房万思	邹平县九户镇房家村	20	男	1940 年
黄西东	邹平县九户镇黄家村	35	男	1940 年
李少丁	邹平县九户镇南李村	26	男	1940 年
张士者	邹平县九户镇金斗村	20	男	1940 年
张继德	邹平县九户镇金斗村	22	男	1940 年
王兰雨	邹平县九户镇大王村	22	男	1940 年
王建学	邹平县九户镇大王村	22	男	1940 年
蔡　盼	邹平县九户镇兴合村	21	男	1940 年
李武杰	邹平县九户镇古王台村	35	男	1940 年
成春仁	邹平县九户镇成家村	26	男	1940 年
成文海	邹平县九户镇成家村	23	男	1940 年
卢乃本	邹平县台子镇小卢村	70	男	1940 年
王万秋	邹平县台子镇贾寨村	65	男	1940 年
孙连旺	邹平县台子镇贾寨村	38	男	1940 年
刘云红	邹平县台子镇刘家村	39	男	1940 年
刘德平	邹平县台子镇刘家村	51	男	1940 年
刘德重	邹平县台子镇店东村	30	男	1940 年
柴树人	邹平县台子镇店东村	17	男	1940 年
刘习太	邹平县台子镇沙里村	—	男	1940 年
卢昌富	邹平县台子镇卢辛村	20	男	1940 年
李曰坚	邹平县台子镇官道李村	—	男	1940 年
张工超	邹平县台子镇孟胡村	43	男	1940 年
高充全	邹平县台子镇曹务村	35	男	1940 年
刘士墩	邹平县台子镇牛张村	20	男	1940 年
韩叙志	邹平县台子镇牛张村	28	男	1940 年
张士荣	邹平县台子镇城关村	22	男	1940 年
李庆钢	邹平县台子镇犁六村	46	男	1940 年
朱佩京	邹平县长山镇朱家村	29	男	1941 年 1 月
李昌浩	邹平县长山镇后石村	29	男	1941 年 1 月

续表

姓名	籍贯	年龄	性别	死难时间
吕丕来	邹平县长山镇范公村	29	男	1941年1月
王绪永	邹平县长山镇茶棚村	38	男	1941年1月
邵振秀	邹平县长山镇北中村	36	男	1941年1月
王德洪	邹平县长山镇尚旺村	46	男	1941年1月
王玉林	邹平县长山镇北前村	55	男	1941年1月
李风龙	邹平县焦桥镇李套村	29	男	1941年1月
孟照元	邹平县焦桥镇刘桥村	30	男	1941年1月
郭正恩	邹平县焦桥镇刘桥村	26	男	1941年1月
韩克朋	邹平县焦桥镇张官村	26	男	1941年1月
李京海	邹平县九户镇新西村	—	男	1941年1月
胡培平	邹平县台子镇康家村	42	男	1941年1月
王培水	邹平县台子镇北位桥村	21	男	1941年1月
朱训亮	邹平县长山镇范公村	27	男	1941年2月
麻立国	邹平县长山镇后麻村	34	男	1941年2月
王德怀	邹平县长山镇尚旺村	41	男	1941年2月
陈作臣	邹平县九户镇小陈村	30	男	1941年2月
王秀荣	邹平县台子镇康家村	42	男	1941年2月
朱洪友	邹平县长山镇朱家村	30	男	1941年3月
石祚恒	邹平县长山镇后石村	28	男	1941年3月
石祚明	邹平县长山镇后石村	28	男	1941年3月
李昌龙	邹平县长山镇后石村	29	男	1941年3月
张立华	邹平县长山镇范公村	28	男	1941年3月
吕永恩	邹平县长山镇范公村	28	男	1941年3月
朱洪义	邹平县长山镇范公村	30	男	1941年3月
张玉良	邹平县长山镇范公村	31	男	1941年3月
张传回	邹平县长山镇小张村	37	男	1941年3月
邵振起	邹平县长山镇北中村	29	男	1941年3月
姚大肥	邹平县长山镇尚旺村	51	男	1941年3月
尹永宽	邹平县青阳镇西董村	40	男	1941年3月
李武见	邹平县九户镇北李村	32	男	1941年3月
李　氏	邹平县九户镇新西村	43	女	1941年3月
张士信	邹平县九户镇西河沟村	50	男	1941年3月
付继春	邹平县台子镇高家村	56	男	1941年3月
张国×	邹平县台子镇老鸦赵村	23	男	1941年3月

续表

姓名	籍贯	年龄	性别	死难时间
董承国	邹平县台子镇北董村	20	男	1941年3月
董敬虎	邹平县台子镇南董村	24	男	1941年3月
张子周	邹平县长山镇南夏村	60	男	1941年春
刘启明	邹平县长山镇北夏村	30	男	1941年春
蔺道德	邹平县长山镇西丁村	35	男	1941年春
马亨祥	邹平县长山镇大丁村	28	男	1941年春
郑希海	邹平县长山镇大丁村	32	男	1941年春
王新亮	邹平县焦桥镇张官村	31	男	1941年4月
王兆庆	邹平县九户镇王号村	27	男	1941年4月
李万三	邹平县临池镇北台村	36	男	1941年5月
刘兴海	邹平县青阳镇青阳村	23	男	1941年6月
刘保龄	邹平县明集镇邢家村	67	男	1941年6月
赵继荣	邹平县明集镇兰芝里村	29	男	1941年6月
田耀云	邹平县明集镇里六田村	21	男	1941年6月
赵大权	邹平县明集镇西闸村	26	男	1941年6月
胡曰芝	邹平县台子镇豆八村	20	女	1941年6月
刘方金	邹平县台子镇绳刘村	38	男	1941年6月
王允常	邹平县好生镇河阳村	38	男	1941年7月
李古修	邹平县临池镇西庄村	39	男	1941年7月
李万曾	邹平县临池镇殷家村	50	男	1941年7月
张群德	邹平县明集镇段桥村	20	男	1941年7月
杨王氏	邹平县明集镇邢家村	40	女	1941年7月
李风年	邹平县焦桥镇李套村	31	男	1941年7月
韩春阳	邹平县九户镇韩湾村	27	男	1941年7月
卜孙氏	邹平县九户镇新东村	33	女	1941年7月
毕应孝	邹平县长山镇北中村	92	男	1941年8月
李胜阳	邹平县好生镇展店村	20	男	1941年8月
沈方昌	邹平县好生镇展店村	19	男	1941年8月
张善文	邹平县明集镇段桥村	22	男	1941年8月
李风琴	邹平县焦桥镇李套村	29	男	1941年8月
宋玉美	邹平县九户镇北宋村	55	女	1941年8月
王元和	—	37	男	1941年8月
刘方山	邹平县台子镇绳刘村	44	男	1941年8月
杨立辉	邹平县长山镇弥勒村	33	男	1941年9月

续表

姓名	籍贯	年龄	性别	死难时间
姚乐修	邹平县长山镇尚旺村	49	男	1941年9月
刘宗新	邹平县临池镇南山村	63	男	1941年9月
刘召远	邹平县青阳镇马埠村	48	男	1941年9月
刘王氏	邹平县明集镇牛家村	58	女	1941年9月
王兆相	邹平县九户镇王号村	50	男	1941年9月
张喜林	邹平县长山镇南夏村	20	男	1941年秋
刘行吉	邹平县长山镇东夏村	40	男	1941年秋
张孝武	邹平县长山镇西宰村	29	男	1941年秋
张运发	邹平县九户镇铁匠村	29	男	1941年11月
卜庆增	邹平县九户镇新东村	30	男	1941年11月
杨式辉	邹平县长山镇弥勒村	39	男	1941年12月
杨公旗	邹平县长山镇弥勒村	25	男	1941年12月
张统宏	邹平县长山镇小张村	36	男	1941年12月
张统村	邹平县长山镇小张村	41	男	1941年12月
苗芹支	邹平县好生镇山旺村	38	男	1941年12月
苗衍润	邹平县好生镇山旺村	39	男	1941年12月
张传仓	邹平县明集镇高洼村	27	男	1941年12月
宋法智	邹平县台子镇红宋村	—	男	1941年冬
刘李氏	邹平县黛溪办聚和村	45	女	1941年
刘广先	邹平县黛溪办西范村	53	男	1941年
吴玉瑞	邹平县黛溪办南营村	24	男	1941年
王裕武	邹平县黛溪办北关村	19	男	1941年
王张氏	邹平县黛溪办北关村	42	女	1941年
刘　昌	邹平县黛溪办张高村	22	男	1941年
崔白氏	邹平县黄山办崔家村	72	女	1941年
崔守云	邹平县黄山办崔家村	48	男	1941年
孟张氏	邹平县高新办温孟村	39	女	1941年
王　林	邹平县高新办温孟村	47	男	1941年
赵四子	邹平县高新办温孟村	29	男	1941年
韩守顺	邹平县长山镇长韩村	24	男	1941年
袁崇如	邹平县长山镇长韩村	36	男	1941年
赵守箴	邹平县长山镇张旺村	47	男	1941年
赵成友	邹平县长山镇张旺村	24	男	1941年
赵希贵	邹平县长山镇张旺村	28	男	1941年

续表

姓名	籍贯	年龄	性别	死难时间
赵希臣	邹平县长山镇张旺村	40	男	1941 年
王传义	邹平县长山镇张旺村	39	男	1941 年
邢本故	邹平县长山镇中前村	—	男	1941 年
周玉昆	邹平县长山镇明礼村	—	男	1941 年
张传书	邹平县长山镇明礼村	—	男	1941 年
张居敬	邹平县长山镇积格村	—	男	1941 年
张统信	邹平县长山镇积格村	—	男	1941 年
张　军	邹平县长山镇黄王村	30	男	1941 年
朱玉清	邹平县长山镇大演马村	29	男	1941 年
肖佃村	邹平县长山镇大演马村	39	男	1941 年
朱世华	邹平县长山镇大演马村	42	男	1941 年
冯如水	邹平县长山镇柏林村	45	男	1941 年
刘子辉	邹平县长山镇杏村	33	男	1941 年
曲百胜	邹平县长山镇杏村	36	男	1941 年
李崇财	邹平县长山镇李富村	37	男	1941 年
李传能	邹平县长山镇李富村	27	男	1941 年
李向村	邹平县长山镇李富村	36	男	1941 年
李　山	邹平县好生镇河南村	49	男	1941 年
刘明寨	邹平县好生镇河南村	39	男	1941 年
毛正德	邹平县好生镇新华村	69	男	1941 年
李立山	邹平县好生镇新华村	65	男	1941 年
王泽英	邹平县好生镇苗家村	30	男	1941 年
曲永成	邹平县好生镇苗家村	39	男	1941 年
李方平	邹平县好生镇苗家村	41	男	1941 年
李方亮	邹平县好生镇苗家村	58	男	1941 年
高老五	邹平县好生镇苗家村	67	男	1941 年
吕成友	邹平县好生镇苗家村	25	男	1941 年
周荣基	邹平县好生镇河北村	55	男	1941 年
王其华	邹平县好生镇史营村	34	男	1941 年
左永让	邹平县好生镇小高村	35	男	1941 年
刘宝民	邹平县好生镇东董村	28	男	1941 年
李永会	邹平县好生镇刘桥村	27	男	1941 年
董振雷	邹平县好生镇屯里村	65	男	1941 年
路兆英	邹平县好生镇贾庄村	87	男	1941 年

续表

姓 名	籍 贯	年 龄	性 别	死难时间
赵方泉	邹平县好生镇宗家村	55	男	1941 年
马思俊	邹平县好生镇宗家村	51	男	1941 年
王毕氏	邹平县临池镇郭家泉村	63	女	1941 年
毕道田	邹平县临池镇双青村	55	男	1941 年
房崇岭	邹平县临池镇良家村	48	男	1941 年
王传家	邹平县临池镇西庄村	38	男	1941 年
张富仁	邹平县临池镇西永和村	60	男	1941 年
李玉芹	邹平县临池镇西永和村	51	女	1941 年
高凤楼	邹平县临池镇北园村	49	男	1941 年
吕新禄	邹平县临池镇北园村	48	男	1941 年
高红英	邹平县临池镇中黄村	40	女	1941 年
李王氏	邹平县临池镇东黄村	56	女	1941 年
由开思	邹平县临池镇东高村	48	男	1941 年
由文桥	邹平县临池镇东高村	50	男	1941 年
由开普	邹平县临池镇东高村	45	男	1941 年
靳永福	邹平县临池镇大房村	25	男	1941 年
崔仁和	邹平县临池镇望京村	32	男	1941 年
宋怀礼	邹平县临池镇望京村	52	男	1941 年
王宗顺	邹平县临池镇大临池村	30	男	1941 年
王宗玉	邹平县临池镇大临池村	36	男	1941 年
韩延苓	邹平县临池镇小临池村	47	男	1941 年
李荣来	邹平县临池镇小临池村	48	男	1941 年
李万升	邹平县临池镇小临池村	52	男	1941 年
靳玉荣	邹平县临池镇王家庄村	—	女	1941 年
安明村	邹平县临池镇兴安村	—	男	1941 年
安明德	邹平县临池镇兴安村	—	男	1941 年
高　强	邹平县临池镇兴安村	—	男	1941 年
安明奎	邹平县临池镇兴安村	—	男	1941 年
殷广虎	邹平县临池镇小黄埠村	40	男	1941 年
高晋成	邹平县临池镇高旺村	26	男	1941 年
高逢坤	邹平县临池镇高旺村	26	男	1941 年
赵兴财	邹平县青阳镇东窝陀村	38	男	1941 年
赵成财	邹平县青阳镇东窝陀村	40	男	1941 年
范成善	邹平县青阳镇东窝陀村	41	男	1941 年

续表

姓名	籍贯	年龄	性别	死难时间
赵成林	邹平县青阳镇东窝陀村	58	男	1941 年
赵书孝	邹平县青阳镇西窝陀村	23	男	1941 年
王守贞	邹平县青阳镇徐家村	—	男	1941 年
王先恩	邹平县青阳镇徐家村	—	男	1941 年
薛楞子	邹平县青阳镇徐家村	—	男	1941 年
张守玺	邹平县青阳镇浒山村	—	男	1941 年
孙同子	邹平县青阳镇韩家村	24	男	1941 年
杨千子	邹平县青阳镇新立村	24	男	1941 年
石庭信	邹平县青阳镇新立村	38	男	1941 年
耿楚子	邹平县青阳镇耿家村	20	男	1941 年
耿楚子之妻	邹平县青阳镇耿家村	20	女	1941 年
芦　贵	邹平县青阳镇化庄村	46	男	1941 年
曹华子	邹平县青阳镇化庄村	49	男	1941 年
曹东子	邹平县青阳镇化庄村	30	男	1941 年
曹刘氏	邹平县青阳镇化庄村	48	女	1941 年
赵　氏	邹平县青阳镇郭庄村	67	女	1941 年
徐光路	邹平县青阳镇郭庄村	64	男	1941 年
李传富	邹平县青阳镇郭庄村	75	男	1941 年
于建常	邹平县明集镇宋集村	16	男	1941 年
刘正福	邹平县明集镇宋集村	16	男	1941 年
韩本龙	邹平县焦桥镇前大城村	60	男	1941 年
吴兆信	邹平县焦桥镇前大城村	60	男	1941 年
张法注	邹平县焦桥镇兴隆村	35	男	1941 年
权玉森	邹平县焦桥镇东平村	28	男	1941 年
曲秀贞	邹平县焦桥镇东平村	28	男	1941 年
曲本华	邹平县焦桥镇东平村	22	男	1941 年
孙风文	邹平县焦桥镇东平村	22	男	1941 年
何　奎	邹平县焦桥镇东平村	26	男	1941 年
赵得九	邹平县焦桥镇东平村	26	男	1941 年
袁崇文	邹平县焦桥镇东平村	26	男	1941 年
张兆亨	邹平县焦桥镇西夏村	23	男	1941 年
郑宝国	邹平县焦桥镇牛家村	—	男	1941 年
曲百川	邹平县焦桥镇刘套村	27	男	1941 年
芦建政	邹平县焦桥镇刘套村	23	男	1941 年

续表

姓名	籍贯	年龄	性别	死难时间
刁在杨	邹平县焦桥镇刁宋村	27	男	1941 年
谷延明	邹平县焦桥镇刁宋村	36	男	1941 年
高元春	邹平县焦桥镇高道口村	36	男	1941 年
张兆亮	邹平县焦桥镇高道口村	53	男	1941 年
高茂松	邹平县焦桥镇高道口村	35	女	1941 年
刘志合	邹平县焦桥镇董家村	—	男	1941 年
董际界	邹平县焦桥镇董家村	—	男	1941 年
张书甲	邹平县焦桥镇姚孙村	62	男	1941 年
李世城	邹平县焦桥镇小杜村	28	男	1941 年
王守家	邹平县焦桥镇小杜村	29	男	1941 年
袁崇合	邹平县焦桥镇东南村	—	男	1941 年
韩云祥	邹平县焦桥镇西绳村	19	男	1941 年
韩延昌	邹平县焦桥镇西绳村	41	男	1941 年
齐义发	邹平县焦桥镇西北村	—	男	1941 年
陈清明	邹平县焦桥镇小魏村	47	男	1941 年
刘忠孝	邹平县焦桥镇刘套村	22	男	1941 年
李衍光	邹平县焦桥镇刘套村	43	男	1941 年
王建虎	邹平县焦桥镇刘套村	22	男	1941 年
张延法	邹平县焦桥镇西杜村	23	男	1941 年
孙广德	邹平县焦桥镇前三村	43	男	1941 年
林永江	邹平县九户镇陈玉平村	34	男	1941 年
张云江	邹平县九户镇张重良村	28	男	1941 年
张秀云	邹平县九户镇道民村	20	女	1941 年
刘明宣	邹平县九户镇长兴村	41	男	1941 年
韩芦氏	邹平县九户镇水牛韩村	50	女	1941 年
韩庆堂	邹平县九户镇水牛韩村	50	男	1941 年
郭训城	邹平县九户镇丁家村	38	男	1941 年
郑行然	邹平县九户镇大郑村	45	男	1941 年
黄承贵	邹平县九户镇黄家村	26	男	1941 年
刘振南	邹平县九户镇	20	男	1941 年
刘敬安	邹平县九户镇	18	男	1941 年
刘爱莹	邹平县九户镇兴合村	17	男	1941 年
刘显亢	邹平县九户镇兴合村	20	男	1941 年
张继武	邹平县九户镇兴合村	20	男	1941 年

续表

姓 名	籍 贯	年 龄	性 别	死难时间
张敦丰	邹平县九户镇长槐村	35	男	1941 年
成守发	邹平县九户镇成家村	21	男	1941 年
成春义	邹平县九户镇成家村	18	男	1941 年
孟兆海	邹平县九户镇爱西村	34	男	1941 年
孟先财	邹平县九户镇爱西村	45	男	1941 年
孟晓桂	邹平县九户镇爱西村	30	女	1941 年
孟小马	邹平县九户镇爱西村	37	女	1941 年
卢祖俊	邹平县台子镇小卢村	24	男	1941 年
赵荣辛	邹平县台子镇大赵村	20	男	1941 年
刘豫涵	邹平县台子镇刘家村	48	男	1941 年
胡全叶	邹平县台子镇店东村	28	男	1941 年
李刘氏	邹平县台子镇官道李村	—	女	1941 年
张玉国	邹平县台子镇西安村	21	男	1941 年
张会同	邹平县台子镇东安村	34	男	1941 年
张兆吉	邹平县台子镇东安村	28	男	1941 年
张常氏	邹平县台子镇盛家村	24	女	1941 年
李少兰	邹平县台子镇高王村	22	男	1941 年
张会林	邹平县台子镇高王村	21	男	1941 年
李绍民	邹平县台子镇型六村	57	男	1941 年
李沛杰	邹平县台子镇草庙村	74	男	1941 年
毕应昌	邹平县长山镇北中村	33	男	1942 年 1 月
石天路	邹平县长山镇田家村	38	男	1942 年 1 月
王克遵	邹平县长山镇南关村	29	男	1942 年 1 月
李经水	邹平县长山镇南关村	31	男	1942 年 1 月
吴方义	邹平县长山镇南关村	30	男	1942 年 1 月
朱德玉	邹平县长山镇朱家村	30	男	1942 年 1 月
李昌德	邹平县长山镇后石村	30	男	1942 年 1 月
王豪谋	邹平县长山镇北史村	16	男	1942 年 1 月
钱如玉	邹平县长山镇前石村	20	男	1942 年 1 月
李敬祥	邹平县长山镇官庄村	17	男	1942 年 1 月
马会基	邹平县长山镇前芽村	35	男	1942 年 1 月
张传其	邹平县长山镇小张村	21	男	1942 年 1 月
张统用	邹平县长山镇小张村	30	男	1942 年 1 月
王思祯	邹平县好生镇鹿家村	81	男	1942 年 1 月

续表

姓名	籍贯	年龄	性别	死难时间
张福友	邹平县好生镇好生村	20	男	1942 年 1 月
马方池	邹平县明集镇段桥村	18	男	1942 年 1 月
田化龙	邹平县明集镇里六田村	22	男	1942 年 1 月
段明礼	邹平县焦桥镇赵旺村	24	男	1942 年 1 月
王云逸	邹平县焦桥镇史辛村	17	男	1942 年 1 月
张承基	邹平县九户镇铁匠村	28	男	1942 年 1 月
韩进珠	邹平县九户镇韩湾村	40	男	1942 年 1 月
董旭宗	邹平县九户镇爱东村	49	男	1942 年 1 月
董张氏	邹平县九户镇爱东村	46	女	1942 年 1 月
王向前	邹平县九户镇爱东村	49	男	1942 年 1 月
王亦清	邹平县九户镇爱东村	46	男	1942 年 1 月
刘希英	邹平县九户镇爱东村	45	男	1942 年 1 月
王法财	邹平县九户镇爱东村	39	男	1942 年 1 月
卢尔增	邹平县台子镇高家村	20	男	1942 年 1 月
康尚孟	邹平县台子镇康家村	48	男	1942 年 1 月
祁　月	邹平县台子镇位家村	21	男	1942 年 1 月
魏兰英	邹平县台子镇长船村	28	女	1942 年 1 月
卢长荣	邹平县码头镇李家村	26	男	1942 年 1 月
朱友训	邹平县长山镇范公村	31	男	1942 年 2 月
李经生	邹平县长山镇官庄村	18	男	1942 年 2 月
赵家胜	邹平县西董镇宋家村	19	男	1942 年 2 月
许继春	邹平县临池镇古城村	—	男	1942 年 2 月
张奎祥	邹平县明集镇段桥村	27	男	1942 年 2 月
宋立坤	邹平县九户镇北李村	37	男	1942 年 2 月
刘思忠	邹平县长山镇朱家村	31	男	1942 年 3 月
朱曾干	邹平县长山镇朱家村	32	男	1942 年 3 月
朱洪干	邹平县长山镇朱家村	30	男	1942 年 3 月
石玉东	邹平县长山镇后石村	29	男	1942 年 3 月
朱洪吉	邹平县长山镇范公村	28	男	1942 年 3 月
朱训兵	邹平县长山镇范公村	29	男	1942 年 3 月
张传富	邹平县长山镇小张村	35	男	1942 年 3 月
张心江	邹平县好生镇乔家村	21	男	1942 年 3 月
尹遵祥	邹平县好生镇尹家河村	37	男	1942 年 3 月
尹永德	邹平县好生镇尹家河村	21	男	1942 年 3 月

续表

姓名	籍贯	年龄	性别	死难时间
苗群百	邹平县好生镇山旺村	28	男	1942 年 3 月
苗　友	邹平县好生镇山旺村	20	男	1942 年 3 月
宫克贵	邹平县临池镇下河村	35	男	1942 年 3 月
李传青	邹平县临池镇古城村	—	男	1942 年 3 月
刘传太	邹平县青阳镇马埠村	39	男	1942 年 3 月
冯如意	邹平县明集镇邢家村	26	男	1942 年 3 月
高书年	邹平县焦桥镇史辛村	16	男	1942 年 3 月
潘成宦	邹平县九户镇潘辛村	25	男	1942 年 3 月
潘振军	邹平县九户镇潘辛村	37	男	1942 年 3 月
公赞文	邹平县九户镇潘辛村	40	男	1942 年 3 月
曹庆财	邹平县台子镇东升村	27	男	1942 年 3 月
李中峰	邹平县台子镇东升村	28	男	1942 年 3 月
王相桓	邹平县台子镇北位桥村	27	男	1942 年 3 月
张广银	邹平县台子镇宋四排村	23	男	1942 年 3 月
张义太	邹平县长山镇南夏村	42	男	1942 年春
刘笃正	邹平县长山镇北夏村	31	男	1942 年春
刘禄吉	邹平县长山镇东夏村	37	男	1942 年春
杨　晨	邹平县长山镇西丁村	41	男	1942 年春
张云青	邹平县长山镇西丁村	28	男	1942 年春
张传明	邹平县长山镇西丁村	34	男	1942 年春
张洪忠	邹平县长山镇大丁村	39	男	1942 年春
李玉忠	邹平县长山镇大丁村	29	男	1942 年春
梁春生	邹平县长山镇大丁村	35	男	1942 年春
槐业明	邹平县长山镇大丁村	29	男	1942 年春
常保亮	邹平县长山镇大丁村	31	男	1942 年春
常发财	邹平县长山镇大丁村	27	男	1942 年春
邢之富	邹平县青阳镇青阳村	42	男	1942 年 4 月 7 日
耿松林	—	37	男	1942 年 4 月
赵会水	邹平县长山镇马家洼村	38	男	1942 年 4 月
赵尊平	邹平县西董镇宋家村	23	男	1942 年 4 月
赵尊贵	邹平县西董镇宋家村	24	男	1942 年 4 月
鹿学海	邹平县好生镇鹿家村	86	男	1942 年 4 月
赵玉岑	邹平县好生镇乔家村	26	女	1942 年 4 月
李　玉	邹平县好生镇乔家村	20	女	1942 年 4 月

续表

姓名	籍贯	年龄	性别	死难时间
高中秀	邹平县明集镇高家村	—	男	1942年4月
马方才	邹平县长山镇尚旺村	49	男	1942年5月
胡继明	邹平县好生镇黑土村	33	男	1942年5月
曾庆荣	邹平县好生镇黑土村	54	男	1942年5月
李付云	邹平县好生镇展店村	23	男	1942年5月
赵　立	邹平县好生镇院上村	23	男	1942年5月
尹世祥	邹平县好生镇好生村	35	男	1942年5月
毕成礼	邹平县临池镇西永和村	70	男	1942年5月
张梁训	邹平县明集镇段桥村	23	男	1942年5月
宋书秀	邹平县明集镇南宋村	35	男	1942年5月
宋明辉	邹平县明集镇南宋村	36	男	1942年5月
胡继德	邹平县好生镇黑土村	5	男	1942年6月
刘广山	邹平县明集镇西闸村	22	男	1942年6月
王山刚	邹平县明集镇西闸村	25	男	1942年6月
赵红田	邹平县明集镇西闸村	24	男	1942年6月
孟宪启	邹平县焦桥镇史辛村	51	男	1942年6月
张荣士	邹平县九户镇商家村	28	男	1942年6月
商仔元	邹平县九户镇商家村	39	男	1942年6月
彭振田	邹平县九户镇彭家村	32	男	1942年6月
李善道	邹平县台子镇北位桥村	19	男	1942年6月
韩成富	邹平县九户镇彭家村	45	男	1942年7月
张士祥	邹平县长山镇西江村	30	男	1942年7月
尹大伟	邹平县好生镇蒙三村	26	男	1942年7月
王长业	邹平县韩店镇西王村	45	男	1942年7月
李万芳	邹平县临池镇北台村	34	男	1942年7月
李英华	邹平县临池镇北台村	34	男	1942年7月
梁有兰	邹平县临池镇南山村	64	女	1942年7月
赵连三	邹平县明集镇段桥村	19	男	1942年7月
许月福	邹平县焦桥镇刘桥村	27	男	1942年7月
许月禄	邹平县焦桥镇刘桥村	25	男	1942年7月
许恩元	邹平县焦桥镇刘桥村	24	男	1942年7月
韩子祥	邹平县焦桥镇张官村	28	男	1942年7月
胡曰民	邹平县台子镇西升村	27	男	1942年7月
王相桓之妻	邹平县台子镇北位桥村	28	女	1942年7月

续表

姓 名	籍 贯	年 龄	性 别	死难时间
杨士茶	邹平县台子镇杨家村	40	男	1942 年 8 月
赵光明	邹平县好生镇河阳村	40	男	1942 年 8 月
李庆华	邹平县明集镇邢家村	17	男	1942 年 8 月
刘藕子	邹平县明集镇邢家村	27	男	1942 年 8 月
颜成斋	邹平县焦桥镇史辛村	34	男	1942 年 8 月
刘寄台	邹平县焦桥镇史辛村	42	男	1942 年 8 月
陈张氏	邹平县九户镇小陈村	29	女	1942 年 8 月
于振水	邹平县台子镇康家村	60	男	1942 年 8 月
张继阴	邹平县台子镇台西村	28	男	1942 年 8 月
刘跃堂	邹平县台子镇绳刘村	29	男	1942 年 8 月
齐士仁	邹平县台子镇宋四排村	25	男	1942 年 8 月
杨士宽	邹平县台子镇杨家村	31	男	1942 年 8 月
尹红军	邹平县好生镇蒙三村	21	男	1942 年 9 月
李荣芳	邹平县临池镇北台村	35	男	1942 年 9 月
李万军	邹平县临池镇北台村	32	男	1942 年 9 月
李荣玉	邹平县临池镇北台村	40	男	1942 年 9 月
李万科	邹平县临池镇北台村	27	男	1942 年 9 月
李万顺	邹平县临池镇殷家村	30	男	1942 年 9 月
刘纪鹏	邹平县明集镇邢家村	19	男	1942 年 9 月
张分利	邹平县台子镇老鸦赵村	21	男	1942 年 9 月
李　桥	邹平县台子镇台西村	32	男	1942 年 9 月
常玉兰	邹平县长山镇大丁村	30	男	1942 年秋
梁京福	邹平县长山镇大丁村	—	男	1942 年秋
刘　驰	邹平县明集镇邢家村	28	男	1942 年 11 月
崔传孝	邹平县明集镇高洼村	40	男	1942 年 11 月
张守信	邹平县焦桥镇赵旺村	22	男	1942 年 11 月
宋元江	邹平县九户镇北宋村	35	男	1942 年 11 月
杨文收	邹平县九户镇杨家村	22	男	1942 年 11 月
高永太	邹平县台子镇高家村	65	男	1942 年 11 月
赵敦香	邹平县台子镇李金村	36	男	1942 年 11 月
张军方	邹平县长山镇西江村	32	男	1942 年 12 月
于秉直	邹平县好生镇山旺村	56	男	1942 年 12 月
张万瑞	邹平县黛溪办聚和村	39	男	1942 年
刘广文	邹平县黛溪办西范村	40	男	1942 年

续表

姓 名	籍 贯	年 龄	性 别	死难时间
刘李氏	邹平县黛溪办西范村	52	女	1942 年
李　氏	邹平县黛溪办北关村	47	女	1942 年
刘怀泽	邹平县黛溪办南关村	57	男	1942 年
刘茂林	邹平县黛溪办张高村	23	男	1942 年
刘丙峰	邹平县黛溪办张高村	25	男	1942 年
张存进	邹平县黛溪办张高村	26	男	1942 年
刘振中	邹平县黛溪办张高村	23	男	1942 年
刘　氏	邹平县黄山办郎君村	38	女	1942 年
马永玉	邹平县黄山办郎君村	45	男	1942 年
刘二泉	邹平县黄山办郎君村	42	男	1942 年
李志秀	邹平县高新办温孟村	31	女	1942 年
许荣久	邹平县高新办礼参村	20	男	1942 年
李大乾	邹平县长山镇长韩村	23	男	1942 年
王天福	邹平县长山镇长韩村	42	男	1942 年
张荣会	邹平县长山镇西鲍村	41	男	1942 年
李长永	邹平县长山镇西鲍村	60	男	1942 年
李国林	邹平县长山镇小位村	45	男	1942 年
张唐绪	邹平县长山镇大齐村	—	男	1942 年
刘　氏	邹平县长山镇大齐村	—	女	1942 年
赵希刚	邹平县长山镇张旺村	41	男	1942 年
李敬吉	邹平县长山镇东店村	30	男	1942 年
李功全	邹平县长山镇东店村	30	男	1942 年
徐德缜	邹平县长山镇前店村	51	男	1942 年
王树齐	邹平县长山镇大由村	29	男	1942 年
陈焕明	邹平县长山镇积格村	—	男	1942 年
王田氏	邹平县长山镇黄王村	21	女	1942 年
刘玉西	邹平县长山镇柏林村	28	男	1942 年
刘淑峰	邹平县长山镇大省村	—	男	1942 年
刘淑栋	邹平县长山镇大省村	35	男	1942 年
吕守安	邹平县长山镇大省村	36	男	1942 年
窦兆胜	邹平县长山镇大省村	35	男	1942 年
刘淑举	邹平县长山镇大省村	45	男	1942 年
刘贺坤	邹平县长山镇大省村	36	男	1942 年
刘培克	邹平县长山镇石羊村	30	男	1942 年

续表

姓 名	籍 贯	年 龄	性 别	死难时间
史云龙	邹平县长山镇石羊村	32	男	1942 年
刘传立	邹平县长山镇杏村	34	男	1942 年
张统立	邹平县长山镇杏村	41	男	1942 年
张统学	邹平县长山镇杏村	35	男	1942 年
刘玉昌	邹平县长山镇杏村	40	男	1942 年
孙玉书	邹平县长山镇西街村	50	男	1942 年
孙玉书之弟	邹平县长山镇西街村	46	男	1942 年
孙茂昌之叔	邹平县长山镇西街村	25	男	1942 年
杜宝军	邹平县长山镇西街村	22	男	1942 年
徐启成	邹平县长山镇西街村	19	男	1942 年
李贤才	邹平县长山镇菜园村	42	男	1942 年
王泽礼	邹平县好生镇苗家村	49	男	1942 年
吕守法	邹平县好生镇苗家村	42	男	1942 年
吕承章	邹平县好生镇苗家村	53	男	1942 年
魏文重	邹平县好生镇河西村	48	男	1942 年
张道蒙	邹平县好生镇河北村	38	男	1942 年
赵延峰	邹平县好生镇史营村	25	男	1942 年
左永更	邹平县好生镇小高村	27	男	1942 年
左永江	邹平县好生镇小高村	25	男	1942 年
左建坤	邹平县好生镇小高村	27	男	1942 年
左永教	邹平县好生镇小高村	46	男	1942 年
左永传	邹平县好生镇小高村	20	男	1942 年
左茂清	邹平县好生镇小高村	25	男	1942 年
马立田	邹平县好生镇李庄村	45	男	1942 年
李训方	邹平县好生镇李庄村	30	男	1942 年
李德全	邹平县好生镇李庄村	60	男	1942 年
石荣亭	邹平县好生镇李庄村	58	男	1942 年
何恒成	邹平县好生镇李庄村	25	男	1942 年
华德林	邹平县好生镇李庄村	62	男	1942 年
宋小东	邹平县好生镇东董村	26	男	1942 年
刘敬泉	邹平县好生镇东董村	29	男	1942 年
孟庆长	邹平县好生镇曹家村	47	男	1942 年
曹献洪	邹平县好生镇曹家村	35	男	1942 年
尹洪奎	邹平县好生镇刘桥村	27	男	1942 年

续表

姓名	籍贯	年龄	性别	死难时间
冯现元	邹平县好生镇刘桥村	30	男	1942年
李慎让	邹平县好生镇刘桥村	30	男	1942年
刘敬普	邹平县好生镇刘桥村	30	男	1942年
郭立恒	邹平县好生镇屯里村	50	男	1942年
路新善	邹平县好生镇贾庄村	86	男	1942年
王立本	邹平县好生镇贾庄村	35	男	1942年
张希友	邹平县好生镇李营村	40	男	1942年
赵立端	邹平县好生镇宗家村	48	男	1942年
沈光丰	邹平县好生镇宗家村	55	男	1942年
赵延祥	邹平县临池镇西高村	60	男	1942年
吕仲易	邹平县临池镇西高村	55	男	1942年
杨廷磊	邹平县临池镇南寺村	—	男	1942年
王泽雷	邹平县临池镇西庄村	42	男	1942年
杨太忠	邹平县临池镇西永和村	68	男	1942年
毕研忠	邹平县临池镇西永和村	60	男	1942年
吕王氏	邹平县临池镇东黄村	51	女	1942年
由开英	邹平县临池镇东高村	54	男	1942年
由焕璋	邹平县临池镇东高村	49	男	1942年
房允坤	邹平县临池镇大房村	23	男	1942年
刘兴桂	邹平县临池镇望京村	36	男	1942年
张元同	邹平县临池镇望京村	51	男	1942年
孙　平	邹平县临池镇小临池村	49	男	1942年
翟西湖	邹平县临池镇王家庄村	—	男	1942年
高　圣	邹平县临池镇兴安村	—	男	1942年
李　三	邹平县临池镇小黄埠村	54	男	1942年
高晋德	邹平县临池镇高旺村	30	男	1942年
高丽艾	邹平县临池镇高旺村	31	男	1942年
高守蒲	邹平县临池镇高旺村	28	男	1942年
李德林	邹平县临池镇柏家村	39	男	1942年
张万钟	邹平县临池镇柏家村	35	男	1942年
赵月文	邹平县青阳镇东窝陀村	39	男	1942年
赵恩城	邹平县青阳镇东窝陀村	39	男	1942年
赵恩坡	邹平县青阳镇东窝陀村	39	男	1942年
赵怀林	邹平县青阳镇西窝陀村	23	男	1942年

续表

姓名	籍贯	年龄	性别	死难时间
袁传明	邹平县青阳镇西窝陀村	29	男	1942 年
赵纪海	邹平县青阳镇西窝陀村	21	男	1942 年
张维恒	邹平县青阳镇浒山村	60	男	1942 年
李文生	邹平县青阳镇浒山村	68	男	1942 年
刘清文	邹平县青阳镇浒山村	50	男	1942 年
张浸子	邹平县青阳镇醴泉村	26	男	1942 年
徐永度	邹平县青阳镇化庄村	36	男	1942 年
赵李氏	邹平县青阳镇郭庄村	68	女	1942 年
李传贵	邹平县青阳镇郭庄村	73	男	1942 年
崔炳洋	邹平县青阳镇郭庄村	70	男	1942 年
张建仁	邹平县青阳镇钟家村	50	男	1942 年
贾长贵	邹平县青阳镇贾庄村	35	男	1942 年
贾玉早	邹平县青阳镇贾庄村	60	男	1942 年
贾玉术	邹平县青阳镇贾庄村	53	男	1942 年
刘云守	邹平县明集镇宋集村	21	男	1942 年
郑守福	邹平县明集镇宋集村	21	男	1942 年
马林峰	邹平县明集镇颜集村	27	男	1942 年
姚孙氏	邹平县明集镇颜集村	28	女	1942 年
曲百锋	邹平县焦桥镇太平村	46	男	1942 年
曲庆刚	邹平县焦桥镇太平村	35	男	1942 年
李昌让	邹平县焦桥镇李套村	30	男	1942 年
曲遵成	邹平县焦桥镇北段村	50	男	1942 年
张士柱	邹平县焦桥镇北段村	26	男	1942 年
曲振荣	邹平县焦桥镇北段村	38	男	1942 年
曲百合	邹平县焦桥镇北段村	41	男	1942 年
韩田勤	邹平县焦桥镇前大城村	53	男	1942 年
吴兆瑞	邹平县焦桥镇前大城村	31	男	1942 年
孙传业	邹平县焦桥镇前大城村	43	男	1942 年
曲胜德	邹平县焦桥镇后三村	35	男	1942 年
曲本才	邹平县焦桥镇后三村	31	男	1942 年
李　氏	邹平县焦桥镇后三村	32	女	1942 年
张廷杰	邹平县焦桥镇兴隆村	32	男	1942 年
张长江	邹平县焦桥镇东杜村	—	男	1942 年
张官奎	邹平县焦桥镇东平村	28	男	1942 年

续表

姓名	籍贯	年龄	性别	死难时间
张守地	邹平县焦桥镇东平村	26	男	1942年
袁崇金	邹平县焦桥镇东平村	26	男	1942年
廉日茂	邹平县焦桥镇东平村	28	男	1942年
齐可玉	邹平县焦桥镇东平村	26	男	1942年
裴文增	邹平县焦桥镇东平村	28	男	1942年
郝玉山	邹平县焦桥镇东平村	28	男	1942年
曲宜宝	邹平县焦桥镇东平村	22	男	1942年
段启槐	邹平县焦桥镇西夏村	22	男	1942年
袁喜珍	邹平县焦桥镇四马村	20	女	1942年
魏孚云	邹平县焦桥镇四马村	27	女	1942年
牛加振	邹平县焦桥镇牛家村	—	男	1942年
刘忠告	邹平县焦桥镇刘套村	26	男	1942年
宋守训	邹平县焦桥镇刁宋村	33	男	1942年
刁长连	邹平县焦桥镇刁宋村	34	男	1942年
李崇德	邹平县焦桥镇高道口村	—	男	1942年
孙素英	邹平县焦桥镇高道口村	46	女	1942年
张瑞才	邹平县焦桥镇高道口村	32	男	1942年
高纪拳	邹平县焦桥镇高道口村	65	男	1942年
段振合	邹平县焦桥镇高道口村	32	男	1942年
董际烈	邹平县焦桥镇董家村	29	男	1942年
孟青兰	邹平县焦桥镇董家村	68	男	1942年
董际星	邹平县焦桥镇董家村	58	男	1942年
王红泰	邹平县焦桥镇董家村	62	男	1942年
王玉芳	邹平县焦桥镇董家村	—	男	1942年
孙刘氏	邹平县焦桥镇姚孙村	—	女	1942年
左其收	邹平县焦桥镇西营村	22	男	1942年
韩大宝	邹平县焦桥镇西绳村	24	男	1942年
蒙秀英	邹平县焦桥镇西北村	—	男	1942年
甘××	邹平县焦桥镇西北村	—	男	1942年
张开忠	邹平县焦桥镇小魏村	45	男	1942年
张宜兴	邹平县焦桥镇西杜村	20	男	1942年
张纪占	邹平县焦桥镇西杜村	23	男	1942年
王连文	邹平县焦桥镇小赵村	46	男	1942年
刘　茂	邹平县九户镇陈玉平村	37	男	1942年

续表

姓 名	籍 贯	年 龄	性 别	死难时间
闫长宽	邹平县九户镇闫家村	35	男	1942 年
张首银	邹平县九户镇闫家村	39	男	1942 年
张　氏	邹平县九户镇闫家村	35	女	1942 年
刘明清	邹平县九户镇长兴村	39	男	1942 年
刘明丁	邹平县九户镇长兴村	43	男	1942 年
韩方树	邹平县九户镇水牛韩村	51	男	1942 年
韩方国	邹平县九户镇水牛韩村	57	男	1942 年
公在华	邹平县九户镇小王村	18	男	1942 年
刘要新	邹平县九户镇小王村	22	男	1942 年
公子池	邹平县九户镇小王村	25	男	1942 年
公子成	邹平县九户镇小王村	27	男	1942 年
张庆元	邹平县九户镇小王村	17	男	1942 年
郭家勤	邹平县九户镇丁家村	37	男	1942 年
丁继禄	邹平县九户镇丁家村	36	男	1942 年
郑士荣	邹平县九户镇大郑村	34	男	1942 年
王建华	邹平县九户镇大王村	20	男	1942 年
李敬孟	邹平县九户镇古王台村	41	男	1942 年
张务翠	邹平县九户镇长槐村	32	女	1942 年
卢乃滩	邹平县台子镇小卢村	80	男	1942 年
王万冬	邹平县台子镇贾寨村	60	男	1942 年
王万夏	邹平县台子镇贾寨村	63	男	1942 年
张实庆	邹平县台子镇贾寨村	50	男	1942 年
刘兴江	邹平县台子镇刘家村	29	男	1942 年
刘道启	邹平县台子镇沙里村	30	男	1942 年
卢林甲	邹平县台子镇卢辛村	82	男	1942 年
丁益昌	邹平县台子镇孟胡村	30	男	1942 年
宋应顺	邹平县台子镇曹务村	62	男	1942 年
郭佃林	邹平县台子镇高王村	21	男	1942 年
由道修	邹平县长山镇南坛村	27	男	1943 年 1 月
朱丕友	邹平县长山镇南关村	31	男	1943 年 1 月
石成祚	邹平县长山镇后石村	31	男	1943 年 1 月
石祚方	邹平县长山镇后石村	30	男	1943 年 1 月
王潭×	邹平县长山镇北史村	19	男	1943 年 1 月
张世信	邹平县长山镇北史村	17	男	1943 年 1 月

续表

姓 名	籍 贯	年 龄	性 别	死难时间
张广荣	邹平县长山镇北史村	18	男	1943 年 1 月
王义思	邹平县长山镇北史村	21	男	1943 年 1 月
王敬坤	邹平县长山镇前石村	21	男	1943 年 1 月
石祚禄	邹平县长山镇前石村	23	男	1943 年 1 月
刘业英	邹平县长山镇前石村	19	男	1943 年 1 月
石玉同	邹平县长山镇前石村	18	男	1943 年 1 月
宋业英	邹平县长山镇前石村	18	男	1943 年 1 月
韩其厚	邹平县长山镇官庄村	18	男	1943 年 1 月
王万礼	邹平县长山镇官庄村	21	男	1943 年 1 月
王西河	邹平县长山镇前芽村	20	男	1943 年 1 月
郭良告	邹平县长山镇前芽村	21	男	1943 年 1 月
袁义宾	邹平县长山镇前芽村	23	男	1943 年 1 月
杨济信	邹平县长山镇前芽村	23	男	1943 年 1 月
李刚文	邹平县长山镇南坛村	28	男	1943 年 1 月
吕丕焕	邹平县长山镇南坛村	27	男	1943 年 1 月
赵　宝	邹平县好生镇院上村	21	男	1943 年 1 月
张其亮	邹平县好生镇院上村	24	男	1943 年 1 月
刘敬山	邹平县好生镇院上村	20	男	1943 年 1 月
张义远	邹平县临池镇良家村	35	男	1943 年 1 月
宋金木	邹平县台子镇红宋村	21	男	1943 年 1 月
李大喜	邹平县台子镇北位桥村	21	男	1943 年 1 月
郭增福	邹平县台子镇新邵村	31	男	1943 年 1 月
韩世芹	—	41	男	1943 年 2 月
徐立山	邹平县长山镇南关村	30	男	1943 年 2 月
李昌贵	邹平县长山镇后石村	32	男	1943 年 2 月
王俊×	邹平县长山镇北史村	20	男	1943 年 2 月
王荣×	邹平县长山镇北史村	16	男	1943 年 2 月
王深×	邹平县长山镇北史村	19	男	1943 年 2 月
石禄祚	邹平县长山镇前石村	15	男	1943 年 2 月
石玉地	邹平县长山镇前石村	19	男	1943 年 2 月
周玉忠	邹平县长山镇前石村	22	男	1943 年 2 月
石爱廷	邹平县长山镇前石村	17	男	1943 年 2 月
徐兆奎	邹平县长山镇官庄村	16	男	1943 年 2 月
隋长温	邹平县长山镇官庄村	19	男	1943 年 2 月

续表

姓 名	籍 贯	年 龄	性 别	死难时间
郭新田	邹平县长山镇官庄村	19	男	1943 年 2 月
王汝德	邹平县长山镇官庄村	20	男	1943 年 2 月
杨斯银	邹平县长山镇后芽村	28	男	1943 年 2 月
杨济武	邹平县长山镇后芽村	29	男	1943 年 2 月
杨综芳	邹平县长山镇后芽村	20	男	1943 年 2 月
杨斯俊	邹平县长山镇后芽村	19	男	1943 年 2 月
杨济苗	邹平县长山镇后芽村	19	男	1943 年 2 月
薛允怀	邹平县好生镇黑土村	59	男	1943 年 2 月
穆王氏	邹平县明集镇牛家村	64	女	1943 年 2 月
杜学英	邹平县焦桥镇四马村	32	女	1943 年 2 月
郭刘氏	邹平县台子镇位家村	18	女	1943 年 2 月
李庆元	邹平县台子镇北位桥村	20	男	1943 年 2 月
王焕入	邹平县台子镇北位桥村	21	男	1943 年 2 月
马会良	邹平县码头镇李家村	31	男	1943 年 2 月
吴方仁	邹平县长山镇南关村	32	男	1943 年 3 月
宋希孔	邹平县西董镇宋家村	23	男	1943 年 3 月
邹木青	邹平县九户镇北李村	19	男	1943 年 3 月
卜现宗	邹平县九户镇新东村	31	男	1943 年 3 月
卜凡德	邹平县九户镇新东村	39	男	1943 年 3 月
李汝平	邹平县台子镇高家村	45	男	1943 年 3 月
许光文	邹平县台子镇老邵村	26	男	1943 年 3 月
樊孝勤	邹平县长山镇北夏村	32	男	1943 年春
李利宾	邹平县长山镇西宰村	28	男	1943 年春
邵学本	邹平县长山镇西宰村	25	男	1943 年春
曾兆启	邹平县好生镇黑土村	59	男	1943 年 4 月
曾兆禄	邹平县好生镇黑土村	55	男	1943 年 4 月
宋克德	邹平县临池镇下河村	78	男	1943 年 4 月
李敢亮	邹平县临池镇古城村	—	男	1943 年 4 月
陈永贵	邹平县长山镇北前村	31	男	1943 年 5 月
曹　永	邹平县好生镇河阳村	35	男	1943 年 5 月
赵桂芳	邹平县好生镇河阳村	42	男	1943 年 5 月
尹高英	邹平县好生镇姜家村	24	女	1943 年 5 月
乔兴凯	邹平县好生镇乔家村	24	男	1943 年 5 月
康尚文	邹平县台子镇康家村	51	男	1943 年 5 月

续表

姓 名	籍 贯	年 龄	性 别	死难时间
李式祥	邹平县好生镇鹿家村	78	男	1943 年 6 月
李世申	邹平县临池镇北台村	30	男	1943 年 6 月
李先智	邹平县临池镇北台村	29	男	1943 年 6 月
李万学	邹平县临池镇殷家村	31	男	1943 年 6 月
尚鸿修	邹平县临池镇南山村	59	男	1943 年 6 月
李春河	邹平县焦桥镇李套村	36	男	1943 年 6 月
杨遵逸	邹平县焦桥镇史辛村	40	男	1943 年 6 月
王尔亮	邹平县九户镇爱东村	47	男	1943 年 6 月
张宗元	邹平县黛溪办马庄村	35	男	1943 年 7 月
王　力	邹平县好生镇蒙三村	31	男	1943 年 7 月
鹿长山	邹平县好生镇展店村	16	男	1943 年 7 月
王福刚	邹平县好生镇河阳村	28	男	1943 年 7 月
孙兆林	邹平县好生镇乔家村	21	男	1943 年 7 月
潘恒代	邹平县临池镇南山村	58	男	1943 年 7 月
宋明俊	邹平县明集镇南宋村	49	男	1943 年 7 月
何连德	邹平县焦桥镇史辛村	40	男	1943 年 7 月
李京行	邹平县九户镇新西村	46	男	1943 年 7 月
李京元	邹平县九户镇新西村	27	男	1943 年 7 月
李杨氏	邹平县九户镇新西村	38	女	1943 年 7 月
王福荣	邹平县台子镇新邵村	21	男	1943 年 7 月
董光明	邹平县西董镇侯家村	27	男	1943 年 8 月
钱生国	邹平县好生镇院上村	22	男	1943 年 8 月
刘长庆	邹平县好生镇院上村	25	男	1943 年 8 月
张希杰	邹平县临池镇良家村	40	男	1943 年 8 月
张恩远	邹平县临池镇良家村	41	男	1943 年 8 月
陈恒德	邹平县临池镇古城村	—	男	1943 年 8 月
张承庆	邹平县九户镇铁匠村	61	男	1943 年 8 月
牛州平	邹平县九户镇小陈村	35	男	1943 年 8 月
张　者	邹平县台子镇长船村	46	男	1943 年 8 月
李小喜	邹平县台子镇北位桥村	29	男	1943 年 8 月
刘方全	邹平县台子镇绳刘村	43	男	1943 年 8 月
王　×	邹平县黛溪办马庄村	43	女	1943 年 9 月
刘允东	邹平县青阳镇马埠村	52	男	1943 年 9 月
邢迎路	邹平县明集镇邢家村	45	男	1943 年 9 月

续表

姓 名	籍 贯	年 龄	性 别	死难时间
韩进尧	邹平县九户镇韩湾村	36	男	1943 年 9 月
康佃奎	邹平县台子镇康家村	47	男	1943 年 9 月
张汝厚	邹平县长山镇东夏村	35	男	1943 年秋
张圣学	邹平县长山镇东夏村	37	男	1943 年秋
张国法	邹平县长山镇西宰村	31	男	1943 年秋
张大庆	邹平县长山镇西丁村	40	男	1943 年秋
宋慧功	邹平县台子镇红宋村	20	男	1943 年 10 月 3 日
李孔言	邹平县临池镇古城村	—	男	1943 年 11 月
杨成福	邹平县台子镇新邵村	31	男	1943 年 11 月
刘 氏	邹平县好生镇山旺村	36	女	1943 年 12 月
宋明哲	邹平县明集镇南宋村	52	男	1943 年 12 月
卜现云	邹平县九户镇新东村	21	男	1943 年 12 月
姜志文	邹平县台子镇姜陈村	60	男	1943 年 12 月
由开基	邹平县临池镇西高村	55	男	1943 年
刘思禄	邹平县黛溪办西范村	26	男	1943 年
张广太	邹平县黛溪办北关村	17	男	1943 年
刘盛昌	邹平县黛溪办张高村	23	男	1943 年
孟继杰	邹平县高新办温孟村	27	男	1943 年
李方田	邹平县高新办大新村	36	男	1943 年
池希龙	邹平县高新办向家村	18	男	1943 年
包永昆	邹平县高新办廉家村	31	男	1943 年
李大年	邹平县长山镇长韩村	22	男	1943 年
张立江	邹平县长山镇西鲍村	35	男	1943 年
张守本	邹平县长山镇西鲍村	65	男	1943 年
张荣民	邹平县长山镇西鲍村	32	男	1943 年
张荣杰	邹平县长山镇西鲍村	27	男	1943 年
张 氏	邹平县长山镇大齐村	—	女	1943 年
李式亲	邹平县长山镇东店村	27	男	1943 年
李沾祥	邹平县长山镇东店村	30	男	1943 年
徐绍家	邹平县长山镇前店村	50	男	1943 年
徐德玲	邹平县长山镇前店村	50	男	1943 年
孙守纯	邹平县长山镇西店村	30	男	1943 年
李德训	邹平县长山镇大尹家村	25	男	1943 年
孙丕俊	邹平县长山镇大尹家村	28	男	1943 年

续表

姓 名	籍 贯	年 龄	性 别	死难时间
岳申显	邹平县长山镇石官村	23	男	1943 年
岳胜仁	邹平县长山镇石官村	28	男	1943 年
董海廷	邹平县长山镇柳寺村	39	男	1943 年
宫传礼	邹平县长山镇小牛村	20	男	1943 年
王志玉	邹平县长山镇郭家村	21	男	1943 年
王开湖	邹平县长山镇郭家村	20	男	1943 年
王树青	邹平县长山镇大由村	26	男	1943 年
裴金三	邹平县长山镇中前村	—	男	1943 年
裴信昌	邹平县长山镇中前村	—	男	1943 年
文玉林	邹平县长山镇中前村	—	男	1943 年
张元瑞	邹平县长山镇南街村	—	男	1943 年
杨济祥	邹平县长山镇南街村	—	男	1943 年
王传章	邹平县长山镇南街村	—	男	1943 年
宋锡三	邹平县长山镇南街村	—	男	1943 年
李向涛	邹平县长山镇明礼村	—	男	1943 年
王明业	邹平县长山镇黄王村	22	男	1943 年
刘玉善	邹平县长山镇柏林村	45	男	1943 年
王世武	邹平县长山镇小演马村	34	男	1943 年
王世杰	邹平县长山镇小演马村	31	男	1943 年
李仁德	邹平县长山镇小演马村	20	男	1943 年
张广田	邹平县长山镇小演马村	30	男	1943 年
张广财	邹平县长山镇小演马村	40	男	1943 年
曲本连	邹平县长山镇丁公村	29	男	1943 年
赵振通	邹平县长山镇付家村	80	男	1943 年
张传民	邹平县长山镇西北村	29	男	1943 年
张同德	邹平县长山镇西北村	27	男	1943 年
王修仁	邹平县长山镇买湖村	54	男	1943 年
李志水	邹平县长山镇毛张村	33	男	1943 年
张廷保	邹平县长山镇毛张村	34	男	1943 年
刘淑功	邹平县长山镇大省村	36	男	1943 年
刘风向	邹平县长山镇大省村	30	男	1943 年
郭方玉	邹平县长山镇仁马村	35	男	1943 年
石三之大爷	邹平县长山镇邵家村	57	男	1943 年
程树岭	邹平县长山镇菜园村	20	男	1943 年

续表

姓 名	籍 贯	年 龄	性 别	死难时间
程德传	邹平县长山镇菜园村	23	男	1943 年
马新山	邹平县长山镇菜园村	41	男	1943 年
潘明基	邹平县好生镇新华村	43	男	1943 年
马永清	邹平县好生镇张家村	25	男	1943 年
许善修	邹平县好生镇河西村	45	男	1943 年
杜云书	邹平县好生镇史营村	23	男	1943 年
刘敬元	邹平县好生镇东董村	25	男	1943 年
孟庆臣	邹平县好生镇曹家村	36	男	1943 年
张福顺	邹平县好生镇曹家村	20	男	1943 年
尹兆英	邹平县好生镇曹家村	24	男	1943 年
冯现廷	邹平县好生镇刘桥村	28	男	1943 年
李慎会	邹平县好生镇刘桥村	28	男	1943 年
冯现忠	邹平县好生镇刘桥村	25	男	1943 年
李慎形	邹平县好生镇刘桥村	30	男	1943 年
刘修申	邹平县好生镇刘桥村	27	男	1943 年
李法玉	邹平县好生镇李营村	42	男	1943 年
宗成礼	邹平县好生镇宗家村	51	男	1943 年
赵安运	邹平县临池镇西高村	55	男	1943 年
由开亮	邹平县临池镇西高村	60	男	1943 年
吕赶昌	邹平县临池镇西高村	60	男	1943 年
李柏氏	邹平县临池镇西高村	48	女	1943 年
房崇西	邹平县临池镇小房村	27	男	1943 年
许荣奎	邹平县临池镇南寺村	40	男	1943 年
王丰柱	邹平县临池镇南寺村	55	男	1943 年
杨元英	邹平县临池镇南寺村	15	男	1943 年
杨丙运	邹平县临池镇南寺村	20	男	1943 年
杨丙成	邹平县临池镇南寺村	13	男	1943 年
程来子	邹平县临池镇南寺村	15	男	1943 年
杨德占	邹平县临池镇南寺村	19	男	1943 年
张延年	邹平县临池镇红庙村	27	男	1943 年
张其瑞	邹平县临池镇西台村	29	女	1943 年
王圣干	邹平县临池镇上河村	22	男	1943 年
王圣镐	邹平县临池镇上河村	24	男	1943 年
邹光起	邹平县临池镇上河村	24	男	1943 年

续表

姓名	籍贯	年龄	性别	死难时间
宫方焕	邹平县临池镇上河村	19	男	1943年
毕韧山	邹平县临池镇西永和村	53	男	1943年
由文运	邹平县临池镇东高村	50	男	1943年
宋怀安	邹平县临池镇望京村	48	男	1943年
王维臣	邹平县临池镇大临池村	17	男	1943年
薛本洲	邹平县临池镇大临池村	70	男	1943年
孙吉友	邹平县临池镇小临池村	47	男	1943年
孙兆会	邹平县临池镇小临池村	51	男	1943年
李若明	邹平县临池镇小临池村	43	男	1943年
张呈旋	邹平县临池镇王家庄村	—	男	1943年
翟先街	邹平县临池镇王家庄村	—	男	1943年
高　芹	邹平县临池镇兴安村	—	女	1943年
张　宝	邹平县临池镇兴安村	—	男	1943年
毕承章	邹平县临池镇小黄埠村	50	男	1943年
高晋年	邹平县临池镇高旺村	40	男	1943年
高晋争	邹平县临池镇高旺村	32	男	1943年
李金坛	邹平县临池镇柏家村	55	男	1943年
赵守宝	邹平县青阳镇东窝陀村	43	男	1943年
赵守发	邹平县青阳镇东窝陀村	45	男	1943年
赵怀恒	邹平县青阳镇西窝陀村	32	男	1943年
张友忠	邹平县青阳镇浒山村	35	男	1943年
张作周	邹平县青阳镇浒山村	26	男	1943年
张瑞林	邹平县青阳镇浒山村	68	男	1943年
张维宝	邹平县青阳镇浒山村	72	男	1943年
刘清吉	邹平县青阳镇浒山村	48	男	1943年
耿丙玉	邹平县青阳镇韩家村	32	男	1943年
杨郭子	邹平县青阳镇韩家村	26	男	1943年
杨顺子	邹平县青阳镇韩家村	35	男	1943年
张仁池	邹平县青阳镇新立村	25	男	1943年
杨立仕	邹平县青阳镇新立村	21	男	1943年
杨仁好	邹平县青阳镇新立村	29	男	1943年
张财宝	邹平县青阳镇化庄村	40	男	1943年
徐小荣	邹平县青阳镇化庄村	47	女	1943年
赵玉成	邹平县青阳镇郭庄村	35	男	1943年

续表

姓 名	籍 贯	年 龄	性 别	死难时间
惠以来	邹平县明集镇惠辛村	23	男	1943 年
惠以新	邹平县明集镇惠辛村	34	男	1943 年
惠启图	邹平县明集镇惠辛村	28	男	1943 年
张司礼	邹平县明集镇惠辛村	27	男	1943 年
惠文尧	邹平县明集镇惠辛村	26	男	1943 年
柴启军	邹平县明集镇柴家村	30	男	1943 年
孙庆茂	邹平县明集镇颜集村	25	男	1943 年
张行长	邹平县明集镇颜集村	30	男	1943 年
曲吉林	邹平县焦桥镇后三村	58	男	1943 年
陈功九	邹平县焦桥镇东平村	26	男	1943 年
齐守玉	邹平县焦桥镇东平村	20	男	1943 年
曲百明	邹平县焦桥镇西夏村	24	男	1943 年
张开芳	邹平县焦桥镇西夏村	24	男	1943 年
孙可柏	邹平县焦桥镇西夏村	27	男	1943 年
段启福	邹平县焦桥镇西夏村	24	男	1943 年
曲怡怀	邹平县焦桥镇牛家村	—	男	1943 年
张玉山	邹平县焦桥镇牛家村	—	男	1943 年
牛立亭	邹平县焦桥镇刁宋村	29	男	1943 年
高书利	邹平县焦桥镇高道口村	48	男	1943 年
高书明	邹平县焦桥镇高道口村	44	男	1943 年
高纪春	邹平县焦桥镇高道口村	56	男	1943 年
董应山	邹平县焦桥镇董家村	71	男	1943 年
董应红	邹平县焦桥镇董家村	56	男	1943 年
刘玉昌	邹平县焦桥镇董家村	68	男	1943 年
张恒山	邹平县焦桥镇姚孙村	60	男	1943 年
孙可拥	邹平县焦桥镇姚孙村	59	男	1943 年
孙加贞	邹平县焦桥镇姚孙村	58	男	1943 年
杨方德	邹平县焦桥镇姚孙村	59	男	1943 年
李昌山	邹平县焦桥镇西营村	28	男	1943 年
李树明	邹平县焦桥镇西营村	41	男	1943 年
王玉忠	邹平县焦桥镇小杜村	31	男	1943 年
袁义明	邹平县焦桥镇西北村	—	男	1943 年
张思清	邹平县焦桥镇小魏村	52	男	1943 年
芦守水	邹平县焦桥镇刘套村	22	男	1943 年

续表

姓 名	籍 贯	年 龄	性 别	死难时间
孙汉奇	邹平县焦桥镇前三村	33	男	1943 年
陈作河	邹平县九户镇陈玉平村	40	男	1943 年
张继旺	邹平县九户镇张德佐村	30	男	1943 年
陈焕兰	邹平县九户镇新民村	24	男	1943 年
韩作业	邹平县九户镇新民村	33	男	1943 年
李玉香	邹平县九户镇新民村	29	女	1943 年
李玉兰	邹平县九户镇新民村	25	女	1943 年
宋焕章之妻	邹平县九户镇闫家村	30	女	1943 年
韩喜堂	邹平县九户镇水牛韩村	52	男	1943 年
公月平	邹平县九户镇小王村	18	男	1943 年
李得清	邹平县九户镇大郑村	43	男	1943 年
黄西生	邹平县九户镇黄家村	25	男	1943 年
张务仁	邹平县九户镇古王台村	31	男	1943 年
韩青云	邹平县九户镇韩杠村	31	男	1943 年
王服龙	邹平县九户镇韩杠村	29	男	1943 年
韩书伟	邹平县九户镇韩杠村	—	男	1943 年
韩者盼	邹平县九户镇韩杠村	44	男	1943 年
韩玉青	邹平县九户镇韩杠村	34	男	1943 年
卢祖轮	邹平县台子镇小卢村	50	男	1943 年
刘保会	邹平县台子镇刘家村	50	男	1943 年
刘方波	邹平县台子镇刘家村	62	男	1943 年
柴相山	邹平县台子镇店东村	26	男	1943 年
刘绍滨	邹平县台子镇卢辛村	79	男	1943 年
张会元	邹平县台子镇西安村	23	男	1943 年
张信文	邹平县台子镇西安村	30	男	1943 年
王秀梅	邹平县台子镇西安村	41	女	1943 年
张田氏	邹平县台子镇西安村	28	女	1943 年
张会祯	邹平县台子镇东安村	22	男	1943 年
张兆贵	邹平县台子镇东安村	25	男	1943 年
路玉册	邹平县台子镇曹务村	43	男	1943 年
李应贵	邹平县台子镇型六村	47	男	1943 年
刘光录	邹平县焦桥镇刘套村	23	男	1943 年
王广谋	邹平县长山镇北史村	18	男	1944 年 1 月
杨济恒	邹平县长山镇后芽村	35	男	1944 年 1 月

续表

姓 名	籍 贯	年 龄	性 别	死难时间
杨芳德	邹平县长山镇后芽村	30	男	1944 年 1 月
杨斯水	邹平县长山镇后芽村	27	男	1944 年 1 月
杨文德	邹平县长山镇后芽村	35	男	1944 年 1 月
杨斯恒	邹平县长山镇后芽村	26	男	1944 年 1 月
潘业明	邹平县临池镇南山村	65	男	1944 年 1 月
张延信	邹平县青阳镇醴泉村	33	男	1944 年 1 月
田翠英	邹平县台子镇新邵村	24	女	1944 年 1 月
朱玉录	邹平县长山镇南关村	31	男	1944 年 2 月
张光财	邹平县好生镇院上村	23	男	1944 年 2 月
孙法永	邹平县好生镇河阳村	66	男	1944 年 2 月
梁孔文	邹平县临池镇南山村	63	男	1944 年 2 月
李马氏	邹平县九户镇新西村	39	女	1944 年 2 月
胡宗雨	邹平县台子镇西升村	22	男	1944 年 3 月
戴长胜	邹平县明集镇邢家村	47	男	1944 年 4 月
宋金忠	邹平县台子镇红宋村	21	男	1944 年 4 月
李经荣	邹平县长山镇北后村	32	男	1944 年 5 月
李式刚	邹平县好生镇鹿家村	83	男	1944 年 5 月
陈明礼	邹平县好生镇蒙三村	37	男	1944 年 5 月
张保荣	邹平县焦桥镇李套村	35	男	1944 年 5 月
陈玲子	邹平县九户镇小陈村	33	女	1944 年 5 月
赵玉会	邹平县台子镇赵水村	24	男	1944 年 5 月
王　素	邹平县好生镇蒙三村	21	女	1944 年 6 月
刘兆瑞	邹平县好生镇院上村	40	男	1944 年 6 月
尹士源	邹平县好生镇姜家村	21	男	1944 年 6 月
常玉礼	邹平县好生镇乔家村	22	男	1944 年 6 月
尹永华	邹平县好生镇尹家河村	22	男	1944 年 6 月
韩春能	邹平县九户镇韩湾村	47	男	1944 年 6 月
石如贵	邹平县长山镇田家村	33	男	1944 年 7 月
尹永信	邹平县好生镇姜家村	37	男	1944 年 7 月
赵柏之	邹平县好生镇姜家村	37	男	1944 年 7 月
尹子厚	邹平县好生镇姜家村	41	男	1944 年 7 月
尹永丰	邹平县好生镇尹家河村	29	男	1944 年 7 月
李世泽	邹平县临池镇殷家村	40	男	1944 年 7 月
甄思成	邹平县临池镇殷家村	45	男	1944 年 7 月

续表

姓 名	籍 贯	年 龄	性 别	死难时间
李王合	邹平县临池镇东黄村	62	男	1944 年 7 月
张承瑞	邹平县九户镇铁匠村	73	男	1944 年 7 月
刘明起	邹平县台子镇康家村	58	男	1944 年 7 月
李宝山	邹平县长山镇北后村	38	男	1944 年 8 月
刘绪林	邹平县明集镇牛家村	57	男	1944 年 8 月
张红湖	邹平县九户镇北河沟村	36	男	1944 年 8 月
王复贤	邹平县台子镇新邵村	20	男	1944 年 8 月
王学章	邹平县好生镇乔家村	22	男	1944 年 9 月
宋明湖	邹平县明集镇南宋村	29	男	1944 年 11 月
尹洪儒	邹平县好生镇山旺村	46	男	1944 年 12 月
李吕氏	邹平县临池镇东黄村	60	女	1944 年 12 月
胥兰花	邹平县九户镇杨家村	50	女	1944 年 12 月
李瑛福	邹平县台子镇新邵村	40	男	1944 年 12 月
崔继林	邹平县黄山办崔家村	60	男	1944 年
崔付昌	邹平县黄山办崔家村	55	男	1944 年
高继昭	邹平县高新办温孟村	47	男	1944 年
王义成	邹平县高新办廉家村	50	男	1944 年
沈王氏	邹平县高新办廉家村	50	女	1944 年
邢允信	邹平县高新办邢马村	25	男	1944 年
邢允智	邹平县高新办邢马村	26	男	1944 年
李乾坤	邹平县高新办邢马村	20	男	1944 年
杨继成	邹平县长山镇长韩村	24	男	1944 年
张守太	邹平县长山镇西鲍村	88	男	1944 年
张守永	邹平县长山镇西鲍村	67	男	1944 年
张路氏	邹平县长山镇西鲍村	56	女	1944 年
高淑仁	邹平县长山镇小祁村	20	男	1944 年
李庆顺	邹平县长山镇小位村	55	男	1944 年
张清祥	邹平县长山镇大齐村	—	男	1944 年
张衍义	邹平县长山镇大齐村	—	男	1944 年
韩　氏	邹平县长山镇东店村	52	女	1944 年
刘笃祥	邹平县长山镇大尹家村	24	男	1944 年
岳大开	邹平县长山镇石官村	—	男	1944 年
岳志贤	邹平县长山镇石官村	—	男	1944 年
毛三元	邹平县长山镇石官村	—	男	1944 年

续表

姓 名	籍 贯	年 龄	性 别	死难时间
耿振林	邹平县长山镇小牛村	—	男	1944 年
宫成武	邹平县长山镇小牛村	—	男	1944 年
牛加成	邹平县长山镇小牛村	—	男	1944 年
宫传弟	邹平县长山镇小牛村	—	男	1944 年
石玉文	邹平县长山镇郭家村	—	男	1944 年
冯秀山	邹平县长山镇郭家村	—	男	1944 年
王世行	邹平县长山镇郭家村	—	男	1944 年
罗京顺	邹平县长山镇郭家村	—	男	1944 年
王本庆	邹平县长山镇大由村	20	男	1944 年
王树正	邹平县长山镇大由村	29	男	1944 年
陈焕章	邹平县长山镇中前村	—	男	1944 年
文茂岭	邹平县长山镇中前村	—	男	1944 年
马基全	邹平县长山镇南街村	—	男	1944 年
张同青	邹平县长山镇明礼村	—	男	1944 年
张统家	邹平县长山镇明礼村	—	男	1944 年
娄桂山	邹平县长山镇柏林村	32	男	1944 年
丁玉德	邹平县长山镇丁公村	31	男	1944 年
张士法	邹平县长山镇丁公村	32	男	1944 年
张守义	邹平县长山镇丁公村	34	男	1944 年
丁玉远	邹平县长山镇丁公村	28	男	1944 年
张统厚	邹平县长山镇丁公村	30	男	1944 年
张传厚	邹平县长山镇东北村	22	男	1944 年
张守福	邹平县长山镇东北村	22	男	1944 年
张新林	邹平县长山镇东北村	23	男	1944 年
张新银	邹平县长山镇东北村	22	男	1944 年
张新水	邹平县长山镇东北村	22	男	1944 年
王路仁	邹平县长山镇买湖村	41	男	1944 年
言思宝	邹平县长山镇毛张村	35	男	1944 年
张遵恒	邹平县长山镇毛张村	36	男	1944 年
张延文	邹平县长山镇毛张村	34	男	1944 年
李书祥	邹平县长山镇毛张村	32	男	1944 年
张同勤	邹平县长山镇毛张村	37	男	1944 年
言祥福	邹平县长山镇毛张村	38	男	1944 年
张国永	邹平县长山镇毛张村	32	男	1944 年

续表

姓 名	籍 贯	年 龄	性 别	死难时间
张同学	邹平县长山镇王世村	27	男	1944 年
张道贤	邹平县长山镇王世村	27	男	1944 年
耿景汉	邹平县长山镇仁马村	37	男	1944 年
耿景生	邹平县长山镇仁马村	35	男	1944 年
杨思成	邹平县好生镇东代村	55	男	1944 年
邓振如	邹平县好生镇河北村	40	男	1944 年
李福泽	邹平县好生镇河北村	58	男	1944 年
石亭海	邹平县好生镇李庄村	29	男	1944 年
李德福	邹平县好生镇李庄村	35	男	1944 年
李良山	邹平县好生镇李庄村	35	男	1944 年
李德文	邹平县好生镇李庄村	45	男	1944 年
李张氏	邹平县好生镇李庄村	40	女	1944 年
刘宗良	邹平县好生镇东董村	41	男	1944 年
刘敬志	邹平县好生镇东董村	23	男	1944 年
孟庆仁	邹平县好生镇曹家村	20	男	1944 年
付功跃	邹平县好生镇曹家村	24	男	1944 年
耿丙忠	邹平县好生镇曹家村	31	男	1944 年
孟凡旺	邹平县好生镇曹家村	25	男	1944 年
曹修铎	邹平县好生镇曹家村	30	男	1944 年
赵安京	邹平县临池镇西高村	59	男	1944 年
李传生	邹平县临池镇西高村	52	男	1944 年
董在喜	邹平县临池镇西高村	49	男	1944 年
周元贞	邹平县临池镇西高村	44	男	1944 年
王德泰	邹平县临池镇小房村	30	男	1944 年
杨修青	邹平县临池镇南寺村	—	男	1944 年
李 栓	邹平县临池镇西台村	8	男	1944 年
李大河	邹平县临池镇东黄村	39	男	1944 年
由毕氏	邹平县临池镇东高村	53	女	1944 年
由开亮	邹平县临池镇东高村	53	男	1944 年
房同亳	邹平县临池镇大房村	20	男	1944 年
李万海	邹平县临池镇大临池村	72	男	1944 年
毕成家	邹平县临池镇大临池村	65	男	1944 年
李俊德	邹平县临池镇大临池村	66	男	1944 年
刘思太	邹平县临池镇大临池村	63	男	1944 年

续表

姓名	籍贯	年龄	性别	死难时间
李万太	邹平县临池镇小临池村	54	男	1944 年
李口华	邹平县临池镇小临池村	47	男	1944 年
高晋梦	邹平县临池镇高旺村	43	男	1944 年
张永对	邹平县青阳镇醴泉村	50	男	1944 年
张安康	邹平县青阳镇韩家村	58	男	1944 年
张崇理	邹平县青阳镇韩家村	31	男	1944 年
杨刘氏	邹平县青阳镇韩家村	30	女	1944 年
徐可尊	邹平县青阳镇郭庄村	72	男	1944 年
靳占谷	邹平县明集镇解家村	70	男	1944 年
崔永泰	邹平县明集镇解家村	64	男	1944 年
王方荣	邹平县明集镇颜集村	31	男	1944 年
朱来厚	邹平县明集镇颜集村	40	男	1944 年
曲立发	邹平县焦桥镇太平村	33	男	1944 年
曲百尚	邹平县焦桥镇太平村	35	男	1944 年
李立民	邹平县焦桥镇太平村	38	男	1944 年
张月武	邹平县焦桥镇兴隆村	29	男	1944 年
孙家长之女	邹平县焦桥镇西夏村	18	女	1944 年
王珍富	邹平县焦桥镇四马村	21	男	1944 年
宋兆月	邹平县焦桥镇刁宋村	35	男	1944 年
陈守学	邹平县焦桥镇刁宋村	28	男	1944 年
刁庆禹	邹平县焦桥镇刁宋村	41	男	1944 年
孙可林	邹平县焦桥镇姚孙村	63	男	1944 年
孙内山	邹平县焦桥镇姚孙村	59	男	1944 年
孟宪海	邹平县焦桥镇东南村	24	男	1944 年
孟祥儒	邹平县焦桥镇东南村	82	男	1944 年
孟善水	邹平县焦桥镇西北村	—	男	1944 年
商树友	邹平县焦桥镇小魏村	39	男	1944 年
孙学芹	邹平县焦桥镇前三村	38	男	1944 年
赵方盛	邹平县九户镇张德佐村	45	男	1944 年
王秀娟	邹平县九户镇张德佐村	50	女	1944 年
张敦消	邹平县九户镇南北张村	21	男	1944 年
李秀山	邹平县九户镇新民村	23	男	1944 年
李为亭	邹平县九户镇新民村	31	男	1944 年
尹井孔	邹平县九户镇新民村	30	男	1944 年

续表

姓名	籍贯	年龄	性别	死难时间
李德顺	邹平县九户镇布王村	51	男	1944 年
郭法昆	邹平县九户镇北郭村	50	男	1944 年
郭家庭	邹平县九户镇丁家村	39	男	1944 年
郭家丰	邹平县九户镇丁家村	40	男	1944 年
郑士建	邹平县九户镇大郑村	32	男	1944 年
郑行胜	邹平县九户镇大郑村	42	男	1944 年
成　守	邹平县九户镇成家村	20	男	1944 年
苏行君	邹平县九户镇韩杠村	25	男	1944 年
韩青玉	邹平县九户镇韩杠村	2	男	1944 年
张韩氏	邹平县九户镇韩杠村	35	女	1944 年
李法贵	邹平县台子镇沙里村	87	男	1944 年
张务初	邹平县台子镇孟胡村	54	男	1944 年
李玉福	邹平县台子镇西安村	40	男	1944 年
张文山	邹平县台子镇西安村	52	男	1944 年
张尔忠	邹平县台子镇犁六村	62	男	1944 年
李应贤	邹平县台子镇犁六村	63	男	1944 年
廉训厚	邹平县长山镇北史村	17	男	1945 年 1 月
徐志才	邹平县长山镇官庄村	15	男	1945 年 1 月
吕刚全	邹平县长山镇南坛村	26	男	1945 年 1 月
徐忠宝	邹平县长山镇南坛村	20	男	1945 年 1 月
朱洪印	邹平县长山镇南坛村	20	男	1945 年 1 月
吕令志	邹平县长山镇南坛村	20	男	1945 年 1 月
吕收兼	邹平县长山镇南坛村	20	男	1945 年 1 月
宋树洪	邹平县长山镇鲍家村	20	男	1945 年 1 月
鲍贻亭	邹平县长山镇鲍家村	30	男	1945 年 1 月
鲍泽恩	邹平县长山镇鲍家村	31	男	1945 年 1 月
鲍泽广	邹平县长山镇鲍家村	20	男	1945 年 1 月
鲍泽修	邹平县长山镇鲍家村	20	男	1945 年 1 月
鲍泽元	邹平县长山镇鲍家村	20	男	1945 年 1 月
尚志信	邹平县临池镇南山村	57	男	1945 年 1 月
潘修吉	邹平县九户镇潘辛村	30	男	1945 年 1 月
张承俭	邹平县九户镇铁匠村	47	男	1945 年 1 月
李卜氏	邹平县九户镇新西村	36	女	1945 年 1 月
陈作民	邹平县九户镇小陈村	40	男	1945 年 1 月

续表

姓 名	籍 贯	年 龄	性 别	死难时间
李汝林	邹平县台子镇高家村	40	男	1945 年 1 月
孙玉山	邹平县好生镇黑土村	42	男	1945 年 2 月
孙玉水	邹平县好生镇黑土村	42	男	1945 年 2 月
尹兆福	邹平县好生镇姜家村	19	男	1945 年 2 月
李荣树	邹平县临池镇殷家村	51	男	1945 年 2 月
毕研成	邹平县临池镇西永和村	55	男	1945 年 2 月
耿振龙	—	25	男	1945 年 3 月
吴玉山	邹平县长山镇前芽村	30	男	1945 年 3 月
黄应海	邹平县长山镇前芽村	30	男	1945 年 3 月
杨德秀	邹平县长山镇前芽村	30	男	1945 年 3 月
徐振华	邹平县长山镇前芽村	19	男	1945 年 3 月
袁义荣	邹平县长山镇前芽村	19	男	1945 年 3 月
袁义亮	邹平县长山镇前芽村	19	男	1945 年 3 月
朱洪训	邹平县长山镇南坛村	30	男	1945 年 3 月
周立法	邹平县长山镇南坛村	31	男	1945 年 3 月
鲍泽泉	邹平县长山镇鲍家村	30	男	1945 年 3 月
鲍德广	邹平县长山镇鲍家村	21	男	1945 年 3 月
鲍泽红	邹平县长山镇鲍家村	20	男	1945 年 3 月
杨斯征	邹平县长山镇后芽村	28	男	1945 年 3 月
朱义增	邹平县长山镇东街村	50	男	1945 年 3 月
万荣祥	邹平县好生镇八里河村	23	男	1945 年 3 月
尹永俊	邹平县好生镇尹家河村	25	男	1945 年 3 月
李荣琳	邹平县临池镇殷家村	50	男	1945 年 3 月
史大身	邹平县焦桥镇赵旺村	30	男	1945 年 3 月
刘君章	邹平县台子镇姜陈村	44	男	1945 年 4 月 7 日
刘成杰	邹平县长山镇小马村	80	男	1945 年 4 月
王张氏	邹平县临池镇下河村	28	女	1945 年 4 月
宋俊功	邹平县台子镇红宋村	69	男	1945 年 4 月
李林址	邹平县焦桥镇李套村	48	男	1945 年 5 月
李治广	—	39	男	1945 年 6 月
李纪林	邹平县长山镇北后村	25	男	1945 年 6 月
尹家奎	邹平县好生镇尹家河村	42	男	1945 年 6 月
梁李氏	邹平县临池镇南山村	63	女	1945 年 6 月
田成法	邹平县黛溪办东关村	35	男	1945 年 7 月

续表

姓名	籍贯	年龄	性别	死难时间
张发远	邹平县临池镇良家村	37	男	1945 年 7 月
李曾绥	邹平县台子镇台西村	31	男	1945 年 7 月
李曾炎	邹平县台子镇台西村	30	男	1945 年 7 月
李德奎	邹平县好生镇尹家河村	30	男	1945 年 8 月
李世禄	邹平县临池镇殷家村	35	男	1945 年 8 月
张孔温	邹平县九户镇北河沟村	47	男	1945 年 8 月
姚长增	邹平县台子镇姜陈村	59	男	1945 年 8 月
彭振星	邹平县九户镇彭家村	36	男	1945 年 9 月
石泽元	邹平县黄山办鲁西村	55	男	1945 年
马三喜	邹平县黄山办郎君村	27	男	1945 年
张荣祥	邹平县长山镇西鲍村	39	男	1945 年
张延训	邹平县长山镇小祁村	45	男	1945 年
李宝玉	邹平县长山镇小位村	60	男	1945 年
张于清	邹平县长山镇大齐村	—	男	1945 年
李王氏	邹平县长山镇东店村	40	女	1945 年
徐绍礼	邹平县长山镇前店村	20	男	1945 年
徐　六	邹平县长山镇前店村	30	男	1945 年
徐老二	邹平县长山镇前店村	38	男	1945 年
陈同俭	邹平县长山镇西店村	52	男	1945 年
李华立	邹平县长山镇西店村	20	男	1945 年
康李氏	邹平县长山镇西店村	50	女	1945 年
康小二	邹平县长山镇西店村	21	男	1945 年
王传仁	邹平县长山镇大尹家村	35	男	1945 年
毛利青	邹平县长山镇石官村	—	男	1945 年
毛　利	邹平县长山镇石官村	—	男	1945 年
杨开明	邹平县长山镇柳寺村	—	男	1945 年
董香廷	邹平县长山镇柳寺村	—	男	1945 年
孔庆明	邹平县长山镇小牛村	—	男	1945 年
王现光	邹平县长山镇郭家村	—	男	1945 年
王世顺	邹平县长山镇郭家村	39	男	1945 年
王志寓	邹平县长山镇郭家村	84	男	1945 年
段龙江	邹平县长山镇大由村	39	男	1945 年
文茂兰	邹平县长山镇中前村	—	男	1945 年
张道林	邹平县长山镇东北村	80	男	1945 年

续表

姓名	籍贯	年龄	性别	死难时间
李林宝	邹平县长山镇毛张村	37	男	1945 年
张延水	邹平县长山镇毛张村	36	男	1945 年
董景尧	邹平县长山镇董城村	34	男	1945 年
石开祚	邹平县长山镇邵家村	30	男	1945 年
马泽礼	邹平县好生镇张家村	37	男	1945 年
张尔燕	邹平县好生镇河北村	25	男	1945 年
李德宝	邹平县好生镇河北村	66	男	1945 年
宋守贞	邹平县好生镇东董村	33	男	1945 年
陈呈业	邹平县好生镇东董村	30	男	1945 年
赵立言	邹平县好生镇宗家村	20	男	1945 年
赵立芝	邹平县好生镇宗家村	18	男	1945 年
李永华	邹平县临池镇西高村	60	男	1945 年
徐道江	邹平县临池镇西高村	49	男	1945 年
王德森	邹平县临池镇小房村	32	男	1945 年
李积礼	邹平县临池镇西台村	42	男	1945 年
王德富	邹平县临池镇西台村	58	男	1945 年
李二子	邹平县临池镇东黄村	59	男	1945 年
李大军	邹平县临池镇东黄村	66	男	1945 年
由开梓	邹平县临池镇东高村	51	男	1945 年
由大运	邹平县临池镇东高村	55	男	1945 年
李元奎	邹平县临池镇大临池村	37	男	1945 年
孙兆良	邹平县临池镇小临池村	21	男	1945 年
李口柱	邹平县临池镇小临池村	46	男	1945 年
李咸河	邹平县临池镇小临池村	52	男	1945 年
李万峰	邹平县临池镇小临池村	53	男	1945 年
李万义	邹平县临池镇小临池村	46	男	1945 年
张呈贞	邹平县临池镇王家庄村	—	男	1945 年
张红芹	邹平县临池镇兴安村	—	女	1945 年
高洪远	邹平县临池镇小黄埠村	63	男	1945 年
张作美	邹平县青阳镇浒山村	30	男	1945 年
张则林	邹平县青阳镇浒山村	36	男	1945 年
安玉秀	邹平县青阳镇浒山村	48	男	1945 年
刘清海	邹平县青阳镇浒山村	47	男	1945 年
张永才	邹平县青阳镇醴泉村	30	男	1945 年

续表

姓 名	籍 贯	年 龄	性 别	死难时间
刘学文	邹平县青阳镇耿家村	30	男	1945 年
张财岭	邹平县青阳镇化庄村	48	男	1945 年
张潘氏	邹平县青阳镇化庄村	52	女	1945 年
张邢氏	邹平县青阳镇化庄村	63	女	1945 年
芦宋氏	邹平县青阳镇化庄村	70	女	1945 年
赵元水	邹平县青阳镇化庄村	42	男	1945 年
孙现龙	邹平县青阳镇郭庄村	28	男	1945 年
崔孙氏	邹平县明集镇解家村	70	女	1945 年
王张氏	邹平县明集镇解家村	75	女	1945 年
张以松	邹平县明集镇窝村	29	男	1945 年
王　明	邹平县焦桥镇太平村	41	男	1945 年
曲孝兴	邹平县焦桥镇后三村	27	男	1945 年
张化同	邹平县焦桥镇西夏村	25	男	1945 年
孙兆林	邹平县焦桥镇西夏村	22	男	1945 年
李衍祥	邹平县焦桥镇刘套村	27	男	1945 年
赵敬华	邹平县焦桥镇刁宋村	39	男	1945 年
李崇战	邹平县焦桥镇高道口村	51	男	1945 年
马玉莲	邹平县焦桥镇高道口村	39	女	1945 年
张维汉	邹平县焦桥镇姚孙村	60	男	1945 年
杨方千	邹平县焦桥镇姚孙村	58	男	1945 年
张新城	邹平县焦桥镇小魏村	60	男	1945 年
韩光文	邹平县九户镇新民村	32	男	1945 年
李为贤	邹平县九户镇新民村	34	男	1945 年
韩春财	邹平县九户镇水牛韩村	63	男	1945 年
韩春乐	邹平县九户镇水牛韩村	47	男	1945 年
王兰快	邹平县九户镇大王村	22	男	1945 年
张敦伦	邹平县九户镇长槐村	37	男	1945 年
李庆吉	邹平县九户镇刘祥村	19	男	1945 年
左敦仁	邹平县九户镇韩杠村	45	男	1945 年
张敬发	邹平县九户镇韩杠村	25	男	1945 年
卢昌杰	邹平县台子镇大卢村	80	男	1945 年
卢乃胜	邹平县台子镇大卢村	86	男	1945 年
李淑伯	邹平县台子镇官道李村	—	男	1945 年
王俊清	邹平县台子镇官道李村	—	男	1945 年

续表

姓 名	籍 贯	年 龄	性 别	死难时间
李在江	邹平县台子镇官道李村	—	男	1945 年
王德青	邹平县台子镇曹务村	45	男	1945 年
韩长富	邹平县台子镇牛张村	18	男	1945 年
郭孝林	邹平县台子镇高王村	18	男	1945 年
李少刚	邹平县台子镇高王村	28	男	1945 年
刘云厚	邹平县台子镇刘湾村	—	男	—
刘法权	邹平县台子镇刘湾村	—	男	—
刘法水	邹平县台子镇刘湾村	—	男	—
王成禄	邹平县长山镇东尉村	81	男	—
王 义	邹平县长山镇东尉村	80	男	—
罗光祥	邹平县长山镇高旺村	26	男	—
祁光园	邹平县长山镇高旺村	26	男	—
祁兆风	邹平县长山镇高旺村	30	男	—
张万太	邹平县长山镇高旺村	29	男	—
李兆伍	邹平县长山镇西宰村	36	男	—
李发平	邹平县长山镇西宰村	29	男	—
李玉贵	邹平县长山镇西宰村	34	男	—
张立国	邹平县长山镇西宰村	40	男	—
张新法	邹平县长山镇西宰村	36	男	—
张 凯	邹平县长山镇西丁村	32	男	—
蔺开通	邹平县长山镇西丁村	35	男	—
槐光明	邹平县长山镇大丁村	30	男	—
李大全	邹平县长山镇大丁村	28	男	—
马立本	邹平县长山镇大丁村	41	男	—
李大迁	邹平县长山镇大丁村	35	男	—
张保海	邹平县长山镇大丁村	28	男	—
李泗兵	邹平县长山镇大丁村	34	男	—
李云迁	邹平县长山镇大丁村	31	男	—
李光明	邹平县长山镇大丁村	27	男	—
李光禄	邹平县长山镇大丁村	24	男	—
杨功清	邹平县长山镇杨家村	26	男	—
杨田德	邹平县长山镇杨家村	26	男	—
杨广修	邹平县长山镇杨家村	28	男	—
刘宝贵	邹平县长山镇杨家村	29	男	—

续表

姓名	籍贯	年龄	性别	死难时间
杨学岭	邹平县长山镇杨家村	33	男	—
王敬会	邹平县长山镇焦家村	28	男	—
王芝苹	邹平县长山镇焦家村	29	男	—
王本元	邹平县长山镇焦家村	23	男	—
王洪福	邹平县长山镇焦家村	26	男	—
王贯忠	邹平县长山镇焦家村	25	男	—
王贯弟	邹平县长山镇焦家村	26	男	—
王慎谋	邹平县长山镇焦家村	26	男	—
王慎忠	邹平县长山镇焦家村	25	男	—
张化祥	邹平县长山镇西南村	39	男	—
孟柏氏	邹平县临池镇郑家村	—	女	—
毕告本	邹平县临池镇郑家村	—	男	—
孟宝子	邹平县临池镇郑家村	—	男	—
毕吉子	邹平县临池镇郑家村	—	男	—
孟李氏	邹平县临池镇郑家村	—	女	—
毕李氏	邹平县临池镇郑家村	—	女	—
毕先英	邹平县临池镇郑家村	—	男	—
张元思	邹平县临池镇望京村	55	男	—
李广泉	邹平县明集镇二辛村	18	男	—
李广祥	邹平县明集镇二辛村	24	男	—
韩洪烈	邹平县明集镇二辛村	26	男	—
李桂兰	邹平县明集镇二辛村	18	女	—
陈凤英	邹平县明集镇二辛村	17	女	—
李夏氏	邹平县明集镇二辛村	33	女	—
张维方	邹平县明集镇窝村	25	男	—
邢振林	邹平县明集镇窝村	30	男	—
孙立贵	邹平县明集镇窝村	32	男	—
孙立峦	邹平县明集镇窝村	34	男	—
邢守善	邹平县明集镇窝村	35	男	—
邢守志	邹平县明集镇窝村	40	男	—
邢守初	邹平县明集镇窝村	28	男	—
吕守林	邹平县明集镇窝村	25	男	—
贾昌基	邹平县明集镇窝村	47	男	—
贾城基	邹平县明集镇窝村	36	男	—

续表

姓 名	籍 贯	年 龄	性 别	死难时间
吕成琴	邹平县明集镇窝村	42	男	—
邢振平	邹平县明集镇窝村	21	男	—
邢远福	邹平县明集镇窝村	38	男	—
贾星基	邹平县明集镇窝村	36	男	—
王在铜	邹平县明集镇窝村	27	男	—
高继众	邹平县焦桥镇纪家村	—	男	—
张福山	邹平县焦桥镇纪家村	—	男	—
李林珍	邹平县焦桥镇纪家村	19	男	—
高纪武	邹平县焦桥镇纪家村	20	男	—
史永祥	邹平县焦桥镇纪家村	18	男	—
刘甘士	邹平县焦桥镇纪家村	31	男	—
张业胜	邹平县焦桥镇纪家村	16	男	—
高云芳	邹平县焦桥镇纪家村	24	女	—
徐　元	邹平县焦桥镇东北村	—	男	—
徐孟氏	邹平县焦桥镇东北村	—	女	—
胥清树	邹平县九户镇胥家村	35	男	—
胥振乐	邹平县九户镇胥家村	37	男	—
胥忠裕	邹平县九户镇胥家村	39	男	—
胥消岭	邹平县九户镇胥家村	41	男	—
眉清珠	邹平县九户镇胥家村	41	女	—
李玉芹	邹平县九户镇胥家村	39	女	—
胥王氏	邹平县九户镇胥家村	38	女	—
胥清军	邹平县九户镇胥家村	36	男	—
胥振峰	邹平县九户镇胥家村	39	男	—
刘廷昌	邹平县九户镇利民村	32	男	—
刘琪振	邹平县九户镇利民村	41	男	—
李发明	邹平县九户镇利民村	42	男	—
王廷会	邹平县台子镇小赵村	15	男	—
牛继修	邹平县台子镇小赵村	18	男	—
卢乃山	邹平县台子镇小赵村	20	男	—
王现武	邹平县台子镇小赵村	50	男	—
卢德堂	邹平县台子镇大赵村	19	男	—
赵立元	邹平县台子镇大赵村	28	男	—
王和荣	邹平县台子镇官道村	36	男	—

续表

姓名	籍贯	年龄	性别	死难时间
王自径	邹平县台子镇官道村	23	男	—
王泉起	邹平县台子镇官道村	30	男	—
王念典	邹平县台子镇官道村	39	男	—
王和新	邹平县台子镇官道村	23	男	—
王念其	邹平县台子镇官道村	24	男	—
王念要	邹平县台子镇官道村	49	男	—
王和彬	邹平县台子镇官道村	—	男	—
王家祥	邹平县台子镇官道村	—	男	—
张承振	邹平县台子镇宋坊村	20	男	—
合　计	**4256**			

责任人：赵承宏　王青山　　核实人：赵承宏　杨庆浒　张佃鲁　尹　峰　胡启川　由俊佐

填表人：李朋朋

填报单位（签章）：邹平县委党史研究室　　填报时间：2009 年 4 月 28 日

无棣县抗日战争时期死难者名录

姓名	籍贯	年龄	性别	死难时间
范　氏	无棣县信阳乡李百祥村	24	女	1937年
赵福林之父	无棣县信阳乡许家村	25	男	1937年
许宗明	无棣县信阳乡许家村	21	男	1937年
赵福印	无棣县信阳乡许家村	23	男	1937年
崔宝星	无棣县水湾镇崔家村	30	男	1937年
魏振銮	无棣县水湾镇东仝村	22	男	1937年
王李氏	无棣县柳堡乡大王柳村	38	女	1937年
刘玉新	无棣县柳堡乡大王柳村	32	男	1937年
杜宝臣	无棣县柳堡乡胡柳村	41	男	1937年
刘东柱	无棣县车镇乡五道庙村	29	男	1937年
刘福林	无棣县小泊头镇乔家村	31	男	1937年
高炳寅	无棣县小泊头镇北高村	24	男	1937年
张武林	无棣县信阳乡郭来村	23	男	1937年
郭丙宗	无棣县信阳乡郭来村	21	男	1937年
郭安宗	无棣县信阳乡郭来村	24	男	1937年
郭爱宗	无棣县信阳乡郭来村	32	男	1937年
李玉怀	无棣县信阳乡车中村	24	男	1937年
杨绍庭	无棣县无棣镇北关	38	男	1937年
张树堂	无棣县水湾镇庞集村	20	男	1937年
毛林义	无棣县水湾镇西刘村	41	男	1937年
张宝春	无棣县水湾镇北齐村	40	男	1937年
马秀岗	无棣县水湾镇马家村	29	男	1937年
张林方	无棣县大山镇古家村	18	男	1937年
吴维普	无棣县大山镇小吴村	23	男	1937年
张之太	无棣县大山镇大山西村	47	男	1937年
于　顺	无棣县水湾镇于何庵村	29	男	1937年
仝维修	无棣县小泊头镇仝家村	20	女	1938年9月
赵世春之妻	无棣县大山镇小赵村	65	女	1938年
赵志勇	无棣县大山镇王家村	19	男	1938年
李　青	无棣县信阳乡车中村	25	男	1938年
于凤楼	无棣县水湾镇何庵村	30	男	1938年

续表

姓名	籍贯	年龄	性别	死难时间
芦振秀	无棣县佘家巷乡卢家村	30	男	1938 年
吴克甲	无棣县大山镇小吴村	28	男	1938 年
吴克宁	无棣县大山镇小吴村	24	男	1938 年
吴于温	无棣县大山镇小吴村	27	男	1938 年
吴文城	无棣县大山镇小吴村	24	男	1938 年
吴是林	无棣县大山镇小吴村	24	男	1938 年
吴连杰	无棣县大山镇小吴村	27	男	1938 年
李　×	无棣县大山镇大山中村	51	男	1938 年
王井青	无棣县车镇乡王家村	25	男	1938 年
关玉昌	无棣县水湾镇官庄村	19	男	1938 年
张以安	无棣县水湾镇张建屯村	30	男	1938 年
尹亭玉	无棣县佘家乡观音堂村	39	男	1938 年
孙永军	无棣县水湾镇刘家村	40	男	1938 年
于风臣	无棣县水湾镇董家村	30	男	1938 年
常宝烈	无棣县水湾镇常店村	40	男	1938 年
徐明昆	无棣县水湾镇马家村	40	男	1938 年
博同树	无棣县马山子乡付家山	30	男	1938 年
张玉德	无棣县大杨乡便宜店村	27	男	1938 年
赵胜元	无棣县车镇乡大高村	29	男	1938 年
石玉荣	无棣县水湾镇刘丰台村	31	男	1938 年
邢士林	无棣县车镇乡二郎庙村	26	男	1938 年
卢秀苗	无棣县佘家乡卢仓村	20	女	1938 年
李树棣	无棣县佘家乡李官村	38	男	1938 年
赵云汉	无棣县佘家乡佘家巷村	34	男	1938 年
周世福	无棣县小泊头镇榆树周村	47	男	1938 年
张宝贤之妻	无棣县佘家乡南邓村	35	女	1938 年
赵玉兰	无棣县佘家乡东道口村	24	男	1938 年
于秀楼	无棣县水湾镇于何庵村	38	男	1938 年
马文清	无棣县水湾镇东庙村	23	男	1938 年
吴宝臣	无棣县水湾镇东庙村	22	男	1938 年
徐明伸	无棣县水湾镇南马家村	20	男	1938 年
顺	无棣县水湾镇刘丰台村	29	男	1938 年
王文明	无棣县柳堡乡大王柳村	47	男	1938 年
王太占	无棣县柳堡乡大王柳村	43	男	1938 年

续表

姓 名	籍 贯	年 龄	性 别	死难时间
常宝华	无棣县柳堡乡大王柳村	60	男	1938 年
胡有让	无棣县柳堡乡胡柳村	33	男	1938 年
刘树梅	无棣县车镇乡五道庙村	23	男	1938 年
贾 ×	无棣县小泊头镇乔家村	23	男	1938 年
陈 二	无棣县小泊头镇乔家村	27	男	1938 年
葛五子	无棣县佘家乡商家村	53	男	1939 年 2 月
常保行	无棣县小泊头镇泊东村	33	男	1939 年 2 月 5 日
李王氏	无棣县佘家乡蔡家村	38	女	1939 年 3 月
王 焕	无棣县佘家乡蔡家村	19	女	1939 年 3 月
王 容	无棣县佘家乡蔡家村	13	女	1939 年 3 月
王 茹	无棣县佘家乡蔡家村	15	女	1939 年 3 月
王 庄	无棣县佘家乡蔡家村	16	男	1939 年 3 月
王如意	无棣县佘家乡蔡家村	42	男	1939 年 3 月
王兆义	无棣县佘家乡蔡家村	42	男	1939 年 4 月
范宗钦	无棣县信阳乡范家村	34	男	1939 年 5 月
刘玉林	无棣县小泊头镇刘郑王村	37	男	1939 年 6 月 19 日
刘玉秀	无棣县小泊头镇刘郑王村	32	男	1939 年 6 月 19 日
刘玉申	无棣县小泊头镇刘郑王村	38	男	1939 年 6 月 19 日
刘玉岭	无棣县小泊头镇刘郑王村	35	男	1939 年 6 月 19 日
刘玉海	无棣县小泊头镇刘郑王村	40	男	1939 年 6 月 19 日
解长利	无棣县小泊头镇刘郑王村	32	男	1939 年 6 月 19 日
解长贵	无棣县小泊头镇刘郑王村	39	男	1939 年 6 月 19 日
付 氏	无棣县小泊头镇刘郑王村	35	女	1939 年 6 月 19 日
解长金	无棣县小泊头镇刘郑王村	37	男	1939 年 6 月 19 日
刘栋柱	无棣县小泊头镇刘郑王村	34	男	1939 年 6 月 19 日
李太盛	无棣县佘家乡东李村	29	男	1939 年 11 月
李高行	无棣县佘家乡东李村	30	男	1939 年 11 月
张宝明	无棣县马山子镇孙家村	79	男	1939 年
秦万英	无棣县西小王乡于岔河	49	男	1939 年
秦万秀	无棣县西小王乡于岔河	56	男	1939 年
李宝德	无棣县马山子镇帝赐街	40	男	1939 年
蔡殿池	无棣县马山子镇帝赐街	30	男	1939 年
康月堂	无棣县埕口镇宋王村	35	男	1939 年
闫安亭	无棣县埕口镇黄瓜岭村	36	男	1939 年

续表

姓名	籍贯	年龄	性别	死难时间
罗万寅	无棣县埕口镇黄瓜岭村	36	男	1939 年
张　二	无棣县埕口镇黄瓜岭村	36	男	1939 年
丫　头	无棣县埕口镇黄瓜岭村	36	女	1939 年
付同庚	无棣县马山子镇付山子村	24	男	1939 年
李殿中	无棣县西小王乡张岔河村	29	男	1939 年
梁家阶	无棣县西小王乡北小王村	18	男	1939 年
张树文	无棣县马山子镇北西村	25	男	1939 年
万　玉	无棣县大山镇大吴村	57	男	1939 年
万　青	无棣县大山镇大吴村	55	男	1939 年
德　贵	无棣县大山镇大吴村	53	男	1939 年
张　岭	无棣县大山镇大山西村	51	男	1939 年
王希山	无棣县柳堡乡大王柳村	45	男	1939 年
王新占	无棣县柳堡乡大王柳村	46	男	1939 年
张　海	无棣县大山镇古家村	10	男	1939 年
张　树	无棣县大山镇古家村	12	男	1939 年
张　氏	无棣县大山镇古家村	50	女	1939 年
蔡　氏	无棣县大山镇古家村	65	女	1939 年
宋红英	无棣县大山镇古家村	8	女	1939 年
套奶奶	无棣县大山镇古家村	39	女	1939 年
套孩子	无棣县大山镇古家村	2	男	1939 年
张林祥	无棣县大山镇古家村	30	男	1939 年
张林木	无棣县大山镇古家村	32	男	1939 年
张林柱	无棣县大山镇古家村	32	男	1939 年
张林玉	无棣县大山镇古家村	23	男	1939 年
刘来信	无棣县车镇乡五道庙村	28	男	1939 年
刘海全	无棣县车镇乡五道庙村	19	男	1939 年
刘同西	无棣县车镇乡五道庙村	24	男	1939 年
李连同	无棣县小泊头镇李既河村	—	男	1939 年
高　山	无棣县无棣镇中河营村	39	男	1939 年
高　杰	无棣县无棣镇中河营村	18	男	1939 年
高　志	无棣县无棣镇中河营村	15	男	1939 年
高　菲	无棣县无棣镇中河营村	12	女	1939 年
李　芳	无棣县无棣镇中河营村	38	女	1939 年
张传忠	无棣县无棣镇中河营村	45	男	1939 年

续表

姓 名	籍 贯	年 龄	性 别	死难时间
张银民	无棣县小泊头镇乔家村	31	男	1939 年
王文漠	无棣县佘家乡新立村	20	男	1939 年
罗冠锋	无棣县佘家乡西张村	27	男	1939 年
张太福	无棣县佘家乡牛西村	21	男	1939 年
刘现臣	无棣县佘家乡北王村	32	男	1939 年
卢秀明	无棣县佘家乡卢仓村	18	男	1939 年
石化歧	无棣县佘家乡李官村	37	男	1939 年
韩余林	无棣县佘家乡蔡家村	22	男	1939 年
商玉生	无棣县佘家乡商家村	—	男	1939 年
葛守章	无棣县佘家乡商家村	—	男	1939 年
李宝山	无棣县佘家乡观音堂村	29	男	1939 年
李长五	无棣县佘家乡程家村	37	男	1939 年
李兆文	无棣县佘家乡程家村	39	男	1939 年
郑树森	无棣县水湾镇李家村	45	男	1939 年
崔宝亮	无棣县水湾镇崔家村	27	男	1939 年
王俊师	无棣县水湾镇小高村	21	男	1939 年
刘北远	无棣县水湾镇水湾村	25	男	1939 年
韩文东	无棣县水湾镇贺家村	50	男	1939 年
马秀山	无棣县水湾镇马家村	37	男	1939 年
郭炳超	无棣县水湾镇袁家村	27	男	1939 年
张亦安	无棣县水湾镇张屯村	49	男	1939 年
吴志文	无棣县大山镇小吴村	21	男	1939 年
杨宝田	无棣县柳堡乡杨家窑村	26	男	1939 年
李文会	无棣县车镇乡朱家庄村	25	男	1939 年
步云桐	无棣县水湾镇逯家庙	29	男	1939 年
郭玉德	无棣县信阳乡郭打绳村	24	男	1939 年
李四群	无棣县大山镇大山西村	39	男	1939 年
乔　起	无棣县大山镇大山西村	39	男	1939 年
赵同示	无棣县无棣镇石三里村	—	男	1939 年
宋玉新	无棣县无棣镇堤南宋村	22	男	1939 年
张荣春	无棣县水湾镇路家村	29	男	1939 年
王兆友	无棣县佘家乡蔡家村	51	男	1940 年
李高清	无棣县佘家乡东李村	27	男	1940 年
付云木	无棣县佘家乡王官村	21	男	1940 年

续表

姓名	籍贯	年龄	性别	死难时间
曾　凯	无棣县	28	男	1940年
付洁臣	无棣县	29	男	1940年
刘海寿	无棣县	29	男	1940年
关寿城	无棣县水湾乡关家村	29	男	1940年
张宗武	无棣县西小王乡西小王	27	男	1940年
鲍树征	无棣县西小王乡北小王	38	男	1940年
李　涛	无棣县信阳乡车中村	19	男	1940年
闫方田	无棣县信阳乡闫家村	27	男	1940年
李俊玉	无棣县佘家乡东李村	28	男	1940年
王　氏	无棣县佘家乡蔡家村	49	女	1940年
王士官	无棣县佘家乡蔡家村	21	男	1940年
仝观合	无棣县小泊头镇仝家村	19	男	1940年
李荣元	无棣县柳堡乡西岳里村	28	男	1940年
赵荣涛	无棣县水湾镇赵何庵村	25	男	1940年
张丙德	无棣县马山子镇孙家村	—	男	1940年
张丙臣	无棣县西小王乡张岔河村	27	男	1940年
石荣光	无棣县无棣镇石三里村	—	男	1940年
仝明会	无棣县水湾镇东仓村	21	男	1940年
张宝柱	无棣县大山镇古家村	25	男	1940年
王　明	无棣县柳堡乡西岳里村	30	男	1940年
李柱之	无棣县车镇乡李辛村	18	男	1940年
刘树田	无棣县车镇乡李辛村	17	男	1940年
李清之	无棣县车镇乡李辛村	19	男	1940年
李寿之	无棣县车镇乡李辛村	2	男	1940年
李曰七	无棣县车镇乡李辛村	16	男	1940年
李运之	无棣县车镇乡李辛村	18	男	1940年
王树林	无棣县车镇乡桥孟村	25	男	1940年
张洪玺	无棣县水湾镇小高村	29	男	1940年
徐成海	无棣县水湾镇潘家村	31	男	1940年
王兰村	无棣县西小王乡吴岔河村	26	男	1940年
王俊师	无棣县柳堡乡	30	男	1940年
谷文轩	无棣县水湾镇小高村	27	男	1940年
王春成	无棣县西小王乡吴岔河村	29	男	1940年
刘子江	无棣县车镇乡瓦老村	35	男	1940年

续表

姓 名	籍 贯	年 龄	性 别	死难时间
赵文龙	无棣县小泊头镇赵家村	30	男	1940 年
邱杨氏	无棣县小泊头镇赵家村	73	女	1944 年
付李氏	无棣县小泊头镇赵家村	62	女	1940 年
仝炳荣	无棣县小泊头镇仝家村	42	男	1940 年
仝永生	无棣县小泊头镇仝家村	31	男	1940 年
仝玉琢	无棣县小泊头镇仝家村	27	男	1940 年
常 顺	无棣县小泊头镇席家村	16	男	1940 年
韩万头	无棣县无棣镇堤南宋村	24	男	1940 年
袁 妮	无棣县无棣镇西河营村	39	女	1940 年
张 博	无棣县无棣镇西河营村	18	男	1940 年
张立云	无棣县无棣镇西河营村	15	男	1940 年
张立志	无棣县无棣镇西河营村	12	男	1940 年
王振芳	无棣县无棣镇西河营村	38	男	1940 年
王世庞	无棣县无棣镇西河营村	45	男	1940 年
王都喜	无棣县无棣镇西河营村	46	男	1940 年
齐忠元	无棣县无棣镇西河营村	21	男	1940 年
巩金民	无棣县小泊头镇乔家村	34	男	1940 年
刘殿銮之妻	无棣县小泊头镇泊西村	32	女	1940 年
于卉贵	无棣县佘家乡杜仓村	17	男	1940 年
许连堂	无棣县佘家乡前仓村	—	男	1940 年
马明国	无棣县佘家乡马仓村	48	男	1940 年
卢秀雷	无棣县佘家乡卢仓村	17	男	1940 年
卢振川	无棣县佘家乡卢仓村	21	男	1940 年
王玉生	无棣县佘家乡王仓村	25	男	1940 年
王玉洪	无棣县佘家乡卢仓村	24	男	1940 年
李树青	无棣县佘家乡李官村	36	男	1940 年
张友珂	无棣县佘家乡李官村	40	男	1940 年
韩秀林	无棣县佘家乡蔡家村	23	男	1940 年
贾春荣	无棣县佘家乡东北邓村	45	男	1940 年
郑二秃	无棣县水湾镇李家村	47	男	1940 年
田树元	无棣县水湾镇田桥村	51	男	1940 年
程宝正	无棣县水湾镇灶户王村	—	男	1940 年
韩文龙	无棣县水湾镇贺家村	45	男	1940 年
刘风永	无棣县水湾镇庞集村	21	男	1940 年

续表

姓名	籍贯	年龄	性别	死难时间
杨树山	无棣县水湾镇都富屯村	21	男	1940 年
张宝辉	无棣县大山镇古家村	17	男	1940 年
蔡振佳	无棣县马山子镇帝赐街村	25	男	1940 年
陈玉才	无棣县西小王乡西一村	24	男	1941 年 1 月
杨　星	无棣县信阳乡灶户杨村	14	男	1941 年 3 月
冯　氏	无棣县车镇乡五营张村	—	女	1941 年 8 月
门山领	无棣县佘家乡后道口村	12	男	1941 年 9 月
张林恒	无棣县大山镇古家村	16	男	1941 年
刘天庆	无棣县佘家乡王家村	25	男	1941 年
高长军	无棣县马山子镇高家庄村	17	男	1941 年
李景玉	无棣县信阳乡车中村	27	男	1941 年
张玉坤	无棣县西小王乡于岔河村	47	男	1941 年
刘方舟	无棣县西小王乡张岔河村	30	男	1941 年
孟风祯	无棣县水湾镇后孟桥村	24	男	1941 年
杨建海	无棣县水湾镇白杨村	27	男	1941 年
崔之平	无棣县无棣镇堤口村	31	男	1941 年
田　兴	无棣县无棣镇王百杨村	21	男	1941 年
赵德庆	无棣县无棣镇小刘村	24	男	1941 年
罗玉青	无棣县佘家乡西张村	27	男	1941 年
付杰臣	无棣县佘家乡王官村	25	男	1941 年
马宗田	无棣县佘家乡东张村	32	男	1941 年
罗文青	无棣县佘家乡前仓村	—	男	1941 年
卢树元	无棣县佘家乡卢仓村	19	男	1941 年
王新东	无棣县佘家乡卢仓村	26	男	1941 年
刘山虎	无棣县佘家乡佘家巷村	25	男	1941 年
张龙江	无棣县水湾镇路家村	31	男	1941 年
王宝岐	无棣县水湾镇碱王村	45	男	1941 年
刘景祥之母	无棣县小泊头镇泊西村	44	女	1941 年
刘其可	无棣县小泊头镇泊西村	20	女	1941 年
汪玉申	无棣县柳堡乡	31	男	1941 年
高勤堂	无棣县车镇乡芦郭村	29	男	1941 年
张结元	无棣县水湾镇张家村	26	男	1941 年
王宝荣	无棣县车镇乡翟家村	21	男	1941 年
步乃友	无棣县水湾镇庙西村	37	男	1941 年

续表

姓 名	籍 贯	年 龄	性 别	死难时间
林同国	无棣县水湾镇庙西村	36	男	1941 年
门付会	无棣县佘家乡东道口村	24	男	1941 年
董钧平	无棣县水湾镇董家村	25	男	1941 年
赵棣荣	无棣县西小王乡大官村	61	男	1941 年
范长寿	无棣县信阳乡范家村	39	男	1941 年
德　明	无棣县无棣镇小刘村	22	男	1941 年
王树全	无棣县柳堡乡大王柳村	40	男	1941 年
李　贤	无棣县柳堡乡西岳里村	29	男	1941 年
李维周	无棣县车镇乡李辛村	23	男	1941 年
李开之	无棣县车镇乡李辛村	20	男	1941 年
李维同	无棣县车镇乡李辛村	24	男	1941 年
李营之	无棣县车镇乡李辛村	17	男	1941 年
徐金亮	无棣县车镇乡李辛村	22	男	1941 年
刘金亮	无棣县车镇乡李辛村	23	男	1941 年
赵连太	无棣县车镇乡芦郭村	22	男	1941 年
赵连武	无棣县车镇乡芦郭村	27	男	1941 年
赵景志	无棣县车镇乡芦郭村	26	男	1941 年
徐树坛	无棣县车镇乡五道庙村	31	男	1941 年
吕青山	无棣县车镇乡东屯村	23	男	1941 年
吕玉怀	无棣县车镇乡东屯村	21	男	1941 年
张方民	无棣县车镇乡东屯村	26	男	1941 年
刘元树	无棣县车镇乡瓦老村	22	男	1941 年
朱云秀	无棣县车镇乡桥孟村	22	男	1941 年
王　民	无棣县车镇乡瓦老村	26	女	1941 年
赵景通	无棣县车镇乡芦郭村	20	男	1941 年
王廷斌	无棣县车镇乡芦郭村	21	男	1941 年
陈　二	无棣县小泊头镇乔家村	27	男	1941 年
康宝树	无棣县水湾镇康刘村	32	男	1941 年
冯景甫	无棣县车镇乡五营张村	28	男	1942 年 4 月
冯马柱	无棣县车镇乡五营张村	17	男	1942 年 4 月
从云亮	无棣县车镇乡五营张村	31	男	1942 年 6 月
从三福	无棣县车镇乡五营后村	29	男	1942 年 6 月
从荣星	无棣县车镇乡五营后村	29	男	1942 年 6 月
从云社	无棣县车镇乡五营后村	37	男	1942 年 6 月

续表

姓名	籍贯	年龄	性别	死难时间
杨发财	无棣县车镇乡五营后村	38	男	1942年6月
崔吉成	无棣县水湾镇刘王村	42	男	1942年
谷振彪	无棣县水湾镇潘家村	29	男	1942年
孟令来	无棣县水湾镇西刘村	52	男	1942年
李安亭	无棣县水湾镇宗王村	45	男	1942年
马宝华	无棣县水湾镇马家村	37	男	1942年
牛仁兵	无棣县水湾镇鞠家村	33	男	1942年
黄绍云	无棣县水湾镇南马家村	22	男	1942年
卢振海	无棣县佘家乡卢仓村	21	男	1942年
于　氏	无棣县佘家乡卢仓村	21	女	1942年
李永瑞	无棣县水湾镇毛王村	21	男	1942年
李先温	无棣县柳堡乡西岳里村	42	男	1942年
巴五十	无棣县柳堡乡西岳里村	39	男	1942年
常宝印	无棣县柳堡乡大王柳村	53	男	1942年
张殿奎	无棣县柳堡乡李柳村	24	男	1942年
赵风岭	无棣县水湾镇李刘村	28	男	1942年
刘玉池	无棣县车镇乡温家庙村	29	男	1942年
刘红飞	无棣县车镇乡东刘屯村	29	男	1942年
鲍守贞	无棣县西小王乡北小王村	31	男	1942年
曹占春	无棣县西小王乡曹家村	26	男	1942年
杨洪烈	无棣县无棣镇杨三里村	30	男	1942年
姜　墨	无棣县小泊头镇张茂村	27	男	1942年
王吉会	无棣县小王乡西小王村	29	男	1942年
张清荣	无棣县小王乡西小王村	31	男	1942年
李乘彬	无棣县水湾镇高家村	25	男	1942年
王继周	无棣县水湾镇刘凤台村	29	男	1942年
邹雨清	无棣县车镇乡东刘屯村	22	男	1942年
高玉祥	无棣县车镇乡东刘屯村	20	男	1942年
刘怀常	无棣县车镇乡东刘屯村	23	男	1942年
高文升	无棣县车镇乡芦郭村	26	男	1942年
赵井明	无棣县车镇乡芦郭村	22	男	1942年
何忠奎	无棣县无棣镇藜店村	40	男	1942年
孙大妮	无棣县无棣镇藜店村	29	女	1942年
张　歧	无棣县小泊头镇乔家村	22	男	1942年

续表

姓 名	籍 贯	年 龄	性 别	死难时间
巩金彪	无棣县小泊头镇乔家村	23	男	1942 年
隆振三	无棣县无棣镇河沟村	21	男	1942 年
王海山	无棣县无棣镇小马村	23	男	1942 年
耿学增	无棣县无棣镇堤口村	24	男	1942 年
付连河	无棣县无棣镇堤口村	22	男	1942 年
崔洪文	无棣县无棣镇小刘村	31	男	1942 年
孟祥官	无棣县佘家乡新立村	23	男	1942 年
郭再印	无棣县佘家乡后仓村	26	男	1942 年
何玉堂	无棣县佘家乡后仓村	28	男	1942 年
赵玉花	无棣县佘家乡后仓村	—	女	1942 年
石景芳	无棣县水湾镇刘丰台村	30	男	1942 年
张井涛	无棣县	25	男	1942 年
张玉明	无棣县水湾镇张家村	24	男	1942 年
高　连	无棣县水湾镇高家村	19	男	1942 年
刘风州	无棣县西小王乡大官村	17	男	1942 年
孙秀峨	无棣县西小王乡大官村	23	男	1942 年
崔　歧	无棣县西小王乡王庄村	15	男	1942 年
崔秀茹	无棣县西小王乡王庄村	21	男	1942 年
张　岭	无棣县西小王乡王庄村	17	男	1942 年
张奎武	无棣县西小王乡三座桥村	15	男	1942 年
张　锁	无棣县西小王乡三座桥村	60	男	1942 年
张希兰	无棣县西小王乡三座桥村	57	男	1942 年
张宝林	无棣县西小王乡张岔河村	25	男	1942 年
郭新民	无棣县信阳乡车中村	41	男	1942 年
张怀树	无棣县信阳乡车中村	18	男	1942 年
张玉波	无棣县信阳乡车中村	31	男	1942 年
闫福常	无棣县信阳乡东王村	82	男	1942 年
吴风阁	无棣县大山镇小吴村	27	男	1942 年
吴成德	无棣县大山镇小吴村	20	男	1942 年
赵风岭	无棣县水湾镇赵何庵村	37	男	1942 年
范长举	无棣县信阳乡范家村	21	男	1943 年 5 月
范宗四	无棣县信阳乡范家村	23	男	1943 年 5 月
范长顺	无棣县信阳乡范家村	24	男	1943 年 5 月
徐爱新	无棣县信阳乡范家村	25	男	1943 年 5 月

续表

姓名	籍贯	年龄	性别	死难时间
徐爱春	无棣县信阳乡范家村	19	男	1943年5月
徐爱常	无棣县信阳乡范家村	20	男	1943年5月
徐爱光	无棣县信阳乡范家村	23	男	1943年5月
徐爱森	无棣县信阳乡范家村	26	男	1943年5月
徐爱成	无棣县信阳乡范家村	25	男	1943年5月
徐爱业	无棣县信阳乡范家村	30	男	1943年5月
王连太	无棣县无棣镇小齐村	26	男	1943年5月
韩　桐	无棣县佘家乡蔡家村	26	男	1943年3月
万宝贵	无棣县无棣镇小齐村	30	男	1943年5月
陈天太	无棣县无棣镇小齐村	28	男	1943年5月
王有荣	无棣县无棣镇小齐村	35	女	1943年5月
崔殿祥	无棣县车镇乡崔什西村	38	男	1943年7月
楮金歧	无棣县车镇乡崔什西村	29	男	1943年7月
崔海云	无棣县车镇乡崔什西村	43	男	1943年7月
崔　氏	无棣县车镇乡崔什西村	38	女	1943年7月
崔宝青	无棣县车镇乡崔什西村	20	男	1943年7月
崔文坛	无棣县车镇乡崔什西村	40	男	1943年7月
王传德	无棣县水湾镇周家村	56	男	1943年
马明国	无棣县水湾镇刘王村	46	男	1943年
张玉虎	无棣县信阳乡车中村	21	男	1943年
张玉华	无棣县信阳乡车中村	23	男	1943年
张奎元	无棣县西小王乡三座桥村	23	男	1943年
焖祥柱	无棣县水湾镇西刘村	42	男	1943年
卢振秀	无棣县佘家乡卢仓村	18	男	1943年
卢振坤	无棣县佘家乡卢仓村	20	男	1943年
韩太林	无棣县佘家乡蔡家村	20	男	1943年
王丙长	无棣县柳堡乡西岳里村	32	男	1943年
邹金恒	无棣县车镇乡东屯村	20	男	1943年
刘风治	无棣县车镇乡东屯村	20	男	1943年
吕维祥	无棣县车镇乡东屯村	21	男	1943年
刘洪运	无棣县车镇乡东屯村	19	男	1943年
邹井林	无棣县车镇乡东屯村	22	男	1943年
邹金祥	无棣县车镇乡东屯村	23	男	1943年
刘风明	无棣县车镇乡东屯村	23	男	1943年

续表

姓名	籍贯	年龄	性别	死难时间
邹金峰	无棣县车镇乡东屯村	20	男	1943年
刘洪飞	无棣县车镇乡东屯村	26	男	1943年
任玉忠	无棣县车镇乡温庙村	—	男	1943年
刘同山	无棣县车镇乡五道庙村	30	男	1943年
李延堂	无棣县小泊头镇李韩辛村	23	男	1943年
李现臣	无棣县小泊头镇李韩辛村	56	男	1943年
周廷举	无棣县小泊头镇李韩辛村	32	男	1943年
李荣功	无棣县小泊头镇筛罗坡村	23	男	1943年
高　占	无棣县小泊头镇乔家村	19	男	1943年
巩金岗	无棣县小泊头镇乔家村	20	男	1943年
刘殿俊	无棣县小泊头镇泊西村	47	男	1943年
刘福成	无棣县无棣镇河沟村	22	男	1943年
劳义怀	无棣县无棣镇河沟村	23	男	1943年
张云瑞	无棣县佘家乡后仓村	—	男	1943年
张云良	无棣县佘家乡后仓村	—	男	1943年
张中正	无棣县佘家乡后仓村	—	男	1943年
郭玉生	无棣县佘家乡后仓村	—	男	1943年
郭玉邦	无棣县佘家乡后仓村	—	男	1943年
郭玉恒	无棣县佘家乡后仓村	—	男	1943年
张云奎	无棣县佘家乡后仓村	—	男	1943年
罗俊洪	无棣县佘家乡前仓村	—	男	1943年
张洪希	无棣县佘家乡西张村	28	男	1943年
马玉尧	无棣县佘家乡西张村	30	男	1943年
罗宝乡	无棣县佘家乡西张村	28	男	1943年
杨宝岭	无棣县佘家乡杨家村	30	男	1943年
孟德全	无棣县车镇乡孟家村	29	男	1943年
门宝坤	无棣县佘家乡门家道口村	26	男	1943年
朱秀云	无棣县车镇乡孟家村	30	男	1943年
乔维成	无棣县大山乡中村	26	男	1943年
延　文	无棣县大山镇大吴村	60	男	1943年
德　成	无棣县大山镇大吴村	45	男	1943年
福　元	无棣县大山镇大吴村	61	男	1943年
李再林	无棣县大山镇大山西村	50	男	1943年
张成明	无棣县大山镇大吴村	69	男	1943年

续表

姓名	籍贯	年龄	性别	死难时间
张成华	无棣县大山镇大吴村	70	男	1943 年
吴成辛	无棣县大山镇大吴村	67	男	1943 年
得　详	无棣县大山镇大吴村	69	男	1943 年
马世荣	无棣县大山镇马家村	41	男	1943 年
马七红	无棣县大山镇马家村	41	男	1943 年
芦山花	无棣县大山镇小吴村	18	女	1943 年
殷如祥	无棣县大山镇小吴村	28	男	1943 年
吴重祥	无棣县水湾镇吴何庵村	48	男	1943 年
赵荣科	无棣县水湾镇赵何庵村	24	男	1943 年
郭振东	无棣县水湾镇东刘村	45	男	1943 年
方义堂	无棣县水湾镇东刘村	43	男	1943 年
吴玉树	无棣县水湾镇东刘村	47	男	1943 年
杨　红	无棣县柳堡乡杨古娘村	24	男	1943 年
李玉连	无棣县无棣镇李店村	21	男	1943 年
徐尚武	无棣县信阳乡大庄村	30	男	1943 年
王洪尊	无棣县佘家乡王官村	30	男	1943 年
蒋玉堂	无棣县水湾镇郭辛店	46	男	1944 年
李北官	无棣县水湾镇宗西村	57	男	1944 年
李祥臻	无棣县水湾镇宗西村	45	男	1944 年
张传军	无棣县大山镇古家村	16	男	1944 年
吴明礼	无棣县大山镇小吴村	26	男	1944 年
李宝双	无棣县马山子镇蔡家村	—	男	1944 年
罗文瑞	无棣县佘家乡前仓村	—	男	1944 年
张玉荣	无棣县佘家乡东北邓村	38	男	1944 年
李连山	无棣县小泊头镇李眨河村	84	男	1944 年
李风台	无棣县小泊头镇李眨河村	82	男	1944 年
李希九	无棣县小泊头镇筛罗坡村	22	男	1944 年
孙秀府	无棣县柳堡乡孙家郾村	24	男	1944 年
王继升	无棣县西小王乡小王村	28	男	1944 年
王其海	无棣县西小王乡王家坟村	29	男	1944 年
刘焕章	无棣县小泊头镇姜家庄村	31	男	1944 年
宋玉堂	无棣县无棣镇王白杨村	26	男	1944 年
张玉梅	无棣县车镇乡便宜店村	29	男	1944 年
王玉琢	无棣县西小王乡小仓村	29	男	1944 年

续表

姓 名	籍 贯	年 龄	性 别	死难时间
成 路	无棣县大山镇大吴村	65	男	1944 年
成 春	无棣县大山镇大吴村	56	男	1944 年
王建章	无棣县大山镇小吴村	25	男	1944 年
吴卫甫	无棣县大山镇小吴村	22	男	1944 年
吴丙勋	无棣县大山镇小吴村	21	男	1944 年
吴赞礼	无棣县大山镇小吴村	21	男	1944 年
王景华	无棣县佘家乡通官村	50	男	1944 年
洪 来	无棣县无棣镇小刘村	22	男	1944 年
义 公	无棣县佘家乡牛张村	21	男	1944 年
张玉常	无棣县水湾镇张屯村	46	男	1945 年
平德胜	无棣县小泊头镇李韩辛村	32	男	1945 年
张文秀	无棣县小王乡东小王村	26	男	1945 年
程树伦	无棣县无棣镇老翁陈村	30	男	1945 年
傅景升	无棣县	26	男	1945 年
张清元	无棣县大杨乡小王庄村	30	男	1945 年
高保静	无棣县车镇乡小葫芦村	27	男	1945 年
高世昌	无棣县	29	男	1945 年
张文华	无棣县水湾镇东王乙卯村	31	男	1945 年
马风华	无棣县大山镇马家村	45	男	1945 年
程文建	无棣县水湾镇程家村	47	男	1945 年
李方青	无棣县水湾镇李河庵村	42	女	1945 年
郑 祥	无棣县水湾镇李家村	27	男	1945 年
门玉兰	无棣县佘家乡东道口村	15	男	1945 年
刘宝善	无棣县水湾镇东刘村	48	男	1945 年
丁洪泽	无棣县无棣镇小马村	32	男	1945 年
韩文成	无棣县无棣镇霍三里村	28	男	1945 年
郎先林	无棣县无棣镇郎家村	26	男	1945 年
张义福	无棣县佘家乡牛张村	20	男	1945 年
张 中	无棣县佘家乡牛张村	19	男	1945 年
张志华	无棣县佘家乡牛西村	23	男	1945 年
丁鸿均	无棣县无棣镇小马村	18	男	1945 年
赵长增	无棣县佘家乡刘仓村	41	男	1945 年
邵云亭	无棣县水湾镇毛王村	22	男	1945 年
杨建立	无棣县水湾镇白杨村	20	男	1945 年

续表

姓名	籍贯	年龄	性别	死难时间
肖文柱	无棣县水湾镇郭辛店	40	男	1945 年
孟繁烈	无棣县水湾镇前孟桥村	27	男	1945 年
李兴华	无棣县水湾镇宗西村	45	男	1945 年
岳金銮	无棣县水湾镇宗西村	50	男	1945 年
李景荣	无棣县水湾镇都富屯村	22	男	1945 年
李洪青	无棣县水湾镇李王村	38	男	1945 年
孙连营之妻	无棣县柳堡乡西岳里村	35	女	1945 年
张红利	无棣县大山镇古家村	15	男	1945 年
张春山	无棣县大山镇古家村	15	男	1945 年
张华云	无棣县大山镇古家村	13	男	1945 年
张林立	无棣县大山镇古家村	19	男	1945 年
杨殿臣	无棣县佘家乡前仓村	89	男	1945 年
王甫堂	无棣县佘家乡西栗村	31	男	1945 年
曹　申	无棣县大山镇大山中村	24	男	—
曹无元	无棣县大山镇大山中村	27	男	—
李庆村	无棣县大山镇大山中村	89	男	—
张小平	无棣县埕口镇宋王村	27	男	—
张玉怀	无棣县埕口镇黄瓜岭村	25	男	—
张玉科	无棣县埕口镇黄瓜岭村	19	男	—
张景桥	无棣县埕口镇黄瓜岭村	18	男	—
康　平	无棣县埕口镇黄瓜岭村	21	男	—
康　军	无棣县埕口镇黄瓜岭村	25	男	—
张景军	无棣县埕口镇黄瓜岭村	24	男	—
张玉海	无棣县埕口镇黄瓜岭村	27	男	—
张　三	无棣县小泊头镇乔家村	19	男	—
张建元	无棣县佘家乡牛王庄村	28	男	—
吴广德	无棣县大山镇小吴村	24	男	—
陈官堂	无棣县佘家巷乡通官村	56	男	1937 年
陈长东	无棣县佘家巷乡通官村	70	男	1937 年
陈长玺	无棣县佘家巷乡通官村	82	男	1937 年
王洪停	无棣县佘家巷乡王官村	22	男	1937 年
王井忠	无棣县佘家巷乡王官村	20	男	1937 年
王洪春	无棣县佘家巷乡王官村	27	男	1937 年
王洪仁	无棣县佘家巷乡王官村	25	男	1937 年

续表

姓名	籍贯	年龄	性别	死难时间
蒋胜远	无棣县水湾镇王化如村	19	男	1937年
王玉田	无棣县水湾镇王化如村	18	男	1937年
王玉年	无棣县水湾镇王化如村	17	男	1937年
张文官	无棣县水湾镇北马家村	47	男	1937年
步天河	无棣县水湾镇庙西村	47	男	1937年
吴式忠	无棣县水湾镇周家村	50	男	1937年
张宝丰	无棣县水湾镇娄子村	22	男	1937年
张慈祥	无棣县水湾镇娄子村	17	男	1937年
张履安	无棣县水湾镇娄子村	18	男	1937年
杨玉峻	无棣县车镇乡大杨村	51	男	1937年
马玉通	无棣县车镇乡北马家村	32	男	1937年
王井山	无棣县佘家巷乡王官村	22	男	1938年9月
陈长南	无棣县佘家巷乡通官村	76	男	1938年
陈长忠	无棣县佘家巷乡通官村	53	男	1938年
刘希文	无棣县佘家巷乡王官村	24	男	1938年
刘希树	无棣县佘家巷乡王官村	23	男	1938年
王洪树	无棣县佘家巷乡王官村	23	男	1938年
王跃法	无棣县佘家巷乡王官村	21	男	1938年
刘希田	无棣县佘家巷乡王官村	30	男	1938年
王春叶	无棣县佘家巷乡王官村	25	男	1938年
王春亭	无棣县佘家巷乡王官村	29	男	1938年
王洪昌	无棣县佘家巷乡王官村	19	男	1938年
刘希峰	无棣县佘家巷乡王官村	25	男	1938年
王洪胜	无棣县佘家巷乡王官村	23	男	1938年
孟德中	无棣县水湾镇王化如村	20	男	1938年
王希贵	无棣县水湾镇王化如村	20	男	1938年
高明志	无棣县水湾镇小高村	43	男	1938年
程宝瑞	无棣县水湾镇灶户王村	79	男	1938年
王成林	无棣县水湾镇潘家村	61	男	1938年
马殿管	无棣县水湾镇马辛店村	26	男	1938年
张茂全	无棣县水湾镇娄子村	19	男	1938年
李向荣	无棣县水湾镇都富屯村	22	男	1938年
李洪祥	无棣县水湾镇都富屯村	25	男	1938年
李文志	无棣县水湾镇都富屯村	24	男	1938年

续表

姓 名	籍 贯	年 龄	性 别	死难时间
郭友诚	无棣县无棣镇小郭村	22	男	1938 年
胡如庆	无棣县马山子镇胡道口村	32	女	1938 年
胡风刚	无棣县马山子镇胡道口村	25	男	1938 年
邢金岗	无棣县马山子镇高井村	37	男	1938 年
徐立章	无棣县马山子镇付台子村	35	男	1938 年
付金波	无棣县马山子镇付台子村	27	男	1938 年
田荣立	无棣县马山子镇田家村	35	男	1938 年
王××	无棣县马山子镇马山子村	27	男	1938 年
杨玉峋	无棣县车镇乡大杨村	61	男	1938 年
杨玉清	无棣县车镇乡大杨村	53	男	1938 年
杨 峻	无棣县车镇乡大杨村	56	男	1938 年
王金五	无棣县车镇乡大王村	50	男	1938 年
张井春	无棣县车镇乡河西崔村	20	男	1938 年
刘吉林	无棣县车镇乡北马家村	14	女	1938 年
邓皇星	无棣县车镇乡西邓村	28	男	1938 年
刘维纯	无棣县车镇乡西屯村	30	男	1938 年
王井奎	无棣县佘家巷乡王官村	28	男	1938 年
王洪超	无棣县佘家巷乡王官村	23	男	1938 年
杨玉庆	无棣县车镇乡大杨村	48	男	1939 年 12 月
陈官英	无棣县佘家巷乡通官村	71	男	1939 年
刘希良	无棣县佘家巷乡王官村	31	男	1939 年
刘希成	无棣县佘家巷乡王官村	42	男	1939 年
刘希功	无棣县佘家巷乡王官村	33	男	1939 年
王洪玉	无棣县佘家巷乡王官村	20	男	1939 年
王洪恩	无棣县佘家巷乡王官村	21	男	1939 年
王洪波	无棣县佘家巷乡王官村	25	男	1939 年
王洪英	无棣县佘家巷乡王官村	33	男	1939 年
刘希东	无棣县佘家巷乡王官村	41	男	1939 年
王金贵	无棣县佘家巷乡王官村	30	男	1939 年
位风刚	无棣县佘家巷乡郭官村	59	男	1939 年
郭延友	无棣县佘家巷乡郭官村	61	男	1939 年
位景山	无棣县佘家巷乡郭官村	71	男	1939 年
郭延刚	无棣县佘家巷乡郭官村	65	男	1939 年
郭延浩	无棣县佘家巷乡郭官村	70	男	1939 年

续表

姓 名	籍 贯	年 龄	性 别	死难时间
郭延轩	无棣县佘家巷乡郭官村	68	男	1939 年
郭延丛	无棣县佘家巷乡郭官村	42	男	1939 年
郭延烈	无棣县佘家巷乡郭官村	42	男	1939 年
魏荣享	无棣县佘家巷乡郭官村	83	男	1939 年
杨山林	无棣县佘家巷乡郭官村	63	男	1939 年
郭文丙	无棣县佘家巷乡郭官村	58	男	1939 年
杨海林	无棣县佘家巷乡郭官村	70	男	1939 年
郭延义	无棣县佘家巷乡郭官村	69	男	1939 年
王希众	无棣县水湾镇王化如村	19	男	1939 年
王玉贞	无棣县水湾镇王化如村	21	男	1939 年
张玉珍	无棣县水湾镇北马家村	67	女	1939 年
步天通	无棣县水湾镇庙西村	47	男	1939 年
曹连瑞	无棣县水湾镇北关	29	男	1939 年
白玉海	无棣县水湾镇潘家村	39	男	1939 年
谷玉光	无棣县水湾镇潘家村	25	男	1939 年
胡风梅	无棣县马山子镇胡道口村	42	女	1939 年
胡风军	无棣县马山子镇胡道口村	30	男	1939 年
胡如花	无棣县马山子镇胡道口村	27	女	1939 年
张成霞	无棣县马山子镇高井村	42	女	1939 年
王延帮	无棣县碣石山镇王家村	19	男	1939 年
马宝常	无棣县碣石山镇李西小楼村	25	男	1939 年
顾树明	无棣县车镇乡顾什村	56	男	1939 年
杨玉恒	无棣县车镇乡大杨村	64	男	1939 年
杨廷塘	无棣县车镇乡大杨村	70	男	1939 年
王学武	无棣县车镇乡大王村	39	男	1939 年
张井照	无棣县车镇乡河西崔村	11	男	1939 年
崔福寿	无棣县车镇乡河西崔村	17	男	1939 年
马义杨	无棣县车镇乡北马家村	18	男	1939 年
邓宝和	无棣县车镇乡西邓村	47	男	1939 年
孙文会	无棣县西小王乡河南村	51	男	1940 年 1 月
王文山	无棣县西小王乡河南村	53	男	1940 年 1 月
刘清云	无棣县西小王乡刘家村	35	男	1940 年 1 月
李荣德	无棣县西小王乡横道村	19	男	1940 年 2 月
刘 胜	无棣县西小王乡羊屋子村	57	男	1940 年 2 月

续表

姓 名	籍 贯	年 龄	性 别	死难时间
孙悦坤	无棣县西小王乡大官村	47	男	1940 年 2 月
高富小	无棣县西小王乡小官村	48	男	1940 年 3 月
刘良德	无棣县西小王乡刘家村	20	男	1940 年 5 月
王亭俊	无棣县西小王乡大官村	60	男	1940 年 5 月
付振元	无棣县西小王乡河北村	62	男	1940 年 6 月
李荣增	无棣县西小王乡横道村	21	男	1940 年 6 月
李希宝	无棣县西小王乡小官村	56	男	1940 年 6 月
刘本田	无棣县西小王乡刘家村	42	男	1940 年 7 月
刘风岭	无棣县西小王乡刘家村	18	男	1940 年 8 月
张墨东	无棣县佘家巷乡后仓村	21	男	1940 年
陈官月	无棣县佘家巷乡通官村	80	男	1940 年
毕兰亮	无棣县佘家巷乡通官村	71	男	1940 年
孟凡立	无棣县佘家巷乡新立村	30	男	1940 年
王洪林	无棣县佘家巷乡王官村	25	男	1940 年
郭存吉	无棣县佘家巷乡郭官村	63	男	1940 年
郭存林	无棣县佘家巷乡郭官村	76	男	1940 年
郭长寿	无棣县佘家巷乡郭官村	63	男	1940 年
杨宝奎	无棣县佘家巷乡郭官村	72	男	1940 年
高吉元	无棣县水湾镇小高村	40	男	1940 年
周玉香	无棣县水湾镇北马家村	59	女	1940 年
马风勇	无棣县水湾镇北马家村	50	男	1940 年
张文祥	无棣县水湾镇北马家村	45	男	1940 年
步希祥	无棣县水湾镇庙西村	40	男	1940 年
步喜庆	无棣县水湾镇庙西村	50	男	1940 年
程立元	无棣县水湾镇灶户王村	81	男	1940 年
程宝明	无棣县水湾镇灶户王村	83	男	1940 年
程宝廷	无棣县水湾镇灶户王村	81	男	1940 年
曹连山	无棣县水湾镇北关	24	男	1940 年
马寿春	无棣县水湾镇马辛店村	30	男	1940 年
于会义	无棣县水湾镇马辛店村	25	男	1940 年
于延岭	无棣县水湾镇马辛店村	21	男	1940 年
张兹贞	无棣县水湾镇娄子村	18	男	1940 年
丁江南	无棣县水湾镇都富屯村	18	男	1940 年
李泽民	无棣县马山子镇胡道口村	19	男	1940 年

续表

姓 名	籍 贯	年 龄	性 别	死难时间
杨玉岗	无棣县车镇乡大杨村	60	男	1940 年
杨文凯	无棣县车镇乡大杨村	45	男	1940 年
杨文振	无棣县车镇乡大杨村	47	男	1940 年
王风德	无棣县车镇乡大王村	43	男	1940 年
崔玉佩	无棣县车镇乡河西崔村	21	男	1940 年
王兰村	无棣县车镇乡河西崔村	16	男	1940 年
王仁义	无棣县车镇乡北马家村	20	男	1940 年
李玉升	无棣县车镇乡北马家村	15	男	1940 年
崔义树	无棣县车镇乡北马家村	15	男	1940 年
付金权	无棣县车镇乡小穆村	57	男	1940 年
邓步唐	无棣县车镇乡西邓村	19	男	1940 年
董风岐	无棣县佘家巷乡郭官村	76	男	1940 年
郭存恩	无棣县佘家巷乡郭官村	50	男	1940 年
杜士顺	无棣县西小王乡前王坟村	72	男	1940 年
高荣歧	无棣县西小王乡高王村	33	男	1940 年
刘本水	无棣县西小王乡刘家村	20	男	1941 年 2 月
刘现岭	无棣县西小王乡河南村	65	男	1941 年 3 月
刘　氏	无棣县西小王乡小官村	52	女	1941 年 3 月
王井森	无棣县佘家巷乡王官村	20	男	1941 年 5 月
刘坤祥	无棣县西小王乡西陈村	44	男	1941 年 5 月
刘存德	无棣县西小王乡刘家村	52	男	1941 年 7 月
刘清山	无棣县西小王乡刘家村	12	男	1941 年 7 月
刘宝红	无棣县西小王乡西陈村	32	男	1941 年 8 月
陈文太	无棣县西小王乡西陈村	46	男	1941 年 8 月
王　氏	无棣县西小王乡小官村	53	女	1941 年 8 月
关希代	无棣县西小王乡关家村	40	男	1941 年
关青阳	无棣县西小王乡关家村	33	男	1941 年
张向阳	无棣县佘家巷乡通官村	49	男	1941 年
张向东	无棣县佘家巷乡通官村	50	男	1941 年
张向春	无棣县佘家巷乡通官村	61	男	1941 年
王洪席	无棣县佘家巷乡王官村	23	男	1941 年
王洪合	无棣县佘家巷乡王官村	29	男	1941 年
王井春	无棣县佘家巷乡王官村	29	男	1941 年
刘希停	无棣县佘家巷乡王官村	40	男	1941 年

续表

姓 名	籍 贯	年 龄	性 别	死难时间
王洪华	无棣县佘家巷乡王官村	41	男	1941 年
王洪成	无棣县佘家巷乡王官村	25	男	1941 年
栗秀荣	无棣县佘家巷乡王官村	35	女	1941 年
郭存宝	无棣县佘家巷乡郭官村	66	男	1941 年
杨宝生	无棣县佘家巷乡郭官村	73	男	1941 年
郭延喜	无棣县佘家巷乡郭官村	84	男	1941 年
郭延臣	无棣县佘家巷乡郭官村	62	男	1941 年
张庆林	无棣县水湾镇小高村	50	男	1941 年
周玉堂	无棣县水湾镇北马家村	38	男	1941 年
马风歧	无棣县水湾镇北马家村	57	男	1941 年
周玉贵	无棣县水湾镇北马家村	47	男	1941 年
张文勇	无棣县水湾镇北马家村	46	男	1941 年
步天芝	无棣县水湾镇庙西村	57	女	1941 年
步义长	无棣县水湾镇庙西村	21	男	1941 年
曹景坤	无棣县水湾镇北关	26	男	1941 年
李玉祥	无棣县水湾镇潘家村	32	男	1941 年
马德利	无棣县水湾镇马辛店村	20	男	1941 年
于延龙	无棣县水湾镇马辛店村	36	男	1941 年
董金烈	无棣县水湾镇董桥村	41	男	1941 年
董训功	无棣县水湾镇董桥村	46	男	1941 年
胡子村	无棣县马山子镇胡道口村	60	男	1941 年
杨同强	无棣县车镇乡顾什村	60	男	1941 年
张子亭	无棣县车镇乡便宜店村	39	男	1941 年
杨玉伦	无棣县车镇乡大杨村	48	男	1941 年
杨廷甫	无棣县车镇乡大杨村	62	男	1941 年
杨孟楷	无棣县车镇乡大杨村	62	男	1941 年
王　燕	无棣县车镇乡大王村	28	女	1941 年
王炳印	无棣县车镇乡大王村	19	男	1941 年
张春秀	无棣县车镇乡河西崔村	13	男	1941 年
马景红	无棣县车镇乡北马家村	19	男	1941 年
邓华庆	无棣县车镇乡东邓村	20	男	1941 年
邓有庆	无棣县车镇乡东邓村	21	男	1941 年
邓恩庆	无棣县车镇乡东邓村	13	男	1941 年
邓玉辉	无棣县车镇乡东邓村	18	男	1941 年

续表

姓 名	籍 贯	年 龄	性 别	死难时间
赵寿祥	无棣县车镇乡西屯村	24	男	1941 年
王守先	无棣县车镇乡西屯村	29	男	1941 年
邹长法	无棣县车镇乡东屯村	28	男	1941 年
吕寿岭	无棣县车镇乡东屯村	19	男	1941 年
陈花兰	无棣县西小王乡关家村	20	女	1941 年
关希良	无棣县西小王乡关家村	31	男	1941 年
高永强	无棣县西小王乡高王村	44	男	1941 年
张洪臣	无棣县西小王乡前王坟村	43	男	1941 年
李崇玉	无棣县西小王乡横道村	28	男	1942 年 1 月
李功庆	无棣县西小王乡横道村	20	男	1942 年 2 月
李功喜	无棣县西小王乡横道村	25	男	1942 年 3 月
刘本立	无棣县西小王乡刘家村	41	男	1942 年 3 月
刘本常	无棣县西小王乡刘家村	17	男	1942 年 4 月
孙悦堂	无棣县西小王乡大官村	62	男	1942 年 5 月
孙宝周	无棣县西小王乡河南村	49	男	1942 年 7 月
张井先	无棣县西小王乡逍遥村	27	男	1942 年 7 月
马明田	无棣县佘家巷乡马仓村	42	男	1942 年 11 月
马跃田	无棣县佘家巷乡马仓村	19	男	1942 年
高景昌	无棣县佘家巷乡前仓村	27	男	1942 年
王振国	无棣县佘家巷乡通官村	68	男	1942 年
王振华	无棣县佘家巷乡通官村	59	男	1942 年
王跃华	无棣县佘家巷乡王官村	24	男	1942 年
刘希泰	无棣县佘家巷乡王官村	24	男	1942 年
王元令	无棣县佘家巷乡王官村	29	男	1942 年
张德怀	无棣县佘家巷乡郭官村	76	男	1942 年
魏景云	无棣县佘家巷乡郭官村	41	男	1942 年
郭本孝	无棣县佘家巷乡郭官村	58	男	1942 年
王占奎	无棣县佘家巷乡郭官村	60	男	1942 年
鲁令占	无棣县佘家巷乡郭官村	72	男	1942 年
牛喜发	无棣县水湾镇郭辛店村	24	男	1942 年
李宝贤	无棣县水湾镇郭辛店村	22	男	1942 年
张文志	无棣县水湾镇北马家村	59	男	1942 年
曹连会	无棣县水湾镇北关	14	男	1942 年
关保正	无棣县水湾镇北关	26	男	1942 年

续表

姓 名	籍 贯	年 龄	性 别	死难时间
白成端	无棣县水湾镇潘家村	18	男	1942 年
王恒昌	无棣县水湾镇潘家村	29	男	1942 年
高振伟	无棣县水湾镇马辛店村	21	男	1942 年
杨宝甫	无棣县水湾镇马辛店村	22	男	1942 年
董金升	无棣县水湾镇董桥村	43	男	1942 年
李广荣	无棣县水湾镇都富屯村	35	男	1942 年
李文祥	无棣县水湾镇都富屯村	26	男	1942 年
丁宝林	无棣县水湾镇都富屯村	29	男	1942 年
范世衍	无棣县无棣镇东范村	20	男	1942 年
张成琴	无棣县马山子镇胡道口村	40	女	1942 年
冯宝春	无棣县碣石山镇李贝孙村	32	男	1942 年
王洪芝	无棣县碣石山镇南楼村	40	男	1942 年
冯金忠	无棣县碣石山镇李贝孙村	35	男	1942 年
马世功	无棣县碣石山镇李西小楼村	42	男	1942 年
刘加村	无棣县车镇乡双庙村	29	男	1942 年
刘风章	无棣县车镇乡双庙村	26	男	1942 年
杨玉瑞	无棣县车镇乡大杨村	65	男	1942 年
王起森	无棣县车镇乡大王村	42	男	1942 年
张洪玉	无棣县车镇乡北马家村	27	男	1942 年
牛海春	无棣县车镇乡北马家村	16	男	1942 年
邓玉江	无棣县车镇乡东邓村	27	男	1942 年
邓宝仁	无棣县车镇乡东邓村	45	男	1942 年
邓振贤	无棣县车镇乡东邓村	25	女	1942 年
邓文彪	无棣县车镇乡东邓村	29	男	1942 年
邓云岭	无棣县车镇乡东邓村	27	男	1942 年
邓玉炳	无棣县车镇乡东邓村	45	男	1942 年
邓希岭	无棣县车镇乡东邓村	45	女	1942 年
张清义	无棣县车镇乡东屯村	19	男	1942 年
关胜元	无棣县西小王乡关家村	21	男	1942 年
吴　英	无棣县西小王乡关家村	27	女	1942 年
闫风意	无棣县西小王乡大官村	49	男	1943 年 3 月
刘风台	无棣县西小王乡刘家村	22	男	1943 年 4 月
王金胜	无棣县西小王乡河南村	53	男	1943 年 5 月
高小二	无棣县西小王乡小官村	50	男	1943 年 7 月

续表

姓名	籍贯	年龄	性别	死难时间
李国栋	无棣县西小王乡小官村	56	男	1943 年 7 月
陈明环	无棣县西小王乡西陈村	41	男	1943 年 7 月
罗文山	无棣县佘家巷乡前仓村	50	男	1943 年
张墨泉	无棣县佘家巷乡后仓村	45	男	1943 年
王明强	无棣县佘家巷乡通官村	70	男	1943 年
王明浩	无棣县佘家巷乡通官村	18	男	1943 年
王明兰	无棣县佘家巷乡通官村	21	男	1943 年
王洪东	无棣县佘家巷乡王官村	23	男	1943 年
王洪田	无棣县佘家巷乡王官村	32	男	1943 年
范希斌	无棣县佘家巷乡郭官村	70	男	1943 年
郭文明	无棣县佘家巷乡郭官村	34	男	1943 年
魏凤玉	无棣县佘家巷乡郭官村	42	男	1943 年
郭存云	无棣县佘家巷乡郭官村	50	男	1943 年
高文武	无棣县水湾镇小高村	42	男	1943 年
高武通	无棣县水湾镇小高村	37	男	1943 年
孙希东	无棣县水湾镇郭辛店村	28	男	1943 年
步天彩	无棣县水湾镇庙西村	58	女	1943 年
王风桥	无棣县水湾镇潘家村	31	男	1943 年
马小姣	无棣县水湾镇马辛店村	25	女	1943 年
于延可	无棣县水湾镇马辛店村	28	男	1943 年
杨文正	无棣县水湾镇都富屯村	23	男	1943 年
刘三元	无棣县水湾镇都富屯村	25	男	1943 年
徐宝昌	无棣县无棣镇徐庙村	54	男	1943 年
冯宝林	无棣县碣石山镇李贝孙村	42	男	1943 年
张玉埒	无棣县车镇乡便宜店村	29	男	1943 年
刘发章	无棣县车镇乡双庙村	28	男	1943 年
刘占元	无棣县车镇乡双庙村	27	男	1943 年
刘代明	无棣县车镇乡双庙村	28	男	1943 年
刘　七	无棣县车镇乡后刘西村	64	男	1943 年
杨廷森	无棣县车镇乡大杨村	56	男	1943 年
杨廷吉	无棣县车镇乡大杨村	37	男	1943 年
王其祯	无棣县车镇乡大王村	50	男	1943 年
王玉方	无棣县车镇乡大王村	35	男	1943 年
张　氏	无棣县车镇乡河西崔村	25	女	1943 年

续表

姓 名	籍 贯	年 龄	性 别	死难时间
赵长田	无棣县佘家巷乡刘仓村	25	男	1943 年
李 氏	无棣县西小王乡前王坟村	70	女	1943 年
张有训	无棣县西小王乡前王坟村	60	男	1943 年
张有科	无棣县西小王乡前王坟村	50	男	1943 年
张有周	无棣县西小王乡前王坟村	57	男	1943 年
陈光玉	无棣县西小王乡西二村	37	男	1943 年
关春元	无棣县西小王乡关家村	29	男	1943 年
关景福	无棣县西小王乡关家村	40	男	1943 年
关希周	无棣县西小王乡关家村	47	男	1943 年
关希居	无棣县西小王乡关家村	35	男	1943 年
关领数	无棣县西小王乡关家村	34	男	1943 年
关令木	无棣县西小王乡关家村	39	男	1943 年
刘 如	无棣县西小王乡关家村	26	女	1943 年
关希恩	无棣县西小王乡关家村	32	女	1943 年
关希文	无棣县西小王乡关家村	33	男	1943 年
关令长	无棣县西小王乡关家村	24	男	1943 年
刘风刚	无棣县西小王乡大官村	60	男	1944 年 2 月
孙廷明	无棣县西小王乡河南村	55	男	1944 年 5 月
马明义	无棣县佘家巷乡马仓村	24	男	1944 年 5 月
周洪元	无棣县西小王乡西陈村	50	男	1944 年 5 月
高富金	无棣县西小王乡小官村	55	男	1944 年 6 月
刘风阁	无棣县西小王乡刘家村	40	男	1944 年 7 月
刘本伦	无棣县西小王乡刘家村	41	男	1944 年 9 月
许占魁	无棣县佘家巷乡刘仓村	26	男	1944 年
刘景文	无棣县佘家巷乡刘仓村	23	男	1944 年
王明右	无棣县佘家巷乡通官村	42	男	1944 年
王明道	无棣县佘家巷乡通官村	39	男	1944 年
王明国	无棣县佘家巷乡通官村	60	男	1944 年
刘希林	无棣县佘家巷乡王官村	23	男	1944 年
郭长龙	无棣县佘家巷乡郭官村	69	男	1944 年
张维兰	无棣县佘家巷乡郭官村	72	男	1944 年
李洪勋	无棣县佘家巷乡郭官村	71	男	1944 年
郭长会	无棣县佘家巷乡郭官村	80	男	1944 年
郭延河	无棣县佘家巷乡郭官村	64	男	1944 年

续表

姓名	籍贯	年龄	性别	死难时间
郭延星	无棣县佘家巷乡郭官村	59	男	1944年
位延辉	无棣县佘家巷乡郭官村	48	男	1944年
李本茂	无棣县水湾镇宗西村	42	男	1944年
张文富	无棣县水湾镇北马家村	21	男	1944年
刘庆臣	无棣县水湾镇水湾村	48	男	1944年
刘侯风	无棣县水湾镇水湾村	45	男	1944年
刘二成	无棣县水湾镇水湾村	18	男	1944年
刘现正	无棣县水湾镇水湾村	20	男	1944年
刘现山	无棣县水湾镇水湾村	23	男	1944年
刘连喜	无棣县水湾镇水湾村	25	男	1944年
步连雷	无棣县水湾镇庙西村	60	男	1944年
步希现	无棣县水湾镇庙西村	51	男	1944年
步　军	无棣县水湾镇庙西村	24	男	1944年
步云立	无棣县水湾镇庙西村	47	男	1944年
吴玉成	无棣县水湾镇周家村	46	男	1944年
张建功	无棣县水湾镇北关	23	男	1944年
白成涛	无棣县水湾镇潘家村	44	男	1944年
盖宝林	无棣县水湾镇潘家村	51	男	1944年
刘春元	无棣县车镇乡双庙村	26	男	1944年
杨廷楷	无棣县车镇乡大杨村	49	男	1944年
杨德普	无棣县车镇乡大杨村	66	男	1944年
孔玉祥	无棣县车镇乡东屯村	20	男	1944年
张吉德	无棣县西小王乡前王坟村	63	男	1944年
陈光鹏	无棣县西小王乡西二村	35	男	1944年
张云取	无棣县西小王乡逍遥村	38	男	1945年7月
张井国	无棣县西小王乡羊屋子村	38	男	1945年9月
王洪峰	无棣县佘家巷乡王官村	22	男	1945年
王风华	无棣县佘家巷乡王官村	31	男	1945年
王洪印	无棣县佘家巷乡王官村	21	男	1945年
位风邦	无棣县佘家巷乡郭官村	81	男	1945年
郭存曾	无棣县佘家巷乡郭官村	62	男	1945年
郭延道	无棣县佘家巷乡郭官村	58	男	1945年
张福德	无棣县佘家巷乡郭官村	46	男	1945年
张立刚	无棣县水湾镇北马家村	54	男	1945年

续表

姓名	籍贯	年龄	性别	死难时间
马风明	无棣县水湾镇北马家村	30	男	1945 年
马振海	无棣县水湾镇北马家村	49	男	1945 年
步天同	无棣县水湾镇庙西村	59	男	1945 年
步玉长	无棣县水湾镇庙西村	25	男	1945 年
步军山	无棣县水湾镇庙西村	59	男	1945 年
李成章	无棣县水湾镇北关	28	男	1945 年
马玉信	无棣县水湾镇北关	33	男	1945 年
张玉琢	无棣县水湾镇北关	34	男	1945 年
谷玉强	无棣县水湾镇潘家村	42	男	1945 年
刘之正	无棣县水湾镇都富屯村	24	男	1945 年
杨　庆	无棣县水湾镇都富屯村	27	男	1945 年
刘加绪	无棣县车镇乡双庙村	30	男	1945 年
刘　青	无棣县车镇乡后刘西村	32	男	1945 年
杨廷立	无棣县车镇乡大杨村	55	男	1945 年
王永昌	无棣县车镇乡河西崔村	23	男	1945 年
杜士尧	无棣县西小王乡前王坟村	73	男	1945 年
合　计	**931**			

责任人：吴宝章　孟令明　　核实人：梁秀华　　填表人：王　红
填报单位（签章）：无棣县委党史研究室　　填报时间：2009 年 4 月 15 日

阳信县抗日战争时期死难者名录

姓 名	籍 贯	年 龄	性 别	死难时间
朱万庆	阳信县阳信镇王集村	23	男	1937 年
田福春	阳信县河流镇高家村	20	男	1937 年
吴观志	阳信县温店镇吴店村	27	男	1937 年
张同仁	阳信县劳店乡邱家村	30	男	1937 年
蒋德仁	阳信县商店镇蒋家村	29	男	1937 年
陈连秀	阳信县劳店乡官庄村	28	男	1937 年
张庆俊	阳信县洋湖乡张王村	26	男	1937 年
梁登云	阳信县洋湖乡张王村	36	男	1937 年
秘华俊	阳信县洋湖乡大秘村	38	男	1937 年
秘华亭	阳信县洋湖乡大秘村	28	男	1937 年
秘存泉	阳信县洋湖乡西秘村	34	男	1937 年
位风山	阳信县劳店乡邱家村	23	男	1937 年
王明山	阳信县洋湖乡姚家村	18	男	1937 年
许友文	阳信县劳店乡棘林村	38	男	1937 年
毛希孟	阳信县洋湖乡毛家村	24	男	1937 年
周井尧	阳信县商店镇西边村	27	男	1937 年
李振海	阳信县阳信镇银高村	34	男	1937 年
于观西	阳信县洋湖乡于家村	25	男	1937 年
高孝俭	阳信县洋湖乡后高村	19	男	1937 年
张登营	阳信县洋湖乡大郑村	16	男	1937 年
张玉亮	阳信县洋湖乡郝家村	23	男	1937 年
张廷义	阳信县洋湖乡张王村	25	男	1937 年
秘清亮	阳信县洋湖乡西秘村	26	男	1937 年
刘振甲	阳信县温店镇东刘村	18	男	1937 年
吴保仁	阳信县温店镇前吴店村	27	男	1937 年
商德明	阳信县温店镇后吴店村	29	男	1937 年
车希永	阳信县温店镇西车村	24	男	1937 年
史金生	阳信县洋湖乡洋湖村	24	男	1937 年
史宝德	阳信县温店镇车家村	18	男	1937 年
程红奎	阳信县阳信镇西程坞村	21	男	1937 年
程立兴	阳信县阳信镇西程坞村	21	男	1937 年

续表

姓名	籍贯	年龄	性别	死难时间
范振芳	阳信县阳信镇刘大水村	21	男	1937年
赵文达	阳信县水落坡乡东杨村	21	男	1937年
李吉友	阳信县流坡坞镇红门堂村	25	男	1937年
李　珍	阳信县阳信镇北园子村	70	男	1937年
刘新青	阳信县阳信镇北园子村	20	男	1937年
黄××	阳信县阳信镇北园子村	—	男	1937年
孙守远	阳信县阳信镇北园子村	—	—	1937年
丁占清	阳信县翟王镇宽李村	21	男	1938年
高景龙	阳信县温店镇九圣堂村	24	男	1938年
李永华	阳信县洋湖乡李先吴村	28	男	1938年
王恩兹	阳信县洋湖乡庙张村	21	男	1938年
李曰讨	阳信县洋湖乡庙张村	21	男	1938年
于秀海	阳信县洋湖乡于家村	32	男	1938年
王兴林	阳信县洋湖乡王博士村	22	男	1938年
杨成宝	阳信县温店镇郭楼村	21	男	1938年
张振青	阳信县温店镇阎张村	34	男	1938年
李登山	阳信县流坡坞镇东李昂村	25	男	1938年
高连峰	阳信县流坡坞镇幽家村	23	男	1938年
齐兴治	阳信县流坡坞镇盆张村	19	男	1938年
张吉堂	阳信县流坡坞镇邓家村	23	男	1938年
谢占玉	阳信县阳信镇银高村	22	男	1938年
王振财	阳信县阳信镇王集村	19	男	1938年
周景元	阳信县阳信镇陈茂村	22	男	1938年
毛振刚	阳信县洋湖乡后古宅村	21	男	1938年
何天禄	阳信县阳信镇西关	22	男	1938年
魏溯源	阳信县阳信镇后元村	29	男	1938年
李明寿	阳信县阳信镇银高村	37	男	1938年
李本善	阳信县商店镇陈家村	30	男	1938年
王梅村	阳信县商店镇蒋家村	35	男	1938年
车佃奎	阳信县温店镇车家村	50	男	1938年
温连庆	阳信县温店镇温店村	19	男	1938年
史宝善	阳信县洋湖乡花赵村	21	男	1938年
王全宝	阳信县洋湖乡王召村	20	男	1938年
李树安	阳信县洋湖乡崔家村	25	男	1938年

续表

姓 名	籍 贯	年 龄	性 别	死难时间
秘　梅	阳信县洋湖乡大秘村	35	男	1938 年
胡登峰	阳信县洋湖乡吴家村	21	男	1938 年
刘德田	阳信县劳店乡斜庄村	26	男	1938 年
张岩堂	阳信县洋湖乡油坊张村	29	男	1938 年
张长新	阳信县温店镇九圣堂村	22	男	1938 年
夏子荣	阳信县温店镇温家村	41	男	1938 年
温成金	阳信县温店镇温家村	20	男	1938 年
温守利	阳信县温店镇温家村	22	男	1938 年
温兆银	阳信县温店镇温家村	24	男	1938 年
杨秀森	阳信县温店镇温家村	47	男	1938 年
温吉明	阳信县温店镇	31	男	1938 年
温成杰	阳信县温店镇	32	男	1938 年
温有亭	阳信县温店镇	41	男	1938 年
温兆峰	阳信县温店镇	22	男	1938 年
刘永杰	阳信县流坡坞镇刘芦阁村	23	男	1938 年
秘飞然	阳信县洋湖乡大秘村	29	男	1938 年
魏德恒	阳信县翟王镇宽李村	27	男	1938 年
刘炳德	阳信县商店镇西边村	23	男	1939 年
杨洪均	阳信县温店镇温家村	20	男	1939 年
张汉生	阳信县温店镇阎张村	38	男	1939 年
高洪达	阳信县温店镇丁庙村	20	男	1939 年
李朝木	阳信县流坡坞镇东商村	20	男	1939 年
付希瑞	阳信县洋湖乡付家村	21	男	1939 年
戚林方	阳信县洋湖乡戚家村	21	男	1939 年
宋玉水	阳信县阳信镇沈庵村	18	男	1939 年
孙学生	阳信县洋湖乡孙家村	26	男	1939 年
王学文	阳信县洋湖乡八里坡村	26	男	1939 年
马登成	阳信县阳信镇王集村	24	男	1939 年
高学歧	阳信县洋湖乡后高村	19	男	1939 年
王代成	阳信县温店镇油王村	17	男	1939 年
焦献卫	阳信县洋湖乡焦王村	20	男	1939 年
陈德廷	阳信县洋湖乡稍瓜张村	23	男	1939 年
程玉奎	阳信县流坡坞镇东韩村	25	男	1939 年
宋德胜	阳信县河流镇万家村	36	男	1939 年

续表

姓 名	籍 贯	年 龄	性 别	死难时间
黄长亭	阳信县阳信镇王集村	23	男	1939 年
杨立善	阳信县洋湖乡大卜杨村	29	男	1939 年
张圣斋	阳信县劳店乡张桥村	30	男	1939 年
车华征	阳信县温店镇西车村	30	男	1939 年
杨立行	阳信县温店镇大杨村	15	男	1939 年
陈荣先	阳信县阳信镇陈毛村	22	男	1939 年
高长三	阳信县温店镇九圣堂村	24	男	1939 年
范洪云	阳信县阳信镇吴贵村	22	男	1939 年
朱培礼	阳信阳信镇郭家村	22	男	1939 年
张兴提	阳信县流坡坞镇张洼头家村	29	男	1939 年
李景太	阳信县流坡坞镇东商村	26	男	1939 年
姜关俊	阳信县温店镇大姜村	23	男	1939 年
刘关甫	阳信县阳信镇王木良村	23	男	1939 年
吴纯林	阳信县劳店乡皂杨村	29	男	1939 年
王元太	阳信县劳店乡大王村	21	男	1939 年
张希功	阳信县洋湖乡史张村	19	男	1939 年
高建训	阳信县洋湖乡大秘村	24	男	1939 年
王兴凯	阳信县洋湖乡王博士村	25	男	1939 年
陈凤岭	阳信县洋湖乡陈营村	24	男	1939 年
张克思	阳信县洋湖乡张王村	27	男	1939 年
徐子常	阳信县翟王镇徐家村	27	男	1939 年
李宝春	阳信县洋湖乡苗李村	26	男	1939 年
宋宝善	阳信县洋湖乡马家村	28	男	1939 年
孙学仁	阳信县洋湖乡大刘村	32	男	1939 年
李呈江	阳信县流坡坞镇水牛李村	22	男	1939 年
秘友方	阳信县洋湖乡大秘村	23	男	1939 年
高培禄	阳信县水落坡乡花李村	23	男	1939 年
李希堂	阳信县水落坡乡五指刘村	21	男	1939 年
张玉岭	阳信县河流镇豆腐店村	31	男	1939 年
李文祥	阳信县河流镇豆腐店村	30	男	1939 年
裴希三之祖父	阳信县河流镇豆腐店村	—	男	1939 年
史文良	阳信县河流镇豆腐店村	—	男	1939 年
史文良之家人一	阳信县河流镇豆腐店村	—	—	1939 年
史文良之家人二	阳信县河流镇豆腐店村	—	—	1939 年

续表

姓 名	籍 贯	年 龄	性 别	死难时间
史文良之家人三	阳信县河流镇豆腐店村	—	—	1939 年
魏振才	阳信县河流镇豆腐店村	—	男	1939 年
王修祥	阳信县洋湖乡银子王村	16	男	1940 年
范希成	阳信县温店镇范家村	26	男	1940 年
李景梅	阳信县洋湖乡崔家村	22	男	1940 年
田文桐	阳信县洋湖乡东田村	16	男	1940 年
刘元和	阳信县洋湖乡大刘村	25	男	1940 年
周老四	阳信县商店镇贩帽村	35	男	1940 年
周于氏	阳信县商店镇贩帽村	35	女	1940 年
周长玉	阳信县商店镇贩帽村	10	男	1940 年
周同生	阳信县商店镇贩帽村	37	男	1940 年
申宝三	阳信县商店镇沙锅申村	52	男	1940 年
张云修	阳信县温店镇后闫张村	31	男	1940 年
杨成保	阳信县温店镇郭楼村	22	男	1940 年
崔连伸	阳信县温店镇赵金斗村	33	男	1940 年
穆景春	阳信县温店镇黑张村	30	男	1940 年
赵福义	阳信县温店镇赵马虎村	29	男	1940 年
赵福华	阳信县温店镇赵马虎村	25	男	1940 年
吴文君	阳信县温店镇赵马虎村	32	男	1940 年
杨明和	阳信县温店镇大杨村	36	男	1940 年
杨洪山	阳信县温店镇大杨村	28	男	1940 年
张占成	阳信县温店镇蔡王集村	25	男	1940 年
蔡长荣	阳信县温店镇蔡王集村	19	男	1940 年
邱中生	阳信县温店镇邱齐村	16	男	1940 年
王 堂	阳信县温店镇王杠村	38	男	1940 年
杨立端	阳信县温店镇大卜杨村	18	男	1940 年
马逢路	阳信县劳店乡街后王村	21	男	1941 年
宋文忠之母	阳信县劳店乡东宋集村	32	女	1941 年
宋成泉之母	阳信县劳店乡东宋集村	35	女	1941 年
宋成泉之兄	阳信县劳店乡东宋集村	12	男	1941 年
冯兆云	阳信县劳店乡毛张村	21	男	1941 年
冯常山	阳信县劳店乡毛张村	26	男	1941 年
杨天增	阳信县劳店乡皂杨村	25	男	1941 年
杨秀岱	阳信县劳店乡皂杨村	27	男	1941 年

续表

姓 名	籍 贯	年 龄	性 别	死难时间
冯树堂	阳信县劳店乡毛马村	38	男	1941 年
冯明发	阳信县劳店乡毛马村	23	男	1941 年
张 虎	阳信县劳店乡毛马村	23	男	1941 年
张 龙	阳信县劳店乡毛马村	26	男	1941 年
王荣权	阳信县劳店乡毛寨王牌村	22	男	1941 年
王荣泽	阳信县劳店乡毛寨王牌村	22	男	1941 年
张长青	阳信县劳店乡毛寨王牌村	42	男	1941 年
张长亭	阳信县劳店乡毛寨王牌村	22	男	1941 年
张文木	阳信县劳店乡毛寨王牌村	20	男	1941 年
王丙堂	阳信县劳店乡毛寨王牌村	20	男	1941 年
李保堂	阳信县劳店乡欧李村	28	男	1941 年
李登俊	阳信县劳店乡欧李村	35	男	1941 年
王树林	阳信县劳店乡双井王村	22	男	1941 年
张面武	阳信县劳店乡双井王村	23	男	1941 年
张国英	阳信县劳店乡双井王村	19	男	1941 年
魏风山	阳信县劳店乡双井王村	17	男	1941 年
魏风岭	阳信县劳店乡双井王村	18	男	1941 年
刘文之	阳信县劳店乡斜庄村	18	男	1941 年
杨振祥	阳信县劳店乡荀河村	22	男	1941 年
姚 二	阳信县劳店乡全福村	24	男	1941 年
齐连长	阳信县劳店乡解家村	20	男	1941 年
王逢喜	阳信县劳店乡东陈王村	20	男	1941 年
王 尧	阳信县劳店乡铁匠村	32	男	1941 年
郑方烈	阳信县劳店乡毛郑村	34	男	1941 年
郑子维	阳信县劳店乡毛郑村	32	男	1941 年
郑子会	阳信县劳店乡毛郑村	33	男	1941 年
刘玉川	阳信县劳店乡毛郑村	27	男	1941 年
郑士标	阳信县劳店乡毛郑村	24	男	1941 年
秘连荣	阳信县洋湖乡东秘村	26	男	1942 年
秘风同	阳信县洋湖乡东秘村	24	男	1942 年
王荣会	阳阳信县劳店乡棘林村	17	男	1942 年
焦振宗	阳信县洋湖乡西焦王村	18	男	1942 年
狗 剩	阳信县洋湖乡西焦王村	—	男	1942 年
肖思义	阳信县洋湖乡西肖村	31	男	1942 年

续表

姓 名	籍 贯	年 龄	性 别	死难时间
司成讯	阳信县洋湖乡东高村	37	男	1942 年
司成利	阳信县洋湖乡东高村	36	男	1942 年
高清太	阳信县洋湖乡东高村	37	男	1942 年
高美伦	阳信县洋湖乡东高村	37	女	1942 年
史长林之妻	阳信县洋湖乡洋湖村	20	女	1942 年
刘云阁	阳信县洋湖乡后刘店村	24	男	1942 年
李风堂	阳信县洋湖乡梁王村	35	男	1942 年
张洪奎	阳信县洋湖乡张大头村	26	男	1942 年
高登堂	阳信县洋湖乡后高村	50	男	1942 年
高锦荣	阳信县洋湖乡后高村	30	男	1942 年
高学田	阳信县洋湖乡后高村	50	男	1942 年
小 罕	阳信县洋湖乡后高村	17	男	1942 年
三 祥	阳信县洋湖乡后高村	19	男	1942 年
高 氏	阳信县洋湖乡后高村	40	女	1942 年
高学俭	阳信县洋湖乡后高村	19	男	1942 年
高学亮	阳信县洋湖乡后高村	16	男	1942 年
范东堂	阳信县洋湖乡崔家楼村	45	男	1942 年
崔可成	阳信县洋湖乡崔家楼村	20	男	1942 年
邢连太	阳信县洋湖乡崔家楼村	40	男	1942 年
邢玉花	阳信县洋湖乡崔家楼村	18	女	1942 年
张振友	阳信县洋湖乡崔家楼村	50	男	1942 年
曹希成	阳信县洋湖乡后曹村	31	男	1942 年
曹兴福	阳信县洋湖乡后曹村	20	男	1942 年
曹香成	阳信县洋湖乡后曹村	29	男	1942 年
曹立英	阳信县洋湖乡后曹村	25	男	1942 年
曹兴业	阳信县洋湖乡后曹村	19	男	1942 年
秘光宗	阳信县洋湖乡古佛镇村	25	男	1942 年
秘登伦	阳信县洋湖乡东秘村	25	男	1942 年
秘连祥	阳信县洋湖乡东秘村	20	男	1942 年
弗 增	阳信县阳信镇北园子村	21	男	1937 年 12 月 12 日
弗宝顺	阳信县阳信镇北园子村	33	男	1937 年 12 月 12 日
孙学礼	阳信县洋湖乡孙道人村	39	男	1943 年
于关西	阳信县洋湖乡西于村	23	男	1943 年
于祥海	阳信县洋湖乡西于村	20	男	1943 年

续表

姓 名	籍 贯	年 龄	性 别	死难时间
于祥田	阳信县洋湖乡西于村	20	男	1943 年
郭树栋	阳信县洋湖乡油坊张村	30	男	1943 年
孙振岑	阳信县洋湖乡油坊张村	24	男	1943 年
张宝珍	阳信县洋湖乡油坊张村	17	男	1943 年
王道仁	阳信县洋湖乡戚家村	50	男	1943 年
王生连	阳信县洋湖乡戚家村	17	男	1943 年
戚元庆	阳信县洋湖乡戚家村	18	男	1943 年
于希成	阳信县洋湖乡戚家村	17	男	1943 年
戚全阁	阳信县洋湖乡戚家村	29	男	1943 年
赵美金	阳信县洋湖乡花赵村	30	男	1943 年
周学峰之兄	阳信县洋湖乡花赵村	17	男	1943 年
赵美岭之弟	阳信县洋湖乡花赵村	18	男	1943 年
赵天佑	阳信县洋湖乡高家园子村	17	男	1943 年
崔均顺之母	阳信县洋湖乡大崔村	29	女	1943 年
崔培华之祖父	阳信县洋湖乡大崔村	47	男	1943 年
秘景坦	阳信县洋湖乡西秘村	29	男	1943 年
曹立元	阳信县洋湖乡后曹村	37	男	1943 年
武佃杰	阳信县洋湖乡武家村	27	男	1943 年
武奎连	阳信县洋湖乡武家村	33	男	1943 年
武洪义	阳信县洋湖乡武家村	27	男	1943 年
范宝祥	阳信县洋湖乡范英庄村	33	男	1943 年
李长征	阳信县洋湖乡河南王村	22	男	1943 年
王丙仁	阳信县洋湖乡八里泊村	26	男	1943 年
焦光伟	阳信县洋湖乡西焦王村	18	男	1943 年
刘连庆	阳信县阳信镇北园子村	19	男	1943 年
刘新志	阳信县阳信镇北园子村	18	男	1943 年
刘连歧	阳信县阳信镇北园子村	65	男	1943 年
刘新一	阳信县阳信镇北园子村	26	男	1943 年
李海岩	阳信县流坡坞镇蔡家村	26	男	1944 年
左文明	阳信县流坡坞镇蔡家村	23	男	1944 年
李天台	阳信县阳信镇北园子村	45	男	1944 年
李绍堂	阳信县阳信镇北园子村	48	男	1944 年
王福胜	阳信县阳信镇北园子村	21	男	1944 年
王 强	阳信县阳信镇北园子村	17	男	1944 年

续表

姓 名	籍 贯	年 龄	性 别	死难时间
李玉功	阳信县阳信镇北园子村	18	男	1944 年
冯栓柱	阳信县阳信镇边家村	18	男	1944 年
李连胜	阳信县阳信镇边家村	20	男	1944 年
周佃功	阳信县翟王镇周家村	17	男	1944 年
王观峰	阳信县翟王镇后刘村	33	男	1944 年
沈　氏	阳信县翟王镇李纯白村	28	女	1944 年
刘长春	阳信县翟王镇粉西村	60	男	1944 年
樊长青	阳信县翟王镇樊家村	30	男	1944 年
樊长亭之兄	阳信县翟王镇樊家村	10	男	1944 年
穆长庚	阳信县翟王镇穆家村	25	男	1944 年
小　术	阳信县翟王镇穆家村	23	男	1944 年
张清新	阳信县翟王镇穆家村	17	男	1944 年
李法明	阳信县翟王镇李桥村	18	男	1944 年
马兆同	阳信县翟王镇西马村	17	男	1944 年
王玉行	阳信县翟王镇马王村	22	男	1944 年
吴专水	阳信县翟王镇孙吴村	—	男	1944 年
王立海	阳信县翟王镇王同智村	38	男	1944 年
孙振海	阳信县翟王镇孙敦伍村	18	男	1944 年
赵德修	阳信县翟王镇丁家村	40	男	1944 年
李观磊	阳信县翟王镇李桥村	44	男	1944 年
李观岑	阳信县翟王镇李桥村	41	男	1944 年
王长山	阳信县翟王镇马王村	20	男	1944 年
王玉海	阳信县翟王镇马王村	20	男	1944 年
王玉春	阳信县翟王镇马王村	23	男	1944 年
王长戴	阳信县翟王镇马王村	23	男	1944 年
于　虎	阳信县翟王镇大张村	33	男	1944 年
徐培成	阳信县翟王镇徐家村	34	男	1944 年
王春斋	阳信县翟王镇二十里堡村	30	男	1944 年
马代岑	阳信县翟王镇东马村	32	男	1944 年
马光弟	阳信县翟王镇东马村	30	男	1944 年
马文斗	阳信县翟王镇东马村	26	男	1944 年
马宗州	阳信县翟王镇苇子高村	37	男	1944 年
王观灶	阳信县翟王镇苇子高村	27	男	1944 年
张腊月	阳信县翟王镇大张村	30	男	1944 年

续表

姓名	籍贯	年龄	性别	死难时间
邢明道	阳信县河流镇豆腐店村	24	男	1944 年
李　祥	阳信县河流镇豆腐店村	30	男	1944 年
邢宝柱	阳信县河流镇豆腐店村	30	男	1944 年
董连美	阳信县河流镇豆腐店村	30	男	1944 年
张玉岭	阳信县河流镇豆腐店村	31	男	1939 年
耿老三	阳信县河流镇豆腐店村	21	男	1944 年
耿洪顺	阳信县河流镇豆腐店村	20	男	1944 年
张文增	阳信县河流镇豆腐店村	28	男	1944 年
丁银堂	阳信县河流镇丁家村	19	男	1944 年
孙兆亮	阳信县河流镇崔家池村	17	男	1944 年
郑学诗	阳信县河流镇汪家村	30	男	1944 年
田树春	阳信县河流镇沙高村	24	男	1944 年
韩秀荣	阳信县河流镇崔家池村	19	男	1944 年
崔元堂	阳信县河流镇崔家池村	32	男	1944 年
张长重	阳信县流坡坞镇南街村	51	男	1944 年
马二伍	阳信县流坡坞镇南街村	62	男	1944 年
马之贤	阳信县流坡坞镇南街村	64	男	1944 年
孙佃武	阳信县流坡坞镇后孙村	30	男	1944 年
李海波	阳信县流坡坞镇沙窝村	21	男	1944 年
李向前	阳信县水落坡乡张马村	21	男	1945 年
刘书田	阳信县流坡坞镇大马村	40	男	1945 年
刘德胜	阳信县流坡坞镇大马村	17	男	1945 年
马风銮	阳信县流坡坞镇大马村	45	男	1945 年
闫丙全	阳信县流坡坞镇闫家村	27	男	1945 年
王毛重	阳信县流坡坞镇闫家村	29	男	1945 年
王宝唐	阳信县流坡坞镇闫家村	19	男	1945 年
段书德	阳信县流坡坞镇段家村	18	男	1945 年
王宝砣	阳信县流坡坞镇	23	男	1945 年
光秀云	阳信县流坡坞镇小光村	28	男	1945 年
曹成弟	阳信县流坡坞镇曹集村	22	男	1945 年
李明董	阳信县流坡坞镇曹集村	19	男	1945 年
商佃臣	阳信县流坡坞镇王迪吉村	40	男	1945 年
闫东瑛	阳信县水落坡乡闫集村	34	男	1945 年
赵文达	阳信县水落坡乡范沾槐村	28	男	1945 年

续表

姓名	籍贯	年龄	性别	死难时间
刘希堂	阳信县水落坡乡范沾槐村	21	男	1945 年
杨宝田	阳信县水落坡乡范沾槐村	19	男	1945 年
李登世	阳信县水落坡乡范沾槐村	22	男	1945 年
王炳禹	阳信县水落坡乡刘古良村	25	男	1945 年
孙同村	阳信县水落坡乡河北刘村	31	男	1945 年
李东文	阳信县水落坡乡花李村	18	男	1945 年
李官桂	阳信县水落坡乡花李村	19	男	1945 年
李付全	阳信县水落坡乡花李村	18	男	1945 年
李　二	阳信县水落坡乡花李村	25	男	1945 年
李老虎	阳信县水落坡乡花李村	24	男	1945 年
杨礼堂	阳信县水落坡乡前杨村	25	男	1945 年
王兆同	阳信县水落坡乡王秀绳村	30	男	1945 年
张玉会	阳信县水落坡乡王秀绳村	37	男	1945 年
杨长山	阳信县水落坡乡后杨村	25	男	1945 年
赵洪贵	阳信县洋湖乡赵南湖村	20	男	1937 年
冯玉石	阳信县洋湖乡西冯村	27	男	1937 年
冯开月	阳信县洋湖乡西冯村	35	男	1937 年
张玉升	阳信县洋湖乡张杨村	41	男	1937 年
杨太柱	阳信县洋湖乡张杨村	33	男	1937 年
豆付祥	阳信县洋湖乡窦王村	24	男	1937 年
马玉田	阳信县洋湖乡马士和村	30	男	1937 年
马风亭	阳信县洋湖乡马士和村	32	男	1937 年
马风刚	阳信县洋湖乡马士和村	41	男	1937 年
范俊刚	阳信县洋湖乡范家村	40	男	1937 年
张召民	阳信县洋湖乡范家村	32	男	1937 年
刘玉彬	阳信县洋湖乡前刘店村	31	男	1937 年
赵元陈	阳信县洋湖乡东高村	23	男	1937 年
高英水	阳信县洋湖乡东高村	24	男	1937 年
高清彪	阳信县洋湖乡东高村	23	男	1937 年
董存功	阳信县洋湖乡后刘店村	31	男	1937 年
台吉华	阳信县洋湖乡台家村	31	男	1937 年
李中月	阳信县翟王镇北商村	31	男	1938 年
李中苹	阳信县翟王镇北商村	28	女	1938 年
李振忠	阳信县翟王镇魏家村	21	男	1939 年

续表

姓 名	籍 贯	年 龄	性 别	死难时间
封爱国	阳信县翟王镇宽李村	20	男	1939 年
封爱党	阳信县翟王镇宽李村	33	男	1939 年
曾月楼	阳信县翟王镇小封村	29	男	1939 年
万五中	阳信县翟王镇小封村	40	男	1939 年
穆中兴	阳信县翟王镇穆家村	19	男	1939 年
穆小小	阳信县翟王镇穆家村	34	男	1939 年
刘文华	阳信县翟王镇王海村	19	男	1939 年
商公中	阳信县翟王镇南商村	35	男	1939 年
商中英	阳信县翟王镇南商村	38	女	1939 年
曾宪成	阳信县翟王镇翟王村	15	男	1939 年
刘宗样	阳信县翟王镇翟王村	13	男	1939 年
刘成荣	阳信县翟王镇翟王村	14	女	1939 年
张景文	阳信县翟王镇张宋村	15	男	1939 年
刘希英	阳信县翟王镇司屯村	23	女	1939 年
张　山	阳信县阳信镇张杠村	34	男	1940 年
魏炳安	阳信县阳信镇魏家湾村	42	男	1940 年
姜永利	阳信县温店镇大姜村	21	男	1940 年
李光海	阳信县温店镇东里什村	37	男	1940 年
李显堂	阳信县温店镇东里什村	29	男	1940 年
王兰全	阳信县温店镇王坤兮村	32	男	1940 年
刘宝山	阳信县阳信镇小刘村	50	男	1940 年
李兴国	阳信县翟王镇马杰村	19	男	1940 年
姚爱×	阳信县翟王镇老观姚村	44	男	1940 年
姚立中	阳信县翟王镇老观姚村	43	女	1940 年
万宝山	阳信县翟王镇马杰村	19	男	1940 年
万兴华	阳信县翟王镇马杰村	34	男	1940 年
袁爱海	阳信县阳信镇幸福村	51	男	1940 年
张小花	阳信县阳信镇双庙村	48	女	1940 年
王冬梅	阳信县阳信镇西关村	10	女	1940 年
劳振山	阳信县阳信镇小庄村	56	男	1940 年
唐洪庆	阳信县阳信镇宋百块村	51	男	1940 年
孙全才	阳信县阳信镇孙家村	49	男	1940 年
韩小霞	阳信县阳信镇纸坊村	21	女	1940 年
位强才	阳信县阳信镇东南村	24	男	1940 年

续表

姓名	籍贯	年龄	性别	死难时间
白连申	阳信县阳信镇接官亭村	32	男	1940年
魏守禄	阳信县阳信镇魏家村	58	男	1940年
张立宁	阳信县阳信镇南香坊村	29	男	1940年
苟玉财	阳信县阳信镇唐家村	31	男	1940年
程林海	阳信县阳信镇东程村	49	男	1940年
王学问	阳信县阳信镇王木匠	59	男	1940年
刘温将	阳信县阳信镇西刘村	45	男	1940年
吴井名	阳信县阳信镇吴贵村	41	女	1940年
邢甲才	阳信县阳信镇大邢村	64	男	1940年
杨　广	阳信县阳信镇杨户头村	36	男	1940年
申明德	阳信县阳信镇申家村	54	男	1940年
陈王氏	阳信县阳信镇陈毛村	46	女	1940年
王海军	阳信县温店镇大卜杨村	36	男	1941年
杨忠义	阳信县温店镇大卜杨村	33	男	1941年
杨明海	阳信县温店镇大卜杨村	29	男	1941年
赵子忠	阳信县温店镇赵店村	23	男	1941年
孙宝来	阳信县温店镇孙家村	20	男	1941年
温洪起	阳信县温店镇温店村	22	男	1941年
温兆涛	阳信县温店镇温家村	24	男	1941年
刘士德	阳信县温店镇车家村	20	男	1941年
赵纫堂	阳信县温店镇赵牌村	18	男	1941年
李日月	阳信县洋湖乡庙张村	21	男	1941年
于子海	阳信县洋湖乡于家村	32	男	1941年
刘全勇	阳信县温店镇东刘村	39	男	1941年
刘全怀	阳信县温店镇东刘村	56	男	1941年
刘全中	阳信县温店镇东刘村	51	男	1941年
魏光地	阳信县温店镇小姜村	31	男	1941年
张长红	阳信县温店镇北杨村	21	女	1941年
张保国	阳信县温店镇大杨村	34	男	1941年
杨红军	阳信县温店镇大杨村	30	男	1941年
杨大华	阳信县温店镇大杨村	29	男	1941年
赵长军	阳信县温店镇赵马虎村	28	男	1941年
赵梅花	阳信县温店镇赵马虎村	20	女	1941年
营秀丽	阳信县温店镇营家村	18	女	1941年

续表

姓名	籍贯	年龄	性别	死难时间
訾玉新	阳信县温店镇訾家村	25	男	1941 年
范明新	阳信县温店镇范家村	26	男	1941 年
范明车	阳信县温店镇范家村	27	男	1941 年
胡来玉	阳信县温店镇胡家村	20	男	1941 年
田玉国	阳信县温店镇田家村	19	男	1941 年
田秀花	阳信县温店镇田家村	19	女	1941 年
张九普	阳信县温店镇高浪头村	48	男	1941 年
张九明	阳信县温店镇高浪头村	37	男	1941 年
张宝志	阳信县温店镇大营村	45	男	1941 年
王时磊	阳信县温店镇前边村	25	男	1941 年
穆治同	阳信县温店镇黑张村	37	男	1941 年
苏仁明	阳信县温店镇石佛村	50	男	1941 年
边希文	阳信县温店镇后边村	39	男	1941 年
王元支	阳信县温店镇齐宅村	43	男	1941 年
王保希	阳信县温店镇孙家村	27	男	1941 年
刘元德	阳信县温店镇范阁村	45	男	1941 年
刘保文	阳信县温店镇范阁村	30	男	1941 年
王成元	阳信县温店镇油王村	50	男	1941 年
张元利	阳信县温店镇油王村	19	男	1941 年
刘文臣	阳信县温店镇刘厨村	35	男	1941 年
王连功	阳信县温店镇王杠村	20	男	1941 年
齐守成	阳信县温店镇齐家村	18	男	1941 年
马希文	阳信县温店镇黄庙村	47	男	1941 年
李士离	阳信县温店镇下马李村	19	男	1941 年
谢广屯	阳信县温店镇中蔡村	18	男	1941 年
王雪礼	阳信县温店镇王杠村	37	男	1941 年
邱其成	阳信县温店镇邱家村	18	男	1941 年
徐朴明	阳信县温店镇徐堡村	39	男	1941 年
车梅田	阳信县温店镇车家村	30	男	1941 年
孙绍春	阳信县温店镇中闫张村	39	男	1941 年
车希红	阳信县温店镇西车村	19	女	1941 年
王清香	阳信县温店镇后吴店村	36	女	1941 年
车希木	阳信县温店镇西车村	61	男	1941 年
王德生	阳信县温店镇王二官村	49	男	1941 年

续表

姓 名	籍 贯	年 龄	性 别	死难时间
王德利	阳信县温店镇王二官村	36	男	1941 年
孙元秀	阳信县温店镇王二官村	27	女	1941 年
孙元香	阳信县温店镇王二官村	26	女	1941 年
姜其顺	阳信县温店镇大姜村	25	男	1941 年
张之兰	阳信县温店镇前闫张村	21	男	1941 年
李洪梅	阳信县温店镇前闫张村	23	女	1941 年
孙绍尧	阳信县温店镇中闫张村	47	男	1941 年
宋同长	阳信县劳店乡宋集村	25	男	1941 年
杨天如	阳信县劳店乡宋集村	23	男	1941 年
薛守东	阳信县劳店乡薛家村	27	男	1941 年
孙新华	阳信县劳店乡薛家村	19	男	1941 年
薛守明	阳信县劳店乡薛家村	24	男	1941 年
张洪祥	阳信县劳店乡薛家村	40	男	1941 年
徐小三	阳信县劳店乡双井王村	21	男	1941 年
王树强	阳信县劳店乡双井王村	20	男	1941 年
王树志	阳信县劳店乡双井王村	43	男	1941 年
魏风立	阳信县劳店乡双井王村	40	男	1941 年
魏风和	阳信县劳店乡双井张村	20	男	1941 年
苏占林	阳信县劳店乡双井张村	16	男	1941 年
王安旭	阳信县劳店乡双井张村	20	男	1941 年
马立东	阳信县劳店乡邱家村	21	男	1941 年
杨振华	阳信县劳店乡邱家村	30	男	1941 年
杨振明	阳信县劳店乡斜庄村	33	男	1941 年
刘试官	阳信县劳店乡斜庄村	27	男	1941 年
孙文俊	阳信县劳店乡斜庄村	17	男	1941 年
姚文强	阳信县劳店乡斜庄村	20	男	1941 年
王立强	阳信县劳店乡斜庄村	46	男	1941 年
张玉风	阳信县劳店乡迷羊孙村	58	女	1941 年
马风彪	阳信县劳店乡迷羊孙村	23	男	1941 年
马天才	阳信县劳店乡迷羊孙村	24	女	1941 年
谢富贵	阳信县劳店乡迷羊孙村	59	男	1941 年
杨得志	阳信县劳店乡街后王村	58	男	1941 年
王逢露	阳信县劳店乡街后王村	23	女	1942 年
杨柳动	阳信县劳店乡东陈王村	57	男	1942 年

续表

姓名	籍贯	年龄	性别	死难时间
王　容	阳信县劳店乡东陈王村	45	男	1942 年
王守东	阳信县劳店乡玉皇庙村	27	男	1942 年
刘明化	阳信县劳店乡玉皇庙村	25	男	1942 年
崔店趁	阳信县劳店乡东风村	36	男	1942 年
周春太	阳信县劳店乡东风村	19	男	1942 年
王云其	阳信县劳店乡东风村	24	男	1942 年
宋华太	阳信县劳店乡后周村	56	男	1942 年
宋振窑	阳信县劳店乡后周村	21	男	1942 年
宋与贵	阳信县劳店乡后周村	15	男	1942 年
孙太华	阳信县劳店乡宋集村	16	男	1942 年
王德于	阳信县劳店乡宋集村	28	男	1942 年
宋同章	阳信县劳店乡宋集村	49	男	1942 年
张其民	阳信县劳店乡南朱村	47	男	1942 年
孙得章	阳信县劳店乡南朱村	53	男	1942 年
冯书强	阳信县劳店乡毛马牌村	20	男	1942 年
冯名义	阳信县劳店乡毛马牌村	23	男	1942 年
王荣仪	阳信县劳店乡毛马牌村	23	男	1942 年
王荣强	阳信县劳店乡毛马牌村	25	男	1942 年
张长太	阳信县劳店乡毛马牌村	19	男	1942 年
王保国	阳信县劳店乡西郭村	20	男	1942 年
郭修霞	阳信县劳店乡西郭村	23	女	1942 年
郭修峦	阳信县劳店乡西郭村	19	男	1942 年
刘成祥	阳信县劳店乡西郭村	38	男	1942 年
刘玉彪	阳信县劳店乡西郭村	20	男	1942 年
付天祥	阳信县劳店乡西郭村	19	男	1942 年
付天动	阳信县劳店乡西郭村	20	男	1942 年
刘俊伊	阳信县劳店乡西郭村	23	男	1942 年
宋与庆	阳信县劳店乡宋集村	18	男	1942 年
郭羽化	阳信县劳店乡宋集村	24	男	1942 年
王意志	阳信县劳店乡宋集村	20	男	1942 年
郑子仪	阳信县劳店乡宋集村	19	男	1942 年
郑子飞	阳信县劳店乡欧李村	23	男	1942 年
郑子列	阳信县劳店乡欧李村	20	男	1942 年
马美育	阳信县劳店乡欧李村	23	男	1942 年

续表

姓 名	籍 贯	年 龄	性 别	死难时间
司疑文	阳信县劳店乡司家村	27	男	1942 年
姜尝新	阳信县劳店乡司家村	28	男	1942 年
司与强	阳信县劳店乡司家村	26	男	1942 年
冯罩衣	阳信县劳店乡司家村	20	男	1942 年
冯罩山	阳信县劳店乡司家村	21	男	1942 年
冯昌明	阳信县劳店乡皂杨村	23	男	1942 年
杨天观	阳信县劳店乡皂杨村	19	男	1942 年
崔与强	阳信县劳店乡崔宅村	19	男	1942 年
崔春令	阳信县劳店乡崔宅村	23	男	1942 年
王金只	阳信县劳店乡崔宅村	20	男	1942 年
张与扑	阳信县劳店乡崔宅村	23	男	1942 年
张等论	阳信县劳店乡崔宅村	20	男	1942 年
田褒义	阳信县劳店乡崔宅村	23	男	1942 年
马军列	阳信县劳店乡崔宅村	20	男	1942 年
马只刚	阳信县劳店乡前周村	23	男	1942 年
王　强	阳信县劳店乡前周村	19	男	1942 年
王只刚	阳信县劳店乡前周村	20	男	1942 年
王同庆	阳信县劳店乡前周村	23	男	1942 年
王并国	阳信县劳店乡西秃村	19	男	1942 年
王并乡	阳信县劳店乡西秃村	21	男	1942 年
王丙因	阳信县劳店乡西秃村	20	男	1942 年
王如镇	阳信县劳店乡东秃村	20	男	1942 年
杨真武	阳信县劳店乡棘林村	27	男	1942 年
吴方春	阳信县水落坡乡北吴村	24	男	1942 年
吴树凡	阳信县水落坡乡北吴村	21	男	1942 年
吴风明	阳信县水落坡乡北吴村	24	男	1942 年
吴树云	阳信县水落坡乡北吴村	17	男	1942 年
范同合	阳信县水落坡乡范沾槐村	24	男	1942 年
范本顺	阳信县水落坡乡范沾槐村	23	男	1942 年
范本华	阳信县水落坡乡范沾槐村	20	男	1942 年
范同福	阳信县水落坡乡范沾槐村	27	男	1942 年
范金生	阳信县水落坡乡范沾槐村	24	男	1942 年
范兆田	阳信县水落坡乡范沾槐村	25	男	1942 年
范希元	阳信县水落坡乡范沾槐村	25	男	1942 年

续表

姓名	籍贯	年龄	性别	死难时间
范树文	阳信县水落坡乡范沾槐村	27	男	1942年
李占锋	阳信县水落坡乡花李村	22	男	1942年
李双林	阳信县水落坡乡花李村	24	男	1942年
李成泽	阳信县水落坡乡花李村	25	男	1942年
李东明	阳信县水落坡乡花李村	28	男	1942年
李胜利	阳信县水落坡乡花李村	25	男	1942年
李友财	阳信县水落坡乡李屋村	23	男	1942年
李国庆	阳信县水落坡乡李屋村	24	男	1942年
李保春	阳信县水落坡乡李屋村	21	男	1942年
李占奎	阳信县水落坡乡李屋村	23	男	1942年
李保国	阳信县水落坡乡李屋村	32	男	1942年
宋吉云	阳信县水落坡乡李屋村	20	男	1942年
侯晨奎	阳信县水落坡乡邱家村	61	男	1942年
侯念爱	阳信县水落坡乡邱家村	60	女	1942年
赵梅荣	阳信县水落坡乡邱家村	66	女	1942年
侯振龙	阳信县水落坡乡水落坡村	50	男	1942年
王洪彬	阳信县水落坡乡水落坡村	45	男	1942年
于德祥	阳信县水落坡乡水落坡村	42	男	1942年
刘付顺	阳信县水落坡乡水落坡村	50	男	1942年
孙山林	阳信县水落坡乡水落坡村	52	男	1942年
李　文	阳信县水落坡乡水落坡村	39	男	1942年
于振生	阳信县水落坡乡水落坡村	46	男	1942年
侯风奎	阳信县水落坡乡水落坡村	30	男	1942年
刘付星	阳信县水落坡乡水落坡村	28	男	1942年
赵春堂	阳信县水落坡洼里赵村	27	男	1942年
赵增秀	阳信县水落坡洼里赵村	25	男	1942年
赵　刚	阳信县水落坡洼里赵村	27	男	1942年
赵方林	阳信县水落坡洼里赵村	20	男	1942年
赵树和	阳信县水落坡洼里赵村	22	男	1942年
赵丙芸	阳信县水落坡洼里赵村	23	女	1942年
赵子浩	阳信县水落坡洼里赵村	25	男	1942年
赵增强	阳信县水落坡洼里赵村	24	男	1942年
赵德顺	阳信县水落坡洼里赵村	25	男	1942年
赵志东	阳信县水落坡洼里赵村	28	男	1942年

续表

姓名	籍贯	年龄	性别	死难时间
刘丙德	阳信县水落坡乡五支刘村	21	男	1942 年
刘明功	阳信县水落坡乡五支刘村	36	男	1942 年
刘付田	阳信县水落坡乡五支刘村	25	男	1942 年
任书田	阳信县水落坡乡五支刘村	27	男	1942 年
刘安居	阳信县水落坡乡五支刘村	31	男	1942 年
刘安乐	阳信县水落坡乡五支刘村	28	男	1942 年
任玉坤	阳信县水落坡乡五支刘村	30	男	1942 年
刘荣亮	阳信县水落坡乡五支刘村	39	男	1942 年
侯希合	阳信县水落坡乡辛马村	21	男	1942 年
张士青	阳信县水落坡乡辛马村	30	男	1942 年
张呈荣	阳信县水落坡乡辛马村	35	女	1943 年
朱耀辉	阳信县水落坡乡辛马村	39	男	1943 年
杨玉庆	阳信县水落坡乡杨呈白村	31	男	1943 年
杨吉春	阳信县水落坡乡杨呈白村	22	男	1943 年
杨吉星	阳信县水落坡乡杨呈白村	25	男	1943 年
杨玉奎	阳信县水落坡乡杨呈白村	20	男	1943 年
杨吉仁	阳信县水落坡乡杨呈白村	20	男	1943 年
杨龙春	阳信县水落坡乡杨呈白村	29	男	1943 年
杨玉珂	阳信县水落坡乡杨呈白村	25	男	1943 年
杨玉华	阳信县水落坡乡杨呈白村	19	男	1943 年
王凤英	阳信县水落坡乡张锢镥村	41	女	1943 年
刘清堂	阳信县水落坡乡张锢镥村	32	男	1943 年
邢玉娥	阳信县水落坡乡张锢镥村	38	女	1943 年
李秀英	阳信县水落坡乡张锢镥村	29	女	1943 年
李春英	阳信县水落坡乡张锢镥村	36	女	1943 年
张希温	阳信县水落坡乡张先生村	31	男	1943 年
张丙信	阳信县水落坡乡张先生村	33	男	1943 年
张立泽	阳信县水落坡乡张先生村	35	男	1943 年
张希杰	阳信县水落坡乡张先生村	39	男	1943 年
张宝田	阳信县水落坡乡张先生村	32	男	1943 年
钟付祥	阳信县水落坡乡赵吴村	42	男	1943 年
赵　风	阳信县水落坡乡赵吴村	39	男	1943 年
张荣祥	阳信县水落坡乡赵吴村	30	男	1943 年
赵风成	阳信县水落坡乡赵吴村	45	男	1943 年

续表

姓 名	籍 贯	年 龄	性 别	死难时间
赵清礼	阳信县水落坡乡赵吴村	20	男	1943 年
吴树盟	阳信县水落坡乡北吴村	27	男	1943 年
吴方员	阳信县水落坡乡北吴村	23	男	1943 年
吴云荣	阳信县水落坡乡北吴村	26	男	1943 年
吴云阁	阳信县水落坡乡北吴村	18	男	1943 年
兹春利	阳信县河流镇董家村	39	男	1943 年
李景忠	阳信县河流镇户李村	30	男	1943 年
凌希和	阳信县河流镇凌家村	26	男	1943 年
高正海	阳信县河流镇沙王村	41	男	1943 年
李春贞	阳信县河流镇小李村	41	男	1943 年
李长增	阳信县河流镇小李村	41	男	1943 年
宋春荣	阳信县河流镇张集村	40	女	1943 年
田玉忠	阳信县河流镇于家村	32	男	1943 年
田长贤	阳信县河流镇田家村	41	男	1943 年
张玉爱	阳信县河流镇史家围子村	42	女	1943 年
史金喜	阳信县河流镇史家围子村	48	男	1943 年
耿文生	阳信县河流镇大耿村	54	男	1943 年
王成祥	阳信县河流镇王大村	34	男	1943 年
徐金力	阳信县河流镇徐大村	36	男	1943 年
孙振伍	阳信县流坡坞镇后孙村	58	男	1943 年
孙广东	阳信县流坡坞镇后孙村	54	男	1943 年
陈宝科	阳信县流坡坞镇陈才村	36	男	1943 年
董宝同	阳信县流坡坞镇董庙村	37	男	1943 年
董广水	阳信县流坡坞镇董庙村	39	男	1943 年
王立庆	阳信县流坡坞镇四户王村	39	男	1943 年
王春发	阳信县流坡坞镇三姓庄村	39	男	1943 年
孙洪山	阳信县流坡坞镇三姓庄村	54	男	1943 年
营兴文	阳信县流坡坞镇前营村	56	男	1943 年
营振荣	阳信县流坡坞镇前营村	55	男	1943 年
营振义	阳信县流坡坞镇后营村	55	男	1943 年
李玉平	阳信县流坡坞镇盆张村	40	男	1943 年
王胜友	阳信县流坡坞镇东商村	42	男	1943 年
张玉华	阳信县流坡坞镇张举人村	35	男	1943 年
张兰英	阳信县流坡坞镇张举人村	39	女	1943 年

续表

姓 名	籍 贯	年 龄	性 别	死难时间
张储西	阳信县流坡坞镇张洼头村	37	男	1943 年
张储宝	阳信县流坡坞镇张洼头村	31	男	1943 年
张付文	阳信县流坡坞镇张洼头村	35	男	1943 年
赵湘田	阳信县流坡坞镇西商村	37	男	1943 年
王训田	阳信县流坡坞镇逯王村	34	男	1943 年
杨储谦	阳信县流坡坞镇杨大夫村	46	男	1943 年
周献忠	阳信县流坡坞镇周家村	47	男	1943 年
李玉坤	阳信县流坡坞镇水牛李村	34	男	1943 年
姚兰芳	阳信县流坡坞镇水牛李村	35	女	1943 年
段宝云	阳信县流坡坞镇段家村	38	男	1943 年
张兴堂	阳信县流坡坞镇张古庄村	34	男	1943 年
张圣泉	阳信县流坡坞镇张古庄村	47	男	1943 年
王振伍	阳信县流坡坞镇王迪吉村	31	男	1943 年
刘宝堂	阳信县流坡坞镇河堤刘村	34	男	1943 年
苟存生	阳信县流坡坞镇中苟村	31	男	1943 年
光夫峰	阳信县流坡坞镇大光村	47	男	1943 年
光士才	阳信县流坡坞镇大光村	43	男	1943 年
苟延生	阳信县流坡坞镇东苟村	46	男	1943 年
苟金奎	阳信县流坡坞镇东苟村	44	男	1943 年
李文明	阳信县流坡坞镇红门堂村	47	男	1943 年
李光成	阳信县流坡坞镇红门堂村	48	男	1943 年
苟振洪	阳信县流坡坞镇西苟村	35	男	1944 年
光登才	阳信县流坡坞镇后光村	34	男	1944 年
光振义	阳信县流坡坞镇后光村	36	男	1944 年
张淑华	阳信县流坡坞镇朱宋村	39	男	1944 年
李广泽	阳信县流坡坞镇李铁匠村	41	男	1944 年
李文章	阳信县流坡坞镇李铁匠村	41	男	1944 年
豆守礼	阳信县流坡坞镇窦家村	42	男	1944 年
豆云普	阳信县流坡坞镇窦家村	48	男	1944 年
杨永贞	阳信县流坡坞镇杨家村	47	男	1944 年
辛风英	阳信县流坡坞镇杨家村	38	女	1944 年
张吉善	阳信县流坡坞镇张畔村	39	男	1944 年
邢之千	阳信县流坡坞镇邢家村	54	男	1944 年
闫书亮	阳信县流坡坞镇闫家村	35	男	1944 年

续表

姓 名	籍 贯	年 龄	性 别	死难时间
闫云西	阳信县流坡坞镇闫家村	54	男	1944 年
曹承弟	阳信县流坡坞镇曹集村	51	男	1944 年
张长新	阳信县流坡坞镇曹集村	57	男	1944 年
王金勇	阳信县流坡坞镇王风豪村	34	男	1944 年
幽建明	阳信县流坡坞镇幽家村	61	男	1944 年
幽士坤	阳信县流坡坞镇幽家村	50	男	1944 年
聂振明	阳信县流坡坞镇聂家村	48	男	1944 年
聂永新	阳信县流坡坞镇聂家村	60	男	1944 年
马淑英	阳信县流坡坞镇大马村	54	男	1944 年
马吉云	阳信县流坡坞镇大马村	58	男	1944 年
田富水	阳信县流坡坞镇褚家村	39	男	1944 年
芦秀清	阳信县流坡坞镇刘芦阁村	38	男	1944 年
刘廷荣	阳信县流坡坞镇刘芦阁村	50	男	1944 年
韩凤英	阳信县流坡坞镇北韩村	52	女	1944 年
李玉海	阳信县流坡坞镇沙洼村	52	男	1944 年
李路梓	阳信县流坡坞镇沙洼村	57	男	1944 年
张储旭	阳信县流坡坞镇蔡家村	34	男	1944 年
张　波	阳信县流坡坞镇蔡家村	34	男	1944 年
郑书英	阳信县流坡坞镇北街村	60	女	1944 年
马文才	阳信县流坡坞镇小马村	34	男	1944 年
马风英	阳信县流坡坞镇小马村	37	女	1944 年
李光润	阳信县流坡坞镇李纪村	45	男	1944 年
李兰忠	阳信县流坡坞镇李纪村	49	男	1944 年
张胜岐	阳信县流坡坞镇东街村	58	男	1944 年
张金庆	阳信县流坡坞镇东街村	54	男	1944 年
张振荣	阳信县流坡坞镇西街村	56	男	1944 年
王书论	阳信县流坡坞镇大王庄村	55	男	1944 年
王宝龙	阳信县流坡坞镇大王庄村	47	男	1944 年
解玉梅	阳信县流坡坞镇金解村	38	女	1944 年
李秀荣	阳信县流坡坞镇金解村	39	女	1944 年
王升云	阳信县流坡坞镇王加会村	42	男	1944 年
李清云	阳信县流坡坞镇东李昂村	42	男	1944 年
李延銮	阳信县流坡坞镇东李昂村	43	女	1944 年
李德民	阳信县流坡坞镇南斜村	50	男	1944 年

续表

姓 名	籍 贯	年 龄	性 别	死难时间
李开发	阳信县流坡坞镇南斜村	51	男	1944 年
陈宝科	阳信县流坡坞镇二陈村	51	男	1944 年
马希亮	阳信县流坡坞镇马家胡同村	39	男	1944 年
马明泉	阳信县流坡坞镇马家胡同村	40	男	1944 年
韩培玉	阳信县流坡坞镇南韩村	40	女	1944 年
韩文平	阳信县流坡坞镇南韩村	45	男	1944 年
宋香芬	阳信县流坡坞镇宋集村	46	女	1944 年
李秀明	阳信县流坡坞镇崔李村	49	男	1944 年
陈红云	阳信县流坡坞镇大陈村	46	女	1944 年
陈英兰	阳信县流坡坞镇大陈村	43	男	1944 年
徐炳新	阳信县流坡坞镇徐赵村	46	男	1944 年
赵玉芹	阳信县流坡坞镇徐赵村	45	女	1944 年
刘元香	阳信县流坡坞镇刘宅村	48	女	1944 年
刘欢风	阳信县流坡坞镇刘宅村	49	男	1944 年
张吉西	阳信县流坡坞镇张马村	35	男	1944 年
徐方春	阳信县流坡坞镇东徐村	—	男	1944 年
徐芳兰	阳信县流坡坞镇东徐村	51	女	1944 年
申玉红	阳信县商店镇东吕村	49	男	1944 年
刘国军	阳信县商店镇史君汉村	59	男	1944 年
张宝燕	阳信县商店镇张孟连村	45	女	1944 年
韩景山	阳信县商店镇小韩村	—	男	1944 年
张景山	阳信县商店镇沙窝村	25	男	1944 年
董军伟	阳信县商店镇黄巾寨村	41	男	1944 年
马春秀	阳信县商店镇梨行村	31	女	1944 年
孙新伟	阳信县商店镇孙宅村	65	男	1945 年
燕春明	阳信县商店镇燕店村	19	男	1945 年
申桂兰	阳信县商店镇李化甫村	34	女	1945 年
贾志军	阳信县商店镇季家村	29	男	1945 年
韩大发	阳信县商店镇小尹村	—	男	1945 年
刘　强	阳信县商店镇小尹村	40	男	1945 年
吕敬民	阳信县商店镇王岳村	50	男	1945 年
郑国军	阳信县商店镇王岳村	37	男	1945 年
申　新	阳信县商店镇小郑村	56	女	1945 年
张红民	阳信县商店镇小郑村	45	男	1945 年

续表

姓 名	籍 贯	年 龄	性 别	死难时间
宗志增	阳信县商店镇宗家村	19	男	1945 年
韩志增	阳信县商店镇打磨王村	20	男	1945 年
苏宝印	阳信县商店镇桑西村	76	男	1945 年
韩春喜	阳信县商店镇位宅村	55	女	1945 年
刘志强	阳信县商店镇位宅村	30	男	1945 年
张之行	阳信县商店镇万集村	35	男	1945 年
张长生	阳信县商店镇万集村	58	男	1945 年
张振中	阳信县商店镇花牛王村	79	男	1945 年
合 计	**787**			

责任人：尹立军　王新林　　核实人：王新林　王　婧　　填表人：张　强

填报单位（签章）：阳信县委组织部　　填报时间：2009 年 4 月 26 日

菏泽市牡丹区抗日战争时期死难者名录

姓 名	籍 贯	年 龄	性 别	死难时间
陈镇成	牡丹区何楼办事处金堤	20	男	1938 年
刘复远	牡丹区何楼办事处金堤	20	男	1938 年
刘汉事	牡丹区何楼办事处金堤	21	男	1938 年
刘景孩	牡丹区何楼办事处金堤	21	男	1938 年
刘实四	牡丹区何楼办事处金堤	21	男	1938 年
刘实印	牡丹区何楼办事处金堤	22	男	1938 年
王新年	牡丹区何楼办事处金堤	21	男	1938 年
刘灿仃	牡丹区何楼办事处沙土	28	男	1938 年
赵登帮	牡丹区万福办事处赵楼	—	男	1938 年
赵登高	牡丹区万福办事处赵楼	29	男	1938 年
赵登学	牡丹区万福办事处赵楼	—	男	1938 年
赵书银	牡丹区万福办事处赵楼	—	男	1938 年
皇甫洪运	牡丹区王浩屯镇皇甫庄	—	男	1938 年
李守义	牡丹区高庄镇黄营	—	男	1938 年
王锡联	牡丹区何楼办事处沙土	24	男	1938 年
钟冷的	牡丹区牡丹办事处金钟社区	22	男	1938 年
成世修之雇工	牡丹区北城办事处北关厢村	37	男	1938 年 5 月
王金轩	牡丹区北城办事处北关厢村	45	男	1938 年 5 月
韩福田	牡丹区北城办事处北刘庄村	38	男	1938 年 5 月
韩子宝	牡丹区北城办事处北刘庄村	36	男	1938 年 5 月
刘月信之三弟	牡丹区北城办事处北刘庄村	10	男	1938 年 5 月
刘子德	牡丹区北城办事处北刘庄村	46	男	1938 年 5 月
白允举	牡丹区北城办事处益民村	48	男	1938 年 5 月
王朝之母	牡丹区北城办事处益民村	70	女	1938 年 5 月
贺清芬	牡丹区高庄镇贺庄	22	男	1938 年 5 月
郭金为	牡丹区南城办事处郭大千社区	—	男	1938 年 5 月
贾尚河	牡丹区南城办事处双井街	29	男	1938 年 5 月
贾尚河之外甥	牡丹区南城办事处双井街	15	男	1938 年 5 月
贾尚河之妻	牡丹区南城办事处双井街	28	女	1938 年 5 月
刘书坤	牡丹区南城办事处双井街	20	男	1938 年 5 月
韩亚礼	牡丹区王浩屯镇东袁张	—	男	1938 年 5 月

续表

姓名	籍贯	年龄	性别	死难时间
黑狗子	牡丹区吴店镇吴胡同村	26	男	1938 年 5 月
吴元兴	牡丹区吴店镇吴胡同村	13	男	1938 年 5 月
刘在芝	牡丹区西城办事处龙厅社区	50	女	1938 年 5 月
马老爷爷	牡丹区西城办事处龙厅社区	80	男	1938 年 5 月
马子良	牡丹区西城办事处龙厅社区	40	男	1938 年 5 月
侯作山	牡丹区西城办事处龙厅社区	—	男	1938 年 5 月
赵玉和	牡丹区西城办事处水洼北街	70	男	1938 年 5 月
陈雪兰	牡丹区西城办事处水洼北街	50	女	1938 年 5 月
姚石头	牡丹区西城办事处水洼北街	60	男	1938 年 5 月
成　四	牡丹区西城办事处水洼北街	40	男	1938 年 5 月
王　一	牡丹区西城办事处水洼北街	—	男	1938 年 5 月
肖风清	牡丹区西城办事处肖庄村	—	男	1938 年 5 月
李孔全	牡丹区西城办事处李庄	58	男	1938 年 5 月
李全勋	牡丹区西城办事处李庄	53	男	1938 年 5 月
朱启光	牡丹区西城办事处李庄	62	男	1938 年 5 月
贾　三	牡丹区西城办事处龙厅社区	—	男	1938 年 5 月
赵进才	牡丹区西城办事处龙厅社区	18	男	1938 年 5 月
冯得修	牡丹区西城办事处龙厅社区	71	男	1938 年 5 月
王明道	牡丹区西城办事处西关	32	男	1938 年 5 月
王启荣	牡丹区西城办事处西关	68	男	1938 年 5 月
王朝合之母	牡丹区北城办事处段胡同	70	女	1938 年 6 月
王万起	牡丹区何楼办事处牛庄	40	男	1938 年 6 月
李朝文	牡丹区胡集乡李庄	—	男	1938 年 6 月
李宪祥	牡丹区胡集乡李庄	54	男	1938 年 6 月
辛　才	牡丹区李村镇后辛寨村	20	男	1938 年 6 月
罗文灿	牡丹区南城办事处双井街	—	男	1938 年 6 月
张顺道	牡丹区万福办事处西张楼	35	男	1938 年 6 月
吴效芬	牡丹区西城办事处吴堤口社区	31	男	1938 年 6 月
林××	牡丹区西城办事处吴堤口社区	66	男	1938 年 6 月
马大宽	牡丹区小留镇马常寨村	21	男	1938 年 6 月
马怀敬	牡丹区小留镇马常寨村	20	男	1938 年 6 月
五　臣	牡丹区小留镇马常寨村	—	男	1938 年 6 月
马秋同	牡丹区小留镇马常寨村	—	女	1938 年 6 月
曾照坤	牡丹区沙土镇朱坊村	28	男	1938 年 7 月

续表

姓 名	籍 贯	年 龄	性 别	死难时间
万本书	牡丹区王浩屯镇万家	37	男	1938 年 7 月
万登才	牡丹区王浩屯镇万家	70	男	1938 年 7 月
万清峨	牡丹区王浩屯镇万家	46	男	1938 年 7 月
万清海	牡丹区王浩屯镇万家	54	男	1938 年 7 月
万清田	牡丹区王浩屯镇万家	51	男	1938 年 7 月
万言宾	牡丹区王浩屯镇万家	46	男	1938 年 7 月
姚耿氏	牡丹区王浩屯镇万家	70	女	1938 年 7 月
郭春荣	牡丹区王浩屯镇万家	28	男	1938 年 7 月
郭　档	牡丹区王浩屯镇万家	54	男	1938 年 7 月
位兆荣	牡丹区李村镇位楼村	—	男	1938 年 7 月
毕　×	牡丹区大黄集镇李八老	6	女	1938 年 8 月
刘史氏	牡丹区大黄集镇李八老	—	女	1938 年 8 月
徐　河	牡丹区大黄集镇李八老	23	男	1938 年 8 月
荆化普	牡丹区王浩屯镇荆集	30	男	1938 年 8 月
林廷录	牡丹区小留镇小留村	20	男	1938 年 8 月
孙同京	牡丹区小留镇小留村	22	男	1938 年 8 月
枪满囤	牡丹区李村镇高寨	28	男	1938 年 9 月 9 日
李令昌	牡丹区王浩屯镇水牛李	50	男	1938 年 9 月 9 日
杨福亭	牡丹区王浩屯镇许寺	48	男	1938 年 9 月 9 日
杨贵德	牡丹区大黄集镇安陵	25	男	1938 年 9 月 16 日
杨　合	牡丹区大黄集镇安陵	23	男	1938 年 9 月
赵景重	牡丹区大黄集镇孙赵寨	36	男	1938 年 9 月
锅	牡丹区大黄集镇孙赵寨	50	男	1938 年 9 月
肖付全	牡丹区大黄集镇于寨	—	男	1938 年 9 月
王喜全	牡丹区大黄集镇朱庄	—	男	1938 年 9 月
尹大素	牡丹区都司镇尹楼	19	女	1938 年 9 月
尹二隔	牡丹区都司镇尹楼	17	女	1938 年 9 月
尹郭氏	牡丹区都司镇尹楼	34	女	1938 年 9 月
尹国氏	牡丹区都司镇尹楼	30	女	1938 年 9 月
尹素玉	牡丹区都司镇尹楼	22	女	1938 年 9 月
尹宪荣	牡丹区都司镇尹楼	3	男	1938 年 9 月
张尹氏	牡丹区都司镇尹楼	23	女	1938 年 9 月
张　瑞	牡丹区都司镇张楼	30	男	1938 年 9 月
李　氏	牡丹区何楼办事处卞庙	28	女	1938 年 9 月

续表

姓名	籍贯	年龄	性别	死难时间
杨遂松	牡丹区大黄集镇安陵	21	男	1938 年 9 月
王同修	牡丹区大黄集镇夹堤王	64	男	1938 年 9 月
王宋氏	牡丹区大黄集镇夹堤王	62	女	1938 年 9 月
丁喜法	牡丹区李村镇丁拐村	—	男	1938 年 9 月
丁喜强	牡丹区李村镇丁拐村	—	男	1938 年 9 月
张四郭	牡丹区李村镇前张村	23	男	1938 年 9 月
李×之一	牡丹区李村镇西李庄村	—	男	1938 年 9 月
李×之二	牡丹区李村镇西李庄村	—	男	1938 年 9 月
李　二	牡丹区李村镇杨镇村	—	男	1938 年 9 月
樊文玉	牡丹区王浩屯镇樊寺	—	男	1938 年 9 月
李富财	牡丹区王浩屯镇水牛李	65	男	1938 年 9 月
李秋芹	牡丹区王浩屯镇水牛李	60	男	1938 年 9 月
李山虎	牡丹区王浩屯镇水牛李	50	男	1938 年 9 月
李心连	牡丹区王浩屯镇水牛李	25	女	1938 年 9 月
李勤修	牡丹区小留镇前王楼村	—	男	1938 年 9 月
李青宇	牡丹区小留镇前王楼村	—	男	1938 年 9 月
李留群	牡丹区小留镇前王楼村	18	男	1938 年 9 月
刘　四	牡丹区小留镇前王楼村	18	男	1938 年 9 月
万张氏	牡丹区王浩屯镇万家村	45	女	1938 年 10 月 1 日
陈景云	牡丹区李村镇西赵庄村	—	女	1938 年 10 月
王长路	牡丹区小留镇后花园村	20	男	1938 年 10 月
王贵海	牡丹区小留镇后花园村	—	男	1938 年 10 月
郭二江	牡丹区王浩屯镇郭寨	22	男	1938 年 11 月
李森现	牡丹区王浩屯镇水牛李	20	男	1938 年 11 月
杨　氏	牡丹区王浩屯镇水牛李	30	女	1938 年 11 月
李庆安	牡丹区大黄集镇耿寨	25	男	1938 年
李三峰	牡丹区大黄集镇耿寨	32	男	1938 年
苏丕周	牡丹区何楼办事处苏浅	22	男	1938 年
苏彦池	牡丹区何楼办事处苏浅	50	男	1938 年
王兆乾	牡丹区王浩屯镇娄堆王	23	男	1938 年
王洪军	牡丹区李村镇贾庄村	19	男	1938 年
李文详	牡丹区李村镇白庙村	—	男	1938 年
段　良	牡丹区李村镇泮店村	—	男	1938 年
李恒山	牡丹区李村镇西李庄村	—	男	1938 年

续表

姓 名	籍 贯	年 龄	性 别	死难时间
刘　成	牡丹区沙土镇吕庄村	27	男	1938 年
二毛纪	牡丹区大黄集镇于寨	50	男	1938 年
二　妮	牡丹区大黄集镇于寨	—	女	1938 年
于丙孙	牡丹区大黄集镇于寨	50	男	1938 年
刘二汉	牡丹区万福办事处大丁庄村	24	男	1938 年
大　常	牡丹区万福办事处大丁庄村	28	男	1938 年
丁　良	牡丹区万福办事处大丁庄村	30	男	1938 年
丁大春	牡丹区万福办事处大丁庄村	42	男	1938 年
丁大春之妻	牡丹区万福办事处大丁庄村	—	女	1938 年
丁地方	牡丹区万福办事处大丁庄村	55	男	1938 年
丁二黑	牡丹区万福办事处大丁庄村	35	男	1938 年
何留记	牡丹区万福办事处大丁庄村	24	男	1938 年
马殿成	牡丹区万福办事处大丁庄村	30	男	1938 年
马殿勤	牡丹区万福办事处大丁庄村	30	男	1938 年
马殿为	牡丹区万福办事处大丁庄村	36	男	1938 年
马殿修	牡丹区万福办事处大丁庄村	34	男	1938 年
马殿训	牡丹区万福办事处大丁庄村	22	男	1938 年
马二照	牡丹区万福办事处大丁庄村	65	男	1938 年
马锦宇	牡丹区万福办事处大丁庄村	56	男	1938 年
马老二	牡丹区万福办事处大丁庄村	70	男	1938 年
马凌江	牡丹区万福办事处大丁庄村	30	男	1938 年
马生宇	牡丹区万福办事处大丁庄村	60	男	1938 年
马顺章	牡丹区万福办事处大丁庄村	35	男	1938 年
马振忠	牡丹区万福办事处大丁庄村	19	男	1938 年
瞎　里	牡丹区万福办事处大丁庄村	22	男	1938 年
马殿广	牡丹区万福办事处大丁庄村	35	男	1938 年
马殿广之妻	牡丹区万福办事处大丁庄村	36	女	1938 年
马殿章	牡丹区万福办事处大丁庄村	35	男	1938 年
刘二汉	牡丹区万福办事处赵楼村	24	男	1938 年
孙保超	牡丹区吴店镇孙楼村	28	男	1938 年
孙学修	牡丹区吴店镇孙楼村	32	男	1938 年
孙　钟	牡丹区吴店镇孙楼村	18	男	1938 年
皇甫世新	牡丹区王浩屯镇皇甫庄	—	男	1938 年
王富成	牡丹区王浩屯镇梁于	30	男	1938 年

续表

姓 名	籍 贯	年 龄	性 别	死难时间
成崇信	牡丹区吴店镇刘寨村	36	男	1938 年
成世贤	牡丹区吴店镇刘寨村	48	男	1938 年
成世英	牡丹区吴店镇刘寨村	32	男	1938 年
成兆普	牡丹区吴店镇刘寨村	35	男	1938 年
刘本国	牡丹区吴店镇刘寨村	20	男	1938 年
刘同海	牡丹区吴店镇刘寨村	32	男	1938 年
刘同金	牡丹区吴店镇刘寨村	34	男	1938 年
刘新启	牡丹区吴店镇刘寨村	20	男	1938 年
刘新起	牡丹区吴店镇刘寨村	20	男	1938 年
刘新种	牡丹区吴店镇刘寨村	17	男	1938 年
张　氏	牡丹区吴店镇刘寨村	30	女	1938 年
赵松蛾	牡丹区吴店镇刘寨村	34	男	1938 年
赵松岭	牡丹区吴店镇刘寨村	42	男	1938 年
王充祥	牡丹区王浩屯镇梁于	23	男	1938 年
郑玉山	牡丹区沙土镇吕庄村	22	男	1938 年
范洪敬	牡丹区马岭岗镇寺西范村	30	男	1938 年
杨　春	东明县	30	男	1938 年
郭传英	牡丹区安兴镇郭庄村	22	女	1938 年
张继杰	牡丹区安兴镇冯张庄村	27	男	1938 年
张明先	牡丹区安兴镇冯张庄村	50	男	1938 年
白风建	牡丹区北城办事处北关厢村	56	男	1938 年
白书信	牡丹区北城办事处北关	45	男	1938 年
白云举	牡丹区北城办事处北关厢村	41	男	1938 年
皇刘氏	牡丹区北城办事处三里店村	26	女	1938 年
李培卓	牡丹区北城办事处段海村	41	男	1938 年
黄丙善之母	牡丹区北城办事处北辰村	—	女	1938 年
赵向春之父	牡丹区大黄集镇东赵寨	—	男	1938 年
李庆先	牡丹区大黄集镇李七寨	23	男	1938 年
高　×	牡丹区高庄镇北头	24	男	1938 年
胡　连	牡丹区高庄镇北头	45	男	1938 年
胡明安之祖母	牡丹区高庄镇北头	23	女	1938 年
胡　×	牡丹区高庄镇北头	21	男	1938 年
毛　×	牡丹区高庄镇北头	30	男	1938 年
郑程氏	牡丹区高庄镇北头	38	女	1938 年

续表

姓 名	籍 贯	年 龄	性 别	死难时间
郑兰勤	牡丹区高庄镇北头	24	男	1938 年
郑学书之祖父	牡丹区高庄镇北头	38	男	1938 年
郑学彦之祖父	牡丹区高庄镇北头	30	男	1938 年
汲从梦	牡丹区高庄镇曹楼	21	男	1938 年
胡月景	牡丹区高庄镇东头	28	男	1938 年
张　喜	牡丹区高庄镇东头	38	男	1938 年
郑宝清	牡丹区高庄镇东头	30	男	1938 年
李宠发	牡丹区高庄镇高庄	32	男	1938 年
肖明敬	牡丹区高庄镇南头	17	男	1938 年
肖岳三	牡丹区高庄镇南头	19	男	1938 年
二亩一	牡丹区高庄镇桑堂	26	男	1938 年
狗　蛋	牡丹区高庄镇桑堂	19	男	1938 年
赫连玉	牡丹区高庄镇桑堂	17	男	1938 年
老七斤	牡丹区高庄镇桑堂	18	男	1938 年
孬　小	牡丹区高庄镇桑堂	19	男	1938 年
汲二信	牡丹区高庄镇西郑庄	46	男	1938 年
汲芸种	牡丹区高庄镇西郑庄	24	男	1938 年
汲盼雨	牡丹区高庄镇西郑庄	51	男	1938 年
汲文恩	牡丹区高庄镇西郑庄	23	男	1938 年
汲文伦	牡丹区高庄镇西郑庄	21	男	1938 年
汲永乐	牡丹区高庄镇西郑庄	47	男	1938 年
贾留法	牡丹区高庄镇西郑庄	22	男	1938 年
李大喜	牡丹区高庄镇西郑庄	20	男	1938 年
李恒生	牡丹区高庄镇西郑庄	28	男	1938 年
李心亮	牡丹区高庄镇西郑庄	32	男	1938 年
方冠金	牡丹区高庄镇郅堂	26	男	1938 年
郅麻德	牡丹区高庄镇郅堂	24	男	1938 年
郅三友	牡丹区高庄镇郅堂	24	男	1938 年
郭守书	牡丹区何楼办事处卞庙	46	男	1938 年
蔡长军	牡丹区何楼办事处蔡庄	19	男	1938 年
洪　氏	牡丹区黄堽镇白庄村	40	女	1938 年
胡心福	牡丹区黄堽镇白庄村	32	男	1938 年
邓玉森	牡丹区黄堽镇邓庄村	27	男	1938 年
林双顶	牡丹区黄堽镇林楼村	20	男	1938 年

续表

姓 名	籍 贯	年 龄	性 别	死难时间
刘存厚	牡丹区黄堽镇林楼村	19	男	1938 年
刘广印	牡丹区黄堽镇林楼村	23	男	1938 年
张俊德	牡丹区马岭岗镇白杨张	—	男	1938 年
焦世宇	牡丹区马岭岗镇黄楼	25	男	1938 年
贾贵显	牡丹区马岭岗镇贾庄	23	男	1938 年
二可差	牡丹区马岭岗镇刘坊	21	男	1938 年
刘汉格	牡丹区马岭岗镇刘坊	25	男	1938 年
刘景牛	牡丹区马岭岗镇刘坊	30	男	1938 年
刘景山	牡丹区马岭岗镇刘坊	35	男	1938 年
谢继冠	牡丹区马岭岗镇谢集	23	男	1938 年
许春华	牡丹区牡丹办事处百花社区	—	男	1938 年
陈梦云	牡丹区牡丹办事处李洪周村	18	男	1938 年
周文书	牡丹区牡丹办事处李洪周村	16	男	1938 年
王广勤	牡丹区牡丹办事处庞王村	17	男	1938 年
郭　九	牡丹区南城办事处柴庄村	—	男	1938 年
李福文之姉	牡丹区南城办事处	—	女	1938 年
李福文之祖父	牡丹区南城办事处	—	男	1938 年
李垂虎	牡丹区沙土镇大李庄村	38	男	1938 年
袁绍卿	牡丹区沙土镇前苑庄村	24	男	1938 年
常秀真	牡丹区沙土镇沙土村	32	男	1938 年
张心清之祖母	牡丹区万福办事处黄张村	—	女	1938 年
岳喜尧	牡丹区万福办事处鹿坊村	57	男	1938 年
岳修治	牡丹区万福办事处鹿坊村	25	男	1938 年
张小福	牡丹区万福办事处鹿坊村	50	男	1938 年
张佰灿之祖父	牡丹区万福办事处张哨门村	51	男	1938 年
张福巨	牡丹区万福办事处张哨门村	53	男	1938 年
张瑞活	牡丹区万福办事处张哨门村	53	男	1938 年
张瑞增	牡丹区万福办事处张哨门村	49	男	1938 年
张文亭之爷爷	牡丹区万福办事处张哨门村	50	男	1938 年
张文祥	牡丹区万福办事处张哨门村	40	男	1938 年
张文祥之母	牡丹区万福办事处张哨门村	63	女	1938 年
贾俊德	牡丹区王浩屯镇贾砦	62	男	1938 年
贾　珍	牡丹区王浩屯镇贾砦	58	女	1938 年
张石山	牡丹区王浩屯镇卧单张	31	男	1938 年

续表

姓 名	籍 贯	年 龄	性 别	死难时间
张堂三	牡丹区王浩屯镇卧单张	26	男	1938 年
聂宝光	牡丹区王浩屯镇杜海	—	男	1938 年
聂宝光之表兄	牡丹区王浩屯镇杜海	—	男	1938 年
聂宝光之舅父	牡丹区王浩屯镇杜海	—	男	1938 年
郭长贵	牡丹区王浩屯镇武成集	30	男	1938 年
郭名显	牡丹区王浩屯镇武成集	26	男	1938 年
郭普化	牡丹区王浩屯镇武成集	38	男	1938 年
黄志忠	牡丹区王浩屯镇武成集	33	男	1938 年
高春成	牡丹区吴店镇高庄村	20	男	1938 年
刘传坤	牡丹区吴店镇林庄村	21	男	1938 年
侯作山之妻	牡丹区西城办事处龙厅社区	—	女	1938 年
侯作山之女	牡丹区西城办事处龙厅社区	—	女	1938 年
侯作山之子	牡丹区西城办事处龙厅社区	—	男	1938 年
王志锦	牡丹区西城办事处兴华社区	30	男	1938 年
王井春	牡丹区大黄集镇于寨	—	男	1938 年
苏丙长	牡丹区高庄镇东头	24	男	1938 年
郑守庆	牡丹区高庄镇东头	24	女	1938 年
张清江	牡丹区马岭岗镇二郎庙	—	男	1938 年
张运成	牡丹区马岭岗镇二郎庙	—	男	1938 年
李化书之父	牡丹区西城办事处李峨社区	37	男	1938 年
李广聚之伯父	牡丹区西城办事处李峨社区	31	男	1938 年
程林山	牡丹区王浩屯镇程寨	29	男	1939 年 1 月
万大叶	牡丹区王浩屯镇万家	22	男	1939 年 1 月
万二眼	牡丹区王浩屯镇万家	35	男	1939 年 1 月
万纪种	牡丹区王浩屯镇万家	18	男	1939 年 1 月
万　君	牡丹区王浩屯镇万家	15	女	1939 年 1 月
万　全	牡丹区王浩屯镇万家	16	女	1939 年 1 月
万　苏	牡丹区王浩屯镇万家	18	女	1939 年 1 月
姚学本	牡丹区王浩屯镇万家	36	男	1939 年 1 月
李明忠	牡丹区王浩屯镇东前刘	21	男	1939 年 2 月 17 日
苏马六	牡丹区何楼办事处苏浅	62	男	1939 年 2 月
苏木仁	牡丹区何楼办事处苏浅	60	男	1939 年 2 月
李靖朝	牡丹区小留镇前王楼村	12	男	1939 年 2 月
李靖军	牡丹区小留镇前王楼村	33	男	1939 年 2 月

续表

姓 名	籍 贯	年 龄	性 别	死难时间
吴二怪	牡丹区小留镇前王楼村	—	男	1939 年 2 月
万月汉	牡丹区王浩屯镇万家	20	男	1939 年 3 月
张克燕	牡丹区王浩屯镇张庄	27	男	1939 年 3 月
冯张礼	牡丹区小留镇前王楼村	19	男	1939 年 3 月
董善道	牡丹区万福办事处耿海	—	男	1939 年 4 月 15 日
耿电选	牡丹区万福办事处耿海	—	男	1939 年 4 月 15 日
耿好义	牡丹区万福办事处耿海	—	男	1939 年 4 月 16 日
耿克义	牡丹区万福办事处耿海	—	男	1939 年 4 月 17 日
何氏之外甥女	牡丹区王浩屯镇东前刘	17	女	1939 年 4 月 17 日
刘安邦	牡丹区王浩屯镇东前刘	25	男	1939 年 4 月 17 日
刘罗头之次女	牡丹区王浩屯镇东前刘	18	女	1939 年 4 月 17 日
耿克义之妻	牡丹区万福办事处耿海	—	女	1939 年 4 月 18 日
耿克义之子	牡丹区万福办事处耿海	—	男	1939 年 4 月 19 日
耿香户	牡丹区万福办事处耿海	—	—	1939 年 4 月 20 日
刘效甫	牡丹区安兴镇刘楼村	41	男	1939 年 4 月
刘彦堂	牡丹区安兴镇刘楼村	26	男	1939 年 4 月
白允洪	牡丹区北城办事处北关厢村	32	男	1939 年 4 月
贺清海	牡丹区高庄镇贺庄	—	男	1939 年 4 月
张士平	牡丹区王浩屯镇张庄	21	男	1939 年 4 月
李继宝	牡丹区吴店镇平安店村	26	男	1939 年 4 月
刘名子	牡丹区吴店镇平安店村	22	男	1939 年 4 月
许盘增	牡丹区吴店镇平安店村	23	男	1939 年 4 月
康建宗	牡丹区东城办事处康庄社区	57	男	1939 年 5 月 27 日
康王氏	牡丹区东城办事处康庄社区	60	女	1939 年 5 月 27 日
王××	牡丹区东城办事处康庄社区	16	男	1939 年 5 月 27 日
张××	牡丹区东城办事处康庄社区	60	男	1939 年 5 月 27 日
赵登云	牡丹区牡丹办事处刘海村	—	男	1939 年 5 月
晋丕龙	牡丹区王浩屯镇薛义屯	—	男	1939 年 5 月
张麻纪	牡丹区万福办事处吴拐焦庄	—	男	1939 年 6 月 1 日
赵贞祥	牡丹区大黄集镇刘三门寨村	36	男	1939 年 6 月
王玉林之妻	牡丹区北城办事处段胡同村	75	女	1939 年 6 月
张明德	牡丹区北城办事处段胡同村	38	男	1939 年 6 月
白玉佩	牡丹区北城办事处北关厢村	65	男	1939 年 6 月
郭　档	牡丹区王浩屯镇龙王冯	25	男	1939 年 6 月

续表

姓名	籍贯	年龄	性别	死难时间
晋丕芝	牡丹区王浩屯镇薛义屯	—	女	1939年6月
刘　黑	牡丹区吴店镇平安店村	24	男	1939年6月
张东奎	牡丹区西城办事处华西社区	36	男	1939年7月29日
李洪雨	牡丹区王浩屯镇孙化屯村	19	男	1939年7月
朱　氏	牡丹区皇镇乡朱村	28	女	1939年7月
张寇瑧	牡丹区万福办事处张家庙	—	男	1939年7月
朱守朝	牡丹区西城办事处育才社区肖庄	27	男	1939年7月
李　氏	牡丹区皇镇乡王胡同村	63	女	1939年8月
李　二	牡丹区李村镇赵庄村	—	男	1939年9月9日
李江锁	牡丹区高庄镇高庄集	30	男	1939年9月
刘进中	牡丹区高庄镇高庄集	—	男	1939年9月
毕运忠	牡丹区大黄集镇毕寨	28	男	1939年9月
毕魁元	牡丹区大黄集镇毕寨	46	男	1939年9月
毕连德之母	牡丹区大黄集镇毕寨	46	女	1939年9月
毕新元	牡丹区大黄集镇毕寨	11	男	1939年9月
李　×	牡丹区李村镇西李庄村	—	男	1939年9月
张二富	牡丹区王浩屯镇堤北张	8	女	1939年9月
冯怀芝	牡丹区王浩屯镇龙王冯	24	女	1939年9月
郭吉丁	牡丹区王浩屯镇西郭	15	男	1939年9月
郭聚成	牡丹区王浩屯镇堤口	26	男	1939年9月
韩文俭	牡丹区大黄集镇安陵	54	男	1939年10月1日
二死孩	牡丹区大黄集镇安陵	50	男	1939年10月1日
韩峃银	牡丹区大黄集镇安陵	50	男	1939年10月1日
马长锁之祖母	牡丹区大黄集镇安陵	70	女	1939年10月1日
马金重	牡丹区大黄集镇安陵	22	男	1939年10月1日
马顺京	牡丹区大黄集镇安陵	53	男	1939年10月1日
马柱子	牡丹区大黄集镇安陵	50	男	1939年10月1日
杨　芳	牡丹区大黄集镇安陵	50	女	1939年10月1日
杨水冲	牡丹区大黄集镇安陵	33	男	1939年10月1日
杨根新	牡丹区大黄集镇沙窝赵	—	男	1939年10月1日
赵洪安	牡丹区大黄集镇沙窝赵	—	男	1939年10月1日
张效旗	牡丹区万福办事处西张楼村	20	男	1939年10月
宋心田	牡丹区马岭岗镇刘庄村	30	男	1939年11月
王继修	牡丹区万福办事处张家庙王老家	—	男	1939年11月

续表

姓名	籍贯	年龄	性别	死难时间
郭保荣	牡丹区王浩屯镇郭寨	24	男	1939年11月
荆二魁	牡丹区王浩屯镇荆集	35	男	1939年11月
张靳来	牡丹区王浩屯镇张楼	21	男	1939年11月
程旺林	牡丹区马岭岗镇程楼村	19	男	1939年
杨玉得	牡丹区王浩屯镇王楼村	22	男	1939年
万清卫	牡丹区王浩屯镇万家村	19	男	1939年
李留周	牡丹区大黄集镇李七寨村	19	男	1939年
陈宝兴	牡丹区大黄集镇刘庄村	17	男	1939年
王宝德	牡丹区大黄集镇刘庄村	18	男	1939年
寇清江	牡丹区大黄集镇寇家村	30	男	1939年
杜顺修	牡丹区大黄集镇杨湖村	19	男	1939年
郭浩丁	定陶县一千王镇	15	男	1939年
郭家身之妻	牡丹区安兴镇郭庄村	41	女	1939年
王喜金	牡丹区大黄集镇朱庄	20	男	1939年
邓留进	牡丹区高庄镇曹楼	28	男	1939年
汲从月	牡丹区高庄镇曹楼	46	男	1939年
李洪义	牡丹区高庄镇高庄集	32	男	1939年
李　氏	牡丹区高庄镇高庄集	31	女	1939年
刘振忠	牡丹区高庄镇高庄集	23	男	1939年
王　允	牡丹区高庄镇高庄集	28	男	1939年
白允文	牡丹区高庄镇耿庄	18	男	1939年
李财恒	牡丹区高庄镇耿庄	17	男	1939年
李大恒	牡丹区高庄镇耿庄	19	男	1939年
马金文	牡丹区高庄镇耿庄	20	男	1939年
贺根学	牡丹区高庄镇贺庄	20	男	1939年
王朝聘	牡丹区何楼办事处河南王	26	男	1939年
苏海轮	牡丹区何楼办事处苏浅	30	男	1939年
晁义孔	牡丹区黄堽镇晁庄村	21	男	1939年
刘马修	牡丹区黄堽镇徐庄村	22	男	1939年
李　×	牡丹区李村镇西李庄村	—	男	1939年
张清江	牡丹区马岭岗镇白杨张	—	男	1939年
张运成	牡丹区马岭岗镇白杨张	—	男	1939年
李二抱	牡丹区马岭岗镇李明远	40	男	1939年
任二九	牡丹区马岭岗镇李明远	25	男	1939年

续表

姓名	籍贯	年龄	性别	死难时间
李朝现	牡丹区马岭岗镇穆李	—	男	1939 年
李二皇	牡丹区马岭岗镇穆李	—	男	1939 年
李俊田	牡丹区马岭岗镇穆李	—	男	1939 年
李永同	牡丹区马岭岗镇穆李	—	男	1939 年
穆德轩	牡丹区马岭岗镇穆李	—	男	1939 年
穆绪钦	牡丹区马岭岗镇穆李	—	男	1939 年
王小东	牡丹区马岭岗镇毕匠王	12	男	1939 年
王玉喜	牡丹区马岭岗镇毕匠王	11	男	1939 年
段代玉	牡丹区马岭岗镇后段庄	45	男	1939 年
段风建	牡丹区马岭岗镇后段庄	21	男	1939 年
段金狗	牡丹区马岭岗镇后段庄	49	男	1939 年
段金义	牡丹区马岭岗镇后段庄	26	男	1939 年
李凤遵	牡丹区马岭岗镇李明远	30	男	1939 年
李刘景	牡丹区马岭岗镇李明远	27	男	1939 年
李留根	牡丹区马岭岗镇李明远	25	男	1939 年
任清亮	牡丹区沙土镇任桥村	—	男	1939 年
任现成	牡丹区沙土镇任桥村	—	男	1939 年
宪　荣	牡丹区沙土镇任桥村	27	男	1939 年
小　安	牡丹区沙土镇任桥村	29	男	1939 年
许二瓮	牡丹区沙土镇任桥村	—	男	1939 年
王门真	牡丹区沙土镇沙土村	28	男	1939 年
赵景仁	牡丹区沙土镇西王楼村	—	男	1939 年
杨李氏	牡丹区沙土镇张关庄村	65	女	1939 年
李光福	牡丹区沙土镇赵平坊村	—	男	1939 年
张敬修	牡丹区王浩屯镇堤北张	32	男	1939 年
万清训	牡丹区王浩屯镇万家	52	男	1939 年
万随宾	牡丹区王浩屯镇万家	38	男	1939 年
万杨氏之一	牡丹区王浩屯镇万家	38	女	1939 年
万杨氏之二	牡丹区王浩屯镇万家	40	女	1939 年
万张氏之一	牡丹区王浩屯镇万家	45	女	1939 年
万张氏之二	牡丹区王浩屯镇万家	50	女	1939 年
万马氏	牡丹区王浩屯镇万家	46	女	1939 年
姚马氏	牡丹区王浩屯镇万家	55	女	1939 年
王古龙	牡丹区吴店镇牛楼村	18	男	1939 年

续表

姓 名	籍 贯	年 龄	性 别	死难时间
冯教成	牡丹区吴店镇林庄村	26	男	1939 年
二歪脖子	牡丹区小留镇白虎王庄	—	男	1939 年
刘 ×	牡丹区李村镇刘李村	21	男	1939 年
刘永合	牡丹区李村镇刘李村	25	男	1939 年
沙哑巴	牡丹区皇镇乡沙海村	32	男	1940 年 1 月 16 日
孙运田	牡丹区王浩屯镇王楼村	23	男	1940 年 1 月
樊运江	牡丹区王浩屯镇樊寺村	19	男	1940 年 2 月
魏学朋	牡丹区吴店镇魏庄村	—	男	1940 年 2 月
徐宏图	东明县李楼乡李楼村	—	男	1940 年 3 月
马再田	牡丹区都司镇西马垓	34	男	1940 年 3 月
张广同	牡丹区高庄镇圈头	28	男	1940 年 3 月
二猪腿	牡丹区何楼办事处刘城	21	男	1940 年 3 月
赵德书	牡丹区丹阳办事处赵堂社区	22	男	1940 年 4 月 26 日
汲崇月	牡丹区高庄镇汲菜园村	39	男	1940 年 4 月
王明朝	牡丹区何楼办事处水坑王	—	男	1940 年 4 月
王学拼	牡丹区何楼办事处水坑王	—	男	1940 年 4 月
王中军	牡丹区何楼办事处水坑王	—	男	1940 年 4 月
李新朝之二哥	牡丹区吴店镇吕庄村	—	男	1940 年 4 月
吕芳义	牡丹区吴店镇吕庄村	77	男	1940 年 4 月
朱四亮	牡丹区吴店镇吕庄村	77	男	1940 年 4 月
三丫头	牡丹区小留镇平庄村	30	女	1940 年 4 月
王焕江	牡丹区小留镇平庄村	24	男	1940 年 4 月
刘守金	牡丹区安兴镇姚庄村	58	男	1940 年 5 月
张文平	牡丹区高庄镇圈头	29	男	1940 年 5 月
裴罗头	牡丹区王浩屯镇裴庄	—	男	1940 年 6 月
张曹氏	牡丹区李村镇前张村	30	女	1940 年 7 月
张来明	牡丹区西城办事处华西社区	27	男	1940 年 7 月
聂进青	牡丹区大黄集镇聂庄	—	男	1940 年 8 月 5 日
聂盘书	牡丹区大黄集镇聂庄	—	男	1940 年 8 月 5 日
聂 宽	牡丹区大黄集镇聂庄	—	男	1940 年 8 月 5 日
马学增	牡丹区黄堽镇郭庄马洼村	19	男	1940 年 8 月
李新乐	牡丹区胡集乡北李垓	60	男	1940 年 8 月
侯冠京之祖父	牡丹区胡集乡侯庙	64	男	1940 年 8 月
郑书军之父	牡丹区胡集乡郑店	45	男	1940 年 8 月

续表

姓名	籍贯	年龄	性别	死难时间
张金日	牡丹区王浩屯镇东袁张	—	男	1940年9月9日
张洪义	牡丹区李村镇大郭村	—	男	1940年9月
刘德功	牡丹区李村镇王刘庄村	—	男	1940年9月
高东海	牡丹区李村镇杨镇村	—	男	1940年9月
张五肥	牡丹区万福办事处西张楼村	22	男	1940年9月
张　景	牡丹区王浩屯镇张庄	20	男	1940年9月
张留银	牡丹区万福办事处西张楼村	22	男	1940年10月
任广德	牡丹区李村镇陈任拐村	26	男	1940年11月
朱三肥	牡丹区马岭岗镇朱桥村	27	男	1940年11月
吴锡文	牡丹区丹阳办事处李店村	26	男	1940年
李伯乾	牡丹区黄堽镇孔庄任庄村	—	男	1940年
樊书建	牡丹区何楼办事处玉皇庙村	19	男	1940年
吴月亭	牡丹区何楼办事处吴道沟村	24	男	1940年
姜西同	牡丹区何楼办事处姜楼村	20	男	1940年
任孟祥	牡丹区沙土镇新兴村	23	男	1940年
刘祥臣	牡丹区沙土镇吕庄村	21	男	1940年
杨受谦	牡丹区王浩屯镇许寺村	19	男	1940年
韩利兴	牡丹区胡集乡郑店村	20	男	1940年
张清柱	牡丹区大黄集镇张老庄村	31	男	1940年
李洪仁	牡丹区大黄集镇李七寨村	23	男	1940年
李洪山	牡丹区大黄集镇李七寨村	22	男	1940年
邹李宾	牡丹区大黄集镇耿寨村	35	男	1940年
耿明坤	牡丹区大黄集镇耿寨村	17	男	1940年
毕孟林	牡丹区大黄集镇毕寨村	22	男	1940年
张明禄	牡丹区大黄集镇前张集村	18	男	1940年
杜树轩	牡丹区大黄集镇杨湖村	20	男	1940年
周庆云	牡丹区大黄集镇周集村	21	男	1940年
李清长之兄	牡丹区西城办事处万古卷	—	男	1940年
赵月志	牡丹区大黄集镇刘三门	—	男	1940年
刘守争	牡丹区安兴镇姚庄村	46	男	1940年
刘以正	牡丹区安兴镇姚庄村	60	男	1940年
刘以罪	牡丹区安兴镇姚庄村	57	男	1940年
田宪新之妻	牡丹区安兴镇姚庄村	43	女	1940年
张继房	牡丹区安兴镇冯张庄村	38	男	1940年

续表

姓 名	籍 贯	年 龄	性 别	死难时间
张继全	牡丹区安兴镇冯张庄村	37	男	1940 年
张继守	牡丹区安兴镇冯张庄村	23	男	1940 年
张继尧	牡丹区安兴镇冯张庄村	50	男	1940 年
张付金	牡丹区大黄集镇郭寨	—	男	1940 年
赵二墩	牡丹区大黄集镇刘三门	—	男	1940 年
赵二麻	牡丹区大黄集镇刘三门	—	男	1940 年
赵成休	牡丹区大黄集镇刘三门	—	男	1940 年
任加油	牡丹区都司镇教门庄	45	男	1940 年
任　强	牡丹区都司镇教门庄	16	男	1940 年
刘环理	牡丹区都司镇南刘庄	30	男	1940 年
曹长德	牡丹区高庄镇曹楼	34	男	1940 年
曹生杰	牡丹区高庄镇曹楼	34	男	1940 年
高梦山	牡丹区高庄镇曹楼	18	男	1940 年
高三猴	牡丹区高庄镇曹楼	24	男	1940 年
贺广修	牡丹区高庄镇贺庄	20	男	1940 年
孙义广	牡丹区高庄镇贾楼	24	男	1940 年
杜守西	牡丹区高庄镇蔺口	24	男	1940 年
马俊仁	牡丹区高庄镇蔺口	49	男	1940 年
王肖氏	牡丹区高庄镇南头	23	女	1940 年
肖廷军	牡丹区高庄镇南头	40	男	1940 年
肖廷珠	牡丹区高庄镇南头	24	男	1940 年
肖明銮	牡丹区高庄镇南头	24	男	1940 年
肖廷雷	牡丹区高庄镇南头	38	男	1940 年
赵电柱	牡丹区高庄镇赵楼	26	男	1940 年
肖东锁	牡丹区何楼办事处北肖	30	男	1940 年
崔朝德	牡丹区何楼办事处崔寨	38	男	1940 年
刘朝印	牡丹区何楼办事处刘瑞宇	24	男	1940 年
周庆然	牡丹区何楼办事处刘瑞宇	55	男	1940 年
狗　的	牡丹区何楼办事处武赵	16	男	1940 年
赵从新	牡丹区何楼办事处武赵	26	男	1940 年
吴德文	牡丹区李村镇刘楼村	—	男	1940 年
朱子明	牡丹区李村镇薛庄村	—	男	1940 年
程清运	牡丹区马岭岗镇程楼	—	男	1940 年
程四海	牡丹区马岭岗镇程楼	—	男	1940 年

续表

姓名	籍贯	年龄	性别	死难时间
张省运	牡丹区马岭岗镇张良启	—	男	1940年
白行芝	牡丹区马岭岗镇侯白庄	25	男	1940年
冯来兴	牡丹区马岭岗镇侯白庄	20	男	1940年
侯景顺	牡丹区马岭岗镇侯白庄	22	男	1940年
刘学楚	牡丹区马岭岗镇侯白庄	35	男	1940年
刘学意	牡丹区马岭岗镇侯白庄	20	男	1940年
刘　雨	牡丹区马岭岗镇侯白庄	4	男	1940年
王金锡	牡丹区马岭岗镇侯白庄	13	男	1940年
段文相	牡丹区马岭岗镇西段	22	男	1940年
段效顺	牡丹区马岭岗镇西段	31	男	1940年
段以岭	牡丹区马岭岗镇西段	23	男	1940年
蒋联浮	牡丹区牡丹办事处彩虹社区	25	男	1940年
蒋子韬	牡丹区牡丹办事处彩虹社区	35	男	1940年
赵松海	牡丹区牡丹办事处国花社区	30	男	1940年
周凤亭	牡丹区牡丹办事处孔花园村	16	男	1940年
二歪乙	牡丹区牡丹办事处李集村	—	男	1940年
发　坠	牡丹区牡丹办事处李集村	28	男	1940年
任风林	牡丹区沙土镇任桥村	—	男	1940年
任清法	牡丹区沙土镇任桥村	—	男	1940年
王玉芹	牡丹区沙土镇西王楼村	61	女	1940年
魏兆礼	牡丹区沙土镇新兴村	25	男	1940年
张金贵之妻	牡丹区万福办事处大席张	—	女	1940年
贾桂轩	牡丹区王浩屯镇万家	26	男	1940年
杨福亭	牡丹区王浩屯镇万家	48	男	1940年
王　顺	牡丹区王浩屯镇西王岗	33	男	1940年
黄名昌	牡丹区王浩屯镇武成集	34	男	1940年
刘解黄	牡丹区吴店镇刘楼村	16	男	1940年
刘周胡	牡丹区吴店镇刘楼村	17	男	1940年
吴传仁	牡丹区西城办事处龙厅社区	32	男	1940年
卢双河	牡丹区王浩屯镇西王岗村	30	男	1940年
王玉忠	牡丹区王浩屯镇西王岗村	32	男	1940年
赵双仁	牡丹区大黄集镇刘三门	—	男	1940年
赵于印	牡丹区大黄集镇刘三门	—	男	1940年
秦树桐	牡丹区高庄镇秦庄村	32	男	1941年3月

续表

姓 名	籍 贯	年 龄	性 别	死难时间
张汉臣	牡丹区万福办事处西张楼	60	男	1941 年 3 月
黄志忠	牡丹区王浩屯镇武城集村	24	男	1941 年 4 月
李洪垒	牡丹区王浩屯镇孙化屯村	20	男	1941 年 4 月
王春华	牡丹区万福办事处柴社村	19	男	1941 年 4 月
李宝山	牡丹区马岭岗镇解元集村	22	男	1941 年 5 月
张师鲁	牡丹区高庄镇张拐村	32	男	1941 年 6 月
李二显	牡丹区吴店镇朱楼村	19	男	1941 年 6 月
李泮金	牡丹区吴店镇朱楼村	20	男	1941 年 6 月
史开礤	牡丹区胡集乡大彭庄	30	男	1941 年 7 月 10 日
陈大君	牡丹区何楼办事处岳园村	18	男	1941 年 7 月
刘金荣	牡丹区何楼办事处岳园村	—	女	1941 年 7 月
刘 氏	牡丹区何楼办事处岳园村	—	女	1941 年 7 月
刘孙氏	牡丹区何楼办事处岳园村	—	女	1941 年 7 月
朱高氏	牡丹区何楼办事处岳园村	—	女	1941 年 7 月
朱宗堂	牡丹区何楼办事处岳园村	—	男	1941 年 7 月
张诗鲁	牡丹区高庄镇朱庄	32	男	1941 年 8 月
刘士礼	牡丹区胡集乡大刘庄	28	男	1941 年 8 月
刘为点	牡丹区胡集乡大刘庄	15	男	1941 年 8 月
毛典池	牡丹区胡集乡毛庄	50	男	1941 年 8 月
毛典言	牡丹区胡集乡毛庄	46	男	1941 年 8 月
毛克良	牡丹区胡集乡毛庄	50	男	1941 年 8 月
段文士	牡丹区马岭岗镇西段	26	男	1941 年 8 月
许君同	牡丹区王浩屯镇许寺村	23	男	1941 年 9 月
范京武	牡丹区都司镇郭堂李	44	男	1941 年 9 月
王德法	牡丹区都司镇周庄	40	男	1941 年 9 月
周朝刚	牡丹区都司镇周庄	18	男	1941 年 9 月
周朝文	牡丹区都司镇周庄	30	男	1941 年 9 月
周西武	牡丹区都司镇周庄	21	男	1941 年 9 月
马起身	牡丹区胡集乡胡集村	38	男	1941 年 9 月
李法杰之父	牡丹区胡集乡胡集村	—	男	1941 年 9 月
罗子成之子	牡丹区东城办事处仓房社区	21	男	1941 年 9 月
毛典申	牡丹区胡集乡毛庄	45	男	1941 年 10 月 1 日
张昌东	牡丹区王浩屯镇武城集村	15	男	1941 年 11 月
靳合兰	牡丹区李村镇大郭村	34	男	1941 年 11 月

续表

姓名	籍贯	年龄	性别	死难时间
李传心	牡丹区吴店镇朱楼村	27	男	1941年11月
李永清	牡丹区吴店镇朱楼村	26	男	1941年11月
高金志	牡丹区何楼办事处金堤村	—	男	1941年
吴德山	牡丹区何楼办事处金堤村	32	男	1941年
马二黑	牡丹区马岭岗镇杨柳庄村	23	男	1941年
王文才	牡丹区马岭岗镇刁屯村	21	男	1941年
程洪军	牡丹区王浩屯镇程寨村	36	男	1941年
毕亭昌	牡丹区王浩屯镇贾寨村	22	男	1941年
万清法	牡丹区王浩屯镇万家村	15	男	1941年
姚敬善	牡丹区王浩屯镇姚寨村	20	男	1941年
张金华	牡丹区王浩屯镇雷庄村	19	男	1941年
高继锋	牡丹区胡集乡孙堌堆村	25	男	1941年
毕得明	牡丹区大黄集镇毕寨村	23	男	1941年
张进财	牡丹区大黄集镇宋庄村	21	男	1941年
赵文耕	牡丹区大黄集镇刘三门	21	男	1941年
白玉发	牡丹区大黄集镇白寨村	20	男	1941年
杨秀芝	牡丹区高庄镇圈头村	23	男	1941年
何固善	牡丹区吴店镇葛河庄村	28	男	1941年
朱天星	牡丹区胡集乡朱庄村	23	男	1941年
邓克友	牡丹区高庄镇曹楼	40	男	1941年
邓留国	牡丹区高庄镇曹楼	29	男	1941年
杨喜金	牡丹区高庄镇冯庄	20	男	1941年
杨新得	牡丹区高庄镇冯庄	58	男	1941年
杨义清	牡丹区高庄镇冯庄	60	男	1941年
孙义民	牡丹区高庄镇贾楼	26	男	1941年
贺　秧	牡丹区高庄镇刘庄	22	男	1941年
孙明高	牡丹区高庄镇朱庄	36	男	1941年
朱金锁	牡丹区高庄镇朱庄	21	男	1941年
朱连纯	牡丹区高庄镇朱庄	34	男	1941年
朱　荣	牡丹区高庄镇朱庄	38	男	1941年
朱　喜	牡丹区高庄镇朱庄	21	男	1941年
朱转运	牡丹区高庄镇朱庄	22	男	1941年
张德行	牡丹区何楼办事处大路张	—	男	1941年
张万俊之妻	牡丹区何楼办事处大路张	—	女	1941年

续表

姓名	籍贯	年龄	性别	死难时间
傻　海	牡丹区何楼办事处蔡庄	29	男	1941 年
崔方金	牡丹区何楼办事处崔寨	36	男	1941 年
龚存松	牡丹区何楼办事处龚庄	24	男	1941 年
卢秋成	牡丹区李村镇卢海村	22	男	1941 年
卢秋科	牡丹区李村镇卢海村	20	男	1941 年
三东成	牡丹区李村镇卢海村	—	男	1941 年
朱明建	牡丹区李村镇薛庄村	28	男	1941 年
孟现彪	牡丹区马岭岗镇黄楼	20	男	1941 年
孟现杰	牡丹区马岭岗镇黄楼	19	男	1941 年
孟现进	牡丹区马岭岗镇黄楼	16	男	1941 年
孟祥瑞	牡丹区马岭岗镇黄楼	21	男	1941 年
赵二羔	牡丹区马岭岗镇赵庄	—	男	1941 年
赵文想	牡丹区马岭岗镇赵庄	—	男	1941 年
王文志	牡丹区马岭岗镇刁南	21	男	1941 年
王学才	牡丹区马岭岗镇刁南	32	男	1941 年
王学勉	牡丹区马岭岗镇刁南	26	男	1941 年
荆水治	牡丹区马岭岗镇荆庄	—	男	1941 年
荆合冷	牡丹区马岭岗镇荆庄	—	男	1941 年
赵明登	牡丹区马岭岗镇马岭岗	9	男	1941 年
赵　四	牡丹区马岭岗镇马岭岗	34	男	1941 年
梅得胜	牡丹区牡丹办事处梅庙村	45	男	1941 年
梅秀阁	牡丹区牡丹办事处梅庙村	48	男	1941 年
王朝星	牡丹区牡丹办事处庞王村	27	男	1941 年
巩方圆	牡丹区沙土镇赵屯村	28	男	1941 年
刘传会	牡丹区吴店镇林庄村	25	男	1941 年
李清锋	牡丹区吴店镇朱楼	—	男	1941 年
李学月	牡丹区吴店镇朱楼	—	男	1941 年
孟　广	牡丹区高庄镇石刘	18	男	1941 年
康明余	牡丹区沙土镇康集村	25	男	1942 年 1 月
高　×	牡丹区李村镇高李村	—	男	1942 年 1 月
刘　×	牡丹区李村镇高李村	39	男	1942 年 1 月
刘　氏	牡丹区李村镇高李村	40	女	1942 年 1 月
高富起	牡丹区马岭岗镇高庙村	23	男	1942 年 2 月
段清林	牡丹区马岭岗镇后段庄村	23	男	1942 年 2 月

续表

姓 名	籍 贯	年 龄	性 别	死难时间
段　二	牡丹区马岭岗镇后段庄村	18	男	1942 年 2 月
段凤山	牡丹区马岭岗镇前段庄村	17	男	1942 年 2 月
段以合	牡丹区马岭岗镇前段庄村	22	男	1942 年 2 月
裴学思	牡丹区王浩屯镇裴庄村	30	男	1942 年 2 月
裴水成	牡丹区王浩屯镇裴庄村	18	男	1942 年 2 月
张节喜	牡丹区大黄集镇后楼	—	男	1942 年 2 月
刘亭杰	牡丹区何楼办事处张斗宏	16	男	1942 年 2 月
张富科	牡丹区何楼办事处张斗宏	—	男	1942 年 2 月
段朝林	牡丹区马岭岗镇前段	19	男	1942 年 2 月
段建勋	牡丹区马岭岗镇前段	17	男	1942 年 2 月
段以明	牡丹区马岭岗镇前段	17	男	1942 年 2 月
裴文章	牡丹区王浩屯镇裴庄	17	男	1942 年 2 月
裴文德	牡丹区王浩屯镇裴庄	20	男	1942 年 2 月
马朝凤	牡丹区何楼办事处马庄村	21	男	1942 年 3 月
王培林	牡丹区何楼办事处崔寨	32	女	1942 年 3 月
刘东来	牡丹区王浩屯镇东前刘	23	男	1942 年 3 月
张半山	牡丹区王浩屯镇张庄	33	男	1942 年 3 月
高洪钦	牡丹区马岭岗镇高庙村	15	男	1942 年 4 月
杨立谦	牡丹区王浩屯镇许寺村	45	男	1942 年 4 月
杜云现	牡丹区王浩屯镇杜海村	18	男	1942 年 4 月
崔新德	牡丹区王浩屯镇孙化屯村	24	男	1942 年 4 月
国庆兰	牡丹区安兴镇国庄村	22	男	1942 年 4 月
陈洪勋	牡丹区皇镇乡陈汉河村	22	男	1942 年 4 月
郜见文	牡丹区王浩屯镇龙王庙	40	男	1942 年 4 月
张士学	牡丹区王浩屯镇张庄	25	男	1942 年 4 月
田春轩	牡丹区吴店镇高庄村	21	男	1942 年 4 月
侯义德	牡丹区马岭岗白庄村	35	男	1942 年 5 月
肖焕礼	牡丹区吕陵镇肖菜园村	21	男	1942 年 5 月
龚守印	牡丹区何楼办事处龚庄	18	男	1942 年 5 月
李法文之外祖父	牡丹区胡集乡张庄	—	男	1942 年 5 月
朱　氏	牡丹区王浩屯镇龙王庙	18	女	1942 年 5 月
林志勇	牡丹区西城办事处吴堤口	53	男	1942 年 5 月
范文标	牡丹区马岭岗镇范海村	32	男	1942 年 6 月
骆敬贤	牡丹区王浩屯镇王骆寺村	19	男	1942 年 6 月

续表

姓名	籍贯	年龄	性别	死难时间
张广礼	牡丹区高庄镇圈头村	—	男	1942 年 6 月
刘子相	牡丹区北城办事北刘庄村	32	男	1942 年 6 月
耿兰星	牡丹区高庄镇黄营	37	男	1942 年 6 月
刘　杏	牡丹区李村镇刘李村	—	女	1942 年 6 月
赵西真	牡丹区沙土镇芦村	18	男	1942 年 6 月
黄新顺	牡丹区马岭岗镇黄楼村	18	男	1942 年 7 月
梅春旺	牡丹区吕陵镇陈庄	—	男	1942 年 7 月
裴清高	牡丹区王浩屯镇裴庄	18	男	1942 年 7 月
郭建德	牡丹区吕陵镇郭西堂	—	男	1942 年 8 月 22 日
郭兴枪	牡丹区吕陵镇郭西堂	—	男	1942 年 8 月 22 日
郭华贵	牡丹区王浩屯镇武城集村	19	男	1942 年 8 月
姚双喜	牡丹区大黄集镇李八老村	22	男	1942 年 8 月
刘心广	牡丹区安兴镇前屯村	43	男	1942 年 8 月
李尚芹	牡丹区高庄镇燕王庄村	27	男	1942 年 8 月
张自连	牡丹区大黄集镇黄集村	18	男	1942 年 8 月
何思乾	牡丹区西城办事处龙厅社区	25	男	1942 年 9 月 27 日
李清安	牡丹区大黄集镇耿寨村	42	男	1942 年 9 月
孙风刚	牡丹区吕陵镇楚庙村	21	男	1942 年 9 月
肖富全	牡丹区大黄集镇肖寨村	27	男	1942 年 9 月
李二玄	牡丹区大黄集镇岗李	30	男	1942 年 9 月
李铁良	牡丹区大黄集镇岗李	32	男	1942 年 9 月
石二和尚	牡丹区高庄镇石庄	23	男	1942 年 9 月
王清洁	牡丹区何楼办事处团柳树村	29	男	1942 年 9 月
王元增	牡丹区何楼办事处团柳树村	25	男	1942 年 9 月
闫　×	牡丹区李村镇闫楼村	—	男	1942 年 9 月
闫国清	牡丹区李村镇闫楼村	—	男	1942 年 9 月
闫守成	牡丹区李村镇闫楼村	—	男	1942 年 9 月
宋贵成	牡丹区王浩屯镇堤口	19	男	1942 年 9 月
赵灿俊	牡丹区王浩屯镇堤口	31	男	1942 年 9 月
刘四满	牡丹区李村镇闫楼村	—	女	1942 年 9 月
赵广义	牡丹区何楼办事处程庄村	19	男	1942 年 10 月
王友亮	牡丹区何楼办事处武寺村	21	男	1942 年 10 月
贾吉安	牡丹区吕陵镇贾坊村	29	男	1942 年 10 月
李金才	牡丹区王浩屯镇观音王村	21	男	1942 年 10 月

续表

姓 名	籍 贯	年 龄	性 别	死难时间
何德志	牡丹区大黄集镇何寨村	23	男	1942 年 10 月
段以存	牡丹区马岭岗镇前段	19	男	1942 年 10 月
王忠义	牡丹区王浩屯镇粪堆王村	30	男	1942 年 12 月
寇月星	牡丹区大黄集镇寇家村	20	男	1942 年 12 月
张燕彬	牡丹区万福办事处张楼村	25	男	1942 年 12 月
魏东岱	牡丹区	35	男	1942 年
何健之	牡丹区西城办事处水洼街	24	男	1942 年
张朝合	牡丹区何楼办事处陈庄张村	25	男	1942 年
赵从义	牡丹区何楼办事处赵庄村	22	男	1942 年
刘朝盛	牡丹区马岭岗镇西刘方村	20	男	1942 年
张振德	牡丹区马岭岗镇白杨张村	20	男	1942 年
田景银	牡丹区王浩屯镇薛义屯村	21	男	1942 年
刘廷杰	牡丹区王浩屯镇郭鲁村	15	男	1942 年
姚敬玉	牡丹区王浩屯镇西姚寨村	27	男	1942 年
田年根	牡丹区王浩屯镇薛义屯村	19	男	1942 年
聂广恩	牡丹区大黄集镇聂庄村	18	男	1942 年
李新柱	牡丹区大黄集镇李七寨村	26	男	1942 年
刘文山	牡丹区大黄集镇宋堤口村	15	男	1942 年
赵 东	牡丹区大黄集镇沙窝赵村	27	男	1942 年
刘化香	牡丹区大黄集镇孙赵寨村	48	男	1942 年
周传秋	牡丹区大黄集镇周集村	20	男	1942 年
周广顺	牡丹区大黄集镇周集村	21	男	1942 年
李克能	牡丹区大黄集镇沙窝李村	34	男	1942 年
田改成	牡丹区大黄集镇田海村	19	男	1942 年
杜起修	牡丹区大黄集镇杨湖村	27	男	1942 年
杨见科	牡丹区大黄集镇杨湖村	27	男	1942 年
杜存修	牡丹区大黄集镇杨湖村	20	男	1942 年
吕建峰	牡丹区大黄集镇郭寨村	21	男	1942 年
徐洪图	牡丹区大黄集镇后楼村	21	男	1942 年
曹庆德	牡丹区万福办事处曹庄村	22	男	1942 年
刘效常	牡丹区胡集乡刘庄村	22	男	1942 年
贾洪需	牡丹区安兴镇冯张庄村	26	男	1942 年
贾效孔	牡丹区安兴镇冯张庄村	25	男	1942 年
郭良臣	牡丹区安兴镇郭庄村	26	男	1942 年

续表

姓名	籍贯	年龄	性别	死难时间
许景冉	牡丹区安兴镇许海村	25	男	1942 年
应雷云	牡丹区安兴镇应楼村	35	男	1942 年
何小民	牡丹区大黄集镇何砦	44	男	1942 年
何　印	牡丹区大黄集镇何砦	39	男	1942 年
邓传星	牡丹区高庄镇曹楼	—	男	1942 年
邓学宝	牡丹区高庄镇曹楼	39	男	1942 年
汲殿高	牡丹区高庄镇汲菜园	23	男	1942 年
汲恒梦	牡丹区高庄镇曹楼	37	男	1942 年
孙怀义	牡丹区高庄镇刘庄	38	男	1942 年
杜五妮	牡丹区高庄镇吕集	23	女	1942 年
杨玉德	牡丹区何楼办事处龚庄	28	男	1942 年
李保立	牡丹区何楼办事处李庄	—	男	1942 年
三　江	牡丹区何楼办事处刘城村	—	男	1942 年
赵从才	牡丹区何楼办事处武赵	25	男	1942 年
赵从伍	牡丹区何楼办事处武赵	53	男	1942 年
邓玉胜	牡丹区黄堽镇邓庄村	36	男	1942 年
张保信	牡丹区大黄集镇后张集	42	男	1942 年
张朝军	牡丹区大黄集镇后张集	—	男	1942 年
张登月	牡丹区大黄集镇后张集	—	男	1942 年
张拉修	牡丹区大黄集镇后张集	—	男	1942 年
王宝柱之母	牡丹区大黄集镇何砦	33	女	1942 年
王在高	牡丹区大黄集镇何砦	51	男	1942 年
张大平	牡丹区大黄集镇何砦	41	男	1942 年
贾德庆	牡丹区马岭岗镇贾庄	21	男	1942 年
贾国环	牡丹区马岭岗镇贾庄	20	男	1942 年
贾金占	牡丹区马岭岗镇贾庄	19	男	1942 年
贾俊山	牡丹区马岭岗镇贾庄	20	男	1942 年
贾俊收	牡丹区马岭岗镇贾庄	20	男	1942 年
贾俊祥	牡丹区马岭岗镇贾庄	27	男	1942 年
张汉臣	牡丹区马岭岗镇刘庄	—	男	1942 年
段怀真	牡丹区马岭岗镇前段	20	男	1942 年
范四门	牡丹区马岭岗镇青丘	22	男	1942 年
范文彪	牡丹区马岭岗镇青丘	42	男	1942 年
范文起	牡丹区马岭岗镇青丘	25	男	1942 年

续表

姓 名	籍 贯	年 龄	性 别	死难时间
李　财	牡丹区马岭岗镇青丘	20	男	1942 年
李四合	牡丹区马岭岗镇青丘	22	男	1942 年
李四霞	牡丹区马岭岗镇青丘	20	男	1942 年
刘三妮	牡丹区马岭岗镇陈史王	26	女	1942 年
史老海	牡丹区马岭岗镇陈史王	25	男	1942 年
朱贵元	牡丹区马岭岗镇陈史王	25	男	1942 年
朱孟西	牡丹区马岭岗镇陈史王	28	男	1942 年
段建学	牡丹区马岭岗镇前段	20	男	1942 年
段剑英	牡丹区马岭岗镇前段	23	男	1942 年
段俊怜	牡丹区马岭岗镇前段	23	男	1942 年
段秀荣	牡丹区马岭岗镇前段	23	男	1942 年
段以刚	牡丹区马岭岗镇前段	23	男	1942 年
段玉领	牡丹区马岭岗镇前段	21	男	1942 年
段玉生	牡丹区马岭岗镇前段	23	男	1942 年
张新芳	牡丹区马岭岗镇万乾	—	男	1942 年
段大田	牡丹区马岭岗镇西段	24	男	1942 年
耿殿朗	牡丹区牡丹办事处桂陵社区	—	男	1942 年
耿殿玉	牡丹区牡丹办事处桂陵社区	—	男	1942 年
耿殿运	牡丹区牡丹办事处桂陵社区	—	男	1942 年
李言亭	牡丹区牡丹办事处桂陵社区	—	男	1942 年
刘士法	牡丹区牡丹办事处金钟社区	21	男	1942 年
邓长连	牡丹区牡丹办事处李洪周村	20	男	1942 年
周松伦	牡丹区牡丹办事处李洪周村	—	男	1942 年
蒋元化	牡丹区牡丹办事处庞王村	18	男	1942 年
谢　岩	牡丹区牡丹办事处天香李集村	36	男	1942 年
张伯达	牡丹区南城办事处	28	男	1942 年
付道臣	牡丹区沙土镇大付庄村	—	男	1942 年
付广林	牡丹区沙土镇大付庄村	22	男	1942 年
付纪瑞	牡丹区沙土镇大付庄村	30	男	1942 年
付加顺	牡丹区沙土镇大付庄村	—	男	1942 年
祝令伍	牡丹区沙土镇大付庄村	42	男	1942 年
程先瑞	牡丹区沙土镇南蔡庄村	26	男	1942 年
宗汉章	牡丹区沙土镇沙土集	—	男	1942 年
李发友	牡丹区沙土镇寺前李村	38	男	1942 年

续表

姓 名	籍 贯	年 龄	性 别	死难时间
李广传	牡丹区沙土镇寺前李村	29	男	1942 年
李致宽	牡丹区沙土镇寺前李村	32	男	1942 年
李宗保	牡丹区沙土镇寺前李村	22	男	1942 年
郭玉坤	牡丹区沙土镇王道街村	19	男	1942 年
赵忠义	牡丹区沙土镇新兴村	24	男	1942 年
李新平	牡丹区沙土镇赵平坊村	—	男	1942 年
张新忠	牡丹区万福办事处高庄	—	男	1942 年
张另春	牡丹区万福办事处西张楼村	18	男	1942 年
张另河	牡丹区万福办事处西张楼村	20	男	1942 年
许大福	牡丹区王浩屯镇许寺	33	男	1942 年
辛广明	牡丹区吴店镇	—	男	1942 年
宦正清之堂弟	牡丹区吴店镇宦庄村	—	男	1942 年
刘传林	牡丹区吴店镇林庄村	21	男	1942 年
刘传山	牡丹区吴店镇林庄村	30	男	1942 年
丁化堂	牡丹区吴店镇刘北斗村	21	男	1942 年
刘二燕	牡丹区吴店镇刘北斗村	18	男	1942 年
刘同想	牡丹区吴店镇刘北斗村	21	男	1943 年 1 月
张风启	牡丹区高庄镇西圈头村	22	男	1943 年 2 月
靳云献	牡丹区吕陵镇靳庄村	28	男	1943 年 2 月
靳西范	牡丹区吕陵镇靳庄村	—	男	1943 年 2 月
杨 氏	牡丹区李村镇李锢堆村	—	女	1943 年 2 月
范金海	牡丹区马岭岗镇青丘	22	男	1943 年 2 月
董玉亭	牡丹区大黄集镇宋庄	—	男	1943 年 3 月 2 日
二耗牛	牡丹区都司镇西马垓	17	男	1943 年 3 月 16 日
二老吹	牡丹区都司镇西马垓	21	男	1943 年 3 月 16 日
二马学	牡丹区都司镇西马垓	20	男	1943 年 3 月 16 日
郭金荣	牡丹区马岭岗镇郭庄村	20	男	1943 年 3 月
祁永贵	牡丹区王浩屯镇孙化屯村	29	男	1943 年 3 月
何景玉	牡丹区大黄集镇何寨村	21	男	1943 年 3 月
秦树同	牡丹区李村镇秦庄村	—	男	1943 年 3 月
骆新运	牡丹区王浩屯镇王骆寺村	20	男	1943 年 4 月
祁文礼	牡丹区王浩屯镇孙化屯村	19	男	1943 年 4 月
张金贵	牡丹区大黄集镇宋庄村	18	男	1943 年 4 月
肖玉亭	牡丹区吕陵镇肖菜园村	23	男	1943 年 4 月

续表

姓 名	籍 贯	年 龄	性 别	死难时间
刘月龄之妹	牡丹区北城办事北刘庄村	19	女	1943 年 4 月
刘月建之祖父	牡丹区北城办事北刘庄村	57	男	1943 年 4 月
刘月岭	牡丹区北城办事北刘庄村	27	男	1943 年 4 月
张　田	牡丹区李村镇后张村	—	男	1943 年 4 月
张万清之兄	牡丹区李村镇后张村	—	男	1943 年 4 月
杨同福	牡丹区高庄镇西圈头村	28	男	1943 年 5 月
康思起	牡丹区沙土镇康集村	20	男	1943 年 5 月
康体健	牡丹区沙土镇康集村	22	男	1943 年 5 月
郭荣田	牡丹区王浩屯镇郭鲁	23	男	1943 年 5 月
田二冬	牡丹区王浩屯镇薛义屯	14	男	1943 年 5 月
范玉民	牡丹区西城办事处吴堤口	44	男	1943 年 5 月
侯存忠	牡丹区何楼办事处玉皇庙村	13	男	1943 年 6 月
朱金顺	牡丹区马岭岗镇通古集村	30	男	1943 年 6 月
杜银科	牡丹区王浩屯镇杜海村	33	男	1943 年 6 月
吴作起	牡丹区小留镇吴庄村	29	男	1943 年 6 月
郭万生	牡丹区大黄集镇郭寨村	19	男	1943 年 6 月
曹广学	牡丹区高庄镇曹楼	24	男	1943 年 6 月
李文轩	牡丹区马岭岗镇刁屯村	28	男	1943 年 7 月
范金明	牡丹区马岭岗镇范海村	33	男	1943 年 7 月
赵全喜	牡丹区李村镇赵寨村	27	男	1943 年 8 月
王锦斌	牡丹区王浩屯镇粪堆王村	25	男	1943 年 8 月
张怀仁	牡丹区大黄集镇张庄村	21	男	1943 年 8 月
曾庆文	牡丹区大黄集镇宋庄村	27	男	1943 年 8 月
张建旺	牡丹区大黄集镇肖寨村	35	男	1943 年 8 月
张才兴	牡丹区胡集乡张庄	18	男	1943 年 8 月
宋新喜	牡丹区高庄镇田桥宋街	25	男	1943 年 9 月 9 日
陈郭氏	牡丹区安兴镇里冯庄	77	女	1943 年 9 月 20 日
陈青一	牡丹区安兴镇里冯庄	55	男	1943 年 9 月 20 日
陈张氏	牡丹区安兴镇里冯庄	54	女	1943 年 9 月 20 日
冯佰忍	牡丹区安兴镇里冯庄	18	男	1943 年 9 月 20 日
冯其位	牡丹区安兴镇里冯庄	27	男	1943 年 9 月 20 日
冯其刚	牡丹区安兴镇里冯庄	31	男	1943 年 9 月 20 日
冯西林	牡丹区安兴镇里冯庄	70	男	1943 年 9 月 20 日
冯宗宽	牡丹区安兴镇里冯庄	23	男	1943 年 9 月 20 日

续表

姓名	籍贯	年龄	性别	死难时间
冯宗礼	牡丹区安兴镇里冯庄	38	男	1943年9月20日
冯宗珠	牡丹区安兴镇里冯庄	24	男	1943年9月20日
侯文山	牡丹区安兴镇里冯庄	42	男	1943年9月20日
李法页	牡丹区安兴镇里冯庄	46	男	1943年9月20日
李云进	牡丹区安兴镇里冯庄	34	男	1943年9月20日
刘　氏	牡丹区安兴镇里冯庄	21	女	1943年9月20日
潘刘氏	牡丹区安兴镇里冯庄	45	女	1943年9月20日
肖章氏	牡丹区安兴镇里冯庄	78	女	1943年9月20日
许德存	牡丹区安兴镇里冯庄	40	男	1943年9月20日
许李氏	牡丹区安兴镇里冯庄	70	女	1943年9月20日
尹　氏	牡丹区安兴镇里冯庄	30	女	1943年9月20日
张双景	牡丹区马岭岗镇三教堂村	22	男	1943年9月
王洪鹤	牡丹区王浩屯镇王浩屯村	29	男	1943年9月
肖振东	牡丹区高庄镇肖楼村	25	男	1943年9月
汲殿海	牡丹区高庄镇西郑庄村	54	男	1943年9月
汲崇贵	牡丹区高庄镇汲菜园村	23	男	1943年9月
陈兰莘	牡丹区李村镇郝寨村	22	男	1943年9月
白新节	牡丹区大黄集镇田海	—	男	1943年9月
田金玉	牡丹区大黄集镇田海	—	男	1943年9月
杨大山	牡丹区大黄集镇田海	75	男	1943年9月
徐广新	牡丹区胡集乡二徐庄	47	男	1943年9月
胡　存	牡丹区胡集乡季刘庄	—	男	1943年9月
胡学士	牡丹区胡集乡季刘庄	45	男	1943年9月
刘传之	牡丹区胡集乡季刘庄	52	男	1943年9月
刘凤之	牡丹区胡集乡季刘庄	43	男	1943年9月
刘浩德	牡丹区胡集乡季刘庄	69	男	1943年9月
刘怀之	牡丹区胡集乡季刘庄	27	男	1943年9月
刘　仁	牡丹区胡集乡季刘庄	23	男	1943年9月
刘润之	牡丹区胡集乡季刘庄	28	男	1943年9月
刘　三	牡丹区胡集乡季刘庄	41	男	1943年9月
刘　氏	牡丹区胡集乡季刘庄	60	女	1943年9月
刘守京	牡丹区胡集乡季刘庄	53	男	1943年9月
刘守礼	牡丹区胡集乡季刘庄	56	男	1943年9月
刘守义	牡丹区胡集乡季刘庄	51	男	1943年9月

续表

姓 名	籍 贯	年 龄	性 别	死难时间
刘童心	牡丹区胡集乡季刘庄	14	男	1943 年 9 月
刘以江	牡丹区胡集乡季刘庄	13	男	1943 年 9 月
刘以胜	牡丹区胡集乡季刘庄	32	男	1943 年 9 月
刘自之	牡丹区胡集乡季刘庄	42	男	1943 年 9 月
穆金莲	牡丹区胡集乡季刘庄	—	女	1943 年 9 月
赵德胜	牡丹区胡集乡季刘庄	61	男	1943 年 9 月
赵 氏	牡丹区胡集乡季刘庄	61	女	1943 年 9 月
刘连之	牡丹区胡集乡季刘庄	25	男	1943 年 9 月
刘让之	牡丹区胡集乡季刘庄	24	男	1943 年 9 月
刘越之	牡丹区胡集乡季刘庄	23	男	1943 年 9 月
李银川	牡丹区马岭岗镇后李村	—	男	1943 年 9 月
陈应武	牡丹区沙土镇文楼村	46	男	1943 年 9 月
徐进伦	牡丹区胡集乡大徐庄	20	男	1943 年 10 月 1 日
油登云	牡丹区李村镇刘李村	—	男	1943 年 10 月
陈二郎	牡丹区李村镇位楼村	—	男	1943 年 10 月
田福兴	牡丹区安兴镇里冯庄	63	男	1943 年 10 月
田允路	牡丹区安兴镇里冯庄	24	男	1943 年 10 月
田连平	牡丹区安兴镇里冯庄	6	男	1943 年 10 月
田小五	牡丹区安兴镇里冯庄	1	男	1943 年 10 月
田记业	牡丹区安兴镇里冯庄	50	男	1943 年 10 月
田 氏	牡丹区安兴镇里冯庄	52	女	1943 年 10 月
田户香	牡丹区安兴镇里冯庄	20	女	1943 年 10 月
田 云	牡丹区安兴镇里冯庄	3	女	1943 年 10 月
田 平	牡丹区安兴镇里冯庄	34	男	1943 年 10 月
肖侯氏	牡丹区安兴镇里冯庄	40	女	1943 年 10 月
肖高氏	牡丹区安兴镇里冯庄	30	女	1943 年 10 月
肖 粉	牡丹区安兴镇里冯庄	2	女	1943 年 10 月
冯兆思	牡丹区安兴镇里冯庄	18	男	1943 年 10 月
王金斋	牡丹区安兴镇里冯庄	17	男	1943 年 10 月
位兰芝	牡丹区安兴镇里冯庄	20	男	1943 年 10 月
王玉芬	牡丹区安兴镇里冯庄	3	女	1943 年 10 月
梁 氏	牡丹区安兴镇里冯庄	71	女	1943 年 10 月
梁吕氏	牡丹区安兴镇里冯庄	42	女	1943 年 10 月
梁风连	牡丹区安兴镇里冯庄	3	女	1943 年 10 月

续表

姓 名	籍 贯	年 龄	性 别	死难时间
梁冯化	牡丹区安兴镇里冯庄	38	女	1943 年 10 月
许刘氏	牡丹区安兴镇里冯庄	45	女	1943 年 10 月
姜延占	牡丹区马岭岗镇姜拐	—	男	1943 年 11 月
油　仁	牡丹区李村镇油楼村	—	男	1943 年 12 月 9 日
郭德修	牡丹区都司镇西马垓	32	男	1943 年 12 月 17 日
郭少蓝	牡丹区都司镇西马垓	51	男	1943 年 12 月 17 日
老　小	牡丹区都司镇西马垓	32	男	1943 年 12 月 17 日
马大麻子	牡丹区都司镇西马垓	65	男	1943 年 12 月 17 日
张克进	—	—	男	1943 年 12 月
张克启	—	—	男	1943 年 12 月
高景贵	牡丹区黄堽镇孔庄村	49	男	1943 年 12 月
韩怀书	牡丹区王浩屯镇东袁张	24	男	1943 年 12 月
涂相文	牡丹区	33	男	1943 年
王朝玉	牡丹区何楼办事处程庄村	19	男	1943 年
王朝德	牡丹区何楼办事处程庄村	23	男	1943 年
郭心全	牡丹区何楼办事处武寺村	25	男	1943 年
彭存江	牡丹区何楼办事处彭拐村	25	男	1943 年
彭春福	牡丹区何楼办事处彭拐村	25	男	1943 年
金学印	牡丹区何楼办事处金堤村	27	男	1943 年
刘　三	牡丹区何楼办事处金堤村	19	男	1943 年
刘　兵	牡丹区何楼办事处金堤村	22	男	1943 年
蔡广显	牡丹区何楼办事处金堤村	25	男	1943 年
苏化伞	牡丹区何楼办事处苏浅村	22	男	1943 年
苏丕周	牡丹区何楼办事处苏浅村	22	男	1943 年
付纪水	牡丹区沙土镇付庄村	18	男	1943 年
段清和	牡丹区马岭岗镇后段庄村	24	男	1943 年
刘效伍	牡丹区马岭岗郭赵庄村	46	男	1943 年
朱文学	牡丹区马岭岗镇朱桥村	25	男	1943 年
陈德衡	牡丹区马岭岗镇十五张村	26	男	1943 年
程兰箱	牡丹区王浩屯镇程寨村	33	男	1943 年
程士秀	牡丹区王浩屯镇程寨村	18	男	1943 年
程文宽	牡丹区王浩屯镇程寨村	24	男	1943 年
程长勇	牡丹区王浩屯镇程寨村	21	男	1943 年
刘记景	牡丹区王浩屯镇东前刘村	30	男	1943 年

续表

姓 名	籍 贯	年 龄	性 别	死难时间
王志强	牡丹区王浩屯镇王楼村	27	男	1943 年
朱克根	牡丹区王浩屯镇王楼村	25	男	1943 年
王德宪	牡丹区王浩屯镇王楼村	22	男	1943 年
李金阁	牡丹区王浩屯镇水牛李村	22	男	1943 年
李明礼	牡丹区王浩屯镇水牛李村	25	男	1943 年
贾振山	牡丹区王浩屯镇贾寨村	20	男	1943 年
贾俊彦	牡丹区王浩屯镇贾寨村	20	男	1943 年
姚敬海	牡丹区王浩屯镇西姚寨村	18	男	1943 年
姚敬付	牡丹区王浩屯镇西姚寨村	33	男	1943 年
张石成	牡丹区王浩屯镇张楼村	30	男	1943 年
刘进明	牡丹区王浩屯镇姚寨村	22	男	1943 年
李丕顺	牡丹区王浩屯镇姚寨村	18	男	1943 年
李汉岭	牡丹区王浩屯镇桑李庄村	18	男	1943 年
韩利银	牡丹区胡集乡郑店村	20	男	1943 年
杨东良	牡丹区大黄集镇安陵村	23	男	1943 年
刘留柱	牡丹区大黄集镇刘庄村	24	男	1943 年
耿同杨	牡丹区大黄集镇耿寨村	23	男	1943 年
李玉振	牡丹区大黄集镇耿寨村	30	男	1943 年
刘同喜	牡丹区大黄集镇孙赵寨村	21	男	1943 年
毕继书	牡丹区大黄集镇毕寨村	21	男	1943 年
周连兴	牡丹区大黄集镇周集村	19	男	1943 年
周传文	牡丹区大黄集镇周集村	29	男	1943 年
周广田	牡丹区大黄集镇周集村	21	男	1943 年
张德兴	牡丹区大黄集镇黄集村	26	男	1943 年
张自军	牡丹区大黄集镇黄庄村	25	男	1943 年
刘勇明	牡丹区大黄集镇夹堤王村	20	男	1943 年
王守先	牡丹区万福办事处耿海村	22	男	1943 年
姚俊锋	牡丹区	28	男	1943 年
时中友	牡丹区何楼办事处时楼村	22	男	1943 年
王光山	牡丹区何楼办事处沙土集村	18	男	1943 年
杜啤寅	牡丹区大黄集镇大杨湖	—	男	1943 年
郭大孬	牡丹区安兴镇郭庄村	26	男	1943 年
郭二歪头	牡丹区安兴镇郭庄村	25	男	1943 年
刘广经	牡丹区安兴镇应楼村	20	男	1943 年

续表

姓名	籍贯	年龄	性别	死难时间
杜纯修	牡丹区大黄集镇大杨湖	—	男	1943 年
杨孟杖	牡丹区大黄集镇大杨湖	—	男	1943 年
汲丛兰	牡丹区高庄镇曹楼	26	男	1943 年
汲恒兰	牡丹区高庄镇曹楼	44	男	1943 年
汲培武	牡丹区高庄镇曹楼	18	男	1943 年
耿怀义	牡丹区高庄镇耿庄	24	男	1943 年
刘　菊	牡丹区高庄镇石刘	—	女	1943 年
郭洪军	牡丹区高庄镇西郑庄	21	男	1943 年
孙明洁	牡丹区高庄镇朱庄	40	男	1943 年
刘万一	牡丹区何楼办事处金堤	25	男	1943 年
赵广显	牡丹区何楼办事处程庄村	19	男	1943 年
郭兴银	牡丹区何楼办事处武赵	28	男	1943 年
毕广妮	牡丹区大黄集镇毕寨	24	男	1943 年
毕德顺	牡丹区大黄集镇毕寨	24	男	1943 年
毕起生	牡丹区大黄集镇毕寨	22	男	1943 年
黄　福	牡丹区马岭岗镇黄楼	20	男	1943 年
黄永海	牡丹区马岭岗镇黄楼	38	男	1943 年
黄永全	牡丹区马岭岗镇黄楼	36	男	1943 年
孟宪坤	牡丹区马岭岗镇黄楼	25	男	1943 年
范新玉	牡丹区马岭岗镇东范村	18	男	1943 年
杜春玉	牡丹区马岭岗镇三教堂	—	男	1943 年
张合全	牡丹区马岭岗镇三教堂	—	男	1943 年
刘现旭	牡丹区沙土镇房庄村	25	男	1943 年
孙怀亮	牡丹区沙土镇郭李楼村	19	男	1943 年
苑广存	牡丹区沙土镇前苑庄村	25	男	1943 年
任孟贵	牡丹区沙土镇任楼村	—	男	1943 年
程效连	牡丹区沙土镇沙土集	—	男	1943 年
程效忠	牡丹区沙土镇沙土集	—	男	1943 年
董太坡	牡丹区沙土镇五道街村	22	男	1943 年
董太祥	牡丹区沙土镇五道街村	21	男	1943 年
李永生	牡丹区沙土镇新兴村	36	男	1943 年
贾绍文	牡丹区王浩屯镇贾寨	37	男	1943 年
杨立千	牡丹区王浩屯镇许寺	35	男	1943 年
吴　保	牡丹区吴店镇鹁鸽堂村	24	男	1943 年

续表

姓名	籍贯	年龄	性别	死难时间
李中道	牡丹区吴店镇贾胡同村	28	男	1943 年
李中满	牡丹区吴店镇贾胡同村	23	男	1943 年
刘效谨	牡丹区吴店镇林庄村	30	男	1943 年
张树文	牡丹区马岭岗镇黄楼	35	男	1943 年
张大海	牡丹区王浩屯镇万家村	29	男	1943 年
高二将	牡丹区马岭岗镇高庙	26	男	1944 年 1 月 24 日
姚定海	牡丹区马岭岗镇阎楼村	44	男	1944 年 2 月
韩金石	牡丹区大黄集镇安陵	27	男	1944 年 2 月
王东里	牡丹区马岭岗镇高庙	25	男	1944 年 2 月
邓玉焕	牡丹区牡丹办事处李洪周村	24	男	1944 年 3 月
姚公勋	牡丹区马岭岗镇阎楼村	32	男	1944 年 3 月
王兆林	牡丹区王浩屯镇粪堆王村	24	男	1944 年 3 月
苏凤玉	牡丹区王浩屯镇孙化屯村	19	男	1944 年 3 月
王德明	牡丹区王浩屯镇王浩屯村	28	男	1944 年 3 月
聂月连	牡丹区大黄集镇聂庄村	26	男	1944 年 3 月
吴林先	牡丹区小留镇吴庄村	24	男	1944 年 3 月
王留书	牡丹区何楼办事处沙土集村	20	男	1944 年 3 月
张志禄	牡丹区	21	男	1944 年 4 月
刘青山	牡丹区李村镇刘庄村	37	男	1944 年 4 月
朱连叶	牡丹区高庄镇张拐村	20	男	1944 年 4 月
油庆丰	牡丹区李村镇油楼村	—	男	1944 年 4 月
马希孟	牡丹区黄堽镇侯集村	65	男	1944 年 5 月 13 日
张海池	牡丹区黄堽镇张水坑村	60	男	1944 年 5 月 13 日
张吴氏	牡丹区黄堽镇张水坑村	20	女	1944 年 5 月 13 日
魏全友	牡丹区马岭岗镇高庙村	23	男	1944 年 5 月
王云茂	牡丹区王浩屯镇樊寺村	31	男	1944 年 5 月
范子玉	牡丹区西城办事处吴堤口	16	男	1944 年 5 月
李丙木	牡丹区安兴镇宋河村	47	男	1944 年 6 月
李公民	牡丹区安兴镇宋河村	16	男	1944 年 6 月
王世鲁	牡丹区吕陵镇骡车王村	48	男	1944 年 6 月
马兰贵	牡丹区大黄集镇安陵	44	男	1944 年 7 月
周新春	牡丹区大黄集镇周集村	23	男	1944 年 7 月
晁秀章	牡丹区吴店镇孟庄村	37	男	1944 年 7 月
董振山	牡丹区大黄集镇后楼村	23	男	1944 年 7 月

续表

姓名	籍贯	年龄	性别	死难时间
杨双远	牡丹区吴店镇杨水坑村	21	男	1944 年 7 月
刘灼德	牡丹区小留镇王集村	18	男	1944 年 7 月
冯继明	牡丹区何楼办事处簸箕屯	19	男	1944 年 8 月
许青云	牡丹区王浩屯镇张楼村	28	男	1944 年 8 月
汲丕武	牡丹区高庄镇汲菜园村	23	男	1944 年 8 月
李喜成	牡丹区李村镇李村	39	男	1944 年 8 月
汲恒学	牡丹区高庄镇汲菜园	26	男	1944 年 8 月
刘　氏	牡丹区何楼办事处武庄	—	女	1944 年 8 月
迷　路	牡丹区何楼办事处武庄	—	男	1944 年 8 月
新　俊	牡丹区何楼办事处武庄	—	男	1944 年 8 月
刘从仁之妻	牡丹区胡集乡大刘庄	40	女	1944 年 8 月
曾双文	牡丹区大黄集镇宋庄	—	男	1944 年 9 月 2 日
陈俊英	牡丹区李村镇陈庄村	24	男	1944 年 9 月
郜建一	牡丹区王浩屯镇郜庄村	28	男	1944 年 9 月
郭玉顺	牡丹区王浩屯镇郭寨村	18	男	1944 年 9 月
张孟顺	牡丹区高庄镇高庄村	22	男	1944 年 9 月
尹凤杰	牡丹区高庄镇郅堂	25	男	1944 年 9 月
徐广冒之妻	牡丹区胡集乡三徐庄	50	女	1944 年 9 月
李体文	牡丹区沙土镇文搂村	38	男	1944 年 9 月
李金西	牡丹区吕陵镇皇庄	83	男	1944 年 10 月 1 日
祁永德	牡丹区王浩屯镇孙化屯村	18	男	1944 年 10 月
卢东成	牡丹区李村镇卢海村	24	男	1944 年 10 月
周丕×	牡丹区小留镇前王楼村	33	男	1944 年 10 月
邓玉粉	牡丹区黄堽镇邓庙村	36	男	1944 年 11 月
王文效	牡丹区马岭岗镇刁南	24	男	1944 年 11 月
晋安营	牡丹区王浩屯镇薛义屯	18	男	1944 年 11 月
靳增绪	牡丹区吕陵镇靳庄村	49	男	1944 年 12 月
武志文	牡丹区何楼办事处武寺村	24	男	1944 年
彭继顺	牡丹区何楼办事处彭拐村	23	男	1944 年
毛玉亮	牡丹区何楼办事处马庄村	24	男	1944 年
赵从席	牡丹区何楼办事处赵庄村	22	男	1944 年
范春瑞	牡丹区何楼办事处团柳树村	23	男	1944 年
朱启有	牡丹区沙土镇朱坊村	18	男	1944 年
赵朝伦	牡丹区沙土镇中赵庄村	19	男	1944 年

续表

姓 名	籍 贯	年 龄	性 别	死难时间
王吉凡	牡丹区沙土镇王庄村	23	男	1944 年
王东礼	牡丹区马岭岗镇高庙村	16	男	1944 年
魏文杰	牡丹区马岭岗镇高庙村	33	男	1944 年
焦世显	牡丹区马岭岗镇马岭岗村	33	男	1944 年
李存新	牡丹区马岭岗镇前寺李村	23	男	1944 年
黄新文	牡丹区马岭岗镇黄楼村	20	男	1944 年
孙殿卿	牡丹区马岭岗镇杨柳庄村	31	男	1944 年
段万存	牡丹区马岭岗镇通古集村	28	男	1944 年
贾金山	牡丹区马岭岗镇贾庄村	22	男	1944 年
段万军	牡丹区马岭岗镇段庄村	24	男	1944 年
朱荣吉	牡丹区马岭岗镇吴桥村	23	男	1944 年
韩继顺	牡丹区马岭岗镇桑树侯村	33	男	1944 年
牛福运	牡丹区王浩屯镇西袁张村	36	男	1944 年
王锦和	牡丹区王浩屯镇粪堆王村	30	男	1944 年
郭文秀	牡丹区王浩屯镇郭鲁村	18	男	1944 年
孙后财	牡丹区王浩屯镇王楼村	25	男	1944 年
崔显成	牡丹区王浩屯镇王善庄村	20	男	1944 年
王永增	牡丹区王浩屯镇王善庄村	24	男	1944 年
韩怀恩	牡丹区王浩屯镇东袁张村	34	男	1944 年
贾锁贵	牡丹区王浩屯镇贾寨村	21	男	1944 年
梁于亭	牡丹区王浩屯镇梁庄村	23	男	1944 年
姚金发	牡丹区王浩屯镇万家村	16	男	1944 年
张俊夫	牡丹区王浩屯镇张楼村	21	男	1944 年
王文会	牡丹区王浩屯镇大彭庄村	37	男	1944 年
彭立得	牡丹区王浩屯镇大彭庄村	24	男	1944 年
刘洪信	牡丹区王浩屯镇东后刘村	19	男	1944 年
刘洪聘	牡丹区王浩屯镇东后刘村	19	男	1944 年
李玉成	牡丹区王浩屯镇西姚寨村	20	男	1944 年
王朝进	牡丹区胡集乡安桥村	36	男	1944 年
黄金生	牡丹区胡集乡黄屯村	26	男	1944 年
王尊礼	牡丹区胡集乡龙凤集村	24	男	1944 年
聂金山	牡丹区大黄集镇聂庄村	45	男	1944 年
张明得	牡丹区大黄集镇后张集村	21	男	1944 年
李新重	牡丹区大黄集镇李七寨村	24	男	1944 年

续表

姓名	籍贯	年龄	性别	死难时间
游青全	牡丹区大黄集镇李八老村	31	男	1944年
随孟坤	牡丹区大黄集镇赵寨村	34	男	1944年
毕荣妮	牡丹区大黄集镇毕寨村	22	男	1944年
周广见	牡丹区大黄集镇周集村	23	男	1944年
周长山	牡丹区大黄集镇周集村	19	男	1944年
杨付山	牡丹区大黄集镇杨庄村	27	男	1944年
周庆栓	牡丹区大黄集镇周集村	23	男	1944年
郭良谋	牡丹区安兴镇郭庄村	23	男	1944年
李汉连	牡丹区吴店镇朱楼村	—	男	1944年
郭世全	牡丹区吕陵镇郭海村	24	男	1944年
杜运堂	牡丹区大黄集镇大杨湖	20	男	1944年
张新春	牡丹区大黄集镇后楼村	23	男	1944年
刘汉存	牡丹区王浩屯镇东刘庄村	20	男	1944年
时维增	牡丹区何楼办事处时楼村	17	男	1944年
赵敬令	牡丹区马岭岗镇赵桥村	19	男	1944年
于　容	牡丹区大黄集镇于寨村	21	男	1944年
王自修	牡丹区王浩屯镇东王岗	17	男	1944年
王　孩	牡丹区都司镇宝口	11	男	1944年
汲恒林	牡丹区高庄镇汲菜园	24	男	1944年
汲丛星	牡丹区高庄镇曹楼	29	男	1944年
汲殿芹	牡丹区高庄镇曹楼	20	男	1944年
汲培文	牡丹区高庄镇曹楼	20	男	1944年
曹广二	牡丹区高庄镇贾楼	22	男	1944年
张立伍	牡丹区高庄镇贾楼	26	男	1944年
邓思信	牡丹区黄堽镇邓庙村	20	男	1944年
邓兴俭	牡丹区黄堽镇邓庙村	38	男	1944年
邓仰臣	牡丹区黄堽镇邓庙村	44	男	1944年
王文志	牡丹区牡丹办事处古园社区	26	男	1944年
陈清照	牡丹区牡丹办事处庞王村	20	男	1944年
付道生	牡丹区沙土镇大付庄村	—	男	1944年
苏兆起	牡丹区沙土镇房庄村	—	男	1944年
赵萱玉	牡丹区沙土镇房庄村	26	男	1944年
朱长庚之兄	牡丹区万福办事处朱庄	—	男	1944年
贾福运	牡丹区王浩屯镇贾寨村	19	男	1944年

续表

姓名	籍贯	年龄	性别	死难时间
李汉廷	牡丹区吴店镇朱楼村	37	男	1944 年
朱水莲	牡丹区吴店镇朱楼村	3	女	1944 年
彭存连	牡丹区何楼办事处彭拐	34	男	1945 年 1 月
贾连松	牡丹区吕陵镇贾坊村	26	男	1945 年 2 月
段钦德	牡丹区马岭岗镇前段庄村	26	男	1945 年 3 月
郑星山	牡丹区马岭岗镇郑庙村	25	男	1945 年 3 月
翟先文	牡丹区高庄镇翟庄村	26	男	1945 年 3 月
宋　随	牡丹区高庄镇肖楼村	—	男	1945 年 3 月
贺敬修	牡丹区高庄镇朱庄	36	男	1945 年 3 月
朱传启	牡丹区高庄镇朱庄	26	男	1945 年 3 月
朱连登	牡丹区高庄镇朱庄	39	男	1945 年 3 月
朱连教	牡丹区高庄镇朱庄	22	男	1945 年 3 月
朱连业	牡丹区高庄镇朱庄	26	男	1945 年 3 月
朱　跃	牡丹区高庄镇朱庄	36	男	1945 年 3 月
刘应平	牡丹区李村镇潘店村	—	男	1945 年 3 月
王照余	牡丹区吴店镇贾胡同村	21	男	1945 年 3 月
平连福	牡丹区小留镇前王楼村	19	男	1945 年 3 月
李俊起	牡丹区牡丹办事李集芦锢堆村	26	男	1945 年 4 月
荆尚文	牡丹区王浩屯镇丁集村	19	男	1945 年 4 月
吴树功	牡丹区高庄镇吴庄村	22	男	1945 年 4 月
宋　山	牡丹区大黄集镇黄庄村	23	男	1945 年 4 月
刘德祥	牡丹区大黄集镇黄庄村	20	男	1945 年 4 月
卢书仁	牡丹区李村镇卢海村	22	男	1945 年 4 月
刘道起	牡丹区李村镇朱楼村	45	—	1945 年 4 月
王效坤	牡丹区小留镇王集村	24	男	1945 年 4 月
许化智	牡丹区黄堽镇许胡同村	33	男	1945 年 5 月
赵广礼	牡丹区沙土镇前赵庄村	21	男	1945 年 5 月
贾继标	牡丹区沙土镇张海村	28	男	1945 年 5 月
段秀荣	牡丹区马岭岗镇前段庄村	23	男	1945 年 5 月
孙合山	牡丹区马岭岗镇孙胡同村	31	男	1945 年 5 月
部建义	牡丹区王浩屯镇部庄村	35	男	1945 年 5 月
王福根	牡丹区王浩屯镇王岗村	19	男	1945 年 5 月
盛易三	牡丹区	—	男	1945 年 5 月
刘述柱	牡丹区李村镇马场村	24	男	1945 年 5 月

续表

姓 名	籍 贯	年 龄	性 别	死难时间
孙守举	牡丹区高庄镇圈头	23	男	1945 年 5 月
张成宪	牡丹区李村镇大郭庄村	—	男	1945 年 5 月
任保忠	牡丹区李村镇任拐村	—	男	1945 年 5 月
任保珠	牡丹区李村镇任拐村	—	男	1945 年 5 月
杨银良	牡丹区西城办事处吴堤口	27	男	1945 年 5 月
李文娟	牡丹区王浩屯镇水牛李村	49	男	1945 年 6 月
张立武	牡丹区高庄镇汲贾楼村	26	男	1945 年 6 月
王洪图	牡丹区高庄镇燕王庄村	20	男	1945 年 6 月
张亭赏	牡丹区马岭岗镇通古集村	26	男	1945 年 7 月
于根兰	牡丹区大黄集镇于寨村	25	男	1945 年 7 月
油宝汉	牡丹区李村镇油楼村	—	男	1945 年 7 月
张清连	牡丹区	22	男	1945 年 8 月
刘洪谋	牡丹区	19	男	1945 年 8 月
苑广华	牡丹区沙土镇前苑庄村	45	男	1945 年 8 月
晋洪图	牡丹区王浩屯镇薛义屯村	24	男	1945 年 8 月
石殿道	牡丹区王浩屯镇王堤口村	17	男	1945 年 8 月
任立贤	牡丹区安兴镇任庄村	30	男	1945 年 8 月
赵金玉	牡丹区高庄镇赵楼村	18	男	1945 年 8 月
赵崇华	牡丹区高庄镇赵楼村	28	男	1945 年 8 月
赵学政	牡丹区高庄镇赵楼村	19	男	1945 年 8 月
杜孝周	牡丹区高庄镇杜庄村	27	男	1945 年 8 月
朱长龙	牡丹区万福办事处朱庄村	19	男	1945 年 8 月
刘官清	牡丹区李村镇马场村	29	男	1945 年 8 月
贺建修	牡丹区高庄镇贺庄村	23	男	1945 年 8 月
张玉堂	牡丹区高庄镇吕集	30	男	1945 年 8 月
吕宪立	牡丹区高庄镇吕集	21	男	1945 年 8 月
张风德	牡丹区高庄镇吕集	32	男	1945 年 8 月
张振香	牡丹区高庄镇吕集	23	男	1945 年 8 月
宋清山	牡丹区沙土镇北宋庄村	31	男	1945 年 8 月
王洪波	牡丹区小留镇王集村	22	男	1945 年 8 月
王一成	牡丹区沙土镇沙土集	36	男	1945 年 8 月
吴镇生	牡丹区马岭岗镇曹庄村	19	男	1945 年 8 月
贾贵星	牡丹区马岭岗镇贾庄村	24	男	1945 年 8 月
张庆柱	牡丹区大黄集镇张海村	25	男	1945 年 8 月

续表

姓 名	籍 贯	年 龄	性 别	死难时间
李新同	牡丹区大黄集镇李七寨村	28	男	1945 年 8 月
李万德	牡丹区大黄集镇李七寨村	20	男	1945 年 8 月
刘以本	牡丹区安兴镇前屯村	35	男	1945 年 8 月
陈玉锦	牡丹区安兴镇前屯村	45	男	1945 年 8 月
王顺德	牡丹区吕陵镇骡车王村	21	男	1945 年 8 月
焦世显	牡丹区万福办事处张庄村	34	男	1945 年 8 月
苏中立	牡丹区	23	男	1945 年
高登第	牡丹区	23	男	1945 年
姚念芝	牡丹区何楼办事处蔡庄村	23	男	1945 年
彭林才	牡丹区何楼办事处刘城村	24	男	1945 年
刘书顺	牡丹区何楼办事处刘城村	18	男	1945 年
郭世建	牡丹区何楼办事处武寺村	24	男	1945 年
崔洪信	牡丹区何楼办事处金堤	26	男	1945 年
高金胜	牡丹区何楼办事处金堤	22	男	1945 年
彭存印	牡丹区何楼办事处彭拐村	21	男	1945 年
冯德山	牡丹区何楼办事处金堤	24	男	1945 年
刘景亮	牡丹区何楼办事处刘瑞宇村	23	男	1945 年
刘福明	牡丹区何楼办事处王堂村	23	男	1945 年
张秋俊	牡丹区何楼办事处河南王村	24	男	1945 年
崔朝顺	牡丹区何楼办事处崔寨村	19	男	1945 年
崔明成	牡丹区何楼办事处崔寨村	21	男	1945 年
赵从喜	牡丹区何楼办事处赵庄村	25	男	1945 年
赵景龙	牡丹区沙土镇赵屯村	22	男	1945 年
苑广凤	牡丹区沙土镇前苑庄村	23	男	1945 年
庞振刚	牡丹区沙土镇双庙村	18	男	1945 年
邱心玉	牡丹区沙土镇沙土集	53	男	1945 年
张克发	牡丹区沙土镇蔡庄村	34	男	1945 年
李永合	牡丹区沙土镇吕庄铁佛寺村	23	男	1945 年
董太波	牡丹区沙土镇高庄村	—	男	1945 年
邢新礼	牡丹区沙土镇邢街村	19	男	1945 年
邓新友	牡丹区牡丹办事处邓庄村	34	男	1945 年
李焕章	牡丹区马岭岗镇车子李村	38	男	1945 年
李富元	牡丹区马岭岗镇车子李村	44	男	1945 年
李长记	牡丹区马岭岗镇车子李村	18	男	1945 年

续表

姓 名	籍 贯	年 龄	性 别	死难时间
刘同思	牡丹区马岭岗镇西刘方村	26	男	1945 年
李新春	牡丹区马岭岗镇后寺李村	35	男	1945 年
刘效春	牡丹区马岭岗镇郭赵庄村	24	男	1945 年
张同喜	牡丹区马岭岗镇通古集村	35	男	1945 年
范泮荣	牡丹区马岭岗镇通古集村	18	男	1945 年
黄德山	牡丹区马岭岗镇黄庙村	35	男	1945 年
朱连喜	牡丹区马岭岗镇庙中朱村	36	男	1945 年
周洪太	牡丹区马岭岗镇南周庄村	20	男	1945 年
杨德胜	牡丹区马岭岗镇解元集村	48	男	1945 年
周庆珠	牡丹区王浩屯镇西袁张村	25	男	1945 年
张财兴	牡丹区胡集乡南张庄村	27	男	1945 年
郭新春	牡丹区王浩屯镇郭鲁村	26	男	1945 年
王忠飞	牡丹区王浩屯镇王善庄村	15	男	1945 年
李朝选	牡丹区王浩屯镇姚寨村	24	男	1945 年
王思林	牡丹区王浩屯镇王浩屯村	19	男	1945 年
荆思运	牡丹区王浩屯镇丁集村	15	男	1945 年
荆安民	牡丹区王浩屯镇丁集村	19	男	1945 年
荆化甫	牡丹区王浩屯镇丁集村	19	男	1945 年
朱朝阁	牡丹区王浩屯镇李刘庄村	23	男	1945 年
李朝宪	牡丹区胡集乡尧王寺村	25	男	1945 年
毛殿言	牡丹区胡集乡毛庄村	39	男	1945 年
邹怀贵	牡丹区胡集乡邹口村	19	男	1945 年
黄广科	牡丹区胡集乡黄屯村	26	男	1945 年
刘先金	牡丹区胡集乡王屯村	26	男	1945 年
何焕永	牡丹区大黄集镇何寨村	22	男	1945 年
张董长	牡丹区大黄集镇张老庄村	40	男	1945 年
张起玉	牡丹区大黄集镇张老庄村	30	男	1945 年
王荒景	牡丹区大黄集镇安陵村	25	男	1945 年
王 云	牡丹区大黄集镇安陵村	34	男	1945 年
姜启同	牡丹区大黄集镇寇家村	22	男	1945 年
白洪昌	牡丹区大黄集镇白寨村	15	男	1945 年
刘继成	牡丹区大黄集镇白寨村	20	男	1945 年
田 杰	牡丹区大黄集镇田海村	20	男	1945 年
周运成	牡丹区大黄集镇周集村	21	男	1945 年

续表

姓 名	籍 贯	年 龄	性 别	死难时间
尹宪照	牡丹区都司镇尹楼村	35	男	1945 年
刘后春	牡丹区安兴镇刘庄村	23	男	1945 年
李二德	牡丹区高庄镇李庄村	46	男	1945 年
吴承信	牡丹区高庄镇吴楼村	25	男	1945 年
曹昌胜	牡丹区高庄镇汲贾楼村	18	男	1945 年
葛新运	牡丹区大黄集镇徐庄村	23	男	1945 年
苏振起	牡丹区何楼办事处郭庄村	18	男	1945 年
王敬才	牡丹区沙土镇郭李楼村	20	男	1945 年
杜德俭	牡丹区马岭岗镇三教堂村	26	男	1945 年
邹怀贵	牡丹区胡集乡邹口村	19	男	1945 年
张松贺	牡丹区大黄集镇前张集村	25	男	1945 年
姜太波	牡丹区沙土镇高庄村	28	男	1945 年
许丙白	牡丹区安兴镇许海村	23	男	1945 年
曹长翔	牡丹区高庄镇曹楼	19	男	1945 年
汲殿坤	牡丹区高庄镇曹楼	34	男	1945 年
汲殿选	牡丹区高庄镇曹楼	22	男	1945 年
谢金柱	牡丹区高庄镇黄营	21	男	1945 年
汲恒昌	牡丹区高庄镇汲菜园	44	男	1945 年
张存修	牡丹区高庄镇吕集	32	男	1945 年
樊青成	牡丹区高庄镇南何庄	21	男	1945 年
张连旺	牡丹区高庄镇南何庄	20	男	1945 年
李善臣	牡丹区高庄镇圈头	24	男	1945 年
赵得印	牡丹区高庄镇赵楼	16	男	1945 年
彭存山	牡丹区何楼办事处彭拐	20	男	1945 年
郭石见	牡丹区何楼办事处武赵	28	男	1945 年
王云才	牡丹区何楼办事处武赵	25	男	1945 年
刘桂荣	牡丹区何楼办事处武赵	25	女	1945 年
侯进坤	牡丹区马岭岗镇侯庄寨	25	男	1945 年
侯恋景	牡丹区马岭岗镇侯庄寨	16	男	1945 年
侯实在	牡丹区马岭岗镇侯庄寨	26	男	1945 年
姜德林	牡丹区马岭岗镇安杨庄	20	男	1945 年
付道奎	牡丹区沙土镇大付庄村	—	男	1945 年
付道重	牡丹区沙土镇大付庄村	—	男	1945 年
付道周	牡丹区沙土镇大付庄村	—	男	1945 年

续表

姓 名	籍 贯	年 龄	性 别	死难时间
付道学	牡丹区沙土镇大付庄村	—	男	1945 年
房敬雨	牡丹区沙土镇房庄村	35	男	1945 年
刘现军之父	牡丹区沙土镇房庄村	27	男	1945 年
康明云	牡丹区沙土镇康集村	—	男	1945 年
穆允让	牡丹区沙土镇穆解村	23	男	1945 年
张二娃	牡丹区沙土镇穆解村	24	男	1945 年
张清臣	牡丹区沙土镇穆解村	27	男	1945 年
吕广金之母	牡丹区沙土镇任桥村	—	女	1945 年
李清旺	牡丹区沙土镇新兴村	29	男	1945 年
赵家垒	牡丹区沙土镇新兴村	17	男	1945 年
赵应轩	牡丹区沙土镇新兴村	21	男	1945 年
张铁钢	牡丹区万福办事处张家庙	25	男	1945 年
林广金	牡丹区吴店镇林庄村	28	男	1945 年
刘汉存	牡丹区胡集乡东后村	—	男	—
马传合	牡丹区沙土镇东北村	—	男	—
白富信	牡丹区北城办事处益民村	—	男	—
董来景	牡丹区大黄集镇后楼	—	男	—
万允六	牡丹区高庄镇白虎	—	男	—
胡同印	牡丹区高庄镇东头村	—	男	—
郑保奇	牡丹区高庄镇东头村	—	男	—
郑 书	牡丹区高庄镇东头村	—	男	—
王焕领	牡丹区高庄镇黄营	—	男	—
王焕明	牡丹区高庄镇黄营	—	男	—
王焕增	牡丹区高庄镇黄营	—	男	—
孙本然	牡丹区高庄镇圈头	—	男	—
孙本山	牡丹区高庄镇圈头	—	男	—
杨秀枝	牡丹区高庄镇圈头	—	男	—
张风岐	牡丹区高庄镇圈头	—	男	—
刘述冬	牡丹区何楼办事处北肖庄	—	男	—
金书之三叔	牡丹区何楼办事处斗宏村	—	男	—
二 肥	牡丹区何楼办事处吴楼	—	男	—
刘明德	牡丹区胡集乡东后村	—	男	—
刘玉科	牡丹区胡集乡东后村	—	男	—
瞎旺儿	牡丹区李村镇高李村	—	男	—

续表

姓 名	籍 贯	年 龄	性 别	死难时间
三聋子	牡丹区李村镇贾庄村	—	男	—
李二奎	牡丹区马岭岗镇李朝花村	—	男	—
李俊英	牡丹区马岭岗镇李朝花村	—	女	—
侯广泰	牡丹区马岭岗镇刘敬庄村	—	男	—
张盼景	牡丹区马岭岗镇前四张	—	男	—
李同山	牡丹区马岭岗镇张良店	—	男	—
张省庚	牡丹区马岭岗镇张良店	—	男	—
洪常存	牡丹区牡丹办事处庞王村	16	男	—
李岿福	牡丹区牡丹办事处庞王村	16	男	—
周朝海	牡丹区牡丹办事处雪洞村	—	男	—
张凤春	牡丹区牡丹办事处张可庄	—	男	—
王盼山	牡丹区沙土镇沙土集	—	男	—
王清祥	牡丹区沙土镇沙土集	—	男	—
蒋德臣	牡丹区万福办事处登禹社区蒋楼村	—	男	—
于殿帮	牡丹区万福办事处登禹社区蒋楼村	—	男	—
李麻现	牡丹区王浩屯镇水牛李	—	男	—
李铁锤	牡丹区王浩屯镇水牛李	—	男	—
麻现之三哥	牡丹区王浩屯镇水牛李	20	男	—
远清之二姐	牡丹区王浩屯镇水牛李	—	女	—
张留根之祖父	牡丹区王浩屯镇卧单张	—	男	—
牛运良	牡丹区王浩屯镇西袁张	—	男	—
牛运修	牡丹区王浩屯镇西袁张	—	男	—
朱守德	牡丹区西城办事处百园社区	—	男	—
张善元	牡丹区沙土镇双庙村	—	男	—
姚敬忠	牡丹区王浩屯镇姚寨村	—	男	—
王九思	牡丹区王浩屯镇薛义屯村	—	男	—
王二妮	牡丹区马岭岗镇张良店	—	女	—
寇红烈	牡丹区大黄集镇寇家	32	男	—
寇真一	牡丹区大黄集镇寇家	—	男	—
四姥姥	牡丹区大黄集镇寇家	60	女	—
郑书之侄	牡丹区高庄镇东头村	—	男	—
刘明第	牡丹区高庄镇刘庄村	—	男	—
程金山	牡丹区高庄镇圈头	—	男	—
李留成	牡丹区高庄镇圈头	—	男	—

续表

姓名	籍贯	年龄	性别	死难时间
李善油	牡丹区高庄镇圈头	—	男	—
刘金忠	牡丹区高庄镇圈头	—	男	—
张广顺	牡丹区高庄镇圈头	—	男	—
张文礼	牡丹区高庄镇圈头	26	男	—
王有教	牡丹区高庄镇周庄	20	男	—
王有录	牡丹区高庄镇周庄	21	男	—
刘汉亭	牡丹区胡集乡东后村	—	男	—
刘汉捉	牡丹区胡集乡东后村	—	男	—
刘洪抱	牡丹区胡集乡东后村	—	男	—
刘洪银	牡丹区胡集乡东后村	—	男	—
卢子彦之母	牡丹区李村镇卢海村	—	女	—
刘德运	牡丹区李村镇王刘庄村	—	男	—
李登高	牡丹区马岭岗镇李朝花村	—	男	—
张盼生	牡丹区马岭岗镇前四张	—	男	—
张石盼	牡丹区马岭岗镇前四张	—	男	—
李富贵	牡丹区马岭岗镇张良店	—	男	—
李省运	牡丹区马岭岗镇张良店	—	男	—
赵金堂	牡丹区牡丹办事处国花社区	—	男	—
李凌云	牡丹区牡丹办事处李楼村	—	男	—
王海云	牡丹区沙土镇沙土集	—	男	—
赵西合之二子	牡丹区万福办事处登禹社区蒋楼村	—	男	—
郭遂成	牡丹区王浩屯镇龙王冯	—	男	—
贵兴之父	牡丹区王浩屯镇水牛李	—	男	—
李今昌	牡丹区王浩屯镇水牛李	—	男	—
远清之母	牡丹区王浩屯镇水牛李	—	女	—
张保全之伯父	牡丹区王浩屯镇卧单张	—	男	—
赵克珍	牡丹区吴店镇刘寨村	—	男	—
赵克珍之弟	牡丹区吴店镇刘寨村	—	男	—
赵克珍之兄	牡丹区吴店镇刘寨村	—	男	—
王新志	牡丹区西城办事处百园社区	—	男	—
董石头	牡丹区大黄集镇后楼	—	男	—
黄书启	牡丹区何楼办事处吴道沟	—	男	1938 年 5 月
康善园	牡丹区西城办事处龙厅社区	38	男	1938 年 5 月
马　魁	牡丹区西城办事处龙厅社区	—	男	1938 年 5 月

续表

姓 名	籍 贯	年 龄	性 别	死难时间
王新云	牡丹区西城办事处龙厅社区	32	男	1938 年 5 月
王崇槛	牡丹区西城办事处龙厅社区	36	男	1938 年 5 月
王老锦	牡丹区西城办事处兴华社区	40	男	1938 年 5 月
李明喜	牡丹区西城办事处兴华社区	31	男	1938 年 5 月
李文书	牡丹区西城办事处李峨	34	男	1938 年 5 月
李广聚	牡丹区西城办事处李峨	36	男	1938 年 5 月
李文礼	牡丹区西城办事处李峨	54	男	1938 年 5 月
赵吉胜	牡丹区西城办事处民泰社区	41	男	1938 年 5 月
冉孟合	牡丹区西城办事处新菏社区	36	男	1938 年 5 月
赵 香	牡丹区西城办事处新菏社区	18	男	1938 年 5 月
张广顺	牡丹区万福办事处朱庄西张楼	27	男	1938 年 7 月
杨更新	牡丹区万福办事处杨庄	—	男	1938 年 9 月
林化休	牡丹区西城办事处吴堤口	44	男	1938 年 11 月
徐继孔	牡丹区万福办事处官李	—	男	1938 年
王瑞甫	牡丹区万福办事处高庄王本	—	男	1938 年
晁万里	牡丹区何楼办事处晁新庄	32	男	1938 年
窦由祥	牡丹区何楼办事处金堤	20	男	1938 年
范国礼	牡丹区马岭岗镇范海村	—	男	1939 年 1 月 14 日
范管坊	牡丹区马岭岗镇范海村	—	男	1939 年 1 月 14 日
范国玉	牡丹区马岭岗镇范海村	—	男	1939 年 1 月 14 日
杨学常	牡丹区万福办事处杨庄	—	男	1939 年 3 月
荆良成	牡丹区马岭岗镇荆何庄	—	男	1939 年 5 月
曾记顺	牡丹区高庄镇高庄集	—	男	1939 年 9 月 11 日
李洪寒	牡丹区高庄镇高庄集	—	男	1939 年 9 月 11 日
段 四	牡丹区高庄镇高庄集	—	男	1939 年 9 月 11 日
李天书	牡丹区高庄镇高庄集	—	男	1939 年 9 月 11 日
晁中喜	牡丹区何楼办事处晁新庄	18	男	1939 年
晁秀风	牡丹区何楼办事处晁新庄	26	男	1939 年
晁中灿	牡丹区何楼办事处晁新庄	26	男	1939 年
张留银	牡丹区万福办事处西张楼	22	男	1940 年 10 月
王同海	牡丹区万福办事处高庄王本	—	男	1940 年
金东印	牡丹区何楼办事处金堤	28	男	1940 年
石大奈	牡丹区牡丹办事处天香社区	26	男	1940 年
二歪已	牡丹区牡丹办事处天香社区	23	男	1940 年

续表

姓 名	籍 贯	年 龄	性 别	死难时间
三不照	牡丹区牡丹办事处天香社区李集	29	男	1940 年
李长海	牡丹区牡丹办事处天香社区李集	26	男	1940 年
周松岭	牡丹区牡丹办事处天香社区李集	48	男	1940 年
周松岭之长子	牡丹区牡丹办事处天香社区李集	27	男	1940 年
周松岭之次子	牡丹区牡丹办事处天香社区李集	24	男	1940 年
孙宪福	牡丹区牡丹办事处天香社区李集	36	男	1940 年
刘　三	牡丹区何楼办事处金堤	28	男	1941 年
吴斗景	牡丹区何楼办事处金堤	18	男	1941 年
崔红义	牡丹区何楼办事处金堤	18	男	1941 年
崔红伟	牡丹区何楼办事处金堤	20	男	1941 年
高金芝	牡丹区何楼办事处金堤	21	男	1941 年
吕喜营	牡丹区何楼办事处金堤	30	男	1941 年
朱瑞雪	牡丹区何楼办事处岳园社区	24	女	1941 年
王东海	牡丹区何楼办事处晁新庄	32	男	1941 年
刘三江	牡丹区何楼办事处刘城	23	男	1942 年 7 月
刘三黄	牡丹区何楼办事处刘城	22	男	1942 年 10 月
朱守德	牡丹区西城办事处刘莱园	25	男	1942 年 11 月
陈大军	牡丹区何楼办事处岳园社区	18	女	1942 年
李贵可	牡丹区万福办事处张可庄	—	男	1942 年
晁万生	牡丹区何楼办事处晁新庄	30	男	1942 年
刘复德	牡丹区何楼办事处金堤	40	男	1942 年
孟西腊	牡丹区何楼办事处金堤	20	男	1942 年
张复荣	牡丹区何楼办事处金堤	36	男	1942 年
赵书仁	牡丹区何楼办事处张斗宏	—	男	1942 年
台书卿	牡丹区何楼办事处张斗宏	30	男	1942 年
秋　的	牡丹区何楼办事处张斗宏	26	男	1942 年
王法祥	牡丹区何楼办事处沙土村	45	男	1942 年
王守义	牡丹区牡丹办事处庞王	22	男	1942 年
陈富胜	牡丹区牡丹办事处庞王	14	男	1942 年
周松化	牡丹区牡丹办事处李洪周	24	男	1942 年
宦　挪	牡丹区吴店镇宦庄	42	男	1942 年
张丕文	牡丹区万福办事处高庄	—	男	1942 年
二烧鸡	牡丹区万福办事处高庄	—	男	1942 年
周朝海	牡丹区万福办事处张可庄	—	男	1942 年

续表

姓 名	籍 贯	年 龄	性 别	死难时间
联殿运	牡丹区牡丹办事处桂陵社区	38	男	1942 年
邓同生	牡丹区牡丹办事处李洪周	18	男	1942 年
联殿朗	牡丹区牡丹办事处桂陵社区	40	男	1942 年
李清峰	牡丹区吴店镇朱楼	25	男	1942 年
周爱芝	牡丹区王浩屯镇杜海村	—	女	1942 年
刘金英	牡丹区何楼办事处岳园社区	63	男	1943 年
刘兵得	牡丹区何楼办事处金堤	30	男	1943 年
李凌云	牡丹区牡丹办事处张可庄	—	男	1943 年
朱高氏	牡丹区何楼办事处岳园社区	24	女	1944 年
刘孙氏	牡丹区何楼办事处岳园社区	25	女	1945 年
马张妮	牡丹区牡丹办事处金钟社区	18	男	1945 年
合　计	**1572**			

责任人：张洪峰　李冠峰　　核实人：李冠峰　韩雪均　袁巧娥　填表人：安　慧　李　哲
填报单位（签章）：菏泽市牡丹区委党史委　　填报时间：2009 年 5 月 7 日

东明县抗日战争时期死难者名录

姓名	籍贯	年龄	性别	死难时间
朱广泰	东明县城关镇西门	18	男	1938年
辛盼星	东明县城关镇西门	20	男	1938年
赵进锋	东明县城关镇蒋满城村	23	男	1938年
殷同山	东明县城关镇南关	18	男	1938年
杨振升之妻	东明县城关镇南关	—	女	1938年
杨玉秀	东明县城关镇南关	—	女	1938年
刘合金	东明县城关镇刘墙村	—	男	1938年
申立得	东明县城关镇刘墙村	—	男	1938年
刘五妮	东明县城关镇刘墙村	—	男	1938年
申二墩	东明县城关镇刘墙村	—	男	1938年
穆忠印	东明县城关镇梁庄村	—	男	1938年
罗偏柱	东明县城关镇梁庄村	—	男	1938年
姚新年	东明县刘楼镇吕庄村	45	男	1938年
姚排印	东明县刘楼镇吕庄村	22	男	1938年
赵金开	东明县刘楼镇春亭村	32	男	1938年
刘万俊	东明县刘楼镇刘庄村	36	男	1938年
捌　四	东明县刘楼镇刘庄村	41	男	1938年
杨五念	东明县刘楼镇半坡杨村	24	男	1938年
杨四妞	东明县刘楼镇半坡杨村	22	男	1938年
杨世雨	东明县刘楼镇半坡杨村	24	男	1938年
李存儒	东明县刘楼镇邓王庄村	—	男	1938年
金　升	东明县刘楼镇刘楼村	—	男	1938年
郑　景	东明县三春集镇大岗村	—	女	1938年
游四妮	东明县大屯镇游屯村	72	女	1938年
游俊岭	东明县大屯镇游屯村	68	男	1938年
王大亮	东明县陆圈镇高官营村	30	男	1938年
梁　氏	东明县陆圈镇高官营村	31	女	1938年
邱四华	东明县小井乡西夏营村	—	男	1938年
李中三	东明县小井乡车乌堽村	24	男	1938年
董粪堆	东明县小井乡车乌堽村	35	男	1938年
司　氏	东明县焦园乡郑寨村	39	女	1938年

续表

姓 名	籍 贯	年 龄	性 别	死难时间
贾雨勤	东明县焦园乡郑寨村	20	男	1938 年
朱越头	东明县焦园乡黄夹堤村	—	男	1938 年
张德荣	东明县焦园乡马厂村	36	男	1938 年
王 纪	东明县焦园乡马厂村	—	男	1938 年
李 院	东明县焦园乡毕寨村	20	男	1938 年
吴 进	东明县焦园乡毕寨村	48	男	1938 年
黄老段	东明县焦园乡毕寨村	43	男	1938 年
李四元	东明县焦园乡毕寨村	20	男	1938 年
王老赶	东明县焦园乡毕寨村	25	男	1938 年
张景云	东明县武胜桥乡霍寨村	20	男	1938 年
霍明德	东明县武胜桥乡霍寨村	—	男	1938 年
蔡东海	东明县沙窝乡蔡寨村	27	男	1938 年
李老虎	东明县沙窝乡谢寨村	19	男	1938 年
刑得科	东明县沙窝乡杨桥村	20	男	1938 年
王守义	东明县沙窝乡郑寨村	26	男	1938 年
郑得枪	东明县沙窝乡郑寨村	28	男	1938 年
陈初九	东明县菜园集乡菜园集村	—	男	1938 年
明 慈	东明县菜园集乡菜园集村	—	男	1938 年
刘石头	东明县菜园集乡菜园集村	—	男	1938 年
王正春	东明县菜园集乡常寨村	42	男	1938 年
李二旋	东明县菜园集乡北东村	25	男	1938 年
穆化宾	东明县菜园集乡东台寺村	—	男	1938 年
李新全	东明县菜园集乡菜园集村	—	男	1938 年
刘三刀	东明县马头镇马坊村	—	男	1938 年
杨东来	东明县马头镇马坊村	—	男	1938 年
刘 都	东明县马头镇马坊村	—	男	1938 年
刘 群	东明县马头镇马坊村	—	男	1938 年
王秀章	东明县马头镇马坊村	—	男	1938 年
史 明	东明县马头镇马坊村	—	男	1938 年
杨要之祖父	东明县马头镇马坊村	—	男	1938 年
吴时耐	东明县马头镇北街	—	男	1938 年
郝 三	东明县马头镇北街	—	男	1938 年
宋 楞	东明县马头镇北街	—	男	1938 年
宋 双	东明县马头镇北街	—	男	1938 年

续表

姓 名	籍 贯	年 龄	性 别	死难时间
吴同河	东明县开发区袁旗营村	86	男	1938 年
周保众	东明县城关镇北王寨	50	男	1938 年
周广印	东明县城关镇北王寨	20	男	1938 年
张福安	东明县大屯镇刘岗村	—	男	1943 年
宋四大之兄	东明县沙窝乡宋寨村	33	男	1938 年
王殿贵	曹县庄寨镇乡虎头王村	88	男	1938 年冬
王氏之一	东明县小井乡大王庄村	20	女	1938 年
王氏之二	东明县刘楼镇邓王庄村	50	女	1938 年
胡六妮	东明县小井乡五营村	60	男	1939 年
王文滨之妻	东明县城关镇店子村	18	女	1938 年
张 青	东明县长兴集乡东水坑村	35	男	1938 年 1 月
李中信	东明县长兴集乡东水坑村	30	男	1938 年 1 月
刘柱良	东明县武胜桥乡武胜桥村	26	男	1938 年
二捣鼓	东明县大屯镇刘庄村	20	男	1938 年
尚四连	东明县长兴集乡找营村	38	男	1938 年 2 月
李士海	东明县长兴集乡东水坑村	35	男	1938 年 2 月
尚玉勤	东明县长兴集乡找营村	30	男	1938 年 3 月
刘二妮	东明县长兴集乡找营村	35	男	1938 年 3 月
孟宪理	东明县长兴集乡东水坑村	30	男	1938 年 3 月
王秋富	东明县刘楼镇李集村	37	男	1938 年 3 月
刘玉成	东明县城关镇南三里村	—	男	1938 年
田大柱	东明县大屯镇西营村	60	男	1938 年
卢 钗	东明县大屯镇刘岗村	72	男	1938 年
靳结实	东明县大屯镇刘岗村	68	男	1938 年
宋雨友	东明县大屯镇宋庄村	70	男	1938 年
游二平	东明县大屯镇游屯村	56	男	1938 年
田登台	东明县大屯镇夏营村	54	男	1938 年
李 柱	东明县大屯镇夏营村	62	男	1938 年
田水群	东明县大屯镇夏营村	32	男	1938 年
袁道营	东明县东明集镇袁长营村	40	男	1938 年
二呆子	东明县城区	14	男	1937 年
贾庆林之子	东明县城区	—	男	1938 年
侯氏之一	东明县城关镇北关	—	女	1938 年
侯氏之二	东明县城关镇北关	—	女	1938 年

续表

姓名	籍贯	年龄	性别	死难时间
侯氏之三	东明县城关镇北关	—	女	1938 年
理发人	东明县城关镇南门	—	男	1938 年
理发师傅	东明县城关镇南门	—	男	1938 年
卖面人	东明县城关镇北门	—	男	1938 年
王××	东明县城关镇西关	—	男	1938 年
焦春法	东明县刘楼镇焦楼村	21	男	1938 年
王　波	东明县刘楼镇焦楼村	19	男	1938 年
张金科	东明县东明集镇城子村	—	男	1939 年
宋　氏	东明县刘楼镇任庄刘庄村	43	女	1938 年
黄二嘎	东明县刘楼镇任庄刘庄村	45	男	1938 年
刘轩妞之四弟	东明县刘楼镇任庄刘庄村	6 个月	男	1938 年
张红建	东明县小井乡王寨村	—	男	1938 年
牛逛三	东明县城关镇南关	15	男	1938 年
牛桂秋	东明县城关镇南关	92	女	1938 年
黄秋荣	东明县刘楼镇任庄刘庄村	46	女	1938 年
刘轩妞	东明县刘楼镇任庄刘庄村	15	男	1938 年
李根存	东明县小井乡里长营村	36	男	1938 年
吕麦贵	东明县刘楼镇吕庄村	27	男	1938 年
王联选	东明县长兴集乡大张庄村	59	男	1938 年 7 月
丁二肥	东明县菜园集乡高村村	32	男	1938 年
卢　猜	东明县大屯镇刘岗村	20	男	1938 年
李灿广	东明县小井乡里长营村	55	男	1938 年
陈文庆	东明县城关镇南三里村	—	男	1938 年
杨　辈	东明县小井乡小刘楼村	27	男	1938 年
杨石金	东明县小井乡小刘楼村	26	男	1938 年
郝　孬	东明县东明集镇柳元屯村	54	男	1938 年
朱铁锤	东明县东明集镇柳元屯村	53	男	1938 年
徐二白	东明县东明集镇柳元屯村	49	男	1938 年
李宣棒	东明县东明集镇柳元屯村	50	男	1938 年
邢新治	东明县东明集镇柳元屯村	18	男	1938 年
王子成	东明县东明集镇柳元屯村	55	男	1938 年
王榜三	东明县东明集镇柳元屯村	12	男	1938 年
王二明	东明县东明集镇柳元屯村	10	女	1938 年
周　氏	东明县东明集镇柳元屯村	30	女	1938 年

续表

姓名	籍贯	年龄	性别	死难时间
朱水保	东明县东明集镇柳元屯村	8	男	1938年
朱新柱	东明县东明集镇柳元屯村	32	男	1938年
李　氏	东明县东明集镇柳元屯村	31	女	1938年
李廷勋	东明县东明集镇柳元店村	58	男	1938年
宋文生	东明县刘楼镇东程楼宋庄	13	男	1938年
张爱军	东明县刘楼镇东程楼村	12	男	1938年
杨凤田	东明县小井乡西五营村	—	男	1938年
杨十斤	东明县小井乡马楼村	40	男	1938年
杨　苹	东明县小井乡马楼村	40	男	1938年
张建修	东明县菜园集乡高村村	19	男	1938年
徐二狗	东明县刘楼镇徐集村	36	男	1938年
左　一	东明县三春集镇闫庄村	26	女	1938年
李德种	东明县城关镇后营村	—	男	1938年
张风得	东明县城关镇后营村	—	男	1938年
李登车	东明县城关镇后营村	—	男	1938年
王贵生	东明县刘楼镇春亭刘庄村	—	男	1938年
杨大盼	东明县小井乡西五营村	—	男	1938年
杨田氏	东明县小井乡西五营村	—	女	1938年
徐保力	东明县刘楼镇徐集村	76	男	1938年
李郭氏	东明县小井乡西五营村	—	女	1938年
杨景氏	东明县小井乡西五营村	—	女	1938年
杨　氏	东明县小井乡西五营村	—	女	1938年
杨得贵	东明县小井乡西五营村	—	男	1939年
李　锤	东明县沙窝乡马军营村	22	男	1938年
朱万选	东明县城关镇白寨村	—	男	1939年
刘银喜之母	东明县城关镇西关	—	女	1939年
刘汉青	东明县城关镇西关	—	男	1939年
朱双春	东明县陆圈镇五霸岗村	26	男	1939年
董老面	东明县陆圈镇五霸岗村	28	男	1939年
朱世贵	东明县城关镇白寨村	—	男	1939年
贾三妞	东明县城关镇南关	6	女	1939年
李　三	东明县城关镇南关	6	男	1939年
崔广贵之母	东明县城关镇崔寨村	65	女	1939年
张凤士	东明县刘楼镇东程楼村	19	男	1939年

续表

姓名	籍贯	年龄	性别	死难时间
李留据	东明县刘楼镇半坡杨村	21	男	1939年
杨佳妮	东明县刘楼镇半坡杨村	20	男	1939年
杨美琴	东明县刘楼镇半坡杨村	19	男	1939年
艾金玉	东明县大屯镇王茂寨村	49	男	1939年
王麦收	东明县大屯镇王菜园村	69	男	1939年
任北风	东明县大屯镇展营村	64	男	1939年
刘　氏	东明县大屯镇展营村	64	女	1939年
任管柱	东明县大屯镇展营村	73	男	1939年
辛本力	东明县大屯镇北孟村	68	男	1939年
张文景	东明县大屯镇北孟村	—	男	1939年
卢三兰	东明县大屯镇夏营村	50	男	1939年
安同兴	东明县大屯镇前排村	20	男	1939年
二门面	东明县大屯镇前排村	28	男	1939年
周　元	东明县大屯镇前排村	—	男	1939年
逯岩之妻崔氏	东明县小井乡逯庄村	—	女	1939年
逯岩之女	东明县小井乡逯庄村	—	女	1939年
刘水贞	东明县长兴集乡李焕堂村	12	女	1939年
林要妮	东明县长兴集乡老君堂村	20	男	1939年
曹风领	东明县长兴集乡曹庄村	29	男	1939年
汪贻点	东明县焦园乡郑寨村	—	男	1939年
王二尹	东明县焦园乡马厂村	36	男	1939年
王　房	东明县焦园乡马厂村	30	男	1939年
张二仁	东明县焦园乡毕寨村	40	男	1939年
王纪周	东明县焦园乡毕寨村	30	男	1939年
张得计	东明县武胜桥乡团居村	17	男	1939年
张　×	东明县武胜桥乡团居村	20	男	1939年
岳国良	东明县武胜桥乡霍寨村	—	男	1939年
张高山	东明县武胜桥乡东王庄村	—	男	1939年
张二汉	东明县武胜桥乡东王庄村	—	男	1939年
张永魁	东明县沙窝乡杨桥村	19	男	1939年
张胜魁	东明县沙窝乡杨桥村	20	男	1939年
任义成	东明县菜园集乡黄庄村	20	男	1939年
群　柱	东明县菜园集乡黄庄村	21	男	1939年
王喜梅	东明县菜园集乡黄庄村	20	男	1939年

续表

姓名	籍贯	年龄	性别	死难时间
凡假妮	东明县菜园集乡黄庄村	19	男	1939 年
赵　孬	东明县菜园集乡北东村	20	男	1939 年
梁荣祥	东明县菜园集乡北东村	24	男	1939 年
赵德显	东明县菜园集乡十里铺村	—	男	1939 年
支石头	东明县菜园集乡支寨村	25	男	1939 年
丁　氏	东明县菜园集乡支寨村	22	女	1939 年
毛　氏	东明县菜园集乡支寨村	—	女	1939 年
魏化锋	东明县马头镇王祥寨	—	男	1939 年
魏孬小	东明县东明集镇顺河集村	—	男	1939 年
王二铁头	东明县城关镇店子村	50	男	1939 年秋
申三八斗	东明县城关镇刘墙村	50	男	1939 年秋
李先堂	东明县小井乡里长营村	33	男	1939 年
杨世信	东明县刘楼镇半坡杨村	22	男	1939 年
杨红瑞	东明县刘楼镇半坡杨村	21	男	1939 年
三大牙	东明县刘楼镇半坡杨村	24	男	1939 年
逯普祥	东明县小井乡景庄村	30	男	1939 年
李改成	东明县小井乡里长营村	40	男	1939 年
李三树	东明县小井乡里长营村	60	男	1939 年
刘　枪	东明县小井乡里长营村	40	男	1939 年
张　仑	东明县刘楼镇小辛庄村	24	男	1939 年
孙　旺	东明县刘楼镇小辛庄村	19	男	1939 年
田　氏	东明县大屯镇赵真屯村	70	女	1939 年
孟二万	东明县大屯镇赵真屯村	75	男	1939 年
孟二田	东明县大屯镇赵真屯村	60	男	1939 年
辛合丰	东明县大屯镇北孟村	68	男	1939 年
辛守树	东明县大屯镇北孟村	70	男	1939 年
辛石根	东明县大屯镇北孟村	53	男	1939 年
胡金玉之弟	东明县城关镇东关	—	男	1939 年
胡金玉之弟媳	东明县城关镇东关	—	女	1939 年
孟庆山之父	东明县城关镇东关	—	男	1939 年
侯　雨	东明县城关镇东关	88	女	1939 年
孟玉枝之弟	东明县城关镇南三里村	—	男	1939 年
娄自敬	东明县小井乡娄营村	42	男	1939 年
徐芳善	东明县小井乡徐庄村	—	男	1939 年

续表

姓 名	籍 贯	年 龄	性 别	死难时间
李新典	东明县沙窝乡马军营村	22	男	1939 年
徐　春	东明县三春集镇徐寨村	25	男	1938 年 9 月
卢氏之一	东明县东明集镇东明集村	—	女	1939 年
卢氏之二	东明县东明集镇东明集村	—	女	1939 年
王丙军	东明县城关镇店子村	18	男	1939 年
杨庆善	东明县城关镇店子村	20	男	1939 年
焦布景	东明县刘楼镇焦楼村	21	男	1938 年
吴江来	东明县城关镇南三里村	—	男	1939 年
姚会来	东明县刘楼镇姚庄村	41	男	1939 年
郝丙五	东明县刘楼镇姚庄村	70	男	1939 年
李二高	东明县三春集镇三春集村	34	男	1939 年
郝铁成	东明县城关镇五里铺村	—	男	1939 年
张金喜之母	东明县城关镇五里铺村	—	女	1939 年
张　氏	东明县城关镇五里铺村	—	女	1939 年
穆偏妮	东明县刘楼镇东程楼村	20	男	1939 年
刘合德	东明县刘楼镇北庞村	47	男	1939 年
景　墩	东明县小井乡景庄村	24	男	1939 年
王留柱	东明县武胜桥乡武胜桥村	28	男	1939 年 10 月
何来营	东明县沙窝乡郭寨村	67	男	1939 年
杜　氏	东明县沙窝乡郭寨村	61	女	1939 年
胡麦苗	东明县小井乡东五营村	36	男	1939 年
胡友信	东明县小井乡东五营村	—	男	1939 年
胡油印	东明县小井乡东五营村	—	男	1939 年
胡　姣	东明县小井乡东五营村	18	女	1939 年
张春成	东明县城关镇五里铺村	50	男	1939 年
张怀印	东明县城关镇五里铺村	—	男	1939 年
张二描	东明县城关镇五里铺村	—	男	1939 年
郝铁成	东明县城关镇五里铺村	—	男	1939 年
张四姐	东明县城关镇五里铺村	—	女	1939 年
张　氏	东明县城关镇五里铺村	—	女	1939 年
张二肥	东明县城关镇五里铺村	—	男	1939 年
张清海	东明县城关镇五里铺村	50 多	男	1939 年
张清江	东明县城关镇五里铺村	50 多	男	1939 年
胡油钦	东明县小井乡东五营村	50	男	1939 年

续表

姓 名	籍 贯	年 龄	性 别	死难时间
赵合义	东明县城关镇温寨村	29	男	1938 年
赵凤芹	东明县刘楼镇赵庄村	62	男	1939 年
毛 俭	东明县小井乡东紫荆村	—	男	1939 年
毛 宽	东明县小井乡东紫荆村	—	男	1939 年
张 拢	东明县小井乡东紫荆村	—	男	1939 年
胡永周	东明县小井乡东五营村	3	男	1939 年
胡六妮	东明县小井乡东五营村	60	男	1939 年
卢继增	东明县城关镇南三里村	—	男	1940 年 1 月
夏日林	东明县城关镇南三里村	—	男	1940 年 1 月
胡 氏	东明县小井乡东五营村	—	女	1939 年 10 月
李登营	东明县小井乡小井村	—	男	1940 年 1 月
李存仁	东明县小井乡小井村	—	男	1940 年 1 月
李存昌	东明县小井乡小井村	—	男	1940 年 1 月
李荣善	东明县小井乡小井村	—	男	1940 年 1 月
杨 坤	东明县小井乡小井村	—	男	1940 年 1 月
杨新起	东明县小井乡小井村	—	男	1940 年 1 月
李 营	东明县小井乡小井村	—	男	1940 年 1 月
李水宪	东明县小井乡小井村	—	男	1940 年 1 月
李金爵	东明县小井乡小井村	—	男	1940 年 1 月
杨双喜	东明县小井乡小井村	—	男	1940 年 1 月
孙粪堆	东明县小井乡小井村	—	男	1940 年 1 月
李甲格	东明县小井乡小井村	—	男	1940 年 1 月
李三羊	东明县小井乡小井村	—	女	1940 年 1 月
李甲旗	东明县小井乡小井村	—	男	1940 年 1 月
李福柱	东明县小井乡小井村	—	男	1940 年 1 月
李进才	东明县小井乡小井村	—	男	1940 年 1 月
李麻五	东明县小井乡小井村	—	男	1940 年 1 月
李金才之母	东明县小井乡小井村	—	女	1940 年 1 月
杨二环	东明县小井乡小井村	—	男	1940 年 1 月
李二妮	东明县长兴集乡大张庄村	14	女	1940 年 7 月
尹二别子	东明县小井乡尹集村	—	男	1940 年 1 月
刘 瑞	东明县小井乡小井村	—	男	1940 年 1 月
刘大牛	东明县小井乡小井村	—	男	1940 年 1 月
李运智	东明县小井乡小井村	—	男	1940 年 1 月

续表

姓名	籍贯	年龄	性别	死难时间
焦　氏	东明县小井乡小井村	—	女	1940 年 1 月
刘　氏	东明县小井乡牛集村	—	女	1940 年 1 月
尹　法	东明县小井乡尹集村	—	男	1940 年 1 月
李麻五之母	东明县小井乡小井村	—	女	1940 年 1 月
赵　刚	东明县小井乡小井村	—	男	1940 年 1 月
安氏之子	东明县小井乡小井村	—	男	1940 年 1 月
朱学迁	东明县东明集镇王官营村	40	男	1940 年 2 月
朱　活	东明县东明集镇王官营村	24	男	1940 年 2 月
朱　氏	东明县东明集镇王官营村	1	女	1940 年 2 月
朱乐刚	东明县东明集镇王官营村	50	男	1940 年 2 月
沈永刚	东明县东明集镇王官营村	45	男	1940 年 2 月
王扁叶	东明县东明集镇王官营村	20	男	1940 年 2 月
代培志	东明县东明集镇王官营村	30	男	1940 年 2 月
王铁叶	东明县东明集镇王官营村	26	男	1940 年 2 月
杨二孬	东明县焦园乡后黄集村	20	男	1938 年 9 月
王七妮	东明县焦园乡大王寨村	29	男	1942 年 2 月
王纪兰	东明县焦园乡大王寨村	35	男	1942 年 2 月
闫纪州	东明县焦园乡前罗寨村	—	男	1940 年 3 月
安二白	东明县大屯镇赵真屯村	60	男	1940 年 3 月
翟　印	东明县长兴集乡翟庄村	20	男	1940 年 3 月
刘　贵	东明县焦园乡后黄集村	—	男	1938 年 9 月
魏留印	东明县东明集镇丁寨村	82	男	1940 年春
魏石印	东明县东明集镇丁寨村	83	男	1940 年春
王基国	东明县武胜桥乡武胜桥村	32	男	1940 年春
陈万良	东明县武胜桥乡武胜桥村	28	男	1940 年春
陈贵显	东明县武胜桥乡武胜桥村	21	男	1940 年春
李大堆	东明县东明集镇夏寨村	37	男	1940 年春
代克亮	东明县刘楼镇凉粉店村	19	男	1940 年春
林　五	东明县沙窝乡李连庄村	24	男	1940 年 4 月
沈运莲	东明县东明集镇王官营村	28	女	1940 年 4 月
张　恩	东明县东明集镇王官营村	18	女	1940 年 4 月
代新良	东明县东明集镇王官营村	30	男	1940 年 4 月
王铁叶	东明县东明集镇王官营村	16	男	1940 年 4 月
朱天恩	东明县东明集镇王官营村	25	男	1940 年 4 月

续表

姓名	籍贯	年龄	性别	死难时间
朱　花	东明县东明集镇王官营村	1	女	1940年4月
戴培元	东明县东明集镇王官营村	40多	男	1940年4月
沈永刚	东明县东明集镇王官营村	20多	男	1940年4月
朱学谦	东明县东明集镇王官营村	—	男	1940年4月
段有然	东明县东明集镇王官营村	—	男	1940年4月
朱　伦	东明县东明集镇王官营村	17	女	1940年4月
朱学艰	东明县东明集镇王官营村	—	男	1940年4月
丁培尧	东明县东明集镇王官营村	—	男	1940年4月
范大泮	东明县东明集镇王官营村	28	男	1940年4月
范二泮	东明县东明集镇王官营村	26	男	1940年4月
刘三妮	东明县东明集镇王官营村	—	男	1940年4月
王月鸣	东明县东明集镇王官营村	—	男	1940年4月
卢荣恩	东明县东明集镇东明集村	60多	男	1940年6月
卢富恩	东明县东明集镇东明集村	60	男	1940年6月
王秀增	东明县刘楼镇张庄村	24	男	1938年夏天
卢新停	东明县东明集镇东明集村	28	男	1940年5月
崔四明	东明县东明集镇东明集村	—	男	1940年5月
唐　氏	东明县东明集镇东明集村	—	女	1940年5月
赵师付	东明县东明集镇东明集村	—	男	1940年5月
夏金善	东明县东明集镇东明集村	—	男	1940年5月
李留柱	东明县东明集镇东明集村	—	男	1940年5月
李三至	东明县东明集镇东明集村	50	男	1940年5月
李二馍	东明县东明集镇东明集村	28	男	1940年5月
李文金	东明县东明集镇东明集村	—	男	1940年6月
周三书	东明县东明集镇东明集村	60	男	1940年6月
任管柱	东明县东明集镇东明集村	—	男	1940年6月
刘秋成	东明县东明集镇东明集村	—	男	1940年6月
李广义	东明县东明集镇东明集村	—	男	1940年6月
任北风	东明县东明集镇东明集村	—	男	1940年5月
任　氏	东明县东明集镇东明集村	—	女	1940年5月
李　院	东明县东明集镇东明集村	—	男	1940年5月
黄保庆	东明县东明集镇东明集村	21	男	1940年6月
景星会	东明县焦园乡马厂村	—	男	1940年5月
毕守儒	东明县焦园乡毕寨村	—	男	1940年5月

续表

姓名	籍贯	年龄	性别	死难时间
李　楼	东明县焦园乡张营村	30	男	1938 年 3 月
孔祥法	东明县武胜桥乡四北城村	—	男	1940 年 5 月
黄　氏	东明县沙窝乡齐王集村	—	女	1940 年 5 月
张　氏	东明县沙窝乡齐王集村	—	女	1940 年 5 月
王　氏	东明县沙窝乡齐王集村	—	女	1940 年 5 月
王际重	东明县刘楼镇春亭村	40	男	1940 年 5 月
毛明月	河南省滑县大河村	60	男	1940 年 6 月
彭计妮	东明县长兴集乡程坡村	20	男	1940 年 6 月
高声远	东明县东明集镇东明集村	—	男	1940 年 6 月
张新年之父	东明县东明集镇东明集村	—	男	1940 年 6 月
李二黄毛	东明县东明集镇东明集村	—	男	1940 年 6 月
秃信之母	东明县东明集镇东明集村	60	女	1940 年 6 月
秃信之父	东明县东明集镇东明集村	—	男	1940 年 6 月
赵　氏	东明县东明集镇卢寨村	—	女	1940 年 6 月
三老国	东明县刘楼镇找营村	22	男	1940 年秋
侯登上	东明县长兴集乡西黑岗村	—	男	1940 年 8 月
廉　花	东明县大屯镇屈屯村	22	男	1940 年 8 月
董毛焕	东明县武胜桥乡四北城村	40	男	1940 年 8 月
段保珠	东明县菜园集乡后牙村	24	男	1940 年 8 月
乔二坤	东明县陆圈镇李乔庄村	23	男	1940 年 9 月
乔三坤	东明县陆圈镇李乔庄村	20	男	1940 年 9 月
贾金颇	东明县沙窝乡霍寨村	26	男	1940 年 9 月
宋雨彬	东明县沙窝乡霍寨村	25	男	1940 年 9 月
郭石栋	东明县沙窝乡郭寨村	49	男	1940 年 9 月
赵志轩	东明县刘楼镇赵庄村	50	男	1940 年 10 月
穆祥重	东明县长兴集乡穆庄村	26	男	1940 年 10 月
郭贵荣	东明县沙窝乡郭寨村	75	男	1940 年 10 月
朱至柱	东明县焦园乡朱口村	—	男	1940 年 12 月
六妮之兄	东明县城关镇西关	27	男	1940 年
朱四妮	东明县城关镇白寨村	—	男	1940 年
邢喜林	东明县城关镇南吴庄村	—	男	1940 年
李宝玉	东明县城关镇南三里村	—	男	1940 年
赵　四	东明县刘楼镇赵庄村	30	男	1940 年
杨可证	东明县刘楼镇半坡杨村	19	男	1940 年

续表

姓名	籍贯	年龄	性别	死难时间
陈老行	—	46	男	1940 年
任何法	东明县长兴集乡任庄村	36	男	1940 年
周天中	东明县大屯镇前排村	—	男	1940 年
周二会	东明县大屯镇前排村	61	男	1940 年
潘　七	东明县陆圈镇高官营村	25	男	1940 年
牛存升	东明县小井乡牛集村	76	男	1940 年
凡成彬	东明县长兴集乡蔡庄村	21	男	1940 年
朱家祥	东明县焦园乡朱口村	—	男	1940 年
李大路	东明县焦园乡徐夹堤村	35	男	1944 年
胡罗头	东明县焦园乡徐夹堤村	28	男	1944 年
李民新	东明县焦园乡老李庄村	60	男	1941 年
郝洪任	东明县武胜桥乡郝北城村	22	男	1940 年
张金钱	东明县武胜桥乡郝北城村	36	男	1940 年
三大肚	东明县武胜桥乡郝北城村	13	男	1940 年
徐凤德	东明县武胜桥乡郝北城村	22	男	1940 年
郝同治	东明县武胜桥乡郝北城村	34	男	1940 年
郝卫妮	东明县武胜桥乡郝北城村	25	男	1940 年
郝跃德	东明县武胜桥乡郝北城村	30	男	1940 年
郝二反	东明县武胜桥乡郝北城村	18	男	1940 年
郝凤臣	东明县武胜桥乡郝北城村	20	男	1940 年
郝洪海	东明县武胜桥乡郝北城村	22	男	1940 年
周　氏	东明县武胜桥乡郝北城村	70	女	1940 年
乔利生	东明县武胜桥乡乔庄村	23	男	1940 年
赵密银	东明县武胜桥乡管寨村	—	男	1940 年
管双喜	东明县武胜桥乡管寨村	—	男	1940 年
常洪远	东明县武胜桥乡沙堌堆村	—	男	1940 年
常明剑	东明县武胜桥乡沙堌堆村	—	男	1940 年
常年德	东明县武胜桥乡沙堌堆村	—	男	1940 年
常四宝	东明县武胜桥乡沙堌堆村	—	男	1940 年
孙氏之外甥女	东明县武胜桥乡沙堌堆村	—	女	1940 年
孙留屯	东明县武胜桥乡沙堌堆村	—	男	1940 年
常留德	东明县武胜桥乡沙堌堆村	—	男	1940 年
常　付	东明县武胜桥乡沙堌堆村	—	男	1940 年
张二旺	东明县武胜桥乡沙堌堆村	—	男	1940 年

续表

姓 名	籍 贯	年 龄	性 别	死难时间
张留青	东明县武胜桥乡沙堌堆村	—	男	1940 年
马发亮	东明县武胜桥乡沙堌堆村	—	男	1940 年
马学燕	东明县武胜桥乡沙堌堆村	—	男	1940 年
马毛乒	东明县武胜桥乡沙堌堆村	—	男	1940 年
马二老年	东明县武胜桥乡沙堌堆村	—	男	1940 年
二肯吃	东明县武胜桥乡沙堌堆村	—	男	1940 年
常　顺	东明县武胜桥乡沙堌堆村	—	男	1940 年
常八碗	东明县武胜桥乡沙堌堆村	—	男	1940 年
常四付	东明县武胜桥乡沙堌堆村	—	男	1940 年
马念书	东明县武胜桥乡沙堌堆村	—	男	1940 年
张二积	东明县菜园集乡宋寨村	28	男	1940 年
张××	东明县菜园集乡宋寨村	20	男	1940 年
刘同合	东明县菜园集乡崔寨村	—	男	1940 年
李东四	东明县菜园集乡菜园集村	—	男	1940 年
刘洪园	东明县菜园集乡崔寨村	—	男	1940 年
朱　汪	东明县菜园集乡西台集村	—	男	1940 年
袁新运	东明县菜园集乡武屯村	18	男	1940 年
陈二孩	东明县菜园集乡宋寨村	22	男	1940 年
王丙勤	东明县马头镇北街村	—	男	1938 年
木　氏	东明县开发区开沈庄村	—	女	1940 年
王爱云	东明县开发区江庄村	—	女	1940 年
邢　氏	东明县东明集镇顺河集村	18	女	1940 年
朱昌顺	东明县焦园乡朱口村	25	男	1940 年
任新动之妻	东明县大屯镇后排村	—	女	1940 年
周××	东明县城	—	男	1940 年
马抓钩	东明县大屯镇龙山集村	72	男	1941 年 2 月
李守乾	东明县大屯镇龙山集村	73	男	1941 年 2 月
李春阁	东明县大屯镇龙山集村	52	男	1941 年 2 月
张天顺	东明县大屯镇龙山集村	68	男	1941 年 2 月
张秋贵	东明县大屯镇龙山集村	66	男	1941 年 2 月
朱家兵	东明县焦园乡朱口村	—	男	1941 年 2 月
张氏之二	东明县开发区袁旗营村	45	女	1941 年 2 月
陈　氏	东明县开发区袁旗营村	22	女	1941 年 2 月
李　喜	东明县开发区袁旗营村	32	女	1941 年 2 月

续表

姓名	籍贯	年龄	性别	死难时间
车发起	东明县长兴集乡安庄村	32	男	1941 年 3 月
安庭茂	东明县长兴集乡安庄村	29	男	1941 年 5 月
刘四牛	东明县长兴集乡许庄村	20	男	1941 年 5 月
陈刘氏	东明县长兴集乡陈庄村	25	女	1941 年 5 月
刘金枝	东明县长兴集乡陈庄村	65	女	1941 年 5 月
刘　立	东明县长兴集乡许庄村	12	男	1941 年 5 月
许国胜之妻	东明县长兴集乡许庄村	—	女	1941 年 5 月
许张氏	东明县长兴集乡许庄村	—	女	1941 年 5 月
许宪彩	东明县长兴集乡许庄村	72	男	1941 年 5 月
许宽彩之三姐	东明县长兴集乡许庄村	—	女	1941 年 5 月
许国胜	东明县长兴集乡许庄村	—	男	1941 年 5 月
刘　玄	东明县长兴集乡许庄村	10	男	1941 年 5 月
刘年生之四子	东明县长兴集乡许庄村	—	男	1941 年 5 月
张恩桐	东明县武胜桥乡后张楼村	—	男	1941 年 7 月
李富刚	东明县武胜桥乡管寨村	—	男	1941 年 5 月
管　氏	东明县武胜桥乡后张楼村	—	女	1941 年 5 月
许　氏	东明县长兴集乡许庄村	—	女	1941 年 5 月
刘　网	东明县长兴集乡李焕堂村	13	女	1945 年 7 月
许　恒	东明县长兴集乡李焕堂村	20	男	1944 年 5 月
张双新	东明县刘楼镇张庄村	21	男	1941 年 6 月
张成勤	东明县刘楼镇张庄村	19	男	1941 年 6 月
赵保才	东明县刘楼镇徐集村	77	男	1941 年 10 月
刘改学	东明县武胜桥乡武胜桥村	27	男	1941 年 10 月
侯　斗	东明县长兴集乡西黑岗村	—	男	1941 年
陈世隆	东明县城关镇白寨村	—	男	1941 年
孟兆祥	东明县城关镇白寨村	—	男	1941 年
朱世横	东明县城关镇白寨村	—	男	1941 年
陈世昌	东明县城关镇白寨村	—	男	1941 年
邢喜行	东明县城关镇南吴庄村	—	男	1940 年
宋　四	东明县刘楼镇孟庄村	21	男	1941 年
翟秀江	东明县刘楼镇庞桥村	28	男	1941 年
姚进良	东明县刘楼镇吕庄村	30	男	1941 年
姚国印	东明县刘楼镇吕庄村	28	男	1941 年
任聚才	东明县刘楼镇吕庄村	23	男	1941 年

续表

姓 名	籍 贯	年 龄	性 别	死难时间
许自礼	东明县刘楼镇春亭村	32	男	1941 年
黄禄隆	东明县刘楼镇黄王庄村	27	男	1941 年
黄满屯	东明县刘楼镇黄王庄村	29	男	1941 年
辛 留	东明县大屯镇北孟村	—	男	1941 年
姚书明	东明县大屯镇北孟村	—	男	1941 年
梁二任	东明县大屯镇北孟村	—	男	1941 年
牛 贵	东明县大屯镇北孟村	—	男	1941 年
周十三	东明县大屯镇前排村	56	男	1941 年
周万军	东明县大屯镇前排村	23	男	1941 年
周东领	东明县大屯镇前排村	56	男	1941 年
周新成	东明县大屯镇前排村	26	男	1941 年
房国栋	东明县大屯镇王菜园村	30	男	1941 年
房四全	东明县大屯镇王菜园村	40	男	1941 年
朱万记	东明县陆圈镇朱庄村	21	男	1941 年
米德忠	东明县陆圈镇高官营村	37	男	1941 年
陈得胜	东明县长兴集乡大刘寨村	19	男	1941 年
林永平	东明县长兴集乡老君堂村	23	男	1942 年 5 月
李陶力	东明县焦园乡黄夹堤村	—	—	1940 年
胡 耕	东明县焦园乡徐夹堤村	30	男	1944 年
汪 涛	东明县焦园乡马厂村	—	男	1941 年
张秋季	东明县武胜桥乡邢彦村	—	男	1941 年
闫 圈	东明县武胜桥乡后楼村	—	男	1941 年
张继轩	东明县武胜桥乡邢彦村	—	男	1941 年
狗捞子	东明县武胜桥乡邢彦村	—	男	1941 年
常云山	东明县武胜桥乡沙堌堆村	—	男	1940 年
孙三元之女	东明县武胜桥乡沙堌堆村	—	女	1941 年
常德香	东明县武胜桥乡沙堌堆村	—	男	1941 年
孙六队	东明县武胜桥乡沙堌堆村	—	男	1941 年
庆	东明县武胜桥乡沙堌堆村	—	男	1941 年
常二肥	东明县武胜桥乡沙堌堆村	—	男	1941 年
常玉中之父	东明县武胜桥乡沙堌堆村	—	男	1941 年
常三德	东明县武胜桥乡沙堌堆村	—	男	1941 年
常国强	东明县武胜桥乡沙堌堆村	—	男	1941 年
常明功	东明县武胜桥乡沙堌堆村	—	男	1941 年

续表

姓名	籍贯	年龄	性别	死难时间
郝玉德	东明县武胜桥乡沙堌堆村	—	男	1941 年
常付增	东明县武胜桥乡沙堌堆村	—	男	1941 年
常如义	东明县武胜桥乡沙堌堆村	—	男	1941 年
郝登节	东明县武胜桥乡沙堌堆村	—	男	1941 年
郝留拾	东明县武胜桥乡沙堌堆村	—	男	1941 年
郝志电	东明县武胜桥乡沙堌堆村	—	男	1941 年
郝石滚	东明县武胜桥乡沙堌堆村	—	男	1941 年
郝二江	东明县武胜桥乡沙堌堆村	—	男	1941 年
郝拾啦	东明县武胜桥乡沙堌堆村	—	男	1941 年
郝生得	东明县武胜桥乡沙堌堆村	—	男	1941 年
郝××	东明县武胜桥乡沙堌堆村	—	男	1941 年
郝××	东明县武胜桥乡沙堌堆村	—	男	1941 年
张铁锤	东明县菜园集乡菜园集村	20	男	1941 年
崔银芳	东明县菜园集乡十里铺村	—	男	1942 年
黄银喜	东明县菜园集乡十里铺村	—	男	1941 年
魏文增	东明县开发区东袁旗营村	—	男	1941 年
刘建立	东明县陆圈镇姚寨村	—	男	1941 年
王二圈	东明县刘楼镇邓王庄村	—	男	1941 年
王秋富	东明县刘楼镇邓王庄村	—	男	1941 年
任留仓	东明县刘楼镇邓王庄村	—	男	1941 年
都兴堂	东明县城区	38	男	1941 年
巩同告	东明县刘楼镇赵庄村	—	男	1941 年
徐留所之妹	东明县刘楼镇春亭村	—	女	1941 年
陈德胜	东明县长兴集乡大刘寨村	31	男	1941 年
张德印	东明县武胜桥乡武胜桥村	24	男	1942 年 1 月
李洪海	东明县刘楼镇苏集村	—	男	1942 年 2 月
李洪喜	东明县刘楼镇苏集村	73	男	1942 年 2 月
程二会	东明县刘楼镇苏集村	24	男	1942 年 2 月
李金田	东明县刘楼镇苏集村	26	男	1942 年 2 月
宋乔义	东明县刘楼镇苏集村	28	男	1942 年 2 月
张　立	东明县长兴集乡张小集村	41	男	1942 年 3 月
陈　培	东明县长兴集乡蔡庄村	20	男	1942 年 3 月
肖　八	东明县长兴集乡蔡庄村	30	男	1942 年 3 月
刘金枝	东明县长兴集乡蔡庄村	65	女	1942 年 3 月

续表

姓名	籍贯	年龄	性别	死难时间
陈刘氏	东明县长兴集乡蔡庄村	23	女	1942年3月
王保太	东明县长兴集乡辛庄村	22	男	1942年3月
李正存	东明县长兴集乡燕庄村	25	男	1942年3月
李朗才	东明县长兴集乡燕庄村	76	男	1942年3月
刘文修	东明县沙窝乡东堡城	60	男	1942年3月
尚进美	东明县沙窝乡东堡城	55	男	1942年3月
韩新太	东明县刘楼镇刘楼村	35	男	1942年2月
一面户	东明县大屯镇李楼村	30	男	1942年春
徐二蛋	东明县刘楼镇徐集村	25	男	1942年5月
杨宋氏	东明县长兴集乡董庄村	83	女	1942年5月
朱昌轩	东明县焦园乡朱口村	—	男	1942年5月
刘菠萝	东明县菜园集乡后牙村	30	男	1942年5月
营　氏	东明县武胜桥乡营口村	—	女	1942年6月
李克枪	东明县小井乡里长营村	40	男	1942年7月
王　巧	东明县陆圈镇陆圈村	24	女	1942年7月
李顺才	东明县长兴集乡燕庄村	28	男	1942年7月
谷学艺	东明县大屯镇李楼村	—	男	1942年秋
麻五妮	东明县大屯镇李楼村	36	女	1942年秋
李贵臣	东明县大屯镇李楼村	25	男	1942年秋
高学文	东明县沙窝乡张寨村	31	男	1942年8月
张静田	东明县大屯镇棒张寨村	45	男	1942年9月
张成双	东明县大屯镇棒张寨村	40	男	1942年9月
胡响成	东明县大屯镇棒张寨村	30	男	1942年9月
胡玉莲	东明县大屯镇棒张寨村	34	男	1942年9月
李贵臣	东明县大屯镇棒张寨村	51	男	1942年9月
王富荣	东明县长兴集乡张小集村	18	男	1942年9月
王贵莲	东明县武胜桥乡西杨庄村	34	女	1942年9月
刘　氏	东明县武胜桥乡西杨庄村	61	女	1942年9月
辛自修	东明县武胜桥乡西杨庄村	35	男	1942年9月
辛兰柱	东明县武胜桥乡西杨庄村	38	男	1942年9月
岳二发	东明县武胜桥乡西杨庄村	39	男	1942年9月
杨文发	东明县武胜桥乡西杨庄村	59	男	1942年9月
岳文庆	东明县武胜桥乡西杨庄村	48	男	1942年9月
岳　六	东明县武胜桥乡西杨庄村	32	女	1942年9月

续表

姓名	籍贯	年龄	性别	死难时间
陈兰英	东明县武胜桥乡西杨庄村	36	女	1942年9月
周素梅	东明县武胜桥乡西杨庄村	33	男	1942年9月
岳留句	东明县武胜桥乡西杨庄村	48	男	1942年9月
杨大山	东明县武胜桥乡西杨庄村	44	男	1942年9月
杨新转	东明县武胜桥乡西杨庄村	46	男	1942年9月
杨登高	东明县武胜桥乡西杨庄村	38	男	1942年9月
杨柱昌	东明县武胜桥乡西杨庄村	32	男	1942年9月
王来喜	东明县大屯镇王屯村	32	男	1942年9月
屈双玉	东明县大屯镇王屯村	34	男	1942年9月
刘大统	东明县刘楼镇	39	男	1942年10月
张进祥	东明县刘楼镇黄小屯村	78	男	1942年10月
麻二随	东明县刘楼镇黄小屯村	40	男	1942年10月
麻闫氏	东明县刘楼镇黄小屯村	39	女	1942年10月
王银汉	东明县大屯镇王菜园村	73	男	1942年10月
周金荣	东明县大屯镇张街村	26	男	1942年10月
张工仙	东明县大屯镇张街村	19	男	1942年10月
殷　思	东明县大屯镇王屯村	60	男	1942年10月
王化金	东明县大屯镇王屯村	71	男	1942年10月
张××	河南省长垣县	22	男	1942年11月
岳　孬	东明县长兴集乡西竹林村	48	男	1942年11月
郭　良	东明县沙窝乡郭寨村	49	男	1940年9月
于石头	东明县沙窝乡郭寨村	38	男	1939年10月
于中舟	东明县沙窝乡郭寨村	40	男	1939年10月
赵　氏	东明县沙窝乡郭寨村	65	女	1939年10月
陈玉文	东明县城关镇白寨村	—	男	1942年冬
崔东阁	东明县城关镇崔街村	—	男	1942年
崔建中	东明县城关镇崔街村	—	男	1942年
杨大二小	东明县城关镇杨旺营村	—	男	1942年
孟宪增	东明县刘楼镇孟庄村	23	男	1942年
孟宪增之妹	东明县刘楼镇孟庄村	17	女	1942年
王守仁	东明县刘楼镇李集村	35	男	1942年
王书院	东明县刘楼镇千户村	23	男	1942年
郭尾巴	东明县刘楼镇平堽营村	38	男	1942年
袁春芳	—	44	女	1942年

续表

姓 名	籍 贯	年 龄	性 别	死难时间
孟照方	东明县大屯镇赵真屯村	—	男	1942 年
安 娜	东明县大屯镇赵真屯村	—	女	1942 年
刘气都	东明县大屯镇丁咀村	61	男	1942 年
谷洪恩	东明县大屯镇谷庄村	28	男	1942 年
谷日坤	东明县大屯镇谷庄村	30	男	1942 年
段凤俭	东明县陆圈镇陆圈村	30	男	1942 年
宋 万	东明县陆圈镇宋庄村	40	男	1942 年
宫西房	东明县陆圈镇宫庄村	30	男	1942 年
四老才	东明县陆圈镇穆庄村	27	男	1942 年
张 三	东明县长兴集乡张小集村	31	男	1942 年
徐 付	东明县长兴集乡张小集村	—	男	1942 年
车二小	东明县长兴集乡张小集村	28	男	1942 年
老 郭	东明县长兴集乡老君堂村	23	男	1942 年
老 王	东明县长兴集乡老君堂村	21	男	1942 年
林万昌	东明县长兴集乡老君堂村	19	男	1942 年
刘运启	东明县长兴集乡董庄村	20	男	1942 年
崔玉阁	东明县武胜桥乡后楼村	18	女	1942 年
崔四海	东明县武胜桥乡后楼村	26	男	1942 年
崔狗食	东明县武胜桥乡后楼村	27	男	1942 年
赵富态	东明县武胜桥乡管寨村	—	男	1942 年
陈金段	东明县沙窝乡王寨村	31	男	1942 年
鲍 文	东明县沙窝乡蔡寨村	20	男	1942 年
冯记修	东明县沙窝乡徐炉村	21	男	1942 年
冯二黄	东明县沙窝乡徐炉村	38	男	1942 年
杨小二	东明县沙窝乡土地张村	12	男	1942 年
刘来贵	东明县沙窝乡段庄村	20	男	1942 年
老钢针	东明县菜园集乡十里铺村	—	男	1942 年
张维汉	东明县马头镇窦寨村	35	男	1943 年 9 月
段××	东明县开发区西赵官营村	—	男	1942 年
李铁林	东明县陆圈镇五霸岗村	36	男	1942 年
朱昌轩	东明县焦园乡朱口村	—	男	1942 年
孟宪云	东明县城区	—	女	1942 年
程××	东明县刘楼镇程楼村	—	男	1942 年
程××	东明县刘楼镇程楼村	—	男	1942 年

续表

姓 名	籍 贯	年 龄	性 别	死难时间
李正右	东明县长兴集乡燕庄村	25	男	1943 年 1 月
林万俊	东明县长兴集乡老君堂村	22	男	1943 年 2 月
刘培仁	东明县刘楼镇刘楼村	30	男	1943 年 2 月
王中川	东明县长兴集乡罗寨村	24	男	1943 年 3 月
任老根	东明县刘楼镇任庄村	45	男	1943 年 4 月
高留保	东明县刘楼镇北庞村	38	男	1943 年 4 月
李正寒	东明县长兴集乡燕庄村	23	男	1943 年 4 月
赵冒巾	东明县马头镇王头村	—	男	1943 年 4 月
乔　二	东明县马头镇王头村	—	男	1943 年 4 月
岳登运	东明县武胜桥乡西乔良村	37	男	1943 年 5 月
刘马记	东明县武胜桥乡武胜桥村	29	男	1943 年 5 月
刘老虎	东明县武胜桥乡武胜桥村	23	男	1943 年 5 月
许宪枝	东明县长兴集乡许庄村	25	男	1943 年 6 月
许丙毫	东明县长兴集乡许庄村	30	男	1943 年 6 月
李宽亮	东明县刘楼镇千户村	17	男	1943 年 8 月
程有田	东明县沙窝乡齐王集村	31	男	1943 年 10 月
张俊兴	东明县刘楼镇黄堌张庄村	22	男	1943 年 11 月
马　氏	东明县沙窝乡齐王集村	47	女	1943 年 11 月
刘新春之妻	东明县沙窝乡齐王集村	36	女	1943 年 11 月
张德石	东明县沙窝乡齐王集村	30	男	1943 年 11 月
郭　氏	东明县沙窝乡齐王集村	33	女	1943 年 11 月
冯麻山	东明县长兴集乡王高寨村	19	男	1945 年 4 月
郭长兴	东明县东明集镇店子集村	38	男	1943 年
王治焕	东明县大屯镇赵真屯村	—	男	1943 年
宋留存	东明县陆圈镇宋庄村	40	男	1943 年
魏　氏	东明县陆圈镇宫庄村	30	女	1942 年
孙廷会	东明县陆圈镇东孙楼村	31	男	1943 年
郭水炭	东明县东明集镇袁长营村	20	男	1943 年
王新年	东明县长兴集乡老君堂村	23	男	1943 年
王青山	东明县长兴集乡老君堂村	24	男	1943 年
张得又	东明县武胜桥乡邢彦村	—	男	1943 年
王合明	东明县武胜桥乡邢彦村	—	男	1943 年
刘广玉	东明县武胜桥乡邢彦村	—	男	1943 年
王榜钱	东明县沙窝乡王寨村	32	男	1943 年

续表

姓 名	籍 贯	年 龄	性 别	死难时间
贾 氏	东明县沙窝乡蔡寨村	53	女	1943 年
李同贵	东明县沙窝乡沙窝村	31	男	1943 年
程新贵	东明县沙窝乡沙窝村	27	男	1943 年
郑金堂	东明县沙窝乡沙窝村	25	男	1943 年
王保银	东明县沙窝乡沙窝村	29	男	1943 年
胡朝海	东明县沙窝乡沙窝村	21	男	1943 年
尚新启	东明县沙窝乡尚庄村	—	男	1943 年
马九凤	东明县沙窝乡马集村	23	男	1943 年
徐芳云	东明县小井乡里长营村	45	男	1943 年
赵振先	东明县马头镇朱岗寺村	18	男	1943 年
赵哑巴	东明县马头镇朱岗寺村	19	男	1943 年
赵改行	东明县马头镇朱岗寺村	18	男	1943 年
李豁子	东明县武胜桥乡沙堌堆村	22	男	1943 年春
王志新之女	东明县沙窝乡霍寨村	—	女	1943 年
王付来	东明县大屯镇王菜园村	—	男	1944 年 1 月
张付贵	东明县大屯镇王菜园村	—	男	1944 年 1 月
任二随	东明县长兴集乡任庄村	22	男	1944 年 1 月
任玉秀	东明县长兴集乡任庄村	24	男	1944 年 1 月
任何法	东明县长兴集乡任庄村	25	男	1944 年 1 月
黄哲先	东明县焦园乡后汤村	20	男	1944 年 1 月
翟二安	东明县焦园乡后汤村	18	男	1944 年 1 月
刘朝选	东明县刘楼镇黄堌村	30	男	1944 年 2 月
李国栋	东明县刘楼镇黄堌村	25	男	1944 年 2 月
关和联	东明县刘楼镇黄堌村	38	男	1944 年 2 月
刘宪章	东明县刘楼镇黄堌村	36	男	1944 年 2 月
刘典章	东明县刘楼镇黄堌村	31	男	1944 年 2 月
陈廷选	东明县刘楼镇黄堌村	35	男	1944 年 2 月
王世杰	东明县刘楼镇黄堌村	25	男	1942 年 2 月
陈洪恩	东明县刘楼镇黄堌村	30	男	1942 年 2 月
张兴光	东明县刘楼镇黄堌村	21	男	1942 年 2 月
陈春光	东明县刘楼镇黄堌村	28	男	1942 年 2 月
陈荣太	东明县刘楼镇黄堌村	29	男	1942 年 2 月
陈富义	东明县刘楼镇黄堌村	23	男	1942 年 2 月
王世铭	东明县刘楼镇黄堌村	27	男	1942 年 2 月

续表

姓名	籍贯	年龄	性别	死难时间
王世俊	东明县刘楼镇黄堌村	25	男	1942 年 2 月
李雪来	东明县刘楼镇黄堌村	21	男	1942 年 2 月
马龙德	东明县刘楼镇黄堌村	25	男	1942 年 2 月
马长太	东明县刘楼镇黄堌村	24	男	1942 年 2 月
马书太	东明县刘楼镇黄堌村	26	男	1942 年 2 月
马芝太	东明县刘楼镇黄堌村	27	男	1942 年 2 月
彭升妮	东明县长兴集乡李庄村	20	男	1944 年 2 月
任银贵	东明县东明集镇任老屯村	40	男	1944 年 2 月
刘俊景	东明县武胜桥乡武胜桥村	24	男	1944 年 3 月
王　氏	东明县武胜桥乡武胜桥村	26	女	1944 年 3 月
张继成	东明县长兴集乡东岳庙村	20	男	1944 年 4 月
张二辈	东明县长兴集乡东岳庙村	19	男	1944 年 4 月
李聘芝	东明县长兴集乡东水坑村	33	男	1944 年 4 月
王银汉	东明县大屯镇王菜园村	—	男	1940 年 4 月
司合彬	东明县长兴集乡西黑岗村	—	男	1944 年 5 月
穆子相	东明县长兴集乡穆庄村	50	男	1944 年 5 月
杨喜成	东明县刘楼镇小路店杨庄村	39	男	1944 年 5 月
王　栓	东明县刘楼镇小路店杨庄村	—	男	1944 年 5 月
宋达修	东明县长兴集乡西水坑村	23	男	1944 年 6 月
张万年	东明县武胜桥乡后楼村	14	男	1944 年 6 月
张同心	东明县武胜桥乡后楼村	14	男	1944 年 6 月
张恩三	东明县武胜桥乡后楼村	14	男	1944 年 6 月
张专金	东明县武胜桥乡后楼村	13	男	1944 年 6 月
张长运	东明县武胜桥乡后楼村	15	男	1944 年 6 月
张贵银	东明县武胜桥乡后楼村	15	男	1944 年 6 月
景中贤	东明县小井乡景庄村	23	男	1944 年 7 月
翟高清	东明县长兴集乡翟庄村	26	男	1944 年 7 月
宋清祥	东明县长兴集乡辛庄村	37	男	1944 年 7 月
王书仁	东明县刘楼镇徐集村	27	男	1944 年 7 月
郭马虎	东明县刘楼镇春亭村	9	男	1944 年 8 月
刘得春	东明县武胜桥乡武胜桥村	28	男	1944 年 8 月
岳　氏	东明县武胜桥乡武胜桥村	25	女	1944 年 8 月
张春花	东明县武胜桥乡武胜桥村	26	女	1944 年 8 月
袁留所	东明县菜园集乡袁老家村	27	男	1944 年 8 月

续表

姓 名	籍 贯	年 龄	性 别	死难时间
袁仲普	东明县菜园集乡袁老家村	30	男	1944 年 8 月
王孝文	东明县长兴集乡王高寨村	34	男	1945 年 4 月
程双喜	东明县沙窝乡程庄村	22	男	1944 年 9 月
张石仲	东明县武胜桥乡武胜桥村	30	男	1944 年 10 月
刘连芳	东明县武胜桥乡武胜桥村	30	男	1944 年 10 月
刘纪舟	东明县	72	男	1944 年 10 月
刘俊修	东明县长兴集乡程坡村	23	男	1944 年 12 月
王刺猬	东明县沙窝乡西堡村	15	男	1944 年冬
魏新田	东明县长兴集乡辛店村	54	男	1944 年底
杨东立	东明县东明集镇店子集村	33	男	1944 年
李洪恩	东明县长兴集乡西黑岗村	—	男	1944 年
穆银铜	东明县城关镇东关村	45	男	1944 年
穆亚深	东明县城关镇东关村	18	男	1944 年
海范三	东明县城关镇西关村	—	男	1944 年
木 省	东明县城关镇穆旬庄村	19	女	1944 年
李纪山	东明县陆圈镇纪官营村	—	男	1944 年
李进仓	东明县陆圈镇纪官营村	—	男	1944 年
王文记	东明县陆圈镇东南王店村	52	男	1944 年
郝福起	东明县陆圈镇郝桥村	60	男	1944 年
郭 占	牡丹区吕陵镇郭庄村	30	男	1944 年
王丕成	东明县陆圈镇东裕州村	29	男	1944 年
王金荣	东明县陆圈镇东裕州村	36	男	1944 年
李铁岑	东明县陆圈镇五霸岗村	32	男	1944 年
张 流	东明县长兴集乡大刘寨村	43	男	1944 年
翟雨云	东明县长兴集乡大刘寨村	30	男	1944 年
刘志修	东明县长兴集乡李焕堂村	19	男	1944 年
尹李氏	东明县长兴集乡三王寨村	37	女	1944 年
杨同四	东明县长兴集乡三王寨村	33	男	1944 年
宋运良	东明县长兴集乡刘乡村	20	男	1944 年
李 六	东明县长兴集乡老君堂村	23	男	1944 年
于际明	东明县长兴集乡老君堂村	25	男	1944 年
赵宝安	东明县长兴集乡老君堂村	24	男	1944 年
王铁柱	东明县长兴集乡老君堂村	22	男	1944 年
王杰然	东明县长兴集乡老君堂村	23	男	1944 年

续表

姓名	籍贯	年龄	性别	死难时间
王秀堂	东明县长兴集乡老君堂村	23	男	1944年
林留庄	东明县长兴集乡老君堂村	22	男	1944年
景新法	东明县长兴集乡老君堂村	24	男	1944年
黄三孬	东明县长兴集乡老君堂村	21	男	1944年
顿修彬	东明县长兴集乡顿庄村	62	男	1944年
顿普杨	东明县长兴集乡顿庄村	67	男	1944年
儿童团长	东明县长兴集乡顿庄村	14	男	1944年
杜文田	东明县长兴集乡大张庄村	25	男	1944年
纪东山	东明县武胜桥乡唐楼村	—	男	1944年
王石贵	东明县沙窝乡王寨村	36	男	1944年
段刺猬	东明县沙窝乡段庄村	28	男	1944年
陈新毅	东明县马头镇东街	—	男	1944年
李雪友	东明县城关镇西门	22	男	1944年
李杨氏	东明县城关镇西门	22	女	1944年
李存纪	东明县菜园集乡支寨村	42	男	1944年
孙书昕	东明县陆圈镇孙楼村	9	男	1944年
孙午端	东明县陆圈镇孙楼村	—	男	1944年
纪文元	东明县武胜桥乡唐楼村	—	男	1945年
张士元	东明县长兴集乡程坡村	41	男	1944年
张冠卿	东明县长兴集乡辛店集村	20	男	1944年
刘大胡	东明县焦园乡毕桥村	—	男	1945年1月
闫纪周	东明县长兴集乡罗寨村	39	男	1945年2月
娄尾巴	东明县长兴集乡罗寨村	30	男	1945年2月
闫留柱	东明县长兴集乡张庄村	29	男	1945年2月
李进昌	东明县焦园乡荆岗村	—	男	1945年2月
王文刚	东明县焦园乡荆岗村	—	男	1945年2月
马　了	东明县焦园乡荆岗村	—	男	1945年2月
陈东备	东明县焦园乡荆岗村	—	男	1945年2月
王国珍	东明县焦园乡荆岗村	—	男	1945年2月
王国何	东明县焦园乡荆岗村	—	男	1945年2月
王广先	东明县焦园乡荆岗村	—	男	1945年2月
王文彬	东明县焦园乡荆岗村	—	男	1945年2月
王大安	东明县焦园乡荆岗村	—	男	1945年2月
王　堂	东明县焦园乡荆岗村	—	男	1945年2月

续表

姓 名	籍 贯	年 龄	性 别	死难时间
王全先	东明县焦园乡荆岗村	—	男	1945 年 2 月
石兆祥	东明县焦园乡荆岗村	—	男	1945 年 2 月
王罗锅	东明县焦园乡荆岗村	—	男	1945 年 2 月
王省力	东明县焦园乡荆岗村	—	男	1945 年 2 月
黄 配	东明县焦园乡荆岗村	—	男	1945 年 2 月
黄中常	东明县焦园乡荆岗村	—	男	1945 年 2 月
黄高生	东明县焦园乡荆岗村	—	男	1945 年 2 月
司成句	东明县焦园乡后汤村	20	男	1945 年 2 月
王永宽	东明县长兴集乡罗寨村	18	男	1945 年 8 月
王二朗	东明县长兴集乡王高寨村	23	男	1945 年 2 月
王火印	东明县长兴集乡罗寨村	32	男	1945 年 8 月
侯翟氏	东明县长兴集乡西黑岗村	—	女	1945 年 3 月
侯文国	东明县长兴集乡西黑岗村	—	男	1945 年 3 月
刘文堂	东明县长兴集乡刘乡村	24	男	1945 年 3 月
王清平	东明县长兴集乡王高寨村	32	男	1945 年 4 月
王宪启	东明县长兴集乡王高寨村	49	男	1945 年 4 月
王清鹤	东明县长兴集乡王高寨村	67	男	1945 年 4 月
王兆贵	东明县长兴集乡王高寨村	24	男	1945 年 4 月
王兆坤	东明县长兴集乡王高寨村	24	男	1945 年 4 月
王兆铭	东明县长兴集乡王高寨村	24	男	1945 年 4 月
王兆荣	东明县长兴集乡王高寨村	28	男	1945 年 4 月
王兆烈	东明县长兴集乡王高寨村	50	男	1945 年 4 月
王宪法	东明县长兴集乡王高寨村	59	男	1945 年 4 月
王文艺	东明县长兴集乡王高寨村	42	男	1945 年 4 月
王之钦	东明县长兴集乡王高寨村	16	男	1945 年 4 月
刘秉五	东明县长兴集乡王高寨村	30	男	1945 年 4 月
刘景田	东明县长兴集乡王高寨村	47	男	1945 年 4 月
刘景森	东明县长兴集乡王高寨村	28	男	1945 年 4 月
刘张氏	东明县长兴集乡王高寨村	68	女	1945 年 4 月
刘景山	东明县长兴集乡王高寨村	48	男	1945 年 4 月
关渤源	东明县长兴集乡王高寨村	48	男	1945 年 4 月
李孟尚	东明县长兴集乡王高寨村	42	男	1945 年 4 月
李庆林	东明县长兴集乡王高寨村	27	男	1945 年 4 月
彭金业	东明县长兴集乡王高寨村	24	男	1945 年 4 月

续表

姓名	籍贯	年龄	性别	死难时间
尹朝栋	东明县长兴集乡三王寨村	41	男	1945年4月
尹朝选	东明县长兴集乡三王寨村	42	男	1945年4月
顿留群	东明县长兴集乡三王寨村	30	男	1945年4月
程广训	东明县长兴集乡三王寨村	47	女	1945年4月
程学科	东明县长兴集乡三王寨村	27	男	1945年4月
程克俭	东明县长兴集乡三王寨村	23	男	1945年4月
许孟河	东明县长兴集乡三王寨村	21	男	1945年4月
王油锤	东明县长兴集乡张庄村	20	男	1945年4月
赵德道	东明县沙窝乡高墙村	40	男	1945年4月
赵新安	东明县沙窝乡高墙村	38	男	1945年4月
赵长仁	东明县沙窝乡高墙村	36	男	1945年4月
王宪文	东明县长兴集乡王高寨村	—	男	1945年4月
王清源	东明县长兴集乡王高寨村	53	男	1945年4月
王宪君	东明县长兴集乡王高寨村	49	男	1945年4月
王清栋	东明县长兴集乡王高寨村	—	男	1945年4月
王兆培	东明县长兴集乡王高寨村	20	男	1945年4月
王兆珍	东明县长兴集乡王高寨村	30	男	1945年4月
王兆梦	东明县长兴集乡王高寨村	51	男	1945年4月
王清柱	东明县长兴集乡王高寨村	—	男	1945年4月
王冠升	东明县长兴集乡王高寨村	48	男	1945年4月
王宪法	东明县长兴集乡王高寨村	59	男	1945年4月
王黄氏	东明县长兴集乡王高寨村	50	女	1945年4月
王金玉	东明县长兴集乡王高寨村	52	男	1945年4月
王遂玉	东明县长兴集乡王高寨村	38	男	1945年4月
王冠寅	东明县长兴集乡王高寨村	33	男	1945年4月
王冠英	东明县长兴集乡王高寨村	42	男	1945年4月
王玉田	东明县三春集镇油坊村	41	男	1945年4月
王文芝	河南省长垣县小青村	53	男	1945年4月
沈万秋	东明县长兴集乡杨庄村	31	男	1945年4月
林好君	东明县长兴集乡王高寨村	28	男	1945年4月
林好美	东明县长兴集乡王高寨村	30	男	1945年4月
林朝相	东明县长兴集乡王高寨村	20	男	1945年4月
秦发翔	东明县长兴集乡王高寨村	37	男	1945年4月
阎昌法	东明县长兴集乡王高寨村	28	男	1945年4月

续表

姓 名	籍 贯	年 龄	性 别	死难时间
阎继周	东明县长兴集乡罗寨村	39	男	1945 年 4 月
王　宁	东明县长兴集乡王高寨村	—	男	1945 年 4 月
刘随妮	东明县长兴集乡王高寨村	—	男	1945 年 4 月
陈培信	东明县焦园乡后汤村	—	男	1945 年 5 月
陈　顺	东明县焦园乡马厂村	—	男	1942 年 5 月
姚广田	东明县焦园乡后汤村	—	男	1945 年 5 月
安培文	东明县长兴集乡安庄村	20	男	1945 年 6 月
车　英	东明县长兴集乡安庄村	36	女	1945 年 6 月
房　四	东明县大屯镇王菜园村	21	男	1945 年 6 月
王　四	东明县大屯镇王菜园村	54	男	1945 年 6 月
李志启	东明县长兴集乡张小集村	27	男	1945 年 6 月
刘纪文	东明县长兴集乡李庄村	28	男	1945 年 6 月
李　氏	东明县长兴集乡翟庄村	24	女	1945 年 6 月
姚江所	东明县长兴集乡罗寨村	25	男	1945 年 6 月
穆富运	东明县长兴集乡穆庄村	30	男	1945 年 6 月
黄梦鳞	东明县长兴集乡王高寨村	32	男	1945 年 4 月
程克俭	东明县长兴集乡三王寨村	23	男	1945 年 4 月
侯同印	东明县长兴集乡翟庄村	22	男	1945 年 6 月
尹朝阁	东明县长兴集乡三王寨村	41	男	1945 年 4 月
安广河	东明县长兴集乡安庄村	40	男	1945 年 7 月
李洪如	东明县长兴集乡辛庄村	20	男	1945 年 7 月
李　氏	东明县长兴集乡西水坑村	21	女	1945 年 7 月
苏双春	东明县沙窝乡南霍寨村	11	男	1945 年 7 月
苏　荣	东明县沙窝乡南霍寨村	11	女	1945 年 7 月
许登宪	东明县长兴集乡李焕堂村	20	男	1945 年 8 月
车腊月	东明县长兴集乡安庄村	30	男	1945 年 9 月
车大象	东明县长兴集乡安庄村	25	男	1945 年 9 月
赵长仁	东明县沙窝乡高墙村	36	男	1945 年 9 月
程春成	东明县沙窝乡程庄村	24	男	1945 年 9 月
陈重新	东明县城关镇吉利营村	—	男	1945 年
陈书来	东明县城关镇吉利营村	—	男	1945 年
陈水起	东明县城关镇吉利营村	—	男	1945 年
陈有义	东明县城关镇吉利营村	—	男	1945 年
朱书印	东明县城关镇朱口村	34	男	1945 年

续表

姓 名	籍 贯	年 龄	性 别	死难时间
王建增	东明县陆圈镇东南王店村	22	男	1945 年
宫凤江	东明县陆圈镇宫庄村	30	男	1945 年
孙自典	东明县陆圈镇东孙楼村	31	男	1945 年
胡发旺	东明县东明集镇胡庄村	36	男	1945 年
胡金喜	东明县东明集镇胡庄村	—	男	1945 年
王　牛	东明县长兴集乡张小集村	25	男	1945 年
刘二运	东明县长兴集乡大刘寨村	23	男	1945 年
翟李氏	东明县长兴集乡大刘寨村	52	女	1945 年
翟春所	东明县长兴集乡大刘寨村	27	男	1945 年
程富臻	东明县长兴集乡李庄村	22	男	1945 年
张土亢	东明县长兴集乡李庄村	41	男	1945 年
李亚彬	东明县长兴集乡李焕堂村	25	男	1945 年
李雨祥	东明县长兴集乡李焕堂村	48	男	1945 年
王成章	东明县长兴集乡大张庄村	26	男	1945 年
张连重	东明县长兴集乡大张庄村	24	男	1945 年
杨永汀	东明县长兴集乡大张庄村	26	男	1945 年
张重堂	东明县长兴集乡大张庄村	27	男	1945 年
张丙臣	东明县长兴集乡大张庄村	26	男	1945 年
张公兰	东明县长兴集乡大张庄村	25	男	1945 年
张丰羊	东明县长兴集乡大张庄村	26	男	1945 年
张倪氏	东明县长兴集乡大张庄村	41	女	1945 年
朱　孬	东明县焦园乡朱口村	18	男	1945 年
朱昌秀	东明县焦园乡朱口村	21	男	1945 年
马大哈	东明县武胜桥乡海头村	36	男	1945 年
刘孟雨	东明县武胜桥乡海头村	30	男	1945 年
郭大包	东明县武胜桥乡海头村	28	男	1945 年
王世东之女	东明县武胜桥乡海头村	8	女	1945 年
徐真武	东明县武胜桥乡海头村	28	男	1945 年
李九山	东明县武胜桥乡海头村	25	男	1945 年
李　虎	东明县武胜桥乡海头村	31	男	1945 年
崔万胜	东明县武胜桥乡海头村	28	男	1945 年
陈　氏	东明县武胜桥乡海头村	54	女	1945 年
刘石头	东明县武胜桥乡海头村	36	男	1945 年
皇甫玉娇	东明县武胜桥乡海头村	14	男	1945 年

续表

姓 名	籍 贯	年 龄	性 别	死难时间
马小小	东明县武胜桥乡海头村	17	男	1945 年
陈清天	东明县武胜桥乡海头村	20	男	1945 年
马祥和	东明县武胜桥乡海头村	41	男	1945 年
万盼来	东明县武胜桥乡海头村	32	男	1945 年
万冰川	东明县武胜桥乡海头村	39	男	1945 年
张三非	东明县武胜桥乡海头村	27	男	1945 年
赵 云	东明县武胜桥乡海头村	30	男	1945 年
马卫田	东明县武胜桥乡海头村	25	男	1945 年
马四喜	东明县武胜桥乡海头村	47	男	1945 年
徐金枪	东明县武胜桥乡海头村	52	男	1945 年
徐明光	东明县武胜桥乡海头村	17	男	1945 年
崔小花	东明县武胜桥乡海头村	10	女	1945 年
牛二柱	东明县武胜桥乡海头村	12	男	1945 年
韩大文	东明县武胜桥乡海头村	40	男	1945 年
张 氏	东明县武胜桥乡海头村	39	女	1945 年
万元成	东明县武胜桥乡海头村	55	男	1945 年
左 氏	东明县武胜桥乡海头村	57	女	1945 年
崔 氏	东明县武胜桥乡海头村	53	女	1945 年
胡大毛	东明县武胜桥乡海头村	37	男	1945 年
万海兰	东明县武胜桥乡海头村	60	男	1945 年
刘二妮	东明县武胜桥乡海头村	57	男	1945 年
徐粪叉	东明县武胜桥乡海头村	42	男	1945 年
霍景全	东明县武胜桥乡霍寨村	—	男	1945 年
霍雪成	东明县武胜桥乡霍寨村	—	男	1945 年
霍满屯	东明县武胜桥乡霍寨村	—	男	1945 年
袁尚风	东明县菜园集乡袁老家村	—	男	1945 年
袁仲简	东明县菜园集乡袁老家村	—	男	1945 年
袁来成	东明县菜园集乡袁老家村	—	男	1945 年
袁仲勋	东明县菜园集乡袁老家村	—	男	1945 年
赵兔腿	东明县马头镇王头村	—	男	1945 年
赵进长	东明县马头镇王头村	—	男	1945 年
段××	东明县开发区沈庄村	28	男	1945 年
李亚宾	东明县长兴集乡水坑村	24	男	1945 年
葛风岭	东明县长兴集乡水坑村	18	男	1945 年

续表

姓名	籍贯	年龄	性别	死难时间
王子钦	东明县长兴集乡罗寨村	67	男	1945 年 2 月
程富臻	东明县长兴集乡程坡村	23	男	1945 年
程朝科	东明县长兴集乡程坡村	22	男	1945 年
乔秋森	东明县大屯镇张街村	21	男	1943 年 9 月
范付聚	东明县大屯镇王菜园村	—	男	—
胡连信	东明县大屯镇屈屯村	—	男	—
周金素	东明县大屯镇张街村	26	男	—
张二仙	东明县大屯镇张街村	29	男	—
何清柱	东明县大屯镇王菜园村	29	男	—
魏石印之二弟	—	—	男	—
张　思	东明县东明集镇李官营村	18	女	—
朱二刚	东明县东明集镇王官营村	50	男	—
代新良	东明县东明集镇王官营村	30	男	—
陈雨仁	东明县东明集镇王官营村	30	男	—
陈二志	东明县东明集镇王官营村	32	男	—
郭长兴	东明县东明集镇店子集村	28	男	—
杨　轻	东明县东明集镇王官营村	58	男	—
兰聚仁	东明县小井乡张表屯村	—	男	—
兰　民	东明县小井乡张表屯村	—	男	—
张广旭	东明县小井乡张表屯村	—	男	—
黄大汉	东明县小井乡黄庄村	30	男	—
黄大汉之子	东明县小井乡黄庄村	3	男	—
王黄氏	东明县长兴集乡董庄村	72	女	—
董李氏	东明县长兴集乡董庄村	71	女	—
刘之勤	东明县长兴集乡刘乡村	18	男	—
刘宪周	东明县长兴集乡刘乡村	17	男	—
宋亭彩	东明县长兴集乡刘乡村	17	男	—
刘兴再	东明县长兴集乡刘乡村	23	男	—
宋金孝	东明县长兴集乡刘乡村	19	男	—
宋二会	东明县长兴集乡刘乡村	18	男	—
刘忠孝	东明县长兴集乡刘乡村	20	男	—
张全体	东明县长兴集乡东黑岗村	52	男	—
韩中展	东明县武胜桥乡韩楼村	41	男	—
程进信	东明县武胜桥乡韩楼村	41	男	—

续表

姓 名	籍 贯	年 龄	性 别	死难时间
韩综盒	东明县武胜桥乡韩楼村	40	男	—
万立中	东明县武胜桥乡海头村	10	男	—
万冬冬	东明县武胜桥乡海头村	13	男	—
朱盼升	东明县武胜桥乡海头村	28	男	—
崔风刘	东明县武胜桥乡海头村	52	男	1945 年
崔地方	东明县武胜桥乡海头村	47	男	—
刘东西	东明县武胜桥乡海头村	32	男	—
刘职武	东明县武胜桥乡海头村	42	男	—
马万银	东明县武胜桥乡海头村	21	男	—
吴有道	东明县武胜桥乡海头村	65	男	—
刘冰英	东明县武胜桥乡海头村	14	女	—
冉同法	东明县武胜桥乡海头村	12	男	—
岳留英	东明县武胜桥乡海头村	55	男	—
李增记	东明县武胜桥乡海头村	50	男	—
张道义	东明县武胜桥乡海头村	22	男	—
周立东	东明县武胜桥乡海头村	46	男	—
董长超	东明县武胜桥乡董北城村	41	男	—
董三秃	东明县武胜桥乡董北城村	42	男	—
董四亮	东明县武胜桥乡董北城村	42	男	—
牛　田	东明县武胜桥乡牛口村	40	男	—
王　氏	东明县武胜桥乡玉皇庙村	—	女	—
贺崇明	东明县武胜桥乡玉皇庙村	—	男	—
董庆汉	东明县武胜桥乡董北城村	37	男	—
董　蛋	东明县武胜桥乡董北城村	37	男	—
董三修	东明县武胜桥乡董北城村	38	女	—
董新荣	东明县武胜桥乡董北城村	39	男	—
董祥元	东明县武胜桥乡董北城村	40	男	—
张长顺	东明县武胜桥乡董北城村	41	男	—
马二瞎	东明县武胜桥乡沙堌堆村	41	男	—
常留安	东明县武胜桥乡沙堌堆村	40	男	—
常二记	东明县武胜桥乡沙堌堆村	41	男	—
常付弟	东明县武胜桥乡沙堌堆村	40	男	—
常冠响	东明县武胜桥乡沙堌堆村	40	男	—
常四宝	东明县武胜桥乡沙堌堆村	—	男	—

续表

姓 名	籍 贯	年 龄	性 别	死难时间
常洪迈	东明县武胜桥乡沙堌堆村	—	男	—
张连江	东明县武胜桥乡沙堌堆村	—	男	—
常洪杰	东明县武胜桥乡沙堌堆村	—	男	—
孙扎根	东明县武胜桥乡沙堌堆村	—	男	—
孙之之女	东明县武胜桥乡沙堌堆村	—	女	—
李明良	东明县沙窝乡谢寨村	25	男	—
李大狗	东明县沙窝乡谢寨村	27	男	—
李　四	东明县沙窝乡谢寨村	25	男	—
李　五	东明县沙窝乡谢寨村	23	男	—
郭孬祸	东明县沙窝乡谢寨村	26	男	—
刘同述	东明县沙窝乡谢寨村	24	男	—
刘二毛	东明县沙窝乡沙窝村	25	男	—
李同贵	东明县沙窝乡谢寨村	31	男	1943 年
李全林	东明县开发区西赵官营村	—	男	—
姜国栋	东明县开发区西赵官营村	—	男	—
周留汪	东明县开发区西赵官营村	—	男	—
段留兴	东明县开发区沈庄村	25	男	—
段　海	东明县开发区沈庄村	32	男	—
段玉山	东明县开发区沈庄村	30	男	—
段广星	东明县开发区沈庄村	24	男	—
段软正	东明县开发区沈庄村	22	男	—
段喜金	东明县开发区沈庄村	22	男	—
谷二书	东明县开发区沈庄村	20	男	—
孙自瑞	东明县陆圈镇孙楼村	—	男	—
李自典	东明县陆圈镇孙楼村	—	男	—
孙　道	东明县刘楼镇于庄村	40	男	—
孙正修	东明县刘楼镇于庄村	40	男	—
张文长之妻	东明县城关镇店子村	—	女	—
李雨勤	东明县刘楼镇苏集村	69	男	1937 年
黄四凤	东明县城关镇前营村	32	女	1937 年
王　房	东明县刘楼镇白庙村	47	男	1937 年
王三年	东明县刘楼镇李庄村	21	男	1937 年 7 月
梁大奎	东明县刘楼镇春亭村	31	男	1937 年
张广印	东明县刘楼镇黄小屯村	46	男	1937 年

续表

姓名	籍贯	年龄	性别	死难时间
张新景	东明县刘楼镇张庄村	40	男	1937年9月
许新立	东明县刘楼镇春亭村	27	男	1937年9月
许利彬	东明县刘楼镇春亭村	27	男	1937年9月
徐　中	东明县三春集镇徐寨村	24	男	1937年
李书常	东明县武胜桥乡董北城村	—	男	1937年
李中亮	东明县武胜桥乡董北城村	—	男	1937年
王居友	东明县城关镇四柳树村	60	男	1937年10月
宋俊峰	东明县刘楼镇宋庄村	68	男	1937年10月
李大群	东明县武胜桥乡董北城村	—	男	1937年10月
宋立太	东明县马头镇牛皮店村	86	男	1937年10月
辛凤梅	东明县刘楼镇东程楼村	63	女	1937年12月
杨二娃	东明县马头镇祥符营村	41	男	1937年12月
范同昌	东明县刘楼镇毛楼村	68	男	1938年1月
袁红光	东明县刘楼镇平堽营村	60	男	1938年1月
黄凤安	东明县刘楼镇平堽营村	59	男	1938年1月
王云荣	东明县刘楼镇平堽营村	40	女	1938年1月
王荣花	东明县刘楼镇李庄村	19	女	1938年1月
魏新田	东明县长兴集乡杨庄村	42	男	1938年1月
王保民	东明县马头镇南街村	23	男	1938年1月
黄全修	东明县城关镇前营村	30	男	1938年2月
闫榜印	东明县刘楼镇张庄村	40	男	1938年2月
王江成	东明县刘楼镇乔庄村	30	男	1938年2月
庞怀成	东明县刘楼镇南庞村	17	男	1938年2月
李　榜	东明县三春集镇核桃园村	23	男	1938年2月
张　年	东明县三春集镇核桃园村	22	男	1938年2月
董自生	东明县武胜桥乡董北城村	—	男	1938年2月
董念叶	东明县武胜桥乡董北城村	—	女	1938年2月
董高堂	东明县武胜桥乡董北城村	—	男	1938年2月
宋沟山	东明县马头镇牛皮店村	87	男	1938年2月
李万恩	东明县刘楼镇苏集村	67	男	1938年3月
李怀青	东明县刘楼镇平堽营村	22	男	1938年3月
李　氏	东明县刘楼镇徐集村	56	女	1938年3月
董安勇	东明县武胜桥乡董北城村	—	男	1938年3月
张同雷	东明县武胜桥乡董北城村	—	女	1938年3月

续表

姓名	籍贯	年龄	性别	死难时间
李际雨	东明县刘楼镇苏集村	69	男	1938年4月
刘昌娃	东明县刘楼镇邓王庄	52	男	1938年4月
张广继	东明县刘楼镇黄小屯村	26	男	1938年4月
宋二四	东明县刘楼镇宋庄村	35	男	1938年5月
杨石成	东明县刘楼镇小路店村	26	男	1938年5月
杨玉山	东明县刘楼镇小路店村	31	男	1938年5月
徐德民	东明县三春集镇徐寨村	26	男	1938年5月
徐新义	东明县三春集镇徐寨村	16	男	1938年5月
刘新节	东明县武胜桥乡四北城村	67	男	1938年5月
孔令文	东明县武胜桥乡四北城村	64	男	1938年5月
孔张氏	东明县武胜桥乡四北城村	60	女	1938年5月
孔凡英	东明县武胜桥乡四北城村	59	男	1938年5月
田　氏	东明县马头镇王祥寨村	45	女	1938年6月
魏明玉	东明县马头镇王祥寨村	35	男	1938年6月
赵凤祥	东明县刘楼镇赵庄村	60	男	1938年6月
王永兴	东明县刘楼镇黄小屯村	37	男	1938年6月
范　顺	东明县刘楼镇毛楼村	68	男	1938年7月
李红梅	东明县刘楼镇李庄村	18	女	1938年7月
徐要中	东明县菜园集乡洪庄村	39	男	1938年7月
张玉山	东明县马头镇王祥寨村	44	男	1939年7月
张彦春	东明县刘楼镇李集村	36	男	1938年8月
杨二正	东明县马头镇苏寨村	29	男	1938年8月
王兰配	东明县马头镇苏寨村	34	男	1939年8月
梁才文	东明县大屯镇丁咀村	29	男	1938年秋
王新伟	东明县刘楼镇李庄村	47	男	1938年9月
赵二怀	东明县刘楼镇赵庄村	41	男	1938年9月
宋　佛	东明县刘楼镇宋庄村	29	男	1938年10月
王力水	东明县三春集镇核桃园村	21	男	1938年10月
王二银	东明县马头镇东街村	36	男	1938年10月
史桂仁	东明县刘楼镇李庄村	26	男	1938年11月
宋　同	东明县刘楼镇宋庄村	36	男	1938年11月
焦翠英	东明县刘楼镇李庄村	22	女	1938年12月
徐红义	东明县三春集镇徐寨村	20	男	1938年12月
杨然线	东明县城关镇曹庄村	20	男	1938年

续表

姓名	籍贯	年龄	性别	死难时间
朱长兴	东明县城关镇高满城村	32	男	1938 年
刘　氏	东明县城关镇后渔沃村	40	女	1938 年
刘汉武	东明县城关镇后渔沃村	39	男	1938 年
荆发旺	东明县城关镇前营村	38	男	1938 年
荆安强	东明县城关镇前营村	30	男	1938 年
黄四起	东明县城关镇前营村	43	男	1938 年
宋林生	东明县城关镇蒋满城村	28	男	1938 年
宋留所	东明县城关镇蒋满城村	33	男	1938 年
杨勤玉	东明县城关镇蒋满城村	34	男	1938 年
杨文成	东明县城关镇蒋满城村	34	男	1938 年
刘　钢	东明县城关镇刘满城村	17	男	1938 年
薛铁山	东明县城关镇刘满城村	40	男	1938 年
刘金升	东明县城关镇刘满城村	38	男	1938 年
桑德宝	东明县城关镇刘满城村	29	男	1938 年
郭宝宝	东明县城关镇刘满城村	19	女	1938 年
李钢旦	东明县刘楼镇小辛庄村	17	男	1938 年
李钢山	东明县刘楼镇张庄四义寨村	65	男	1938 年
李工双	东明县刘楼镇张庄四义寨村	60	男	1938 年
杨红高	东明县刘楼镇半坡杨村	30	男	1938 年
唐香丽	东明县刘楼镇唐庄村	29	女	1938 年
宋茂彩	东明县刘楼镇东程楼村	67	男	1938 年
吕刘氏	东明县刘楼镇吕庄村	45	女	1938 年
姚东南	东明县刘楼镇吕庄村	48	女	1938 年
孟知焕	东明县刘楼镇孟庄村	58	男	1938 年
翟大改	东明县刘楼镇孟庄村	57	男	1938 年
任海玉	东明县刘楼镇任庄村	14	男	1938 年
张景玉	东明县刘楼镇任庄村	33	男	1938 年
王美枝	东明县刘楼镇任庄村	28	女	1938 年
崔　五	东明县刘楼镇任庄村	60	男	1938 年
刘　留	东明县刘楼镇任庄村	18	男	1938 年
刘　旺	东明县刘楼镇任庄村	19	男	1938 年
李记根	东明县刘楼镇任庄村	19	男	1938 年
李二记	东明县刘楼镇任庄村	24	男	1938 年
庞赵氏	东明县刘楼镇任庄村	62	女	1938 年

续表

姓名	籍贯	年龄	性别	死难时间
焦加汉	东明县刘楼镇焦楼村	28	男	1938 年
焦世枫	东明县刘楼镇焦楼村	17	男	1938 年
陈　各	东明县刘楼镇焦楼村	19	女	1938 年
黄　氏	东明县刘楼镇焦楼村	68	女	1938 年
焦白亮	东明县刘楼镇焦楼村	8	男	1938 年
焦付玉	东明县刘楼镇焦楼村	22	男	1938 年
焦洪力	东明县刘楼镇焦楼村	17	男	1938 年
石栓柱	东明县刘楼镇焦楼村	16	男	1938 年
王大狗	东明县刘楼镇焦楼村	47	男	1938 年
焦文俊	东明县刘楼镇焦楼村	40	男	1938 年
陈代生	东明县刘楼镇焦楼村	28	男	1938 年
陈俊相	东明县刘楼镇焦楼村	77	男	1938 年
焦廷云	东明县刘楼镇焦楼村	25	男	1938 年
李毫杰	东明县刘楼镇千户村	60	男	1938 年
党海林	东明县刘楼镇千户村	62	男	1938 年
樊国涛	东明县刘楼镇千户村	58	男	1938 年
刘景顺	东明县刘楼镇卢文村	51	男	1938 年
张行山	东明县刘楼镇黄堌村	30	男	1938 年
张卷书	东明县刘楼镇黄堌村	76	男	1938 年
张修陆	东明县刘楼镇黄堌村	21	男	1938 年
二　堆	东明县刘楼镇邓王庄村	41	男	1938 年
书　勤	东明县刘楼镇邓王庄村	29	男	1938 年
王　香	东明县刘楼镇邓王庄村	38	女	1938 年
宋　马	东明县刘楼镇宋庄村	29	男	1938 年
张德选	东明县刘楼镇黄堌村	73	男	1938 年
刘仁义	东明县刘楼镇刘楼村	59	男	1938 年
刘汉仁	东明县刘楼镇刘楼村	49	男	1938 年
王典礼	东明县刘楼镇刘楼村	60	男	1938 年
刘废物	东明县三春集镇刘小川村	22	男	1938 年
刘　才	东明县三春集镇宋庄村	27	男	1938 年
刘　信	东明县三春集镇宋庄村	25	男	1938 年
王大双	东明县三春集镇宋庄村	50	男	1938 年
王本仁	东明县三春集镇堤根村	22	男	1938 年
王大军	东明县三春集镇堤根村	26	男	1938 年

续表

姓名	籍贯	年龄	性别	死难时间
王铁连	东明县三春集镇堤根村	22	男	1938 年
胡志立	东明县三春集镇新兴集村	46	男	1938 年
胡志毫	东明县三春集镇新兴集村	36	男	1938 年
胡大利	东明县三春集镇新兴集村	38	男	1938 年
李五坤	东明县三春集镇范寨村	25	男	1938 年
李四荣	东明县三春集镇范寨村	25	男	1938 年
马登长	东明县三春集镇范寨村	18	男	1938 年
王和道	东明县三春集镇拐王村	29	男	1938 年
王丕金	东明县三春集镇拐王村	28	男	1938 年
张汗勋	东明县三春集镇祥符营村	57	男	1938 年
常双来	东明县三春集镇贾寨村	18	男	1938 年
周三亭	东明县三春集镇郭寨村	25	男	1938 年
段公鸡	东明县陆圈镇耿黄庄村	35	男	1938 年
李玉芳	东明县长兴集乡庞庄村	35	女	1938 年
李忠超	东明县长兴集乡庞庄村	40	男	1938 年
牛　氏	东明县武胜桥乡东王庄村	—	女	1938 年
张洪图	东明县武胜桥乡东王庄村	—	男	1938 年
胡　民	东明县武胜桥乡东王庄村	—	男	1938 年
张　氏	东明县武胜桥乡东王庄村	—	女	1938 年
纪喜贵	东明县武胜桥乡东王庄村	—	男	1938 年
王与杰	东明县武胜桥乡东王庄村	—	男	1938 年
李　氏	东明县武胜桥乡东王庄村	—	女	1938 年
王善堂	东明县武胜桥乡东王庄村	—	男	1938 年
张良图	东明县武胜桥乡东王庄村	—	男	1938 年
张瑞图	东明县武胜桥乡东王庄村	—	男	1938 年
张荣图	东明县武胜桥乡东王庄村	—	男	1938 年
陈起俊	东明县武胜桥乡玉皇庙村	—	男	1938 年
陈起广	东明县武胜桥乡玉皇庙村	—	男	1938 年
袁中亮	东明县武胜桥乡玉皇庙村	—	男	1938 年
袁法印	东明县武胜桥乡玉皇庙村	—	男	1938 年
陈新兵	东明县武胜桥乡玉皇庙村	—	男	1938 年
刘　氏	东明县武胜桥乡玉皇庙村	—	女	1938 年
牛小山	东明县武胜桥乡牛口村	71	男	1938 年
牛山立	东明县武胜桥乡牛口村	72	男	1938 年

续表

姓名	籍贯	年龄	性别	死难时间
牛刚山	东明县武胜桥乡牛口村	69	男	1938 年
牛羊群	东明县武胜桥乡牛口村	55	男	1938 年
牛三黄	东明县武胜桥乡牛口村	54	男	1938 年
杨留刚	东明县武胜桥乡牛口村	40	男	1938 年
杨合畔	东明县武胜桥乡牛口村	21	男	1938 年
牛大奔	东明县武胜桥乡牛口村	69	男	1938 年
牛德公	东明县武胜桥乡牛口村	71	男	1938 年
冯　氏	东明县武胜桥乡牛口村	81	女	1938 年
杨　广	东明县武胜桥乡牛口村	77	男	1938 年
刘三妮	东明县武胜桥乡牛口村	78	女	1938 年
胡　魁	东明县武胜桥乡牛口村	71	男	1938 年
王三立	东明县武胜桥乡牛口村	69	男	1938 年
马庆山	东明县武胜桥乡牛口村	70	男	1938 年
霍××	东明县武胜桥乡霍寨村	—	男	1938 年
霍××	东明县武胜桥乡霍寨村	—	男	1938 年
李氏之一	东明县武胜桥乡霍寨村	—	女	1938 年
霍王氏	东明县武胜桥乡霍寨村	—	女	1938 年
霍旺财	东明县武胜桥乡霍寨村	—	男	1938 年
纪三官	东明县武胜桥乡唐楼村	—	男	1938 年
王积石	东明县武胜桥乡唐楼村	—	男	1938 年
纪财升	东明县武胜桥乡唐楼村	—	男	1938 年
刘金石	东明县武胜桥乡武胜桥村	19	男	1938 年
任××	东明县武胜桥乡刘河口村	—	男	1939 年
李××	东明县武胜桥乡刘河口村	—	男	1938 年
刘××	东明县武胜桥乡刘河口村	—	男	1938 年
任国和	东明县武胜桥乡刘河口村	—	男	1938 年
刘运和	东明县武胜桥乡刘河口村	—	男	1938 年
刘××	东明县武胜桥乡刘河口村	—	男	1938 年
刘××	东明县武胜桥乡刘河口村	—	男	1938 年
任××	东明县武胜桥乡刘河口村	—	男	1938 年
崔××	东明县武胜桥乡刘河口村	63	男	1938 年
董××	东明县武胜桥乡刘河口村	40	男	1938 年
皮××	东明县武胜桥乡刘河口村	41	男	1938 年
魏××	东明县武胜桥乡刘河口村	70	男	1938 年

续表

姓名	籍贯	年龄	性别	死难时间
崔××	东明县武胜桥乡刘河口村	70	男	1938 年
皮玉修	东明县武胜桥乡刘河口村	72	男	1938 年
李周成	东明县武胜桥乡刘河口村	72	男	1938 年
王　莲	东明县武胜桥乡陈屯村	—	男	1938 年
赵怀喜	东明县武胜桥乡赵寨村	43	男	1938 年
油××	东明县武胜桥乡赵寨村	38	男	1938 年
李氏之三	东明县武胜桥乡韩楼村	—	女	1938 年
张××	东明县武胜桥乡韩楼村	—	男	1938 年
韩车制	东明县武胜桥乡韩楼村	—	男	1938 年
李起山	东明县武胜桥乡东郝寨村	29	男	1938 年
李要起	东明县武胜桥乡东郝寨村	23	男	1938 年
李西杰	东明县武胜桥乡东郝寨村	25	男	1938 年
李国建	东明县武胜桥乡东郝寨村	29	男	1938 年
唐东亮	东明县武胜桥乡东郝寨村	26	男	1938 年
李明山	东明县武胜桥乡东郝寨村	40	男	1938 年
唐桂山	东明县武胜桥乡东郝寨村	22	男	1938 年
崔刚山	东明县武胜桥乡崔寨村	61	男	1938 年
崔三毛	东明县武胜桥乡崔寨村	59	男	1938 年
崔英连	东明县武胜桥乡崔寨村	42	男	1938 年
邓××	东明县武胜桥乡崔寨村	51	男	1938 年
张书彦	东明县武胜桥乡邢彦村	—	男	1938 年
张　一	东明县武胜桥乡邢彦村	—	男	1938 年
乔德重	东明县武胜桥乡乔庄村	35	男	1938 年
乔新会	东明县武胜桥乡乔庄村	32	男	1938 年
乔六妮	东明县武胜桥乡乔庄村	30	男	1938 年
王二青	东明县菜园集乡王庄村	24	男	1938 年
马金福	东明县菜园集乡王庄村	20	男	1938 年
周治领	东明县菜园集乡郭庄村	68	男	1938 年
王三高	东明县菜园集乡白店村	67	女	1938 年
郭怀德	东明县马头镇西门村	25	男	1938 年
薛　平	东明县马头镇西门村	28	男	1938 年
张忠顺	东明县马头镇陈寨村	43	男	1938 年
李本亭	东明县马头镇小屯村	30	男	1938 年
安陶氏	东明县马头镇安本屯村	46	女	1938 年

续表

姓 名	籍 贯	年 龄	性 别	死难时间
梁海军	东明县马头镇梁坊村	41	男	1938 年
梁　来	东明县马头镇梁坊村	36	男	1938 年
孙亭月	东明县马头镇小康寺村	38	男	1938 年
孙玉泰	东明县马头镇小康寺村	36	男	1938 年
赵明山	东明县马头镇王头村	56	男	1938 年
解心敏	东明县马头镇解庄村	35	男	1938 年
马铁锤	东明县城关镇王寨村	20	男	1938 年
高　清	东明县武胜桥乡高寨村	—	男	1938 年
闫争秀	东明县刘楼镇张庄村	40	男	1939 年 1 月
王恩献	东明县刘楼镇乔庄村	40	男	1939 年 1 月
范三印	东明县刘楼镇毛楼村	53	男	1939 年 1 月
王节贵	东明县刘楼镇白庙村	35	男	1939 年 1 月
王　双	东明县刘楼镇白庙村	34	男	1939 年 1 月
王风花	东明县刘楼镇平堽营村	37	男	1939 年 1 月
黄利江	东明县刘楼镇平堽营村	57	男	1939 年 1 月
陈广亮	东明县刘楼镇平堽营村	40	男	1939 年 1 月
王红九	东明县刘楼镇李庄村	50	男	1939 年 1 月
鲁全跃	东明县菜园集乡洪庄村	65	男	1939 年 1 月
张喜战	东明县马头镇南街村	22	男	1939 年 1 月
王荣合	东明县马头镇南街村	23	男	1939 年 1 月
闫铜印	东明县刘楼镇张庄村	50	男	1939 年 2 月
杨丙南	东明县刘楼镇半坡杨村	48	男	1939 年 2 月
宋虎吞	东明县刘楼镇宋庄村	50	男	1939 年 2 月
李　氏	东明县三春集镇核桃园村	22	女	1939 年 2 月
李付钱	东明县武胜桥乡董北城村	—	男	1939 年 2 月
陈海东	东明县刘楼镇平堽营村	30	男	1939 年 3 月
木秀花	东明县刘楼镇孟庄村	51	女	1939 年 3 月
张建片	东明县三春集镇核桃园村	30	男	1939 年 3 月
袁注龙	东明县刘楼镇李庄村	27	男	1939 年 4 月
赵秋成	东明县刘楼镇赵庄村	38	男	1939 年 4 月
秦　氏	东明县刘楼镇赵庄村	22	女	1939 年 4 月
闫赵氏	东明县三春集镇闫庄村	31	女	1942 年
李灵雨	东明县刘楼镇苏集村	68	男	1939 年 5 月
侯　宝	东明县刘楼镇邓王庄村	57	男	1939 年 5 月

续表

姓 名	籍 贯	年 龄	性 别	死难时间
张 氏	东明县刘楼镇东程楼村	38	女	1939 年 5 月
徐红文	东明县刘楼镇李集村	50	男	1939 年 5 月
杨春旺	东明县武胜桥乡四北城村	50	男	1939 年 5 月
孔凡牧	东明县武胜桥乡四北城村	76	男	1939 年 5 月
魏纪胜	东明县马头镇王祥寨村	50	男	1939 年 5 月
魏胜亭	东明县马头镇王祥寨村	36	男	1939 年 5 月
袁大爱	东明县刘楼镇赵庄村	58	女	1939 年 6 月
李文柱	东明县武胜桥乡董北城村	—	男	1939 年 6 月
李文宽	东明县武胜桥乡董北城村	—	男	1939 年 6 月
靳荣志	东明县马头镇靳庄村	35	男	1939 年 6 月
范同双	东明县刘楼镇毛楼村	46	男	1939 年 7 月
李尽田	东明县刘楼镇苏集村	31	男	1939 年 7 月
袁新伟	东明县刘楼镇平岗营村	28	男	1939 年 7 月
陈保志	东明县刘楼镇平岗营村	39	男	1939 年 7 月
李二刚	东明县刘楼镇李庄村	20	男	1939 年 7 月
刘金举	东明县刘楼镇春亭村	34	男	1939 年 7 月
庞孟法	东明县刘楼镇南庞村	19	男	1939 年 7 月
庞运成	东明县刘楼镇南庞村	23	男	1939 年 7 月
庞洪杰	东明县刘楼镇南庞村	20	男	1939 年 7 月
庞焕成	东明县刘楼镇南庞村	27	男	1939 年 7 月
刘千合	东明县马头镇牛八屯村	55	男	1939 年 7 月
海饭三	东明县城关镇店子村	20	男	1939 年 7 月
贺二绑	东明县城关镇贺庄村	40	男	1939 年 8 月
贺新季	东明县城关镇贺庄村	31	男	1939 年 8 月
刘四辈	东明县城关镇四柳树村	58	男	1939 年 8 月
刘平战	东明县城关镇四柳树村	58	男	1939 年 8 月
王 氏	东明县刘楼镇东程楼村	46	女	1939 年 8 月
董文江	东明县武胜桥乡四北城村	55	男	1939 年 8 月
李文别	东明县武胜桥乡董北城村	—	男	1939 年 8 月
邵文秀	东明县马头镇邵庄村	29	男	1939 年 8 月
贺恩太	东明县城关镇贺庄村	37	男	1939 年 8 月
贺在所	东明县城关镇贺庄村	35	男	1939 年 8 月
陈文亮	东明县刘楼镇焦楼村	40	男	1939 年 8 月
贺在川	东明县城关镇贺庄村	39	男	1939 年 10 月

续表

姓名	籍贯	年龄	性别	死难时间
史红光	东明县刘楼镇李庄村	29	男	1939年10月
庞之臣	东明县刘楼镇南庞村	19	男	1939年10月
王其友	东明县马头镇南街村	22	男	1939年10月
朱荣贵	东明县刘楼镇东程楼村	61	男	1939年12月
刘大厅	东明县刘楼镇春亭村	31	男	1939年12月
曹景岁	东明县刘楼镇春亭村	26	男	1939年12月
王盼雨	东明县马头镇苏寨村	26	男	1939年12月
解心雨	东明县马头镇解庄村	29	男	1939年
刘之薰	东明县城关镇后渔沃村	31	男	1939年
刘庭槐	东明县城关镇后渔沃村	55	男	1939年
段　氏	东明县城关镇后渔沃村	26	女	1939年
黄留棒	东明县城关镇前营村	36	男	1939年
唐　氏	东明县城关镇前营村	38	女	1939年
薛黄毛	东明县城关镇蒋满城村	31	男	1939年
赵得功	东明县城关镇蒋满城村	29	男	1939年
刘凤志	东明县城关镇刘满城村	22	女	1939年
郭修河	东明县城关镇刘满城村	41	男	1939年
刘青芝	东明县城关镇刘满城村	27	男	1939年
薛江河	东明县城关镇刘满城村	31	男	1939年
桑美珠	东明县城关镇刘满城村	20	女	1939年
李天明	东明县城关镇刘满城村	40	男	1939年
贾桂芝	东明县城关镇刘满城村	21	女	1939年
王金玉	东明县城关镇刘满城村	17	女	1939年
桑运彩	东明县城关镇刘满城村	30	男	1939年
金　榜	东明县刘楼镇小辛庄村	30	男	1939年
王双羊	东明县刘楼镇小辛庄村	27	男	1939年
梁二旺	东明县刘楼镇半坡杨村	44	男	1939年
唐春林	东明县刘楼镇唐庄村	24	男	1939年
唐海山	东明县刘楼镇唐庄村	24	男	1939年
林明亮	东明县刘楼镇东程楼村	51	男	1939年
郝心贞	东明县刘楼镇姚庄村	58	男	1939年
姚存银	东明县刘楼镇吕庄村	56	男	1939年
孟庆平	东明县刘楼镇孟庄村	61	男	1939年
陈秀芳	东明县刘楼镇孟庄村	54	女	1939年

续表

姓 名	籍 贯	年 龄	性 别	死难时间
任志根	东明县刘楼镇任庄村	42	男	1939 年
李新氏	东明县刘楼镇任庄村	74	女	1939 年
李　新	东明县刘楼镇任庄村	50	男	1939 年
沈　平	东明县刘楼镇任庄村	55	男	1939 年
李　智	东明县刘楼镇任庄村	50	男	1939 年
高丙昌	东明县刘楼镇任庄村	41	男	1939 年
高丙义	东明县刘楼镇任庄村	39	男	1939 年
高怀丙	东明县刘楼镇任庄村	45	男	1939 年
徐保书	东明县刘楼镇于庄村	37	男	1939 年
徐培顺	东明县刘楼镇于庄村	46	男	1939 年
冯　店	东明县刘楼镇于庄村	49	男	1939 年
高李氏	东明县刘楼镇于庄村	32	女	1939 年
焦永民	东明县刘楼镇焦楼村	72	男	1939 年
杨红梅	东明县刘楼镇焦楼村	22	男	1939 年
焦祖义	东明县刘楼镇焦楼村	42	男	1939 年
张新宾	东明县刘楼镇焦楼村	21	男	1939 年
刘　喜	东明县刘楼镇千户村	55	男	1939 年
李贤彬	东明县刘楼镇千户村	26	男	1939 年
凡文信	东明县刘楼镇千户村	28	男	1939 年
党令毫	东明县刘楼镇千户村	40	男	1939 年
刘素顺	东明县刘楼镇卢文村	37	男	1939 年
程　虎	东明县刘楼镇刘楼村	21	男	1939 年
陈培国	东明县刘楼镇焦楼村	42	男	1939 年
赵焦氏	东明县刘楼镇焦楼村	71	女	1939 年
刘保起	东明县刘楼镇焦楼村	75	男	1939 年
张老六	东明县刘楼镇黄堌村	30	男	1939 年
张卷德	东明县刘楼镇黄堌村	70	男	1939 年
刘好仁	东明县刘楼镇卢文村	39	男	1939 年
张德亭	东明县刘楼镇黄堌村	75	男	1939 年
刘统勋	东明县刘楼镇刘楼村	48	男	1939 年
刘　喜	东明县刘楼镇刘楼村	70	男	1939 年
郭全云	东明县刘楼镇刘楼村	59	女	1939 年
王　翠	东明县刘楼镇刘楼村	60	女	1939 年
肖自力	东明县刘楼镇小路店村	29	男	1939 年

续表

姓名	籍贯	年龄	性别	死难时间
代春各	东明县刘楼镇小路店村	31	女	1939年
王仁元	东明县三春集镇堤根村	34	男	1939年
王积迎	东明县三春集镇堤根村	22	男	1939年
王不忠	东明县三春集镇堤根村	26	男	1939年
李　林	东明县三春集镇新兴集村	41	男	1939年
徐秋立	东明县三春集镇范寨村	26	男	1939年
王进喜	东明县三春集镇拐王村	25	男	1939年
王登峰	东明县三春集镇拐王村	29	男	1939年
王怀保	东明县三春集镇拐王村	38	男	1939年
张四忠	东明县三春集镇祥符营村	46	男	1939年
李老马	东明县三春集镇祥符营村	67	男	1939年
王兰才	东明县三春集镇平楼村	33	男	1939年
许　墨	东明县三春集镇贾寨村	30	男	1939年
李　五	东明县三春集镇贾寨村	30	男	1939年
李　云	东明县三春集镇贾寨村	30	男	1939年
常　片	东明县三春集镇贾寨村	27	男	1939年
周水起	东明县三春集镇郭寨村	27	男	1939年
周　雪	东明县三春集镇郭寨村	40	男	1939年
周　针	东明县三春集镇郭寨村	35	男	1939年
周绍府	东明县三春集镇郭寨村	21	男	1939年
徐　臭	东明县三春集镇大营村	30	男	1939年
孔令成	东明县三春集镇孔寨村	39	男	1939年
孔令学	东明县三春集镇孔寨村	29	男	1939年
孔令明	东明县三春集镇孔寨村	37	男	1939年
高　狗	东明县三春集镇马桥村	30	男	1939年
赵　三	东明县三春集镇朱洼村	37	男	1939年
王春旺	东明县三春集镇朱洼村	30	男	1939年
韩进社	东明县三春集镇杨寨村	39	男	1939年
郭中来	东明县三春集镇杨寨村	29	男	1939年
郭中华	东明县三春集镇杨寨村	37	男	1939年
韩赵氏	东明县三春集镇杨寨村	30	女	1939年
张河山	东明县陆圈镇张焕庄村	23	男	1939年
李全生	东明县长兴集乡庞庄村	35	男	1939年
李秋梅	东明县长兴集乡庞庄村	37	女	1939年

续表

姓 名	籍 贯	年 龄	性 别	死难时间
李永恩	东明县长兴集乡庞庄村	39	男	1939 年
王礼贤	东明县武胜桥乡东王庄村	—	男	1939 年
韩　氏	东明县武胜桥乡管寨村	—	女	1941 年
刘　氏	东明县武胜桥乡管寨村	—	女	1943 年
霍　氏	东明县武胜桥乡毛相村	17	女	1939 年
贺亮奎	东明县武胜桥乡玉皇庙村	—	男	1939 年
陈留起	东明县武胜桥乡玉皇庙村	—	男	1939 年
袁玉山	东明县武胜桥乡玉皇庙村	—	男	1939 年
姜起广	东明县武胜桥乡玉皇庙村	—	男	1939 年
陈东金	东明县武胜桥乡玉皇庙村	—	男	1939 年
袁友起	东明县武胜桥乡玉皇庙村	—	男	1939 年
贺佛山	东明县武胜桥乡玉皇庙村	—	男	1939 年
王广学	东明县武胜桥乡玉皇庙村	—	男	1939 年
牛立民	东明县武胜桥乡牛口村	77	男	1939 年
牛百计	东明县武胜桥乡牛口村	80	男	1939 年
袁秋喜	东明县武胜桥乡牛口村	71	男	1939 年
李长江	东明县武胜桥乡霍寨村	—	男	1939 年
纪二旦	东明县武胜桥乡唐楼村	—	男	1939 年
纪贵兰	东明县武胜桥乡唐楼村	—	男	1939 年
杨立广	东明县刘楼镇半坡杨村	43	男	1939 年
刘李氏	东明县武胜桥乡武胜桥村	39	女	1939 年
刘尚林	东明县武胜桥乡武胜桥村	37	男	1939 年
刘玉贵	东明县武胜桥乡武胜桥村	27	男	1939 年
任××	东明县武胜桥乡刘河口村	—	男	1939 年
崔××	东明县武胜桥乡刘河口村	—	男	1939 年
刘石宽	东明县武胜桥乡刘河口村	—	男	1939 年
李××	东明县武胜桥乡刘河口村	—	男	1939 年
任　田	东明县武胜桥乡刘河口村	—	男	1939 年
李国友	东明县武胜桥乡刘河口村	—	男	1939 年
刘树友	东明县武胜桥乡刘河口村	—	男	1939 年
李江省	—	60	男	1939 年
皮黑河	—	62	男	1939 年
崔左存	—	89	男	1939 年
任山关	—	63	男	1939 年

续表

姓名	籍贯	年龄	性别	死难时间
李素荣	东明县武胜桥乡陈屯村	—	女	1939 年
张作林	东明县武胜桥乡团居村	65	男	1939 年
张作梅	东明县武胜桥乡团居村	67	男	1939 年
张作诗	东明县武胜桥乡团居村	69	男	1939 年
张作九	东明县武胜桥乡团居村	70	男	1939 年
刘　氏	东明县武胜桥乡前楼村	—	女	1939 年
段留所	东明县武胜桥乡崔寨村	39	男	1939 年
崔　敏	东明县武胜桥乡崔寨村	45	女	1939 年
王二蛋	东明县武胜桥乡王庄村	33	男	1939 年
李二用	东明县武胜桥乡张楼村	22	男	1939 年
张玉玲	东明县武胜桥乡后楼村	27	女	1939 年
闫狗子	东明县武胜桥乡邢彦村	—	男	1939 年
吕　一	东明县武胜桥乡邢彦村	—	男	1939 年
乔金平	东明县武胜桥乡乔庄村	34	男	1939 年
乔留田	东明县武胜桥乡乔庄村	30	男	1939 年
乔金香	东明县武胜桥乡乔庄村	31	男	1939 年
刘晓霞	东明县菜园集乡宋寨村	18	男	1939 年
马三变	东明县菜园集乡祥寨村	63	男	1939 年
冷明光	东明县菜园集乡祥寨村	50	男	1939 年
李留喜	东明县菜园集乡王庄村	40	女	1939 年
张广云	东明县菜园集乡王庄村	27	女	1939 年
王　四	东明县菜园集乡苏店村	15	男	1939 年
陈世强	东明县马头镇陈寨村	47	男	1939 年
陈克生	东明县马头镇陈寨村	38	男	1939 年
李赵氏	东明县马头镇陈寨村	37	女	1939 年
安铁山	东明县马头镇安本屯村	40	男	1939 年
姚建红	东明县马头镇梁坊村	37	男	1939 年
董红姣	东明县马头镇梁坊村	36	女	1939 年
权会耕	东明县马头镇权庄村	34	男	1939 年
解守德	东明县马头镇解庄村	28	男	1939 年
解星修	东明县马头镇解庄村	38	男	1939 年
解三恩	东明县马头镇解庄村	22	男	1939 年
郭玉堂	东明县马头镇南郭屯村	37	男	1939 年
李　春	东明县马头镇朱岗寺村	37	男	1939 年

续表

姓 名	籍 贯	年 龄	性 别	死难时间
闫志芳	东明县刘楼镇张庄村	30	男	1940 年 1 月
闫永芳	东明县刘楼镇张庄村	20	男	1940 年 1 月
史金忙	东明县刘楼镇张庄村	40	女	1940 年 1 月
王三成	东明县刘楼镇乔庄村	30	男	1940 年 1 月
范合劳	东明县刘楼镇毛楼村	46	男	1940 年 1 月
王发音	东明县刘楼镇平堽营村	39	男	1940 年 1 月
黄苗凤	东明县刘楼镇平堽营村	42	女	1940 年 1 月
韩东彬	东明县刘楼镇平堽营村	34	男	1940 年 1 月
李大牛	东明县刘楼镇平堽营村	33	男	1940 年 1 月
李效云	东明县武胜桥乡董北城村	—	男	1940 年 1 月
王三路	东明县马头镇南街村	21	男	1940 年 1 月
贺黄氏	东明县城关镇贺庄村	28	女	1940 年 2 月
王柱望	东明县刘楼镇平堽营村	27	男	1940 年 2 月
杨发轩	东明县刘楼镇半坡杨村	47	男	1940 年 2 月
庞成法	东明县刘楼镇南庞村	35	男	1940 年 2 月
李效钱	东明县武胜桥乡董北城村	—	男	1940 年 2 月
张进怀	东明县马头镇南街村	24	男	1940 年 2 月
王战胜	东明县马头镇南街村	25	男	1940 年 2 月
王刺猬	东明县城关镇曹满城村	20	男	1940 年 3 月
任 五	东明县刘楼镇徐集村	46	男	1940 年 3 月
杨新法	东明县刘楼镇小路店村	31	男	1940 年 3 月
闫马氏	东明县三春集镇闫庄村	25	女	1940 年 3 月
王治成	东明县刘楼镇小路店村	29	男	1940 年春
郭汉章	东明县刘楼镇小路店村	19	男	1940 年冬
李五昌	东明县刘楼镇小路店村	23	女	1940 年冬
王四军	东明县刘楼镇小路店村	38	女	1940 年秋
李四佑	东明县刘楼镇小路店村	19	女	1940 年秋
陈有财	东明县城关镇曹满城村	21	男	1940 年 4 月
麻闫氏	东明县刘楼镇黄小屯村	51	女	1940 年 5 月
贾红尖	东明县刘楼镇李集村	53	男	1940 年 5 月
韩玉阁	东明县刘楼镇春亭村	44	男	1940 年 5 月
张思佳	东明县三春集镇核桃园村	25	男	1940 年 5 月
张 氏	东明县三春集镇核桃园村	24	女	1940 年 5 月
刘大麻	东明县武胜桥乡四北城村	50	男	1940 年 5 月

续表

姓名	籍贯	年龄	性别	死难时间
曹付然	东明县马头镇东街村	39	男	1940年5月
邵二田	东明县马头镇邵庄村	27	男	1940年5月
邵二相	东明县马头镇邵庄村	23	男	1940年5月
权　氏	东明县马头镇王祥寨村	40	女	1940年5月
王秀增	东明县刘楼镇白庙村	32	男	1940年6月
王争枝	东明县刘楼镇李庄村	28	男	1940年6月
王付修	东明县刘楼镇李庄村	36	男	1940年6月
刘进强	东明县城关镇四柳树村	32	男	1940年7月
巩兰芳	东明县刘楼镇赵庄村	12	男	1940年7月
董成喜	东明县刘楼镇南庞村	31	男	1940年7月
徐同善	东明县三春集镇徐寨村	26	男	1940年7月
孔李氏	东明县武胜桥乡四北城村	70	女	1940年7月
孔凡钦	东明县武胜桥乡四北城村	59	男	1940年7月
孔凡勋	东明县武胜桥乡四北城村	74	男	1940年7月
马保记	东明县马头镇李庄村	18	男	1940年7月
邵二许	东明县马头镇邵庄村	35	男	1940年7月
靳二增	东明县马头镇靳庄村	38	男	1940年7月
房文德	东明县马头镇牛皮店村	90	男	1940年7月
李九江	东明县刘楼镇李庄村	25	男	1940年8月
陈大悬	东明县刘楼镇春亭村	44	男	1940年8月
施昌玲	东明县刘楼镇小路店村	42	女	1940年8月
程秋功	东明县三春集镇核桃园村	25	男	1940年8月
王全礼	东明县三春集镇核桃园村	34	男	1940年8月
尹　玉	东明县三春集镇徐寨村	21	女	1940年9月
薛保安	东明县马头镇牛八屯村	47	男	1940年9月
靳卷兴	东明县马头镇靳庄村	41	男	1940年9月
贺吴氏	东明县城关镇贺庄村	30	女	1940年10月
李井邦	东明县菜园集乡洪庄村	61	男	1940年10月
张二喜	东明县马头镇南街村	24	男	1940年10月
宋刘氏	东明县刘楼镇宋庄村	41	女	1940年11月
刘进喜	东明县城关镇四柳树村	60	男	1940年11月
许培良	东明县刘楼镇春亭村	50	男	1940年11月
许培金	东明县刘楼镇春亭村	57	男	1940年11月
李丙峰	东明县马头镇李龙庄村	30	男	1940年11月

续表

姓名	籍贯	年龄	性别	死难时间
贺江氏	东明县城关镇贺庄村	32	女	1940年12月
闫保印	东明县刘楼镇张庄村	50	男	1940年12月
庞秋成	东明县刘楼镇南庞村	34	男	1940年12月
贺海如	东明县城关镇贺庄村	27	男	1940年12月
邢　氏	东明县东明集镇顺河集村	18	女	1940年
李德成	东明县城关镇王新庄村	55	男	1940年
杨根柱	东明县城关镇曹庄村	23	男	1940年
杨泥秋	东明县城关镇曹庄村	23	男	1940年
杨登山	东明县城关镇曹庄村	37	男	1940年
高荣柱	东明县城关镇高满城村	50	男	1940年
王水成	东明县城关镇后渔沃村	33	男	1940年
荆发保	东明县城关镇前营村	37	男	1940年
黄保安	东明县城关镇前营村	38	男	1940年
赵庆丰	东明县城关镇蒋满城村	29	男	1940年
宋红张	东明县城关镇蒋满城村	32	男	1940年
杨柱修	东明县城关镇蒋满城村	31	男	1940年
杨大保	东明县城关镇蒋满城村	33	男	1940年
李大梅	东明县城关镇刘满城村	20	女	1940年
王　四	东明县城关镇刘满城村	7	男	1940年
刘巧云	东明县城关镇刘满城村	54	女	1940年
桑　树	东明县城关镇刘满城村	28	男	1940年
李亭雨	东明县刘楼镇小辛庄村	60	男	1940年
梁　氏	东明县刘楼镇小辛庄村	51	女	1940年
刘栓柱	东明县刘楼镇四义寨村	38	男	1940年
唐兵谐	东明县刘楼镇唐庄村	27	男	1940年
郝罗头	东明县刘楼镇姚庄村	35	男	1940年
郝二林	东明县刘楼镇姚庄村	60	男	1940年
姚汁云	东明县刘楼镇姚庄村	49	男	1940年
姚运来	东明县刘楼镇姚庄村	57	男	1940年
吕麦成	东明县刘楼镇吕庄村	32	男	1940年
孟刚令	东明县刘楼镇孟庄村	23	男	1940年
李伟成	东明县刘楼镇任庄村	16	男	1940年
宋玉成	东明县刘楼镇任庄村	27	男	1940年
张志明	东明县刘楼镇任庄村	21	男	1940年

续表

姓 名	籍 贯	年 龄	性 别	死难时间
陈 平	东明县刘楼镇任庄村	22	男	1940 年
陈 冲	东明县刘楼镇任庄村	38	男	1940 年
李 氏	东明县刘楼镇任庄村	45	女	1940 年
郭 且	东明县刘楼镇任庄村	22	男	1940 年
高存宝	东明县刘楼镇任庄村	27	男	1940 年
高丙春	东明县刘楼镇任庄村	37	男	1940 年
高丙兴	东明县刘楼镇任庄村	43	男	1940 年
张二好	东明县刘楼镇任庄村	14	女	1940 年
张王氏	东明县刘楼镇任庄村	50	女	1940 年
高春花	东明县刘楼镇任庄村	11	女	1940 年
徐 歪	东明县刘楼镇于庄村	67	男	1940 年
王行海	东明县刘楼镇千户村	50	男	1940 年
党万涛	东明县刘楼镇千户村	58	男	1940 年
李奇国	东明县刘楼镇千户村	62	男	1940 年
王二粪	东明县刘楼镇李集村	42	男	1940 年
李土干	东明县刘楼镇千户村	37	男	1940 年
李广电	东明县刘楼镇千户村	40	男	1940 年
党国期	东明县刘楼镇千户村	55	男	1940 年
党令起	东明县刘楼镇千户村	50	男	1940 年
刘广绿	东明县刘楼镇卢文村	46	男	1940 年
刘清皋	东明县刘楼镇卢文村	42	男	1940 年
刘好信	东明县刘楼镇卢文村	37	男	1940 年
李存儒	东明县刘楼镇邓王庄村	41	男	1940 年
张德理	东明县刘楼镇黄堌村	76	男	1940 年
张德勤	东明县刘楼镇黄堌村	75	男	1940 年
马于氏	东明县刘楼镇黄堌村	30	女	1940 年
关铁头	东明县刘楼镇刘楼村	40	男	1940 年
刘 正	东明县刘楼镇刘楼村	62	男	1940 年
张方渍	东明县刘楼镇刘楼村	59	女	1940 年
段伯堂	东明县刘楼镇刘楼村	51	男	1940 年
石林轩	东明县刘楼镇刘楼村	48	男	1940 年
张 玉	东明县刘楼镇刘楼村	60	女	1940 年
赵志轩	东明县刘楼镇赵楼村	41	男	1940 年
赵三妮	东明县刘楼镇赵庄村	31	男	1940 年

续表

姓 名	籍 贯	年 龄	性 别	死难时间
秦进洲	东明县刘楼镇赵庄村	46	男	1940 年
李小环	东明县刘楼镇小路店村	31	女	1940 年
尹老七	东明县三春集镇刘小川村	32	男	1940 年
吴清河	东明县三春集镇刘小川村	46	男	1940 年
王　氏	东明县三春集镇堤根村	23	女	1940 年
王汉三	东明县三春集镇堤根村	23	男	1940 年
赵　恩	东明县三春集镇新兴集村	42	男	1940 年
赵　抓	东明县三春集镇新兴集村	43	男	1940 年
周　华	东明县三春集镇新兴集村	45	男	1940 年
梁孬旦	东明县三春集镇新兴集村	46	男	1940 年
梁二坏	东明县三春集镇新兴集村	50	男	1940 年
李纪昌	东明县三春集镇范寨村	19	男	1940 年
李景岁	东明县三春集镇范寨村	25	男	1940 年
马登民	东明县三春集镇范寨村	25	男	1940 年
王佛右	东明县三春集镇拐王村	32	男	1940 年
王凤格	东明县三春集镇拐王村	30	男	1940 年
王先民	东明县三春集镇拐王村	37	男	1940 年
赵二代	东明县三春集镇祥符营村	48	男	1940 年
黄赵氏	东明县三春集镇祥符营村	50	女	1940 年
祝天空	东明县三春集镇汤官营村	20	男	1940 年
董百行	东明县三春集镇汤官营村	30	男	1940 年
位　八	东明县三春集镇汤官营村	27	男	1940 年
位俊清	东明县三春集镇汤官营村	34	男	1940 年
贾克功	东明县三春集镇贾寨村	27	男	1940 年
韩凤修	东明县三春集镇贾寨村	28	男	1940 年
崔登元	东明县三春集镇贾寨村	23	男	1940 年
周　牛	东明县三春集镇郭寨村	19	男	1940 年
孔令显	东明县三春集镇孔寨村	53	男	1940 年
李张氏	东明县三春集镇马桥村	40	女	1940 年
贾东雪	东明县三春集镇朱洼村	40	女	1940 年
杨三峰	东明县三春集镇杨寨村	53	男	1940 年
郭宝才	东明县三春集镇杨寨村	40	男	1940 年
李长法	东明县长兴集乡庞庄村	42	男	1940 年
李留军	东明县长兴集乡庞庄村	42	男	1940 年

续表

姓名	籍贯	年龄	性别	死难时间
李　夯	东明县长兴集乡李庄村	25	男	1940年
周　氏	东明县武胜桥乡郝北城村	—	女	1940年
赵铁功	东明县武胜桥乡管寨村	—	男	1940年
管防作	东明县武胜桥乡管寨村	—	男	1940年
袁××	东明县武胜桥乡玉皇庙村	—	男	1940年
贺友山	东明县武胜桥乡玉皇庙村	—	男	1940年
陈长法	东明县武胜桥乡玉皇庙村	—	男	1940年
姜圆彬	东明县武胜桥乡玉皇庙村	—	男	1940年
袁国友	东明县武胜桥乡玉皇庙村	—	男	1940年
牛庄山	东明县武胜桥乡牛口村	58	男	1940年
杨五是	东明县武胜桥乡牛口村	59	男	1940年
宋二建	东明县武胜桥乡牛口村	78	女	1940年
牛祖创	东明县武胜桥乡牛口村	35	男	1940年
牛（儿童）	东明县武胜桥乡牛口村	5	男	1940年
杨立山	东明县武胜桥乡牛口村	18	男	1940年
袁大傻	东明县武胜桥乡牛口村	29	男	1940年
张　一	东明县武胜桥乡霍寨村	—	男	1940年
霍铁旦	东明县武胜桥乡霍寨村	—	男	1940年
霍　氏	东明县武胜桥乡霍寨村	—	女	1940年
唐　虎	东明县武胜桥乡唐楼村	—	男	1940年
陈　立	东明县武胜桥乡陈屯村	—	男	1940年
陈爱生	东明县武胜桥乡陈屯村	—	男	1940年
陈金才	东明县武胜桥乡陈屯村	—	男	1940年
陈洪德	东明县武胜桥乡陈屯村	—	男	1940年
曹田文	东明县武胜桥乡陈屯村	—	男	1940年
王有田	东明县武胜桥乡陈屯村	—	男	1940年
曹水山	东明县武胜桥乡陈屯村	—	男	1940年
陈　一	东明县武胜桥乡陈屯村	—	男	1940年
陈××	东明县武胜桥乡陈屯村	—	男	1940年
陈××	东明县武胜桥乡陈屯村	—	男	1940年
王××	东明县武胜桥乡陈屯村	—	男	1940年
陈高兴	东明县武胜桥乡陈屯村	—	男	1940年
王铁创	东明县武胜桥乡陈屯村	—	男	1940年
陈　坚	东明县武胜桥乡陈屯村	—	男	1940年

续表

姓 名	籍 贯	年 龄	性 别	死难时间
陈　明	东明县武胜桥乡陈屯村	—	男	1940 年
王××	东明县武胜桥乡陈屯村	—	男	1940 年
韩北江	东明县武胜桥乡韩楼村	—	男	1940 年
韩明长	东明县武胜桥乡赵寨村	—	男	1940 年
程中亮	东明县武胜桥乡韩楼村	—	男	1940 年
韩负井	东明县武胜桥乡韩楼村	—	男	1940 年
郝建国	东明县武胜桥乡东郝寨村	33	男	1940 年
许××	东明县武胜桥乡东郝寨村	28	男	1940 年
张王氏	东明县武胜桥乡邢彦村	—	女	1940 年
王二精	东明县武胜桥乡邢彦村	—	男	1940 年
乔留进	东明县武胜桥乡乔庄村	28	男	1940 年
乔发亮	东明县武胜桥乡乔庄村	27	男	1940 年
王园柱	东明县菜园集乡米具屯村	30	男	1940 年
郭二片	东明县菜园集乡米具屯村	28	男	1940 年
李文章	东明县菜园集乡米具屯村	34	男	1940 年
侯二小	东明县菜园集乡米具屯村	15	男	1940 年
周二旦	东明县菜园集乡祥寨村	59	男	1940 年
单存领	东明县菜园集乡祥寨村	61	男	1940 年
曹　二	东明县菜园集乡王庄村	19	男	1940 年
王二贵	东明县菜园集乡王庄村	34	男	1940 年
甘同心	东明县菜园集乡郭庄村	57	男	1940 年
白三满	东明县菜园集乡白店村	60	女	1940 年
李　保	东明县菜园集乡苏店村	18	男	1940 年
二　炮	东明县菜园集乡苏店村	28	男	1940 年
张二小	东明县马头镇西门村	22	男	1940 年
梁合山	东明县马头镇安本屯村	35	男	1940 年
梁水青	东明县马头镇梁坊村	28	男	1940 年
孙大领	东明县马头镇小康寺村	37	男	1940 年
张汉功	东明县马头镇小康寺村	41	男	1940 年
李　氏	东明县马头镇王头村	27	女	1940 年
赵法生	东明县马头镇王头村	36	男	1940 年
董让田	东明县马头镇李六屯村	30	男	1940 年
杨运玉	东明县马头镇李六屯村	28	男	1940 年
解心兰	东明县马头镇解庄村	31	男	1940 年

续表

姓名	籍贯	年龄	性别	死难时间
解守选	东明县马头镇解庄村	20	男	1940 年
解守阳	东明县马头镇解庄村	32	男	1940 年
赵群养	东明县马头镇柳园村	38	男	1940 年
李良贵	东明县马头镇朱岗寺村	40	男	1940 年
王存良	东明县马头镇朱岗寺村	38	男	1940 年
张加勤	东明县刘楼镇张庄村	40	男	1941 年 1 月
闫秀印	东明县刘楼镇张庄村	45	男	1941 年 1 月
黄王氏	东明县刘楼镇平堽营村	28	女	1941 年 1 月
张友新	东明县刘楼镇张庄村	30	男	1941 年 2 月
闫争木	东明县刘楼镇张庄村	30	男	1941 年 2 月
邓青云	东明县刘楼镇赵庄村	32	女	1941 年 2 月
巩同信	东明县刘楼镇赵庄村	13	男	1941 年 2 月
巩德来	东明县刘楼镇赵庄村	20	男	1941 年 2 月
王　氏	东明县三春集镇核桃园村	26	女	1941 年 2 月
陈国修	东明县三春集镇果园村	39	男	1941 年 2 月
王三马	东明县马头镇东街村	32	男	1941 年 2 月
李合鱼	东明县马头镇南街村	21	男	1941 年 3 月
宋留进	东明县刘楼镇小路店村	35	男	1941 年 3 月
王石氏	东明县刘楼镇黄小屯村	51	女	1941 年 3 月
吴有礼	东明县马头镇马厂村	62	男	1941 年 3 月
宋二保	东明县刘楼镇宋庄村	38	男	1941 年 4 月
张　清	东明县刘楼镇小路店村	38	女	1941 年 4 月
徐二豹	东明县刘楼镇徐集村	56	男	1941 年 5 月
庞成顺	东明县刘楼镇孟庄村	41	男	1941 年 5 月
巩田倩	东明县刘楼镇赵庄村	34	男	1941 年 5 月
张景昌	东明县刘楼镇小路店村	31	男	1941 年 5 月
张平光	东明县刘楼镇小路店村	34	男	1941 年 5 月
张秀格	东明县刘楼镇黄小屯村	31	女	1941 年 5 月
庞张氏	东明县刘楼镇南庞村	42	女	1941 年 5 月
李广俊	东明县马头镇邵庄村	21	男	1941 年 5 月
张袁飞	东明县武胜桥乡董北城村	—	男	1941 年 6 月
袁志华	东明县刘楼镇平堽营村	45	男	1941 年 7 月
徐春来	东明县刘楼镇徐集村	35	男	1941 年 7 月
赵刘氏	东明县刘楼镇赵庄村	29	女	1941 年 7 月

续表

姓 名	籍 贯	年 龄	性 别	死难时间
秦二健	东明县刘楼镇赵庄村	8	男	1941 年 7 月
巩付锁	东明县刘楼镇赵庄村	53	男	1941 年 7 月
张杨氏	东明县刘楼镇黄小屯村	34	女	1941 年 7 月
徐继跃	东明县菜园集乡洪庄村	37	男	1941 年 7 月
薛尚山	东明县马头镇牛八屯村	52	男	1941 年 7 月
张书田	东明县马头镇王祥寨村	60	男	1941 年 7 月
孙华贵	东明县刘楼镇小路店村	30	男	1941 年秋
李东海	东明县刘楼镇平堽营村	18	男	1941 年 9 月
宋进忠	东明县刘楼镇宋庄村	38	男	1941 年 9 月
张菜花	东明县刘楼镇任庄村	23	女	1941 年 9 月
邵永贵	东明县马头镇邵庄村	38	男	1941 年 9 月
王胜广	东明县马头镇南街村	21	男	1941 年 10 月
宋进升	东明县刘楼镇小路店村	29	男	1941 年初冬
范彦山	东明县刘楼镇毛楼村	53	男	1941 年 11 月
黄二交	东明县刘楼镇平堽营村	57	男	1941 年 11 月
宋立江	东明县马头镇牛皮店村	83	男	1941 年 11 月
武丰起	东明县刘楼镇白庙村	43	男	1941 年 12 月
王志刚	东明县刘楼镇平堽营村	57	女	1941 年 12 月
杨合来	东明县刘楼镇东程楼村	59	男	1941 年 12 月
李王氏	东明县马头镇祥符营村	56	女	1941 年 12 月
杨大力	东明县城关镇曹庄村	22	男	1941 年
杨功义	东明县城关镇曹庄村	22	男	1941 年
杨民生	东明县城关镇曹庄村	35	男	1941 年
朱全良	东明县城关镇高满城村	50	男	1941 年
顾海林	东明县城关镇东营村	23	男	1941 年
黄兵参	东明县城关镇前营村	61	男	1941 年
赵长路	东明县城关镇蒋满城村	28	男	1941 年
杨金才	东明县城关镇蒋满城村	34	男	1941 年
杨付柱	东明县城关镇蒋满城村	36	男	1941 年
郭德宝	东明县城关镇刘满城村	19	女	1941 年
刘永远	东明县城关镇刘满城村	30	男	1941 年
郭巧巧	东明县城关镇刘满城村	32	男	1941 年
王二红	东明县刘楼镇小辛庄村	63	男	1941 年
杨焕生	东明县刘楼镇半坡杨村	42	男	1941 年

续表

姓 名	籍 贯	年 龄	性 别	死难时间
张满仓	东明县刘楼镇唐庄村	23	男	1941 年
郝子敬	东明县刘楼镇姚庄村	60	男	1941 年
姚衣朋	东明县刘楼镇姚庄村	40	男	1941 年
姚衣山	东明县刘楼镇姚庄村	53	男	1941 年
吕春江	东明县刘楼镇吕庄村	61	男	1941 年
孟改运	东明县刘楼镇孟庄村	60	男	1941 年
孟前进	东明县刘楼镇孟庄村	47	男	1941 年
李记焕	东明县刘楼镇任庄村	19	男	1941 年
宋玉莲	东明县刘楼镇任庄村	17	女	1941 年
王海玉	东明县刘楼镇任庄村	31	男	1941 年
黄　氏	东明县刘楼镇任庄村	60	女	1941 年
庞铁良	东明县刘楼镇任庄村	28	男	1941 年
庞永春	东明县刘楼镇任庄村	25	男	1941 年
李论成	东明县刘楼镇任庄村	17	男	1941 年
李丑妮	东明县刘楼镇任庄村	21	男	1941 年
庞二素	东明县刘楼镇任庄村	62	女	1941 年
徐自顺	东明县刘楼镇于庄村	46	男	1941 年
李连奇	东明县刘楼镇千户村	47	男	1941 年
王国侠	东明县刘楼镇千户村	60	男	1941 年
樊国彬	东明县刘楼镇千户村	35	男	1941 年
刘王氏	东明县刘楼镇卢文村	43	女	1941 年
刘大顺	东明县刘楼镇卢文村	80	男	1941 年
刘姚氏	东明县刘楼镇卢文村	43	女	1941 年
张德文	东明县刘楼镇黄堌村	72	男	1941 年
张德光	东明县刘楼镇黄堌村	78	男	1941 年
赵长德	东明县刘楼镇黄堌村	40	男	1941 年
程　荣	东明县刘楼镇刘楼村	29	男	1941 年
申雪义	东明县刘楼镇刘楼村	58	男	1941 年
关大仁	东明县刘楼镇刘楼村	39	男	1941 年
刘　氏	东明县刘楼镇刘楼村	51	女	1941 年
关霜芝	东明县刘楼镇刘楼村	50	女	1941 年
杜金钟	东明县三春集镇宋庄村	28	男	1941 年
王志远	东明县三春集镇堤根村	19	男	1941 年
王永仁	东明县三春集镇堤根村	19	男	1941 年

续表

姓 名	籍 贯	年 龄	性 别	死难时间
李留金	东明县三春集镇范寨村	18	男	1941 年
马九高	东明县三春集镇范寨村	25	男	1941 年
王西领	东明县三春集镇拐王村	37	男	1941 年
崔进良	东明县三春集镇拐王村	37	男	1941 年
赵 榜	东明县三春集镇祥符营村	50	男	1941 年
李老三	东明县三春集镇祥符营村	58	男	1941 年
张 保	东明县三春集镇祥符营村	60	男	1941 年
王忠喜	东明县三春集镇平楼村	23	男	1941 年
韩金鸣	东明县三春集镇贾寨村	20	男	1941 年
王庆林	东明县三春集镇贾寨村	20	男	1941 年
周留保	东明县三春集镇郭寨村	43	男	1941 年
袁汉实	东明县陆圈镇袁庄村	24	男	1941 年
袁继瞎	东明县陆圈镇袁庄村	17	男	1941 年
李同京	东明县长兴集乡庞庄村	38	男	1941 年
李德忠	东明县长兴集乡庞庄村	39	男	1941 年
李保德	东明县长兴集乡庞庄村	43	男	1941 年
郝二领	东明县武胜桥乡沙堌堆村	—	男	1941 年
郝抓狗	东明县武胜桥乡郝北城村	—	男	1941 年
郝贵发	东明县武胜桥乡郝北城村	—	男	1941 年
郝海文	东明县武胜桥乡郝北城村	—	男	1941 年
郝水电	东明县武胜桥乡郝北城村	—	男	1941 年
李 氏	东明县武胜桥乡管寨村	—	女	1941 年 2 月 15 日
韩氏之一	东明县武胜桥乡管寨村	—	女	1941 年
赵 氏	东明县武胜桥乡管寨村	—	女	1941 年
韩氏之二	东明县武胜桥乡管寨村	—	女	1941 年
李富刚	东明县武胜桥乡管寨村	—	男	1941 年
陈广柱	东明县武胜桥乡玉皇庙村	—	男	1941 年
郭 氏	东明县武胜桥乡玉皇庙村	—	女	1941 年
王起军	东明县武胜桥乡玉皇庙村	—	男	1941 年
王东升	东明县武胜桥乡牛口村	71	男	1941 年
牛留刚	东明县武胜桥乡牛口村	40	男	1938 年
杨立民	东明县武胜桥乡牛口村	66	男	1941 年
袁满义	东明县武胜桥乡牛口村	51	男	1941 年
霍忠良	东明县武胜桥乡霍寨村	—	男	1941 年

续表

姓名	籍贯	年龄	性别	死难时间
霍刚见	东明县武胜桥乡霍寨村	—	男	1941年
纪文忠	东明县武胜桥乡唐楼村	—	男	1941年
唐××	东明县武胜桥乡唐楼村	—	男	1941年
刘　荣	东明县武胜桥乡武胜桥村	17	男	1941年
董　一	东明县武胜桥乡刘河口村	—	男	1941年
皮　一	东明县武胜桥乡刘河口村	—	男	1941年
王凤莲	东明县武胜桥乡陈屯村	—	男	1941年
周　立	东明县武胜桥乡花屯村	23	男	1941年
周三秋	东明县武胜桥乡花屯村	24	男	1941年
周跃先	东明县武胜桥乡花屯村	22	男	1941年
周盼井	东明县武胜桥乡花屯村	22	男	1941年
周二金	东明县武胜桥乡花屯村	22	男	1941年
周二贵	东明县武胜桥乡花屯村	20	男	1941年
周　健	东明县武胜桥乡花屯村	21	男	1941年
周文新	东明县武胜桥乡花屯村	22	男	1941年
周慕成	东明县武胜桥乡花屯村	24	男	1941年
周艳华	东明县武胜桥乡花屯村	26	男	1941年
郝爱连	东明县武胜桥乡花屯村	20	男	1941年
周林庆	东明县武胜桥乡花屯村	21	男	1941年
周恩洪	东明县武胜桥乡花屯村	22	男	1941年
郝保元	东明县武胜桥乡花屯村	23	男	1941年
周玉轩	东明县武胜桥乡花屯村	24	男	1941年
周冠林	东明县武胜桥乡花屯村	22	男	1941年
周恩标	东明县武胜桥乡花屯村	22	男	1941年
周恩印	东明县武胜桥乡花屯村	23	男	1941年
周大成	东明县武胜桥乡花屯村	22	男	1941年
周二节	东明县武胜桥乡花屯村	30	男	1941年
郝　榜	东明县武胜桥乡花屯村	20	男	1941年
周保三	东明县武胜桥乡花屯村	22	男	1941年
周跃彦	东明县武胜桥乡花屯村	20	男	1941年
周　格	东明县武胜桥乡花屯村	22	男	1941年
周保全	东明县武胜桥乡花屯村	24	男	1941年
周现争之祖父	东明县武胜桥乡花屯村	20	男	1941年
周玉金	东明县武胜桥乡花屯村	19	男	1941年

续表

姓 名	籍 贯	年 龄	性 别	死难时间
周玉英	东明县武胜桥乡花屯村	22	男	1941 年
周跃堂	东明县武胜桥乡花屯村	30	男	1941 年
周玉美	东明县武胜桥乡花屯村	23	男	1941 年
周玉营	东明县武胜桥乡花屯村	22	男	1941 年
周行全	东明县武胜桥乡花屯村	17	男	1941 年
周跃省	东明县武胜桥乡花屯村	20	男	1941 年
郝光荣	东明县武胜桥乡花屯村	22	男	1941 年
周玉兰	东明县武胜桥乡花屯村	22	男	1941 年
周恩朋	东明县武胜桥乡花屯村	25	男	1941 年
周同芳	东明县武胜桥乡花屯村	24	男	1941 年
郝业孟	东明县武胜桥乡花屯村	22	男	1941 年
周恩宪	东明县武胜桥乡花屯村	20	男	1941 年
许中山	东明县武胜桥乡东郝寨村	35	男	1941 年
刘广兴	东明县武胜桥乡东郝寨村	21	男	1941 年
王 氏	东明县武胜桥乡东郝寨村	30	女	1941 年
卞双林	东明县武胜桥乡东郝寨村	31	男	1941 年
王 莲	东明县武胜桥乡崔寨村	49	女	1941 年
崔贵廷	东明县武胜桥乡崔寨村	63	男	1941 年
王新立	东明县武胜桥乡王庄村	20	男	1941 年
吕董氏	东明县武胜桥乡邢彦村	—	女	1941 年
闫五保	东明县武胜桥乡邢彦村	—	男	1941 年
孔祥旺	东明县武胜桥乡四北城村	—	男	1941 年
乔保德	东明县武胜桥乡乔庄村	29	男	1941 年
潘风阁	东明县菜园集乡祥寨村	63	女	1941 年
王和工	东明县菜园集乡王庄村	44	男	1941 年
郭文博	东明县菜园集乡郭庄村	59	男	1941 年
王 平	东明县菜园集乡白店村	64	男	1941 年
贾风思	东明县马头镇马厂村	52	女	1941 年
李兆国	东明县马头镇陈寨村	41	男	1941 年
李友善	东明县马头镇小屯村	35	男	1941 年
梁走运	东明县马头镇梁坊村	29	男	1941 年
孙言明	东明县马头镇小康寺村	42	男	1941 年
张全锁	东明县马头镇小康寺村	37	男	1941 年
赵荣升	东明县马头镇王头村	42	男	1941 年

续表

姓名	籍贯	年龄	性别	死难时间
王奎柱	东明县马头镇王头村	42	男	1941年
赵发中	东明县马头镇王头村	57	男	1941年
解守欢	东明县马头镇解庄村	21	男	1941年
杨天宝	东明县马头镇南郭屯村	43	男	1941年
徐留所之妻	东明县刘楼镇春亭村	—	女	1941年
刘二保	东明县刘楼镇乔庄村	40	男	1942年1月
范四民	东明县刘楼镇毛楼村	55	男	1942年1月
史　证	东明县刘楼镇毛楼村	60	男	1942年1月
王新枝	东明县刘楼镇平堽营村	37	男	1942年1月
黄新军	东明县刘楼镇平堽营村	56	男	1942年1月
陈卫信	东明县刘楼镇平堽营村	31	男	1942年1月
刘永安	东明县刘楼镇春亭村	55	男	1942年1月
孔令同	东明县武胜桥乡四北城村	72	男	1942年1月
王济坤	东明县马头镇南街村	23	男	1942年1月
贺岳氏	东明县城关镇贺庄村	38	女	1942年12月
袁春海	东明县刘楼镇平堽营村	23	男	1942年2月
赵支山	东明县刘楼镇赵庄村	12	男	1942年2月
庞之殿	东明县刘楼镇南庞村	25	男	1942年2月
闫二伟	东明县三春集镇闫庄村	35	男	1942年3月
朱　海	东明县刘楼镇春亭村	34	男	1942年3月
朱　根	东明县刘楼镇春亭村	42	男	1942年3月
李国中	东明县刘楼镇苏集村	62	男	1942年5月
林石头	东明县刘楼镇东程楼村	50	男	1942年5月
王金保	东明县三春集镇核桃园村	23	男	1942年5月
刘国章	东明县马头镇牛八屯村	49	男	1942年5月
宋季升	东明县马头镇牛皮店村	88	男	1942年5月
徐春喜	东明县三春集镇徐寨村	28	男	1942年6月
王　孬	东明县刘楼镇白庙村	50	男	1942年7月
张克荣	东明县武胜桥乡董北城村	—	男	1942年7月
张胜荣	东明县武胜桥乡董北城村	—	男	1942年7月
陶万超	东明县马头镇南街村	25	男	1942年7月
张李氏	东明县武胜桥乡董北城村	—	女	1942年8月
王得水	东明县菜园集乡洪庄村	53	男	1942年8月
王子修	东明县马头镇南街村	22	男	1942年8月

续表

姓名	籍贯	年龄	性别	死难时间
王　氏	东明县马头镇王祥寨村	52	女	1942 年 8 月
徐留安	东明县刘楼镇徐集村	43	男	1942 年 9 月
王建德	东明县刘楼镇李集村	43	男	1942 年 9 月
李明瑞	东明县武胜桥乡李辛庄村	32	男	1942 年 9 月
李青海	东明县武胜桥乡李辛庄村	29	男	1942 年 9 月
李青来	东明县武胜桥乡李辛庄村	27	男	1942 年 9 月
李登旺	东明县武胜桥乡李辛庄村	19	男	1942 年 9 月
李二方	东明县武胜桥乡李辛庄村	29	男	1942 年 9 月
李红立	东明县武胜桥乡李辛庄村	28	男	1942 年 9 月
陶留榜	东明县马头镇南街村	24	男	1942 年 9 月
贺阿起	东明县城关镇贺庄村	26	男	1942 年 10 月
张王氏	东明县武胜桥乡董北城村	—	女	1942 年 10 月
张兴春	东明县武胜桥乡董北城村	—	女	1942 年 10 月
李文风	东明县武胜桥乡董北城村	—	女	1942 年 10 月
宋不景	东明县刘楼镇东程楼村	54	男	1942 年 11 月
宋双成	东明县刘楼镇宋庄村	52	男	1942 年 11 月
李铁碰	东明县刘楼镇李集村	39	男	1942 年 11 月
石铁锤	东明县刘楼镇李集村	72	男	1942 年 11 月
杨张氏	东明县马头镇祥符营村	60	女	1942 年 11 月
杨铁锤	东明县刘楼镇半坡杨村	49	男	1942 年 12 月
杨得力	东明县刘楼镇东程楼村	55	男	1942 年 12 月
宋高铺	东明县刘楼镇宋庄村	48	男	1942 年 12 月
李东山	东明县刘楼镇春亭村	44	男	1942 年 12 月
董四方	东明县武胜桥乡董北城村	—	男	1942 年 12 月
刘世英	东明县武胜桥乡董北城村	—	女	1942 年 12 月
王文明	东明县城关镇王新庄村	20	男	1942 年
李德升	东明县城关镇王新庄村	32	男	1942 年
杨大权	东明县城关镇曹庄村	42	女	1942 年
杨义山	东明县城关镇曹庄村	22	男	1942 年
顾海领	东明县城关镇东营村	21	男	1942 年
黄安民	东明县城关镇前营村	28	男	1942 年
王　保	东明县城关镇前营村	31	女	1942 年
杨金田	东明县城关镇蒋满城村	29	男	1942 年
薛天亮	东明县城关镇刘满城村	42	男	1942 年

续表

姓 名	籍 贯	年 龄	性 别	死难时间
王文安	东明县城关镇刘满城村	30	男	1942 年
刘汉坤	东明县城关镇刘满城村	32	男	1942 年
刘学文	东明县城关镇刘满城村	24	男	1942 年
刘金宝	东明县城关镇刘满城村	41	男	1942 年
张山岭	东明县刘楼镇小辛庄村	70	男	1942 年
杨五明	东明县刘楼镇半坡杨村	36	男	1942 年
庞要彩	东明县刘楼镇孟庄村	36	男	1942 年
孟庆思	东明县刘楼镇孟庄村	59	男	1942 年
翟留江	东明县刘楼镇孟庄村	49	男	1942 年
任铜蛋	东明县刘楼镇任庄村	11	男	1942 年
姚　六	东明县刘楼镇任庄村	5	男	1942 年
李美竹	东明县刘楼镇任庄村	11	女	1942 年
张建超	东明县刘楼镇任庄村	20	男	1942 年
庞抓钩	东明县刘楼镇任庄村	30	男	1942 年
李美领	东明县刘楼镇任庄村	9	女	1942 年
张凤格	东明县刘楼镇于庄村	63	男	1942 年
徐保会	东明县刘楼镇于庄村	57	男	1942 年
张高氏	东明县刘楼镇于庄村	37	女	1942 年
李明海	东明县刘楼镇千户村	60	男	1942 年
王二安	东明县刘楼镇千户村	53	男	1942 年
凡忠喜	东明县刘楼镇千户村	45	男	1942 年
刘忠堂	东明县刘楼镇卢文村	38	男	1942 年
张星广	东明县刘楼镇黄堌村	36	男	1942 年
张行亭	东明县刘楼镇黄堌村	80	男	1942 年
张水年	东明县刘楼镇黄堌村	53	男	1942 年
刘好义	东明县刘楼镇卢文村	40	男	1942 年
郭世昌	东明县刘楼镇黄堌村	28	男	1942 年
马老虎	东明县刘楼镇黄堌村	26	男	1942 年
马程氏	东明县刘楼镇黄堌村	25	女	1942 年
程占豪	东明县刘楼镇刘楼村	40	男	1942 年
李占州	东明县刘楼镇刘楼村	39	男	1942 年
孙东喜	东明县刘楼镇小路店村	27	男	1942 年
吴二坤	东明县三春集镇刘小川村	52	男	1942 年
吴金修	东明县三春集镇刘小川村	35	男	1942 年

续表

姓 名	籍 贯	年 龄	性 别	死难时间
张 氏	东明县三春集镇刘小川村	44	女	1942 年
王 伸	东明县三春集镇堤根村	21	男	1942 年
王文忠	东明县三春集镇堤根村	30	男	1942 年
王军领	东明县三春集镇堤根村	21	男	1942 年
王志成	东明县三春集镇堤根村	24	男	1942 年
梁 岳	东明县三春集镇新兴集村	60	男	1942 年
李培变	东明县三春集镇范寨村	19	男	1942 年
马 驴	东明县三春集镇范寨村	20	男	1942 年
王抢劳	东明县三春集镇拐王村	27	男	1942 年
崔佛来	东明县三春集镇拐王村	29	男	1942 年
王河张	东明县三春集镇拐王村	25	男	1942 年
李 四	东明县三春集镇祥符营村	62	男	1942 年
赵干家	东明县三春集镇祥符营村	54	男	1942 年
祝文明	东明县三春集镇汤官营村	28	男	1942 年
祝马天	东明县三春集镇汤官营村	27	男	1942 年
祝二海	东明县三春集镇汤官营村	30	男	1942 年
位 梅	东明县三春集镇汤官营村	30	男	1942 年
董 付	东明县三春集镇汤官营村	30	男	1942 年
董伯芝	东明县三春集镇汤官营村	27	男	1942 年
位 叉	东明县三春集镇汤官营村	30	男	1942 年
孔令江	东明县三春集镇汤官营村	24	男	1942 年
苗富义	东明县三春集镇汤官营村	30	男	1942 年
孔令和	东明县三春集镇汤官营村	28	男	1942 年
苗志深	东明县三春集镇汤官营村	32	男	1942 年
孔凡汉	东明县三春集镇汤官营村	30	男	1942 年
孔凡林	东明县三春集镇汤官营村	27	男	1942 年
王付争	东明县三春集镇汤官营村	20	男	1942 年
苗存信	东明县三春集镇汤官营村	28	男	1942 年
苗天右	东明县三春集镇汤官营村	30	男	1942 年
王 合	东明县三春集镇汤官营村	30	男	1942 年
苗二怪	东明县三春集镇汤官营村	27	男	1942 年
贾常太	东明县三春集镇贾寨村	30	男	1942 年
赵三孩	东明县三春集镇马桥村	38	男	1942 年
李广运	东明县陆圈镇李庄村	23	男	1942 年

续表

姓 名	籍 贯	年 龄	性 别	死难时间
李水岑	东明县长兴集乡庞庄村	37	男	1942 年
李忠亮	东明县长兴集乡庞庄村	42	男	1942 年
李秋恩	东明县长兴集乡庞庄村	41	男	1942 年
李 孙	东明县长兴集乡李庄村	18	男	1942 年
郝 氏	东明县武胜桥乡沙堌堆村	—	女	1945 年
李 风	东明县武胜桥乡沙堌堆村	—	男	1942 年
郝 星	东明县武胜桥乡沙堌堆村	—	男	1942 年
常 红	东明县武胜桥乡沙堌堆村	—	男	1942 年
管大壮	东明县武胜桥乡管寨村	—	男	1942 年
李申昌	东明县武胜桥乡管寨村	—	女	1942 年
韩海贵	东明县武胜桥乡管寨村	—	男	1942 年
管红氏	东明县武胜桥乡管寨村	—	女	1942 年
李二刚	东明县武胜桥乡玉皇庙村	38	男	1942 年
陈夏山	东明县武胜桥乡玉皇庙村	—	男	1942 年
刘 一	东明县武胜桥乡玉皇庙村	—	女	1942 年
陈新民	东明县武胜桥乡玉皇庙村	—	男	1942 年
陈广法	东明县武胜桥乡玉皇庙村	—	男	1942 年
陈确法	东明县武胜桥乡玉皇庙村	—	男	1942 年
王连成	东明县武胜桥乡玉皇庙村	—	男	1942 年
牛德魁	东明县武胜桥乡牛口村	38	男	1942 年
杨二焕	东明县武胜桥乡牛口村	46	男	1942 年
假四杰	东明县武胜桥乡牛口村	56	男	1942 年
刘 氏	东明县武胜桥乡牛口村	61	女	1942 年
董四环	东明县武胜桥乡牛口村	37	女	1942 年
牛恒立	东明县武胜桥乡牛口村	80	男	1942 年
牛 屯	东明县武胜桥乡牛口村	80	女	1942 年
纪 氏	东明县武胜桥乡唐楼村	—	女	1942 年
刘松岭	东明县武胜桥乡武胜桥村	24	男	1942 年
刘双印	东明县武胜桥乡武胜桥村	19	男	1942 年
周恩凯	东明县武胜桥乡花屯村	23	男	1942 年
高海田	东明县武胜桥乡岳高寨村	33	男	1942 年
马文海	东明县武胜桥乡马寨村	35	男	1942 年
杨 氏	东明县武胜桥乡东郝寨村	38	女	1942 年
周 氏	东明县武胜桥乡东郝寨村	35	女	1942 年

续表

姓名	籍贯	年龄	性别	死难时间
王　氏	东明县武胜桥乡东郝寨村	32	女	1942 年
董　氏	东明县武胜桥乡东郝寨村	30	女	1942 年
牛　氏	东明县武胜桥乡东郝寨村	28	女	1942 年
赵××	东明县武胜桥乡东郝寨村	28	男	1942 年
付××	东明县武胜桥乡东郝寨村	26	男	1942 年
郝进起	东明县武胜桥乡东郝寨村	39	男	1942 年
李　氏	东明县武胜桥乡东郝寨村	20	女	1942 年
董　氏	东明县武胜桥乡东郝寨村	18	女	1942 年
董　氏	东明县武胜桥乡东郝寨村	18	女	1942 年
崔石山	东明县武胜桥乡崔寨村	35	男	1942 年
崔子青	东明县武胜桥乡崔寨村	39	男	1942 年
张恩傅	东明县武胜桥乡后楼村	39	男	1942 年
张铁山	东明县武胜桥乡后楼村	22	男	1942 年
刘二福	东明县武胜桥乡四北城村	58	男	1942 年
四大奈	东明县武胜桥乡乔庄村	30	男	1942 年
王宣印	东明县菜园集乡米具屯村	33	男	1942 年
李玉成	东明县菜园集乡米具屯村	20	男	1942 年
程成功	东明县菜园集乡宋寨村	20	男	1942 年
郭洪堂	东明县菜园集乡郭庄村	57	男	1942 年
高二平	东明县菜园集乡白店村	57	男	1942 年
三大炮	东明县菜园集乡苏店村	30	男	1942 年
贾风安	东明县马头镇马厂村	70	男	1942 年
郭清贷	东明县马头镇马厂村	45	男	1942 年
梁　明	东明县马头镇梁坊村	51	男	1942 年
赵恒升	东明县马头镇王头村	57	男	1942 年
李　氏	东明县马头镇王头村	55	女	1942 年
闫花声	东明县马头镇权庄村	45	男	1942 年
解正银	东明县马头镇解庄村	30	男	1942 年
解守明	东明县马头镇解庄村	41	男	1942 年
都兴堂	东明县城关镇城区	—	男	1942 年
范和中	东明县刘楼镇毛楼村	68	男	1943 年 1 月
陈海民	东明县刘楼镇平堽营村	37	女	1943 年 1 月
陈玉福	东明县刘楼镇平堽营村	37	男	1943 年 1 月
宋马牛	东明县刘楼镇宋庄村	37	男	1943 年 1 月

续表

姓 名	籍 贯	年 龄	性 别	死难时间
李新文	东明县刘楼镇李集村	43	男	1943 年 1 月
巩付旺	东明县刘楼镇赵庄村	53	男	1943 年 1 月
裴玉停	东明县武胜桥乡四北城村	66	男	1943 年 1 月
孔凡昌	东明县武胜桥乡四北城村	—	男	1943 年 1 月
宋源德	东明县马头镇马厂村	70	男	1943 年 10 月
贺三月	东明县城关镇贺庄村	20	女	1943 年 2 月
吴尤氏	东明县刘楼镇黄小屯村	26	女	1943 年 2 月
李二剑	东明县刘楼镇李庄村	34	男	1943 年 2 月
宋平安	东明县刘楼镇宋庄村	56	男	1943 年 2 月
王志保	东明县刘楼镇李集村	38	男	1943 年 2 月
张蛤蟆	东明县刘楼镇春亭村	60	男	1943 年 2 月
张农会	东明县刘楼镇春亭村	59	男	1943 年 2 月
闫水德	东明县三春集镇闫庄村	25	男	1943 年 2 月
曹　氏	东明县三春集镇核桃园村	26	女	1943 年 2 月
王其建	东明县马头镇南街村	22	男	1943 年 2 月
魏山明	东明县马头镇王祥寨村	66	男	1943 年 5 月
宋铁锤	东明县刘楼镇徐集村	61	男	1943 年 5 月
黄　涝	东明县刘楼镇黄小屯村	43	男	1943 年 5 月
王付雨	东明县马头镇苏寨村	28	男	1943 年 5 月
张　梅	东明县三春集镇徐寨村	19	女	1943 年 6 月
温丰贤	东明县城关镇四柳树村	32	女	1943 年 6 月
宋建友	东明县刘楼镇宋庄村	45	男	1943 年 6 月
张广场	东明县刘楼镇春亭村	33	男	1943 年 6 月
李　氏	东明县三春集镇核桃园村	27	女	1943 年 6 月
李　氏	东明县马头镇王祥寨村	63	女	1943 年 6 月
李建海	东明县刘楼镇平堌营村	40	男	1943 年 7 月
毛旺民	东明县刘楼镇东程楼村	71	男	1943 年 7 月
王贵荣	东明县刘楼镇春亭村	31	男	1943 年 7 月
潘红勋	东明县马头镇盛店村	25	男	1943 年 7 月
宋更须	东明县刘楼镇宋庄村	47	男	1943 年 8 月
王福闯	东明县刘楼镇李集村	31	男	1943 年 8 月
李风氏	东明县刘楼镇李集村	39	男	1943 年 8 月
秦张氏	东明县刘楼镇赵庄村	32	女	1943 年 8 月
许四级	东明县刘楼镇春亭村	50	男	1943 年 9 月

续表

姓 名	籍 贯	年 龄	性 别	死难时间
徐大柱	东明县刘楼镇徐集村	45	男	1943 年 10 月
赵二玲	东明县三春集镇徐寨村	23	女	1943 年 10 月
李海成	东明县刘楼镇平堽营村	25	男	1943 年 12 月
宋捷元	东明县刘楼镇宋庄村	63	男	1943 年 12 月
张中先	东明县三春集镇核桃园村	23	男	1943 年 12 月
董奎世	东明县武胜桥乡牛口村	—	男	1943 年 12 月
李发亮	东明县城关镇王新庄村	23	男	1943 年
夏一会	东明县城关镇曹庄村	32	男	1943 年
武朝贵	东明县城关镇后渔沃村	47	男	1943 年
刘国屏	东明县城关镇后渔沃村	31	男	1943 年
胡　氏	东明县城关镇后渔沃村	27	女	1943 年
刘之洞	东明县城关镇后渔沃村	57	男	1943 年
黄发红	东明县城关镇前营村	28	男	1943 年
陈四海	东明县城关镇前营村	21	男	1943 年
赵风保	东明县城关镇蒋满城村	31	男	1943 年
王四坏	东明县城关镇刘满城村	29	男	1943 年
薛新志	东明县城关镇刘满城村	12	男	1943 年
桑钢林	东明县城关镇刘满城村	30	男	1943 年
刘学堂	东明县城关镇刘满城村	41	男	1943 年
唐允良	东明县刘楼镇唐庄村	24	男	1943 年
姚计中	东明县刘楼镇姚庄村	35	男	1943 年
李文毫	东明县刘楼镇千户村	32	男	1943 年
樊振华	东明县刘楼镇千户村	62	男	1943 年
刘风枝	东明县刘楼镇卢文村	36	男	1943 年
张纪昌	东明县刘楼镇黄堌村	22	男	1943 年
刘东顺	东明县刘楼镇卢文村	75	男	1943 年
刘培亮	东明县刘楼镇卢文村	40	男	1943 年
刘新节	东明县刘楼镇卢文村	42	男	1943 年
邓二雨	东明县刘楼镇邓王庄村	42	男	1943 年
石柞河	东明县刘楼镇黄堌村	35	男	1943 年
赵风秋	东明县刘楼镇黄堌村	27	男	1943 年
赵刘氏	东明县刘楼镇黄堌村	38	女	1943 年
关进仓	东明县刘楼镇刘楼村	43	男	1943 年
石　然	东明县刘楼镇刘楼村	42	男	1943 年

续表

姓 名	籍 贯	年 龄	性 别	死难时间
刘 氏	东明县三春集镇刘小川村	50	女	1943 年
王 氏	东明县三春集镇刘小川村	53	女	1943 年
吴佩金	东明县三春集镇刘小川村	44	男	1943 年
王大修	东明县三春集镇堤根村	16	男	1943 年
王铁领	东明县三春集镇堤根村	32	男	1943 年
王金锁	东明县三春集镇堤根村	27	男	1943 年
张胜生	东明县三春集镇新兴集村	43	男	1943 年
李二聚	东明县三春集镇范寨村	19	男	1943 年
赵花棵	东明县三春集镇拐王村	28	男	1943 年
赵金升	东明县三春集镇祥符营村	37	男	1943 年
李 学	东明县三春集镇祥符营村	48	男	1943 年
张玉民	东明县三春集镇祥符营村	48	男	1943 年
位天才	东明县三春集镇汤官营村	18	男	1943 年
贾常领	东明县三春集镇贾寨村	27	男	1943 年
王同升	东明县三春集镇大营村	36	男	1943 年
孙朝功	东明县陆圈镇东孙楼村	30	男	1943 年
李铁檀	东明县陆圈镇五霸岗南街村	28	男	1943 年
朱奁拉	东明县陆圈镇朱庄村	28	男	1943 年
郝 氏	东明县武胜桥乡沙堌堆村	—	女	1945 年
郝二旦	东明县武胜桥乡沙堌堆村	—	男	1943 年
郝玉敏	东明县武胜桥乡沙堌堆村	—	男	1943 年
常三之祖母	东明县武胜桥乡沙堌堆村	—	女	1943 年
郝三尼	东明县武胜桥乡沙堌堆村	—	男	1943 年
郝 存	东明县武胜桥乡沙堌堆村	—	男	1943 年
常高亮	东明县武胜桥乡沙堌堆村	—	男	1943 年
常 氏	东明县武胜桥乡沙堌堆村	—	女	1943 年
常念红	东明县武胜桥乡沙堌堆村	—	男	1943 年
刘 氏	东明县武胜桥乡管寨村	—	女	1943 年
赵多刚	东明县武胜桥乡管寨村	—	男	1943 年
陈发兵	东明县武胜桥乡玉皇庙村	—	男	1943 年
姜荣山	东明县武胜桥乡玉皇庙村	—	男	1943 年
刘朝选	东明县武胜桥乡武胜桥村	21	男	1943 年
李各展	东明县武胜桥乡韩楼村	—	男	1943 年
程住立	东明县武胜桥乡韩楼村	—	男	1943 年

续表

姓 名	籍 贯	年 龄	性 别	死难时间
李传治	东明县武胜桥乡韩楼村	—	男	1943 年
韩文辉	东明县武胜桥乡韩楼村	—	男	1943 年
韩促化	东明县武胜桥乡韩楼村	—	男	1943 年
韩建立	东明县武胜桥乡韩楼村	—	男	1943 年
张 一	东明县武胜桥乡韩楼村	—	女	1943 年
李车印	东明县武胜桥乡韩楼村	—	男	1943 年
韩次贵	东明县武胜桥乡韩楼村	—	男	1943 年
韩加发	东明县武胜桥乡韩楼村	—	男	1943 年
许大山	东明县武胜桥乡东郝寨村	36	男	1943 年
许要起	东明县武胜桥乡东郝寨村	34	男	1943 年
李玉山	东明县武胜桥乡东郝寨村	31	男	1943 年
许金山	东明县武胜桥乡东郝寨村	31	男	1943 年
唐军国	东明县武胜桥乡东郝寨村	28	男	1943 年
任三云	东明县武胜桥乡王庄村	64	女	1943 年
曹连奇	东明县武胜桥乡曹庄村	48	男	1943 年
张冠西	东明县武胜桥乡张楼村	49	男	1943 年
张冠层	东明县武胜桥乡张楼村	38	男	1943 年
张朝领	东明县武胜桥乡张楼村	52	男	1943 年
张朝冻	东明县武胜桥乡张楼村	42	男	1943 年
吕 剑	东明县武胜桥乡邢彦村	—	男	1943 年
吕润玉	东明县武胜桥乡邢彦村	—	男	1943 年
吕玉生	东明县武胜桥乡邢彦村	—	男	1943 年
杨全胜	东明县菜园集乡石寨村	18	男	1943 年
曹三留	东明县菜园集乡王庄村	20	男	1943 年
王宝亮	东明县菜园集乡王庄村	43	男	1943 年
苏大狗	东明县菜园集乡苏店村	25	男	1943 年
潘瑞芝	东明县马头镇盛店村	46	男	1943 年
陈清文	东明县马头镇陈寨村	30	男	1943 年
赵凤安	东明县马头镇王头村	28	男	1943 年
张同和	东明县马头镇权庄村	47	男	1943 年
高平山	东明县刘楼镇张庄村	40	男	1944 年 1 月
冯二榜	东明县刘楼镇乔庄村	40	男	1944 年 1 月
付生方	东明县马头镇南街村	20	男	1944 年 1 月
薛忠民	东明县马头镇牛八屯村	36	男	1944 年 10 月

续表

姓名	籍贯	年龄	性别	死难时间
解备全	东明县马头镇牛八屯村	36	男	1944年10月
徐　贤	东明县菜园集乡洪庄村	28	男	1944年2月
张理中	东明县菜园集乡洪庄村	50	男	1944年2月
贺守先	东明县城关镇贺庄村	27	男	1944年3月
宋超常	东明县刘楼镇宋庄村	48	男	1944年3月
史翠华	东明县刘楼镇平堽营村	41	女	1944年5月
赵李氏	东明县刘楼镇赵庄村	60	女	1944年5月
刘志德	东明县武胜桥乡四北城村	55	男	1944年5月
李阳金	东明县马头镇南街村	20	男	1944年5月
王存义	东明县马头镇王祥寨村	70	男	1944年5月
贺凤绪	东明县城关镇贺庄村	40	男	1944年6月
张冠本	东明县武胜桥乡后楼村	57	男	1944年秋
吴大孬	东明县刘楼镇黄小屯村	35	男	1944年7月
王生海	东明县刘楼镇平堽营村	61	男	1944年7月
林殿青	东明县刘楼镇东程楼村	24	男	1944年7月
安　争	东明县刘楼镇春亭村	35	男	1944年7月
程二孩	东明县三春集镇徐寨村	18	男	1944年7月
张雨顺	东明县长兴集乡东岳庙村	12	男	1944年7月
鲁继光	东明县菜园集乡洪庄村	42	男	1944年7月
李　抓	东明县马头镇李庄村	51	男	1944年7月
贺继有	东明县城关镇贺庄村	42	男	1944年8月
宋双春	东明县长兴集乡老刘乡村	20	男	1944年8月
李继明	东明县马头镇牛八屯村	29	男	1944年8月
贺俊英	东明县城关镇贺庄村	42	男	1944年9月
贺治成	东明县城关镇贺庄村	27	男	1944年10月
刘玉停	东明县城关镇四柳树村	70	女	1944年10月
宋明月	东明县刘楼镇东程楼村	69	男	1944年10月
宋长柱	东明县刘楼镇宋庄村	31	男	1944年10月
宋书堂	东明县刘楼镇宋庄村	59	男	1944年10月
张遂起	东明县城关镇高满城村	34	男	1944年
刘新柱	东明县城关镇后渔沃村	51	男	1944年
穆　氏	东明县城关镇后渔沃村	29	女	1944年
刘庭芝	东明县城关镇后渔沃村	67	男	1944年
刘庭楷	东明县城关镇后渔沃村	40	男	1944年

续表

姓名	籍贯	年龄	性别	死难时间
穆四格	东明县城关镇前营村	27	女	1944 年
陈四林	东明县城关镇前营村	22	男	1944 年
任东发	东明县城关镇蒋满城村	29	男	1944 年
杨安俊	东明县城关镇蒋满城村	34	男	1944 年
薛金雨	东明县城关镇刘满城村	19	女	1944 年
桑留田	东明县城关镇刘满城村	51	男	1944 年
薛　雪	东明县城关镇刘满城村	28	女	1944 年
李金柱	东明县刘楼镇刘店村	70	男	1944 年
郝改运	东明县刘楼镇姚庄村	65	男	1944 年
刘二挖	东明县刘楼镇于庄村	71	男	1944 年
徐景贤	东明县刘楼镇于庄村	39	男	1944 年
郭　棉	东明县刘楼镇刘楼村	50	女	1944 年
张扎根	东明县刘楼镇黄堌村	31	男	1944 年
刘陈氏	东明县刘楼镇卢文村	38	女	1944 年
刘永兴	东明县刘楼镇卢文村	34	男	1944 年
孬　货	东明县刘楼镇邓王庄村	37	男	1944 年
王银锁	东明县刘楼镇邓王庄村	39	男	1944 年
李四卷	东明县刘楼镇邓王庄村	42	男	1944 年
陈修广	东明县刘楼镇黄堌村	28	男	1944 年
陈长安	东明县刘楼镇黄堌村	33	男	1944 年
刘呈章	东明县刘楼镇黄堌村	30	男	1944 年
王元枝	东明县刘楼镇黄堌村	36	男	1944 年
文　付	东明县刘楼镇刘楼村	39	男	1944 年
张老二	东明县三春集镇刘小川村	41	男	1944 年
吴殿彬	东明县三春集镇刘小川村	40	男	1944 年
吴老扁	东明县三春集镇刘小川村	41	男	1944 年
陈　氏	东明县三春集镇核桃园村	19	女	1944 年
王　氏	东明县三春集镇堤根村	26	女	1944 年
张志生	东明县三春集镇新兴集村	46	男	1944 年
胡　书	东明县三春集镇新兴集村	61	男	1944 年
李义金	东明县三春集镇范寨村	17	男	1944 年
马　帽	东明县三春集镇范寨村	21	男	1944 年
马登肖	东明县三春集镇范寨村	20	男	1944 年
赵　慧	东明县三春集镇祥符营村	52	女	1944 年

续表

姓 名	籍 贯	年 龄	性 别	死难时间
李贵夺	东明县长兴集乡庞庄村	41	男	1944 年
李天池	东明县长兴集乡庞庄村	42	男	1944 年
唐二平	东明县武胜桥乡唐楼村	—	男	1944 年
王积检	东明县武胜桥乡唐楼村	—	男	1944 年
唐二保	东明县武胜桥乡唐楼村	—	男	1944 年
唐贵财	东明县武胜桥乡唐楼村	—	男	1944 年
刘良贵	东明县武胜桥乡武胜桥村	40	男	1944 年
韩合泽	东明县武胜桥乡韩楼村	—	男	1944 年
程发要	东明县武胜桥乡韩楼村	—	男	1944 年
李 氏	东明县武胜桥乡韩楼村	—	女	1944 年
周 氏	东明县武胜桥乡韩楼村	—	女	1944 年
程全涂	东明县武胜桥乡韩楼村	—	男	1944 年
李东升	东明县武胜桥乡韩楼村	—	男	1944 年
马运海	东明县武胜桥乡马寨村	45	男	1944 年
刘明亮	东明县武胜桥乡东郝寨村	36	男	1944 年
张 四	东明县武胜桥乡后楼村	49	男	1944 年
湿二隔	东明县武胜桥乡邢彦村	—	女	1944 年
张 田	东明县武胜桥乡邢彦村	—	男	1944 年
闫 一	东明县武胜桥乡邢彦村	—	男	1944 年
闫金秋	东明县武胜桥乡邢彦村	—	女	1944 年
张志起	东明县马头镇西门村	23	男	1944 年
贾耀才	东明县马头镇马厂村	61	男	1944 年
梁连朵	东明县马头镇梁坊村	38	男	1944 年
张 氏	东明县马头镇王头村	35	女	1944 年
赵军仲	东明县马头镇王头村	42	男	1944 年
王治国	东明县马头镇王头村	60	男	1944 年
权广春	东明县马头镇权庄村	32	男	1944 年
孙书金	东明县陆圈镇东孙楼村	—	男	1944 年
李翠枝	东明县刘楼镇平堽营村	49	女	1945 年 1 月
李翠姣	东明县刘楼镇平堽营村	57	女	1945 年 1 月
黄留强	东明县刘楼镇平堽营村	46	男	1945 年 1 月
李三秀	东明县刘楼镇徐集村	60	女	1945 年 1 月
宋建功	东明县刘楼镇宋庄村	55	男	1945 年 1 月
宋进同	东明县刘楼镇宋庄村	61	男	1945 年 1 月

续表

姓名	籍贯	年龄	性别	死难时间
刘作学	东明县刘楼镇春亭村	22	男	1945 年 1 月
王克信	东明县刘楼镇春亭村	47	男	1945 年 1 月
许培泉	东明县刘楼镇春亭村	27	男	1945 年 1 月
许培兴	东明县刘楼镇春亭村	39	男	1945 年 1 月
许怀成	东明县刘楼镇春亭村	27	男	1945 年 1 月
许牛甫	东明县刘楼镇春亭村	55	男	1945 年 1 月
梁万选	东明县刘楼镇春亭村	44	男	1945 年 1 月
梁主东	东明县刘楼镇春亭村	66	男	1945 年 1 月
赵天相	东明县刘楼镇赵庄村	58	男	1945 年 1 月
胡　氏	东明县三春集镇徐寨村	24	女	1945 年 1 月
李东祥	东明县三春集镇果园村	31	男	1945 年 1 月
贾明钦	东明县武胜桥乡四北城村	50	男	1945 年 1 月
沈二玉	东明县马头镇南街村	25	男	1945 年 1 月
王子林	东明县马头镇南街村	24	男	1945 年 1 月
张进江	东明县马头镇南街村	24	男	1945 年 1 月
赵胜魁	东明县城关镇四柳树村	60	男	1945 年 2 月
宋三名	东明县刘楼镇宋庄村	35	男	1945 年 2 月
王二叉	东明县刘楼镇李集村	46	男	1945 年 2 月
王运兴	东明县刘楼镇春亭村	23	男	1945 年 2 月
吉兴邦	东明县长兴集乡杨庄村	32	男	1945 年 2 月
李长青	东明县马头镇祥符营村	54	男	1945 年 2 月
史三录	东明县城关镇四柳树村	32	男	1945 年 3 月
王　雨	东明县刘楼镇黄小屯村	41	男	1945 年 3 月
张　氏	东明县三春集镇核桃园村	22	女	1945 年 3 月
许证明	东明县刘楼镇春亭村	36	男	1945 年 5 月
许正新	东明县刘楼镇春亭村	32	男	1945 年 5 月
贺成森	东明县城关镇贺庄村	24	男	1945 年 6 月
焦爱华	东明县刘楼镇平堽营村	40	女	1945 年 6 月
许清愿	东明县刘楼镇春亭村	23	男	1945 年 6 月
魏明德	东明县马头镇王祥寨村	71	男	1945 年 6 月
刘桂安	东明县刘楼镇春亭村	28	男	1945 年 7 月
张盼兴	东明县刘楼镇春亭村	27	男	1945 年 7 月
杨文仲	东明县武胜桥乡四北城村	53	男	1945 年 7 月
魏胜伦	东明县马头镇王祥寨村	43	男	1945 年 7 月

续表

姓名	籍贯	年龄	性别	死难时间
贺治才	东明县城关镇贺庄村	43	男	1945 年 8 月
朱根生	东明县刘楼镇东程楼村	40	男	1945 年 8 月
许大批	东明县刘楼镇春亭村	27	男	1945 年 8 月
曹相元	东明县刘楼镇春亭村	19	男	1945 年 8 月
刘进学	东明县刘楼镇春亭村	47	男	1945 年 8 月
胡　氏	东明县三春集镇核桃园村	21	女	1945 年 8 月
杨忠仁	东明县马头镇苏寨村	32	男	1945 年
刘彤霄	东明县城关镇后渔沃村	33	男	1945 年
刘　氏	东明县城关镇后渔沃村	25	女	1945 年
刘鸿光	东明县城关镇后渔沃村	42	男	1945 年
刘国监	东明县城关镇后渔沃村	36	男	1945 年
冯　义	东明县城关镇前营村	41	男	1945 年
王明太	东明县城关镇刘满城村	45	男	1945 年
桑　田	东明县城关镇刘满城村	47	男	1945 年
王修成	东明县城关镇刘满城村	40	男	1945 年
郭发亮	东明县城关镇刘满城村	50	男	1945 年
王汉民	东明县城关镇刘满城村	33	男	1945 年
刘雨雷	东明县城关镇刘满城村	40	男	1945 年
王二宝	东明县城关镇刘满城村	40	男	1945 年
王洪堂	东明县城关镇刘满城村	44	男	1945 年
李二静	东明县刘楼镇小辛庄村	64	男	1945 年
闫庆钢	东明县刘楼镇小辛庄村	70	男	1945 年
张二狗	东明县刘楼镇刘店村	28	男	1945 年
刘春亭	东明县刘楼镇卢文村	42	男	1945 年
二　书	东明县刘楼镇邓王庄村	37	男	1945 年
王东海	东明县刘楼镇邓王庄村	57	男	1945 年
马宋氏	东明县刘楼镇黄堌村	30	女	1945 年
刘贵章	东明县刘楼镇黄堌村	27	男	1945 年
贾　狗	东明县三春集镇宋庄村	20	男	1945 年
王中义	东明县三春集镇拐王村	27	男	1945 年
赵　胡	东明县三春集镇祥符营村	43	男	1945 年
张不理	东明县三春集镇祥符营村	23	男	1945 年
孔祥云	东明县三春集镇汤官营村	25	男	1945 年
孔祥录	东明县三春集镇汤官营村	27	男	1945 年

续表

姓 名	籍 贯	年 龄	性 别	死难时间
郝 氏	东明县武胜桥乡沙堌堆村	—	女	1945 年
郝高远	东明县武胜桥乡沙堌堆村	—	男	1945 年
常 高	东明县武胜桥乡沙堌堆村	—	男	1945 年
常 六	东明县武胜桥乡沙堌堆村	—	男	1945 年
常贵金	东明县武胜桥乡沙堌堆村	—	女	1945 年
常 氏	东明县武胜桥乡唐楼村	—	女	1945 年
唐铁旦	东明县武胜桥乡唐楼村	—	男	1945 年
唐双喜	东明县武胜桥乡唐楼村	—	男	1945 年
刘连海	东明县武胜桥乡武胜桥村	40	男	1945 年
刘福荣	东明县武胜桥乡武胜桥村	24	男	1945 年
韩长真	东明县武胜桥乡韩楼村	—	男	1945 年
李 三	东明县武胜桥乡东郝寨村	29	男	1945 年
郝 亮	东明县武胜桥乡东郝寨村	23	男	1945 年
张恩中	东明县武胜桥乡后楼村	19	男	1945 年
张冠东	东明县武胜桥乡后楼村	17	男	1945 年
王振国	东明县武胜桥乡邢彦村	—	男	1945 年
张轩记	东明县武胜桥乡邢彦村	—	男	1945 年
张刚旗	东明县武胜桥乡邢彦村	—	男	1945 年
胡留旺	东明县菜园集乡石寨村	18	男	1945 年
胡山明	东明县菜园集乡石寨村	20	男	1945 年
胡胜明	东明县菜园集乡石寨村	17	男	1945 年
王二军	东明县马头镇王头村	47	男	1945 年
高文东	东明县马头镇李六屯村	26	男	1945 年
合 计	**2570**			

责任人：胡保生 宋玉环　　核实人：张刚平 苗文娟 胡保生　　填表人：朱慧娟 温 娜
填报单位（签章）：东明县委党史委　　填报时间：2009 年 5 月 20 日

后 记

在中央党史研究室组织指导下，山东省于2006年开展了抗日战争时期人口伤亡和财产损失大型调研活动（以下简称“抗损调研”）。抗损调研的成果之一，是通过全省普遍的乡村走访调查，广泛收集见证人和知情人的口述资料，如实记录伤亡者的姓名、籍贯、性别、年龄、死难时间等信息，编纂一部《山东省抗日战争时期伤亡人员名录》（以下简称《名录》）。《名录》于2010年编纂完成后，共收录抗日战争时期日军造成的山东现行政区域范围内的伤亡人员46.9万余名。以《名录》为基础，我们选择信息比较完整、填写比较规范的100个县（市、区）抗日战争时期死难人员名录，经省市县三级党史部门进一步整理、编纂，形成了《山东省百县（市、区）抗日战争时期死难者名录》，共收录死难者169173人。

2005年，中央党史研究室部署开展《抗日战争时期中国人口伤亡和财产损失》这一重大课题的调研工作。考虑到这项课题是一项艰巨复杂的浩大工程，山东省委党史研究室确定先行试点，在取得经验的基础上全面展开。2006年3月，山东省委党史研究室在全省17个市选择30个县（市、区）作为抗损调研试点单位。在中央党史研究室指导下，山东省委党史研究室按照全国调研工作方案确定的指导思想、组织领导、调研项目、工作步骤、基本要求等，制定下发了《山东省抗日战争时期人口伤亡和财产损失调研试点工作方案》。各试点县（市、区）建立了两支调研队伍：一是县（市、区）建立由党史、档案、史志等单位人员组成的档案与文献资料查阅队伍；二是乡（镇）、村建立走访调查队伍。调查的方式是：以村为单位，以70岁以上老人为重点，走访调查见证人和知情人，调查人员根据访问情况填写调查表，被调查人员确认填写的内容准确无误后签字（按手印）；以乡（镇）为单位对调查表记录的人员伤亡和财产损失情况进行汇总统计；以县（市、区）为单位查阅历史档案和文献资料，细致梳理人员伤亡和财产损失情况记录，汇总统计本县（市、区）人口伤亡和财产损失情况。试点工作于7月底结束。

试点期间，中央党史研究室不仅从方案规划设计，调研方法步骤确定，以及走访调查和档案查阅等各个环节需要把握的问题，给予我们精心指导，而且一再提出把调研工作做成“基础工程、精品工程、警世工程、传世工程”的标准要求，不断提升我们对这项工作的认识高度。

在中央党史研究室的悉心指导下，试点工作不仅取得重要成果，而且深化了我们对抗损调研工作的认识，增强了我们做好这项工作的责任意识。

一是收集了大量历史档案和文献资料，掌握了历史上山东省对抗损问题的调研情况，对如何深化调研取得了新的认识。

试点期间，30 个试点县（市、区）共查阅历史档案 2.36 万卷，文献资料 6859 册，收集档案、文献资料 3.72 万份。主要包括：抗日战争胜利后，山东解放区政府、冀鲁豫解放区政府和国民党山东省政府、国民党青岛市政府对抗日战争时期山东省境内人口伤亡和财产损失所做的调查资料；新中国成立后，为收集日本战犯罪行证据，由山东省人民政府统一组织领导，各级公安、检察机关所做的调查资料；20 世纪五六十年代和改革开放以来，各级党史、史志、文史部门，社科研究单位和民间人士对抗日战争时期发生在山东省境内的人口伤亡和财产损失重大事件所做的典型调查资料等。

通过分析这些资料，可以看到，解放区政府和国民党政府所做的调查，调查时间是抗战胜利后至 1946 年初，调查方法是按照联合国救济总署设定的战争灾害损失调查项目进行的，调查目的在于战后救济与善后，着重于人口伤亡和财产损失的数据统计，其调查覆盖山东全境，统计数据全面、可靠，但缺少伤亡者具体信息的记录。新中国成立后及改革开放新时期的调查，留存了日本战犯和受害人、当事人的大量口供和证词。这些口供和证词记录了伤亡者姓名、被害经过等许多具体信息，但仅限于部分重大事件中的少数伤亡者。据此，我们认识到，虽然通过系统整理散落在各级档案馆、图书馆、博物馆的档案和文献中的历次调查资料，可以在确凿的历史档案、文献资料以及人证、物证等证据的基础上，进一步查明山东省抗日战争时期人口伤亡和财产损失的情况，但还是难以在全省范围内查明伤亡者更多的具体信息。因此，还需要我们做更多的工作。

二是收集了大量见证人、知情人口述资料，掌握了乡村走访调查的样本选择和操作方法，深化了对直接调查重要性的认识。

30 个试点县（市、区）走访调查 19723 个村庄、103.6 万人，召开座谈会 13.13 万人次，收集证人证言 22.42 万份。这些证言证词记载了当年日军的累累罪行。虽然时间已经过去了六七十年，见证人的有些记忆已很不完整、有些仅是片段式的，但亲眼目睹过同胞亲人惨遭劫难的老人们，仍能清晰讲述出其刻骨铭心的深刻记忆；虽然有些村庄已经消失，有些家族整个被日军杀绝，从而导致一些信息中断，但大多数村庄仍然保留有历史记忆，大量死难者有亲人或后人在世。

基于对证言证词的分析，我们认识到：村落是民族记忆的历史载体、家族生活的社会单元，保留着家族绵延续绝的历史信息；70 岁以上老人在抗日战争胜利时已有十几岁，具备准确记忆的能力。以行政村为调查样本、以全省 609 万在世的 70 岁以上老人为重点人群，采用乡村走访调查的方法，可以收集更多的抗日战争时期伤亡人员信息，以弥补过去历次调查留下的缺憾。

三是查阅了世界其他国家对二战时期死难者调查的文献资料，增强了我们对历史负责、对死难者亡灵负责、对国际社会和人类文明负责的民族担当意识。

试点期间，山东省委党史研究室组织研究人员查阅了世界各国对二战时期死难者调查和纪念的相关资料。“尊重每一个生命，珍惜每一个人的存亡”，在第二次世界大战灾难的调查和纪念中得到充分体现。2004 年，以色列纪念纳粹大屠杀的主题是“直到最后一个犹太人，直到最后一个名字”。在美国建立的珍珠港纪念碑上，死难者有名有姓，十分具体。在泰国、缅甸交界的二战遗址桂河大桥旁，盟军死难者纪念公墓整齐刻写着死难者的名字。铭记死难者的名字，抚平创伤让死难者安息，成为国际社会通行的做法。但是，日本全面侵华战争中造成数百万山东人民伤亡，60 多年来在尘封的历史档案中记录的多是一串串伤亡数字，至今没有一部记录死难者相关信息的大型专著。随着当事人和见证者相继逝去，再不完成这方面的调查，将会成为无法弥补的历史缺憾。推动开展一次乡村普遍调查，尽可能多地查找死难者的名字、记录死难者的相关信息，既可告慰死难者的冤魂亡灵，又可留存日军残酷暴行的铁证。这是我们历史工作者的良心所在，责任所在！

中央党史研究室对山东试点工作及取得的成果给予充分肯定和高度评价，同意山东省委党史研究室对试点成果的分析和对抗损调研工作的认识，提出了开展山东省抗日战争时期人口伤亡和财产损失大型调研活动的指导意见，并要求努力实现以下两个主要目标：

一是在收集整理以往历次抗损调研成果的基础上，准确查明山东省抗日战争时期人口伤亡和财产损失的情况。即由省市县三级党史、史志、档案等部门具有一定研究能力的人员，广泛收集散落在各地档案馆、图书馆、博物馆的抗损资料，在系统整理、深入分析研究 60 多年来各级政府、社会团体、研究机构等调查和研究成果的基础上，准确查明山东省抗日战争时期人口伤亡和财产损失的情况；

二是开展一次普遍的乡村走访调查，尽可能多地调查记录伤亡者的信息，弥补以往历次调查的不足。即按照统一方法步骤，由乡村两级组成走访调查队伍，以行政村为调查样本、以70岁以上老人为重点调查人群，通过进村入户走访调查，广泛收集见证人和知情人的口述资料，如实记录死难者的姓名、性别、年龄、籍贯、伤亡时间、伤亡原因等信息。

在中央党史研究室的指导下，山东省委党史研究室研究制定了《山东省抗日战争时期人口伤亡和财产损失课题调研工作方案》，明确了抗损调研的指导思想、目标任务、方法步骤和保障措施等要求。在中央党史研究室的推动下，山东省成立了由党史、财政、史志、档案、民政、文化、出版、统计、司法等单位组成的大型调研活动领导小组，下设课题研究办公室（重大专项课题组）。

2006年10月中旬，山东省抗损调研领导小组研究通过并下发了《山东省抗日战争时期人口伤亡和财产损失课题调研工作方案》及关于录制走访取证声像资料、重大惨案进行司法公证、编写抗损大事记等相关配套方案，统一复制并下发了由中央党史研究室设计制定的“抗日战争时期人口伤亡调查表”、“抗日战争时期财产损失调查表”、“抗日战争时期人口伤亡统计表”、“抗日战争时期财产损失统计表”。

各市、县（市、区）按照方案要求进行了筹备部署：

一是组织调研队伍。各市、县（市、区）成立了抗损调查委员会，从党史、史志、档案、民政、统计、图书馆等单位抽调10～20名人员组成抗损课题办公室，主要负责本地调研工作的组织协调，历史档案和文献资料的查阅、收集、分析整理、汇总统计等任务。全省共组织档案文献查阅人员3910名。各乡（镇）抽调5～10人组成走访调查取证组，具体承担本乡（镇）各村的走访调查取证工作。全省各乡（镇）调查组依托村党支部、村委会共组织走访调查取证人员32万余名。

二是培训调研人员。各市培训所属县（市、区）骨干调研队伍，培训主要采取以会代训的形式，重点推广试点县（市、区）调研工作中的成功做法。各县（市、区）培训所属乡（镇）调研队伍，培训采取选择一个典型村或镇进行集中调研、现场观摩的形式。

三是乡（镇）以行政村为单位对辖区内70岁以上老人登记造册，统一印制并向70岁以上老人发放了“抗日战争时期人口伤亡和财产损失入户调查明白纸”，告知调查的目的和有关事项。

2006年10月25日，山东省抗损调研领导小组召开了全省抗损调研动员会议。10月26日，走访取证工作在全省乡村全面展开。各乡（镇）走访调查取证组携带录音、录像设备和“抗日战争时期人口伤亡调查表”、“抗日战争时期财产损失调查表”等深入辖区行政村走访调查。调查人员主要由乡（镇）调查组人员和村党支部、村委会成员以及离退休老干部和退休教师组成。调查对象是各村70岁以上老人。

调查人员按照“抗日战争时期人口伤亡调查表”设置的栏目，主要询问被调查人所知道的抗日战争时期伤亡者姓名、年龄，伤亡时间、地点、经过（被日军枪杀、烧杀、活埋、砍杀、奸杀、溺水等情节）、伤亡者人数等情况。被调查人讲述，调查人员如实记录。记录完成后调查人员当场向被调查人宣读记录，被调查人确认无误后签名或盖章、按手印，调查人同时填写调查单位、调查人姓名、调查日期。证人讲述的死难者遇难现场遗址存在或部分存在的，调查组在证人指证的遗址现场（田埂、河沟、大树、坟地、小桥、水井、宅基地等）拍摄照片、录制声像资料。至此，形成一份完整的证言证词。

对于文献资料中记载的一次伤亡10人以上的惨案，各县（市、区）课题办公室组织党史、档案、史志等部门专业人员进行了专题调查，调查主要采取召开见证人、知情人座谈会的形式，调查过程全程录音、录像。对证言证词准确完整、具备司法公证条件的惨案，司法公证部门进行了司法公证。

为加强对调研工作的协调和指导，确保乡村走访调查目标的实现，山东省抗损课题研究办公室建立了督导制度、联系点制度、信息通报制度。省市县三级抗损课题研究办公室主任负责本辖区调研工作的督查指导，分别深入市、县（市、区）、乡（镇）检查调研工作开展情况。各市抗损课题研究办公室向所属县（市、区）派出督导员，深入乡（镇）、村检查指导调查取证工作，解决遇到的具体问题。省、市抗损课题研究办公室每位成员确定一个县（市、区）或一个乡（镇）为联系点，各县（市、区）抗损课题研究办公室每位成员联系一个乡（镇）或一个重点村，具体指导调研工作开展。为交流经验，落实措施，山东省抗损课题研究办公室编发课题调研《工作简报》150多期。

截止到2006年12月中旬，大规模的乡村走访取证工作结束，全省乡村两级走访调查队伍共走访调查8万余个行政村、507万余名70岁以上老人，分别占全省行政村总数和70岁以上老人总数的95%和80%以上，共收集证言证词79万余份。录制了包括证人讲述事件过程、事件遗址、有关实物证据等内容的大量影像资料，其中拍摄照片7376幅（同一底片者计为一幅），录音录像49678分钟，制作光盘2037张，并对专题调查的301个惨案进行了司法公证。

自2006年12月中旬开始，调研工作进入回头检查和分类汇总调研材料阶段。各乡（镇）调查组回头检查走访调查取证是否有遗漏的重点村庄和重点人群，收集的证言证词中证人是否签名、盖章、留下指纹，证言是否表述准确，调查人、调查单位、调查日期等是否填写齐全。在回头检查的基础上，将有关事件、伤亡者信息等如实记载下来，填写“抗日战争时期人口伤亡统计表”、“抗日战争时期财产损失统计表”。

12月16日，山东省抗损课题研究办公室印制并下发了《山东省抗日战争时期伤亡人员名录》表格。《名录》包括死难人员和受伤人员的“姓名”、“籍贯”、“年龄”、“性别”、“伤亡时间”、“伤亡地点”、“伤亡原因”等要素。《名录》以乡（镇）为单位填写，以县（市、区）为单位汇总，于2007年7月完成。

自2007年8月开始，山东省抗损课题研究办公室对各地上报的调研资料进行分类整理和分析研究，发现《名录》明显存在以下不足：一是《名录》收录的伤亡人员数远远少于档案资料中记载的抗日战争时期全省伤亡人数。山东解放区政府和冀鲁豫解放区政府调查统计的山东省平民伤亡人口为518万余人，国民党山东省政府和青岛市政府调查统计的全省平民伤亡人口为653万余人，《名录》收录的查清姓名的伤亡人员仅有46万余人，不到全省实际伤亡人口数的十分之一。分析其中原因，从见证人、知情人的层面看，主要是此次调研距抗日战争胜利已达61年之久，大多数见证人、知情人已经去世，加之部分村庄消失、搬迁，大量人口流动，调研活动中接受调查的70岁以上老人仅是当时见证人和知情人中的极少部分，而且他们中有些当时年龄较小、记忆模糊，只能回忆印象深刻的部分。从死难者的层面看，主要是记录伤亡者名字信息的家谱、墓碑在“文化大革命”时期大多已被销毁、损坏，许多名字随着时间流逝难以被后人记住。受农村传统习俗的影响，大多数农村妇女没有具体名字，而许多儿童在名字还没有固定下来时就已遇难。许多家族灭绝的遇难者，因没有留下后人而造成信息中断，难以通过知情人准确回忆姓名等信息。二是各县（市、区）名录收录的查清姓名的伤亡人员在人数的多少上与实际伤亡人数的多少不成正比，其中部分县（市、区）在抗日战争时期遭日军破坏程度接近，但所收录的伤亡人员在数量上存在较大差异。主要原因是调研活动的走访调查阶段，各县（市、区）对此项工作的重视程度、投入力量和走访调查的深入细致程度存在较大差异，有些县（市、区）在走访调查中遗漏见证人和知情人，有的在证言证词的梳理中遗漏伤亡者的填写。三是《名录》确定的各项要素有的填写不全，有些填写不完整、不规范。主要原因是，《名录》所依据的“证言证词”记录的要素有许多本身就不完整、不全面，而《名录》填写者来自乡（镇）调查组的数万名调查人员，在填写规范上也难以达到一致。

根据中央党史研究室关于编纂《抗日战争时期中国人口伤亡和财产损失调研丛书》的要求，针对《名录》中存在的主要问题，山东省抗损课题研究办公室于2009年初制定下发了《关于编纂〈山东省抗日战争时期伤亡人员名录〉有关要求的通知》（以下简称《通知》）。《通知》要求各市、县（市、区）党史部门以对历史高度负责的精神，集中时间、集中力量，对《名录》进行逐一核实和修订，真正把《名录》编纂成经得起历史检验和各方质疑的精品工程、传世工程、警世工程。《通知》明确了各市、县（市、区）的编纂任务和责任要求，各市委党史研究室负责所辖县（市、区）、高新技术开发区、经济开发区伤亡人员名录补充和核实校订工作的具体部署、组织指导、督促检查和汇总上报工作。各市委党史研究室主任为第一责任人，对本市所辖县（市、区）伤亡人员名录核实校订工作质量和完成时限负总责；确定一名科长为具体责任人，协助第一责任人做好工作部署和组织指导工作，具体做好督促检查和汇总上报工作。各县（市、区）委党史研究室具体负责本县（市、区）伤亡人员名录的补充、核实和校订工作。县（市、区）委党史研究室主任为责任人，对伤亡人员名录的真实性、可靠性负总责。各县（市、区）分别确定1至2名填表人和核实人。填表人根据《名录》表格的规范标准认真填写，确保无遗漏、无错误。《名录》正式出版后，责任人和填表人、核实人具体负责对来自各方的质询进行答疑。责任人、核实人、填表人在本县（市、区）伤亡人员名录最后一页页尾签名，并注明填报单位和填报时间。

《通知》下发后，各市委党史研究室确定了本市抗日战争时期伤亡人员名录编纂工作第一责任人和直接责任人。全省140个县（市、区）和16个经济开发区、高新技术开发区共确定了460余名责任人、核实人、填表人，并明确了责任。各县（市、区）党史研究室根据《通知》要求，细致梳理调研资料特别是走访调查资料，认真核实伤亡人员各要素，补充遗漏的伤亡人员。部分县（市、区）还针对调研资料中存在的伤亡人员基本要素表述不清、填写不完整等情况，进行实地回访或电话回访，补充了部分遗漏和填写不完整的要素。各县（市、区）抗日战争时期伤亡人员名录补充、核实工作完成后，各市委党史研究室按照《通知》提出的要求，进行了认真审核把关，对达不到要求的，返回县（市、区）进一步修订。

至2010年10月，全省140个县（市、区）和16个经济开发区、高新技术开发区共156个区域单位全部完成了《名录》的补充、核实和校订工作，共收录抗日战争时期因战争因素造成的、查清姓名的伤亡人员46万余名。此后，中央党史研究室安排中共党史出版社对《名录》进行多次编校，但终因《名录》存在伤亡原因、伤亡地点等要素不规范、不完整和缺失较多等诸多因素，未能正式出版。

2014年初，中央党史研究室组织展开新一轮抗损课题调研成果审核出版工作，并把《名录》纳入《抗日战争时期中国人口伤亡和财产损失调研丛书》第一批出版。按照中央党史研究室的部署要求，山东省抗损课题研究办公室组织力量对2010年整理编纂的《名录》再次进行认真审核，从中选择死难者信息比较完整、规范的100个县（市、区）死难者名录，组织力量集中进行编纂。在编纂中，删除了信息缺失较多的死难者死难原因、死难地点等要素，保留了信息比较完整的姓名、籍贯、性别、年龄、死难时间等5项要素。2014年8月，《山东省百县（市、区）抗日战争时期死难者名录》编纂完成后，山东省抗损课题研究办公室将其下发各市和相关县（市、区）进行了再次核对。

山东省抗日战争时期人口伤亡和财产损失大型调研活动和《山东省百县（市、区）抗日战争时期死难者名录》的编纂工作是一项极其复杂的系统工程。这项工程自始至终按照中央党史研究室设定的调研项目、方法步骤和基本要求开展，自始至终得到中央党史研究室的精心指导，倾注着中央党史研究室领导和专家的智慧和心血；这项工程得到了全省各级各有关部门和广大基层干部的积极支持和热情参与，包含着全省数十万名调研人员的辛勤奉献和全省各级党史部门数百名编纂人员历时数年的艰辛付出。

在调研活动和《名录》编纂过程中，每位死难者的名字，都激起亲历者、知情人难以言尽的惨痛回忆和血泪控诉，他们的所说令人震颤、催人泪下。我们深知：通过系统、详尽、具体的调查，将当年山东人民的巨大伤亡和损失尽可能完整地记载下来，上可告慰死难者的冤魂亡灵，表达后人的祭奠和怀念，下可教育子孙后代“牢记历史、珍爱和平”。我们深感：对发生在六七十年前的巨大灾难进行调查，由于资料散失、在世证人越来越少，调查和研究的难度难以想象，但良心和责任驱使我们力求使调查更加扎实、有力、具体和准确，给历史、给子孙一个负责任的交代。由于对那场巨大的战争灾难进行调查研究，毕竟是一项复杂的浩大工程，需要经过一个长期的研究过程，我们对许多调研资料的梳理还不够细致全面，对调研资料的研究还需进一步深化，我们目前取得的调研成果和研究编纂成果，都与中央党史研究室的要求存在一定差距。我们将以对历史负责、对人民负责、对死难者负责、对子孙负责的态度，不断深化研究，陆续推出阶段性研究成果，为推动人类和平和文明进步作出应有的贡献。

山东省抗损课题研究办公室
山东省委党史研究室重大专项课题组
2014 年 8 月

总后记

历时多年的《抗日战争时期中国人口伤亡和财产损失调研丛书》终于问世了。参加这套丛书编纂工作的，主要是承担《抗日战争时期中国人口伤亡和财产损失》课题调研任务的各省、自治区、直辖市及其下属市、县的领导同志和课题组成员，以及部分著名专家。他们以高度的责任心和使命感，竭尽全力，攻坚克难，终于完成了各自承担的任务，并按统一要求，形成了调研成果的A系列书稿。同时，有关省、自治区、直辖市还从实际情况出发，编纂了主要反映市、县调研成果的B系列书稿。由于各地情况不尽相同及其他原因，呈现在读者面前的丛书，将分批陆续完成和出版。

为了保证质量，我们对本丛书中由各省、自治区、直辖市完成的A系列书稿（即省级调研成果）实行了四级验收制，即：所有的省级调研成果，先由有关省（自治区、直辖市）课题领导小组及其聘请的省级专家验收组分别审读通过、写出书面意见；然后提交到中共中央党史研究室课题组。中共中央党史研究室课题组审读后，再聘请国内知名专家审读书稿，提出书面意见。对每次审读提出的意见，各省、自治区、直辖市课题组都认真研究落实，对书稿进行反复修改，或是说明相关情况，直到符合要求。由一批专家完成的A系列书稿（即带全局性的专门课题调研成果），也通过类似的办法验收。主要反映市、县调研成果的B系列书稿，则由有关省、自治区、直辖市党史研究室组织验收。各种调研成果验收修改的过程，同时也是调研的深化过程、提高过程。经过反复修改补充的成果，在质量上都有明显提高。

中共中央党史研究室课题组在中共中央党史研究室室委会和分管室副主任的具体领导下开展工作。中共中央党史研究室几任主要领导同志即曲青山和孙英、李景田、欧阳淞主任，非常关心和重视本课题调研工作的开展。分管这项工作的室副主任李忠杰同志始终严格把握政治方向，精心部署和安排，明确提出创建“精品工程、基础工程、警世工程、传世工程”的要求，给工作指明方向，还及时领导解决调研过程中遇到的种种困难和问题。各地同志和有关专家同中共中央党史研究室课题组保持密切联系，对中共中央党史研究室课题组的工作给予了积极配合和支持。

中共中央党史研究室课题组由李忠杰、霍海丹、李蓉、姚金果、李颖、王志刚、王树林、杨凯等同志组成。先后担任中共中央党史研究室第一研究部领导职务的黄修荣、刘益涛、蒋建农同志参与了课题调研部分和审改的工作。中共中央党史研究室科研管理部、办公厅的部分同志也参与了有关工作。特别是在北京市和山东省召开的两次全国性会议，中共中央党史研究室科研管理部、办公厅的有关同志自始至终参与了繁忙的会务工作，付出了大量心血和辛勤劳动。

在李忠杰同志直接领导下，中共中央党史研究室课题组承担了组织指导与协调推进各地课题调研和联系有关专家完成全局性专题调研的繁重任务。在人手十分有限的条件下，课题组同志们近10年如一日，以对民族负责、对历史负责的自觉精神，克服困难，埋头苦干，为圆满完成任务做了大量工作。计先后编发213期达60多万字的《工作简报》，同各省、自治区、直辖市的同志和有关专家进行了数以千次、万次的电话联系及当面沟通，先后到10多个省、自治区、直辖市实地调查、参加会议，了解情况，当面指导，协助各地完成调研工作，或邀请有关地方的同志到北京进行座谈；还组织22个省、自治区、直辖市课题组编纂《抗日战争时期全国重大惨案》，同中央档案馆联合编辑《抗日战争时期解放区人口伤亡和财产损失档案选编》，同中国第二历史档案馆、中国人民解放军档案馆联合编辑其馆藏的相关档案资料，撰写有关专题报告，等等。将近10年来，课题组成员虽有变动，但工作始终如一，没有延误和懈怠。

需要说明的是，《抗日战争时期中国人口伤亡和财产损失》课题，有时也简称为抗战损失课题或抗损课题。虽然有学者认为"抗战损失"或"抗损"通常只能反映抗日战争中财产方面的损失，人口伤亡不能称作损失，但考虑到当年国民政府习惯采用"抗战损失汇报"或"抗战中人口与财产所受损失统计"等表述，所以本课题参照前例，以"抗战损失"或"抗损"作为课题简称。

2014年初，根据中央领导同志的指示精神和中共中央党史研究室室委会关于做好出版和对外宣传全国抗战损失课题调研成果准备工作的要求，我们组织部分省、自治区、直辖市的分管领导和课题组成员对已经印出样本的A系列书稿再次进行复审和互审，并邀请部分承担了抗战损失专题调研任务的专家参加审稿工作。这次集中复审和互审的主要任务是：审核已经印出样本的A系列书稿，对相关数据、史实严格把关，保证课题调研结论的真实性，保证书稿没有重大差错。中共中央党史研究室主要领导同志和分管领导同志也提出要求：把工作做得再深入、再扎实一些，统一规范，责任到人，把问题消灭在书稿正式出版之前。

在复审和互审过程中，地方同志和邀请的专家以多种形式及时沟通，围绕审稿发现的问题研究讨论，和中共中央党史研究室分管领导进行交流，对一些重要的共性问题达成一致。经过复审和互审，对有关的A系列书稿做出进一步修改。在此基础上，中共中央党史研究室课题组同志又对拟第一批出版的每一部A系列书稿进行多环节的审读、检查、修改、校对，严格审核把关，尽可能如实、客观地反映调研情况和成果。

中共中央党史研究室的其他同志及一些外聘同志、从地方党史部门借调的同志，如徐玉凤、谢忠厚、杨延力、郭明泉、戴思厚、王俊云、梁亿新、宋河星、毛立红、王莹莹、茅永怀、庚新顺、李蕙芬同志等，满腔热情地参加了本课题调研的部分工作。不论是调研选题的讨论、同有关各方的联络，还是资料的整理、归类、建档等，他们都付出了辛勤的劳动。

这里，还要特别感谢国家社会科学基金规划办公室、国家新闻出版广电总局有关领导和同志对本课题调研工作的支持和帮助，感谢有关部门对丛书出版经费的支持和保证。中共党史出版社的领导汪晓军以及陈海平、姚建萍等同志，也为这套丛书的出版花费了很多心血。

我们相信，本丛书 A 系列和 B 系列各卷的陆续公开出版，必将大大有助于抗战损失课题调研成果的推广利用，有利于固化历史，更好地发挥以史为鉴、资政育人的作用。但是，我们也深知，本课题调研迄今所取得的成果，还只是阶段性的、部分的、不完全的成果。在已经取得的来之不易的成果的基础上，今后，这一课题的调研工作还要深入不懈地继续进行下去。

中共中央党史研究室课题组

2014 年 4 月 30 日